统计学原理与实务

（第三版）

主　编　叶樊妮

副主编　刘　浩　张淑芳　杨熙纯

主　审　吕怀珍

西南交通大学出版社

·成　都·

图书在版编目（CIP）数据

统计学原理与实务 / 叶樊妮主编. —3 版. —成都：西南交通大学出版社，2023.1
ISBN 978-7-5643-9155-3

Ⅰ. ①统… Ⅱ. ①叶… Ⅲ. ①统计学 Ⅳ. ①C8

中国版本图书馆 CIP 数据核字（2022）第 255211 号

Tongjixue Yuanli yu Shiwu

统计学原理与实务

（第三版）

主　编 / 叶樊妮

责任编辑 / 何明飞
封面设计 / 原谋书装

西南交通大学出版社出版发行
（四川省成都市金牛区二环路北一段 111 号西南交通大学创新大厦 21 楼　610031）
发行部电话：028-87600564　028-87600533
网址：http://www.xnjdcbs.com
印刷：四川森林印务有限责任公司

成品尺寸　185 mm × 260 mm
印张　19.75　字数　490 千
版次　2007 年 2 月第 1 版　2013 年 3 月第 2 版　2023 年 1 月第 3 版
印次　2023 年 1 月第 10 次

书号　ISBN 978-7-5643-9155-3
定价　49.00 元

课件咨询电话：028-81435775

第三版前言

统计学为各个学科领域提供数据分析的方法，而大数据时代的到来，无疑让统计学扮演了更为重要的角色。作为经济类和管理类专业的核心基础课程，统计学包括描述统计、推断统计等基本内容。《统计学原理与实务》自 2012 年再版以来，受到读者的欢迎。综合教学实践的实际需求，我们在第 2 版的基础上进行了修订。本次修订主要体现在以下几个方面：

1. 进一步完善了教材内容。将原有第四章“总量指标和相对指标”与第五章“平均指标”合并为一章，即新的第四章“统计数据的特征描述”。本次调整按照统计数据收集、整理、描述、推断的逻辑，使全书的结构更加完善。修订后的全书由十个章节变为九个章节。

2. 强调了课程内容与思政建设的结合。书中使用的案例和宏观数据主要来源于我国社会经济发展的最新统计年鉴，既增强了时效性，也更加紧密联系实际，让学生能够更好地利用统计方法分析实际问题。

3. 修订了课后习题。根据教学内容的调整，删除了部分题目，并补充了大量新题，突出了对重点、难点知识的运用。

4. 更新了统计软件。采用 Excel 2019 版进行数据处理，对第九章“统计实务”进行了重新编写。

本次修订依然保持了原书的特点，注重理论与实践相结合。各章节修订人如下：张淑芳（第一章至第三章）、刘浩（第四章）、叶樊妮（第五章至第八章）、杨熙纯（第九章）。

在修订过程中，我们参阅了国内外专家、学者的相关教材，在此表示衷心的感谢！同时，感谢为本次修订提出宝贵意见的教师和读者，感谢西南交通大学出版社对本书出版的大力支持。

限于作者水平，书中的不足和疏漏之处在所难免，敬请各位读者提出宝贵意见，以便进一步修订和完善。

编　者

二〇二二年十一月

第二版前言

《统计学原理与实务》自 2007 年出版以来，受到读者的欢迎。作为经济和管理类专业核心课程教材，该书既能满足对统计学基本理论与基本方法的讲授，又注重统计方法在实际中的应用。经过近六年的使用，在认真总结教学实践经验的基础上，为了使这本教材更加完善和适应教学的需求，我们对本书进行了修订。本次修订主要体现在以下几个方面：

（1）对全书的所有概念、公式和符号进行了梳理和校正，使其表达更为确切，尽量保持与日常使用惯例一致。

（2）对书中使用的案例进行了更新，使之更加完善和满足教学需要；对书中采用的所有与实际相关的数据进行了更新，全部采用近三年的统计年鉴数据，做到与时俱进，避免资料陈旧。

（3）根据教学要求对课后习题进行了全面修订，删除了部分有争议的题目，并根据教学内容的需要补充了大量新题，突出了对重点、难点知识的运用。

（4）由于现在较多人员采用了 Excel 2007 版进行数据处理，所以对第十章“统计实务”进行了重新编写，将所有案例由原来的 Excel 2003 版更新为 Excel 2007 版本。

本次修订依然保持了原书的特点，注重理论与实践相结合。除原作者对每一章进行修订外，第十章“统计实务”由杨熙纯编写。吕怀珍任主编，其他人员排序为叶樊妮、刘浩、张淑芳、杨熙纯。

在此我们要特别感谢西南民族大学教务处把本书作为管理类专业的指定教材，也感谢使用本教材的其他兄弟院校。希望你们能对我们修订后的教材提出宝贵的意见，以便进一步提高教材质量。

编　者

二〇一二年十二月

前　言

“统计学”是经济和管理类专业必修的重点课程之一。由于数理统计学原理已广泛应用于社会经济统计学中，致使很多“统计学”教材既包括了“概率论与数理统计”的内容，又包括了“社会经济统计学”的内容。但在教学计划中，“概率论与数理统计”作为单独的一门课程开设，而“社会经济统计学原理”也作为一门独立的课程在其之后开设。为了避免课程之间教学内容的重复，本书未涉及“概率论与数理统计”的内容。本书在坚持统计学基本理论和基本方法的完整性的前提下，重点对统计实践中运用较多的描述统计和推断统计的基本内容做了较为详细的描述。随着计算机在统计中的广泛应用，统计工作中大量复杂的计算变得简单而快捷。因此，本书在讨论统计的基本理论和方法时，对各种统计指标的计算过程描述得较为简单，重点旨在讲述统计方法的运用。为了使学生能熟练使用计算机处理统计信息，本书对应用计算机软件处理统计实务的内容作了讲述，从而使本书更具实用性。

在本书的编写过程中，我们努力做到概念准确、层次分明、深入浅出，并把理论与实际的紧密结合作为本书的主要特点。为了让学生学以致用，本书在各章中结合所讲述的内容，插入了案例分析。为了帮助学生掌握重点，还对每章的内容作了小结。为了方便学生练习，在每章内容后面还附有较为全面的“思考题与练习题”。本书十分强调内容的科学性和实用性，可作为经济和管理类专业的专业基础课教材，也可作为经济管理人员的实用参考书。

本书的第一张、第二章、第三章由张淑芳编写；第四章、第五章、第十章由刘浩编写；第六章、第七章由叶樊妮编写；第八章、第九章由吕怀珍编写。吕怀珍任主编，负责全书的体系安排、内容总纂和定稿。叶樊妮、刘浩、张淑芳任副主编，分别对部分章节的内容进行了适当修改和校对。

本书的编写采用了一些新的模式，增强了内容的实用性，但因水平所限，书中难免存在不妥之处，敬请广大读者批评指正。

编　者

二〇〇六年十一月

目　录

第一章　总　论

在日常生活中，"统计"可以说无所不在。通过统计活动能够获得各种统计数据及其数量关系。例如，商品抽检合格率、某电视剧的收视率、物价指数、人口普查等数字资料就是统计的结果。这些统计数据能够说明现象的数量特征。在社会实践中，用科学的统计方法搜集得到的统计数据，不仅能够反映事物过去或现在的状况，而且也可以用这些数据预测未来。

统计学是在长期的社会实践中产生并不断完善的。要学习统计学，首先就要了解统计实践活动的产生和发展，从而进一步认识统计学的产生和发展，掌握统计学的基本原理和方法。

第一节　统计学的产生和发展

一、统计的含义

统计（statistics）一词作为专门的学术术语，具有三方面的含义，即统计工作、统计资料和统计学。

（一）统计工作

统计工作是搜集、整理、分析统计资料的实践活动。根据在实践中各自完成的任务不同，统计工作过程具体包括统计设计、统计调查、统计整理和统计分析几个阶段。

1. 统计设计

所谓统计设计就是进行统计工作的筹划，筹划结果的书面形式就是设计方案。统计设计是根据研究的需要和现象的性质，对统计工作的各个方面和各个环节进行全盘计划和安排。统计设计的结果表现为各种统计设计方案，如统计指标体系、分类目录、统计报表、调查方案、汇总或整理方案等。统计设计贯穿于统计工作全过程。没有统计设计阶段，整个统计工作就会杂乱无序，也就难以达到统计工作的最终目的。

2. 统计调查

统计调查是根据统计设计方案的要求，采用科学的方法，对所要调查的对象进行有计划的、系统的收集统计资料的过程。统计调查是为了取得关于所认识的客观现象的第一手资料，也是统计整理与分析的基础环节。统计调查担负着搜集基本资料的任务，所搜集的资料是否准确关系到统计工作的质量。

3. 统计整理

统计整理是根据统计研究的目的，采用科学的方法对调查资料进行科学分组、加工汇总，使之系统化、条理化的过程。统计整理是统计工作的中间环节，是统计分析的前提。没有统计资料的整理工作，统计调查也就失去了意义，更不用说进行统计分析了。

4. 统计分析

统计分析是对经过加工汇总的统计资料进行分析研究，计算各项综合指标，并利用各种分析方法，揭示现象的数量特征和内在联系，阐明现象的发展趋势和规律性，并根据分析做出科学结论的过程，必要时还需进一步进行估计分析和预测分析。统计分析是统计工作的理性认识阶段，也是形成统计信息的重要阶段。因此统计分析是统计工作的决定性环节。

统计各环节虽然有前后之分，但彼此之间却是紧密联系在一起的不可分割的整体。在实践中，统计各环节上的工作也常常交叉进行。统计工作的过程是经过统计设计（定性）到统计调查和统计整理（定量），最后通过分析进而达到对事物本质和规律性的认识（定性），这种质—量—质的认识过程是统计认识的一个主要特点。

如我国开展经济普查，首先要进行统计设计，确定全国经济普查的目的、普查的组织领导机构、普查的主要内容和经济企业普查表、普查的范围和方法、普查的数据处理、普查资料的分析应用等，形成统计设计方案；方案确定后，进行资料的收集，即统计调查；将调查资料根据调查的目的进行科学的分类汇总，即进行统计整理；最后进行数据分析，形成经济普查报告。

（二）统计资料

统计资料是统计实践活动的成果，是指反映在一定空间、时间条件下客观事物的数量特征及其发展规律的数字资料和文字资料，如国家统计局每年编制的中国统计年鉴。统计资料包括原始资料和经过整理、分析的次级资料。统计资料具有数量性、客观性、具体性等特点。

（三）统计学

统计学是关于统计工作的理论和方法的科学，是一门研究大量社会现象（主要是经济现象）总体数量方面特征与数量关系的方法论科学。为了研究某一总体现象的情况，需要将搜集的统计资料进行汇总整理，在此基础上进一步分析总体现象的数量特征，进而为经营管理决策提出咨询意见，这一过程就需要运用统计学的知识。

统计工作、统计资料和统计学三者是相互联系的，它们的关系为：统计资料是统计工作的成果，统计学是对统计工作在理论上的概括和总结。统计工作与统计学是实践与理论的关系。理论来源于实践，又反过来指导实践。统计学离不开统计工作，统计工作又是在统计学指导下完成的。

二、统计学的产生和发展

(一) 统计实践活动的产生和发展

统计实践活动已有几千年的历史，而统计学作为统计实践活动的经验总结和理论概括其产生则是近 300 年的事情。统计的产生和发展与社会经济历史的发展是密不可分的。

1. 统计的萌芽阶段

在原始社会末期奴隶社会的形成过程中，就出现了社会经济统计的萌芽。《周易正义》郑玄注释说："事大，大结其绳；事小，小结其绳。结之多少，随物众寡。""结绳记事"是最简单的计量活动，可视为统计的萌芽。日本著名统计学家福武直先生认为："作为最古老的历史是行政方面的调查统计，其起源可以追溯到公元前数千年的埃及和中国。"这种简单的计数已经具备了统计的两大基本要素，即对象和数量。

2. 政府统计的雏形

在奴隶社会，统计实践活动发展为由政府组织的统计。我国在四千多年前的夏代，就有中国分为九州，人口 1 355 万的数字记载。皇浦谧《帝王世纪丛书》记载："禹平水土，还分九州，今禹贡是也。是以其时九州之地，凡两千四百三十万八千二十四顷……民口千三百五十五万三千九百二十三人。"在我国封建社会的唐代有计口授田的统计计算，宋、明有田亩鱼鳞册土地调查制度，明、清还有保甲户口经常登记制度等国情国力的统计。

古埃及在公元前 2900 年左右，大致每两年清查一次全国人口，在公元前 2700 年左右，曾对全国人口和财产进行调查。古希腊在公元前 1600 至公元前 1200 年进行人口和职业调查。古罗马在公元前 400 年已经建立了人口普查和经常性的出生、死亡登记制度。从中外统计的产生和发展过程来看，统计是随着社会经济发展和国家管理的需要产生和发展起来的。

3. 统计机构的建立和专业统计的形成

19 世纪 30—40 年代，在统计发展史上被称为"狂热年代"，英国、法国、荷兰、比利时、挪威、丹麦等国先后建立了政府机构，设立专业的统计机关。一些国家开始出版统计杂志，并成立了统计学会等组织。1853 年第一次国际统计会议在比利时的布鲁塞尔召开，1885 年国际统计学会成立，由著名统计学家凯特勒主持在伦敦召开预备会议，1887 年在罗马召开第一次大会。此后每两年召开一次，2009 年 8 月在南非德班第 57 届国际统计会议，有 130 多个国家 2 500 余名代表参加。国际统计学会第 62 届世界统计大会于 2019 年 8 月 17 日至 23 日在马来西亚吉隆坡举行。

西方国家依靠统计机构进行了各式各样的调查，收集并积累了各种统计资料，对社会经济的数量方面进行了分析研究，为经济的发展起到了有力的推动作用。统计的范围已不限于人口、土地、某些农产品、工矿产品等方面，而是扩大到价格、保险、海关、邮电、交通运输、商业、金融、外贸和文化教育卫生事业等方面，特别是保险公司的兴盛更加促使人们编制死亡表来决定寿命保险率。类似的资料调查、处理和统计方法的使用遍及社会生活的所有领域和自然科学的研究，因而也就产生了各种专业统计。如工业统计、商业统计、文化教育统计、外贸统计等。

4. 现代统计的发展

近年来，由于计算机的广泛应用，在统计工作中利用计算机来处理统计信息，使统计计算变得简单而快捷，大大提高了统计工作的效率。

计算机在统计中的应用解决了统计信息的处理、存储和检索问题，并可以及时、准确地将有关资料的统计参数（如平均数、方差、标准差、偏态等）计算出来，使统计工作的效率大大提高。

（二）统计学理论的形成产生和发展

随着统计实践活动的发展，人们开始对不断丰富的统计实践经验加以总结，逐渐形成较为系统、完善的统计理论，即统计学。统计学的产生和发展，至今已有 300 多年的历史。300 多年来，统计学界始终存在不同的认识。不同的学派在学术上产生了激烈的争论，统计学正是在各种不同学派的学术争论中不断完善和发展成为现代的统计学。

从统计学理论的形成和发展过程来看，分为以下三个阶段。

1. 统计理论的形成

1）政治算术学派

政治算术学派产生于英国，其代表人物是英国的威廉·配第（1623—1687 年）和约翰·格朗特（1620—1674 年）。政治算术学派以威廉·配第的《政治算术》一书而得名。

17 世纪，英国的主要敌对国是荷兰和法国，同时，在 1592 年、1603 年、1625 年、1665 年，英国连续出现过多次严重的瘟疫，每次瘟疫都有大量人口死亡。在这种情况下，英国人对国家的前途和现状非常忧虑，广泛地流行着一种悲观论调“在海军力量的竞赛方面，荷兰人正紧紧地追赶在我们的后面，而法国人则正要迅速超过英、荷两国，看来他们是既富有又强盛。”“英国的教会和国家正面临着和产业所遭到的同样的危险。”在这种背景下，威廉·配第撰写了《政治算术》一书，“政治”是指政治经济学，“算术”是指统计方法。该书运用了大量的统计资料，对英、法、荷三国的国情国力做了系统的数量对比分析，最后得出结论：英国能够超过荷兰和法国，指出了英国繁荣富强的道路。威廉·配第在统计学发展史上的主要成就有两个方面：第一，在统计理论方法方面，他认为统计学的任务，最重要的是研究现象的规律性，提供客观现象资料，一国的具体情况决定一国的各项政策。他在《政治算术》一书中写到：“……了解人口、土地、资财、产业等的真实情况的效用是什么？”第二，在统计方法方面，他成功地运用计量、图表、分组、对比等方法，为近代统计学奠定了基础。

约翰·格朗特根据“死亡公报”，写出《对死亡率公报的自然观察和政治观察》，对伦敦人口的出生率、死亡率、性别比例和人口发展趋势作了分类计算和预测。格朗特在统计学发展史上的主要成就有：① 他通过对客观现象中的数量关系的分析，揭示出一系列的统计规律，如男婴出生多于女婴，男性死亡多于女性等。② 他最早用科学的方法编制出死亡率表，其目的是查明人口的年龄构成，确定伦敦的居民人数。③ 对伦敦的壮丁人数进行推算。他的这一系列成就主要是根据发现的数量关系对人口发展趋势进行推算和预测。

威廉·配第虽然没有使用“统计”和“统计学”的名称，但他主张用数字来说明现象，并开始用朴素的图表来概括数字资料。所以马克思称其为统计学的创始人。他创造的数量对比分析方法为统计学奠定了方法论基础，因此人们把《政治算术》一书看作是统计学的第一部著作。

2）国势学派

与威廉·配第同时代的一位德国大学教授海尔曼·康令（1606—1681 年）是国势学派的创始人。自 1660 年起，海尔曼·康令在大学开设了一门名为“国势学”，即“国情学”的新课程，其内容主要是记述和比较国家的领土、人口、财政、军事和法律等方面的内容。从研究目的、研究对象和研究方法等方面初步形成了社会经济统计的体系，但其内容完全是文字论述，缺少数量观察，因此又称为记述学派。

国势学派的另一著名人物阿亨瓦尔（1719—1772 年），对国势学派的理论发展做出了贡献，在所著的《欧洲各国国势学纲要》一书的序言中，首次使用“统计学”一词。他把统计学定义为“国家显著事项学”。该书搜集了大量的实际资料，分门别类地记述了有关国情国力的系统知识，包括土地、人口、军事、政治、财政、货币、科学、艺术、宗教等，进一步完善了“国势学派”的统计知识体系。该学派以文字记述国情国力为主，没有把数量对比分析作为基本方法。但统计学（Statistics）这个名称是该学派首先提出来的。

2. 统计理论的发展

1）数理统计学派

数理统计学派是 19 世纪后期在欧洲兴起，20 世纪在美国得到进一步发展的统计学派。在数理统计学派中贡献最大的是法国数学家拉普拉斯（1749—1829 年）和比利时统计学家凯特勒（1796—1874 年）。

拉普拉斯编的《概率论分析》（1812 年），阐述了几何概率论、伯努利定理、最小二乘法等内容，他被称为概率论的继往开来的人物。凯特勒著有《统计学研究》《关于概率论的书信》《社会物理学》《人体测定学》等。他第一次把古典概率引进社会经济现象的统计研究领域，使用这一方法既研究自然，又研究社会。凯特勒创立了数理统计学派，提高了统计计量上的准确性，使统计学原理产生了质的飞跃，为近代统计学原理奠定了基础，被称为“近代统计学原理之父”。

在此基础上，经过许多人从多方面加以研究，逐渐形成了一门独立的学科——数理统计学。数理统计学的发展对社会经济统计学产生了极为重要的影响，使相关、回归、抽样法等理论在社会经济统计中愈来愈受到重视和应用。凯特勒的重要贡献是把大数定律和概率论引入了统计。

2）社会统计学派

19 世纪初至 19 世纪中叶，随着社会经济的发展及统计学的发展，统计学作为一门对社会经济现象进行数量分析的方法论科学，已被人们所接受。社会统计学派的首创者是德国人克尼斯，主要代表人物有梅尔、恩格尔。认为统计学的研究对象是社会现象，研究方法是大量观察法。恩格尔在1895年发表的《比利时工人家庭的生活费》一文中，提出了著名的“恩格尔法则”，从中引申的“恩格尔系数”，作为衡量生活水平的标准，至今仍被沿用。因此政治算术学派由单纯的人口统计向保险统计、卫生统计等多方面发展。1850年，德国的一位经济学家和统计学家克尼斯（1821—1898年）在其撰写的论文《独立科学的统计学》中，将“国情学”作为“国势学”的科学命名，“统计学”作为“政治算术”的科学命名，从而结束了国势学派和政治算术学派之间的争论。19世纪，克尼斯又将国势学派的图表派、比较派与政治算术学派的方法论进一步整合，形成近代意义上的社会经济统计学。

进入20世纪以后，随着数理统计方法在社会实践中的广泛应用，各学派有逐渐融合的趋势，形成了现在的“大统计”。大统计学包含了社会经济统计学原理和数理统计学，各自在专业领域的应用使其形成了各种专业统计学。

三、统计学的分类

统计学的内容十分丰富，研究和应用的领域非常广泛。统计学可做以下两种分类：

（一）描述统计学和推断统计学

描述统计学是研究如何取得反映客观现象的数据，并通过图表形式对收集的数据进行加工处理和显示，进而通过综合、概括与分析得出反映客观现象规律性的数量特征的方法。描述统计学的内容包括统计数据的收集方法、数据的加工处理方法、数据的显示方法、数据分布特征的概括与分析方法等。其所论不超过已有数据。

推断统计学是研究如何根据样本数据去推断总体数量特征的方法，它是在对样本数据进行描述的基础上对统计总体的未知数量特征做出以概率形式表述的推断。推断统计学是现代统计学的核心和统计研究工作的关键环节，因为统计最终能否科学准确地探索到总体内在的数量规律性与选用何种统计数量，选用什么推断方法，如何进行推断有着直接的联系。

（二）理论统计学和应用统计学

理论统计学研究统计的基本原理和方法。它主要研究统计学的一般理论问题，以及各种统计方法的数学理论问题。

应用统计学是指应用理论统计学所提出的基本原理和方法，去研究各专业领域的数量表现及其规律性。统计方法的应用已扩展到几乎所有的研究领域，应用统计学一般都与特定的领域相联系。例如，统计方法在物理研究中的应用就形成了物理统计学；在生物学中的应用就形成了生物统计学；在医学中的应用就形成了医疗卫生统计学；在农业试验等方面的应用就形成了农业统计学；在宏观经济学中的应用就形成了经济计量学；在微观企业管理中的应用就形成了管理统计学，等等。所以，应用统计学是研究如何应用统计方法去解决实际问题的应用学科。由于各应用领域都有其特殊性，统计方法在各自的应用中就具有不同的特点。

四、统计的职能作用

统计是了解国情国力、指导国民经济和社会发展的一个非常重要的手段。统计是实行科学决策和管理的一项不可或缺的基础性工作，是国家宏观调控体系的一个组成部分。统计对判断经济的走向、认识经济发展的规律和做出经济管理决策都是非常重要的。

党的十六届三中全会通过的《中共中央关于完善社会主义市场经济体制若干问题的决定》，把统计信息工作作为国家宏观调控体系的重要组成部分，提出要“完善统计体制，健全经济运行监测体系，加强各宏观经济调控部门的功能互补和信息共享，提高宏观调控水平。”统计的职能作用主要有以下三个方面。

1. 信息功能

统计的信息功能是指统计具有信息服务的功能。也就是说，统计通过系统地搜集、整理、分析得到统计资料，并经过反复提炼筛选，提供大量有价值的、以数量描述为基本特征的统计信息，为社会服务。统计信息是社会、经济、科技等信息的主体，包含工业、农业、建筑业、运输业、商业、财政、金融、能源、物资、社会、科技、文教、卫生等三十余种不同方面的信息资源。这些信息资源是各级政府实行宏观调控和决策的主要依据。

2. 咨询功能

咨询功能作为统计信息功能的延伸，能够提供更高层次和更具效用的决策服务。现代决策要求作为“参谋”的统计部门，运用科学手段，通过社会经济发展的数量表现，认识其内在联系和客观规律性，进而开展综合分析和专题研究，为主管部门和社会公众进行决策与管理提供客观数据或对策建议。

统计咨询功能具有提供咨询意见和对策建议的服务功能。统计部门利用所掌握的大量的统计信息资源，经过进一步地分析、综合、判断，为宏观、微观决策，为科学管理提供咨询意见和对策建议。如将企业资产、负债、成本、费用等财务指标，以及人员、工资、技改投资等指标与产值、产量、销售、盈亏等指标进行对比分析，将本企业情况与同行业企业情况进行对比分析，将企业微观信息与宏观经济社会信息进行相关研究分析，等等。从而为企业的发展与决策提供全面、准确的参考依据，发挥其他工作难以发挥的参谋作用，促进企业管理与决策水平的提高。

3. 监督功能

运用统计手段可以对社会、经济、科技各方面进行检查、监督和预警。监督作为统计的高级功能，在社会经济生活中发挥着独特的重要作用。市场经济作为开放的和竞争的经济，同时也是有法制规范的经济。只有加强经济监督，包括统计监督，才能保持市场秩序，有效地配置资源，激活和促进经济的发展。同样，市场经济体制下的社会事业的发展，也只有通过科学有效地评估和监测，才能得到促进和持续发展。否则，社会经济运行会偏离正确的轨道而失控，将走弯路并带来巨大损失。所以，统计部门应站在客观的角度对社会经济运行实行全面系统的定量检查、监督和预警，及时对决策执行中出现的偏差提出矫正意见，促使国民经济按照客观规律的要求持续、稳定和协调发展，这是统计的监督功能要达到的系统目标。例如，某地区要实现市委、市政府定位的“行政中心、文化中心、信息中心、国际展览和商务中心”的目标，就要对目标实现的进程实施统计监测与评估，找出问题、提出对策，以便在下阶段进行调整和修正，这就需要发挥统计监督功能才能胜任。

统计的三种职能是相互联系，相辅相成的，统计信息职能是统计的最基本的职能，是保证统计咨询和监督职能有效发挥的基础；统计咨询职能是统计信息职能的延续和深化；而统计监督职能则是在信息、咨询职能基础上进一步拓展，并促进统计信息和咨询职能的优化。统计咨询和统计监督职能的强化又会反过来促进统计信息职能的优化。统计工作只有发挥了信息、咨询和监督三者的整体功能，才能提供优质服务。

第二节　统计学的研究对象和研究方法

一、统计学的研究对象和特点

统计学的研究对象是具有某种共同特征的客观事物总体的数量表现及数量关系。

统计学按其研究对象包括的内容可以分为广义统计学和狭义统计学。广义统计学既不属于社会学科，也不属于自然学科，它是一门跨学科的独立的通用方法论科学。狭义统计学是指社会经济统计学、数理统计学等。本书阐述狭义统计学中的社会经济统计学。

社会经济统计学的研究对象是大量社会经济现象总体的综合数量特征和数量关系。通过对社会经济现象数量特征的研究来反映社会经济现象的现状及揭示其发展变化的规律。

统计是对社会经济现象的综合数量方面进行描述和分析的活动。作为一种对现象进行具体定量认识与研究的技术和方法，有着它自身的特征，也正是这些特征决定了统计学与其他学科的区别。社会经济统计学的研究对象具有数量性、总体性、变异性和具体性四个基本特征。

1. 数量性

所谓数量性，就是用数据表述客观事实，并依据客观事实的逻辑归纳做出定量判断。不能计量的研究，不是统计研究。可见，研究现象的数量方面是统计学研究对象的基本特征。数量性这一特点具有以下三方面的内容：数量的多少，即研究现象的规模、大小、水平等；现象之间的数量关系，即研究现象的内部结构、比例关系、相关关系等；质与量间的关系，即研究现象质与量互变的界限，研究质与量的统一。例如，完成计划与未完成计划是质的差别，这两者的界限就是质与量互变的界限。又如，要统计国内生产总值，首先要确定国内生产总值的质，在认识国内生产总值的质的基础上，来统计国内生产总值的数量。

2. 总体性

统计学研究的不是个别事物（现象）的数量，而是总体综合的数量特征。但是统计学的研究又是以个体事物的量为起点的，个体的量是认识事物总体的基础。如要了解全国零售商品物价的情况，首先必须对每一种零售商品的物价进行调查研究，搜集与总体数量相应的资料，然后对全国零售物价的情况做出正确的认识。

社会经济统计的研究对象是社会经济现象总体的数量方面，因此总体性就成为社会经济统计的重要特点。总体是由许多性质相同的个体所组成的整体。统计研究的是大量现象整体的数量特征，而不是个别事物的个别数量，只有这样才能对事物的本质和规律做出正确的判断。例如，进行人口统计，目的不在于了解个别人性别、年龄、文化程度等情况，而是要反映一个市区、一个省、一个国家人口的性别比例、年龄构成、文化程度等人口现象总体的数量特征。进行城镇居民家庭收支调查，目的不在于了解个别居民家庭的生活状况，而是要反映一个城市、一个地区的居民收入水平、消费结构，等等。客观事物的个别现象通常有其特殊性、偶然性，而总体现象则具有相对的普遍性、稳定性。统计所研究的现象总体的数量特征，有助于我们对现象规律性的认识。

当然，统计研究要从个别入手，但对个别单位的具体事实的调查也只是为了达到研究现象总体特征的目的。统计研究对象的总体性，也不排斥对个别典型单位的深入研究，但它也是为了更有效地掌握总体现象的规律性。

3. 变异性

统计学所研究的同类现象总体的数量特征，其前提是总体各单位的特征表现存在着差异，而且这些差异并不是由某种特定的原因事先给定的。例如，我国东部、中部、西部居民的文化程度有高有低，住户的生活消费水平有升有降等差异，这才需要研究地区居民文化结构、住户平均生活消费水平等统计指标。如果居民之间不存在这些差异，也就不需要做统计，如果居民之间的差异是按已知条件事先可以推定的，也就不需要用统计方法。例如，昼夜时间的长短因季节变化而不同，这与统计无关，而江河水位的高低随时间而不同则是统计研究的对象。统计上把总体各单位由于随机因素引起的某一标志表现的差异称为变异。

如果说，总体各单位的变异表现为个别现象的特殊性和偶然性，而对现象总体的数量研究，则是从各单位的变异中归纳概括出它们的共同特征，显示出现象的普遍性和必然性，这就是统计认识方法的特点。

4. 具体性

统计所研究的量都是现象总体在具体时间、具体地点、具体条件下的具体数量表现，而不是抽象的量。例如，2020 年我国的国内生产总值为 1 015 986.2 亿元，比上年增长 3%；全年财政收入 182 913.9 亿元；全年全社会固定资产投资 527 270.3 亿元等。这些数据都是客观存在的数量特征，反映了我国 2020 年经济发展的规模和水平，离开具体时间、地点和条件的数字，就不是统计数值。

二、统计学的研究方法

统计学研究对象的性质，决定了统计学的研究方法。解决统计学研究方法问题是解决统计研究过程中一切问题的关键。统计学研究的方法主要有大量观察法、统计分组法、综合指标法、数学模型分析法等。

（一）大量观察法

大量观察法是指统计在研究社会经济现象及其发展变化过程中，只有通过对现象总体的全部或足够多的个体进行调查研究并综合分析，才能反映现象总体的数量特征的方法，其主要依据是大数定律。要认识社会经济现象发展的特征和规律性，必须从总体上进行观察，运用大量观察法。这是由统计研究对象的大量性和复杂性决定的。运用大量观察法对同类社会经济现象进行调查和综合分析，使次要的、偶然的因素作用相互抵消，从而排除其影响，以研究主要的、共同起作用的因素所呈现的规律性。如男、女性别比例为 108：100，就是通过大量观察、综合足够多的人才得以确定的。统计调查中的许多方法，如统计报表、普查、抽样调查、重点调查等，都是对大量单位进行观察研究，进而了解社会经济现象及其发展情况的。

大量观察法不是统计调查的具体方法，它是调查研究时必须遵循的一个基本原则。采用大量观察法，可根据具体情况采取不同的观察形式，既可以对总体的所有单位进行全面调查，也可以用足以表明现象本质和规律的部分单位进行非全面调查，即大量观察时，只要观察的量大到足以用来反映现象的本质即可。量的多少由统计分析的方法和目的任务来决定。

（二）统计分组法

社会经济现象是极为复杂的，任何定量分析都以定性分析为基础。统计分组是在对现象进行定性分析的基础上研究其数量特征的。所谓统计分组法，就是根据统计研究的目的和现象的内在特点，按一定标志把总体划分为若干个不同部分或组的一种统计研究方法。分组法是统计整理阶段的专门方法，也是贯穿统计研究全过程的方法。应用统计分组法，可以揭示现象的不同类型，研究现象总体内部构成及内部数量关系。如在经济统计中，对生产部门按产业分为第一产业、第二产业、第三产业。统计分组与统计指标是结合在一起运用的。对统计分组来说，需要有一定的指标来反映分组的内容，进而揭示现象总体的内在本质特征和内在数量关系；对统计指标来说，有了科学的分组，才能计算出具体而非笼统的统计指标，才不至于掩盖现象总体的内部矛盾和差异。

（三）综合指标法

统计学的研究对象具有数量性和总体性的特点，要综合说明大量社会经济现象的数量关系，必须采用综合指标法。

综合指标法就是运用各种综合指标（总量指标、相对指标、平均指标等）对大量社会经济现象的数量方面进行综合分析，概括地表明其一般特征和规律性的方法。综合指标法是统计分析的基本方法。对大量原始数据进行整理汇总，计算各种综合指标，可以反映现象在具体时间、地点以及各种因素共同作用下所表现的规模、水平、集中趋势和差异程度，并概括地描述总体的综合特征和变动趋势。常用的综合指标有三类：总量指标、相对指标和平均指标。在这三类指标的基础上展开的统计分析的具体形式有对比分析、平均分析、变异分析、动态分析、指数分析、经济模型分析（包括相关回归分析、平衡分析和预测分析）等。

（四）数学模型分析法

数学模型分析法是根据现象的统计资料配合适当的数学表达式，从而反映现象之间的数量关系和数量特征，揭示其运动规律的科学方法。随着社会经济的发展，统计是经济分析中重要的和很有价值的辅助工具。在很多情况下，运用统计模型可以发现客观现象新的规律，并预见新现象的产生。统计模型分析主要有相关与回归分析、统计预测等内容。

进入 20 世纪，电子计算机技术的广泛运用，各种统计软件的开发，提高了统计资料的处理速度和质量，为统计模型在社会经济中的广泛运用奠定了基础。

三、统计学与其他学科的关系

（一）统计学与数学的关系

统计学是计量分析的工具，许多统计方法都离不开数学方法的应用，因此，统计学与数学有着密切的关系。数学是研究抽象的数量关系和空间形式的科学，广泛运用于自然科学、工程技术、经济学、管理学等学科中。统计学的主要特征是研究数据，数学则提供了统计学理论和方法的数学基础。统计学中大量运用数学的方法解决统计问题，尤其是数学的一个分支——数理统计，它主要用于抽样分析、相关与回归分析、统计预测等方面。数理统计也因此被认为是数学与统计学两大学科的交叉学科。

统计学与数学的区别首先是两者的研究对象不同：数学是以确定性数量关系为主要研究对象；统计学则是以随机性数量关系为主要研究对象。其次，统计学的数量特征是具体的，有特定的社会经济意义，统计必须收集实际数据，再对大量的数据进行归纳和演绎才能得出有用的结论；而数学的数量则是纯数字的、抽象的，可以没有具体的社会经济意义。如数字 391 009，2021 年我国进出口总额为 391 009 亿元，前者为数学中的纯数字，后者为统计学的数量指标。

（二）统计学与经济学的关系

统计学作为经济管理专业的主干课程，以阐述统计学的基本原理和基本方法为内容，侧重于统计学基本理论和基本方法在经济与管理中的应用。因此学习统计学，要密切联系哲学、逻辑学、数学这些方法论学科，同时也涉及经济学、管理学等这些实质性学科的知识。统计学与经济学的联系主要表现在统计学是一种研究方法，用这种方法研究经济问题离不开经济学理论的指导。对经济现象的数量特征的描述要以经济学确定的经济范畴来界定。统计学研究的经济数量联系，要以经济学理论确定的经济关系为基础，研究经济发展趋势的数量分析要以经济学阐明的经济规律为依据。例如，统计学中所论述的社会经济统计指标——国内生产总值、基本建设投资额、工资、利润、劳动生产率、国民收入等，都反映了一定的经济范畴，这就要以经济学所阐述的内容为依据。统计学在研究社会经济问题时，为了定量地描述其数量特征，必须将经济理论概念范畴转换为统计范畴，运用统计方法做出科学的分析。例如，要研究对比世界各国经济发展水平，就要确定用哪些指标才能真实地衡量各国的经济发展状况。国内生产总值、国民收入、人均产值等指标是常用来衡量各国经济发展水平的。统计学要在经济学理论指导下进行社会经济现象的数量方面的研究分析。反过来，统计学又会对经济学提出新的研究课题和结论。两者相互影响。统计学是使经济学理论不断充实、完善和发展的重要手段。

两者的区别主要表现在经济学是对社会经济现象的质的方面进行研究，统计学是对社会经济现象的量的方面进行研究，因此两者的研究对象不同，研究范围也不同。统计学研究的范围远远大于经济学的研究范围。

统计学和经济管理专业的其他学科是相辅相成的关系。一方面，统计研究所联系的“质”离不开这些实质性学科的基本概念和基本理论。统计指标的含义、统计分析中的例题联系的实际状况和背景，都与经济学、管理学、营销调研、金融等学科有关。另一方面，掌握了统计学知识，有助于加深对相关学科分析方法的理解。如市场营销学中关于预测的回归方法、证券投资中的移动平均方法、投资的风险管理等。企业在经营活动过程中，个人在谋职或投资运作过程中，都涉及统计学知识。具体地说，就是采用定性分析与定量分析相结合的方法，对相关的实际问题作有价值的深入研究能得出更可靠、更切合实际的结论。

（三）统计学与计算机科学

传统的手工与机械数据处理手段已无法适应社会经济高速发展对统计所提出的要求，统计需要处理大量的数据资料。计算机在统计上的应用，解决了统计信息的存储和检索问题。计算机所配备的数据库，使统计信息能有序存储、自动加工处理，从而能快速获得具有高度逻辑性和预见性的信息。最常用的计算机统计应用软件是 Microsoft Excel，它能把数据表、图表和数据库等功能有机地组合在一起。此外，常用的统计软件还包括 SPSS、SAS、S-plus 等。本书第九章具体介绍 Excel 在统计中的应用。

（四）统计学与大数据

历史上的每一次重大科技革命，必然催生新的统计方法和新的统计手段。大数据为统计学发展提供了新手段、新视角、新要求和新挑战。

最早提出“大数据”时代到来的是全球知名咨询公司麦肯锡。它称：“数据已经渗透到当今每一个行业和领域，成为重要的生产因素。人们对于海量数据的挖掘和运用，预示着新一波生产率增长和消费者盈余浪潮的到来。”大数据为我们看待世界提供了一种全新的方法，即决策将日益基于数据分析做出。

大数据具有大量性、高速性、价值性和多样性等特点。大数据的价值在于统计。统计作为研究数据的科学，就是要发现隐藏在看似杂乱无章的数据里面的规律。没有统计学，就没有大数据，就没有人工智能。诺贝尔经济学奖获得者托马斯·萨金特说，“人工智能其实就是统计学”。

大数据对统计工作和统计研究的转变，以及统计学科产生了重要影响。一是大数据拓展了统计学的研究对象。在大数据时代，不仅任何一种以结构数据度量的数量可以作为统计研究的对象，而且不能用数量关系衡量的如文本、图片、视频、声音、动画、地理位置等半结构或非结构数据都可以作为统计研究的对象。二是大数据影响统计计算的规范。传统统计学根据一定的数据计算规范，如用平均数、方差、相对数等反映客观事物量的特征、量的界限、量的关系等，并且可以根据具体计算规范计算具体数值。由于半结构化数据和非结构化数据并不能根据计算规范计算平均数、方差、相对数等数值，因此出现了新的统计计算规范。三是大数据促进统计研究过程的变革。在大数据时代，网络资料异常丰富，数据不再仅仅通过试验或调查抽样的方式获得。针对大数据的数据收集往往通过传感器等技术手段自动采集，数据资料收集发生了巨大变化。同时，数据整理、数据积累、开发与应用环节更显重要。

第三节 统计学中的基本概念

统计学是一门独立学科，在研究客观现象总体的数量表现时，常用到许多概念。其中最基本的概念有总体与总体单位、标志与标志值、变异与变量、统计指标与指标体系等。掌握这些概念的准确含义，对学习统计这门学科是非常重要的。

一、总体与总体单位

总体是指由客观存在的，具有某种共同性质的许多个别单位所构成的整体。构成整体的个别单位（或事物）称为总体单位。例如，研究某个工业部门的企业生产情况时，该部门的所有工业企业可以作为一个总体，因为它是由许多客观存在的工业企业组成的，而每个工业企业都是进行工业生产活动的基层单位，具有同质性。总体分为有限总体和无限总体。总体范围能够确定的总体为有限总体。社会经济统计研究的一般都是有限总体，如人口数、企业单位总数、房屋建筑面积总数、存贷款余额等都是有限总体。总体范围不能确定总体为无限总体，大海里的生物、河流的水所组成的总体就是无限总体。

总体具有同质性、大量性、变异性三个特点。同质性是指总体单位至少应具有一个相同的属性，并要求具有该相同属性的个体都需纳入这一总体。同质性是构成总体的基础。大量性是指总体单位数量要足够多，极少单位不能形成统计总体。总体单位数太少，不能得出关于总体的数量特征的正确认识，如我们不能用个别学生的成绩来说明全班同学的学习情况。因为个别学生的成绩，总有其特殊性和偶然性，由于个别现象的特殊因素的影响，很可能会掩盖整体的真实情况。变异性是指总体单位在数量上和性质上存在着差别，这种差别就是变异性。例如，研究企业这个总体，构成企业总体的每个企业在所有制性质、产品类型、产值、职工人数等许多方面都存在差异。如果总体单位之间不存在差异，统计就失去了意义。作为一个总体，必须同时具备这三个特征，才能进行一系列计算和分析研究。

总体与总体单位的关系，是整体与个体的关系。在一次统计研究中，是固定的包含与被包含的关系。如果说统计总体是集合的概念，那么总体单位就是集合的元素。在实际工作中，确定总体和总体单位必须注意以下两个问题：

（1）构成总体的单位必须是同质的，不能把不同质的单位混在总体中。

（2）总体与总体单位具有相对性。随着研究目的的不同，总体与总体单位可以互相转化。同一事物在不同情况下，可以作为总体，也可以作为总体单位。例如，在上述某一工业部门所有工业企业的统计总体中，每个企业是一个总体单位。但为了要研究一个典型企业的内部问题时，则被选作典型的某一企业又可作为一个总体。

二、标志与标志值

每个总体单位都具有许多属性和特征。例如，就全国工业企业这一总体来说，每个工业企业所属的经济类型、行业性质、职工人数、产品产量和产值等的特征，可以说明每个企业的具体情况。说明总体单位数量特征或属性的名称，在统计上称为标志。在特定的时间、空间条件下标志的属性或数量在各总体单位的具体表现称为标志表现。统计研究是从标志表现开始的，标志表现是最基础的统计资料，是形成指标数值的原材料。其中，标志按其性质不同分为品质标志和数量标志。品质标志是说明总体单位质的特征的名称，其具体表现一般用文字来表达。如性别标志用“男”“女”来表达，民族标志用“汉族”“苗族”等来表达。值得说明的是，有些品质标志也表现为数量，如人们通常用等级来表现产品的质量，具体表现为一等、二等、三等。从表面上看这是数量表现，但实质上表现的是产品质量上的差异，仍然是品质标志。

数量标志是说明总体单位数量特征的名称，其具体表现为数值，如年龄、产值、身高、体重、工资、成绩等。其量用数值表现，这些标志都是数量标志。数量标志的具体数值表现就是标志值。如某个学生的年龄 20 岁，“年龄”是数量标志，“20”岁则是年龄这个标志的数值表现，即标志值。数量标志作为一个可变的量，又称为变量。数量标志的表现也称为变量值。

标志按变异情况可分为不变标志和可变标志。在同一总体中，当一个标志在各个总体单位的表现不尽相同时，这种标志称为可变标志。可变标志也分为可变的数量标志和可变的品质标志。可变标志是构成总体差异性的基础。在同一总体中，当一个标志在各个总体单位的表现都相同时，这个标志称为不变标志。比如，国有企业这个总体，其所有制是不变标志，产品类型、产值、利润、职工人数等是变化的，为可变标志。任何总体的各总体单位至少有一个共同的不变标志，才能使它们结合在一起，这个不变标志是构成总体同质性的基础。

例如，要研究某学校教师的工资收入情况，则该学校所有教师便构成了总体，“职业”便是其不变标志，是形成总体的前提，即总体的同质性。在这个总体中，每位教师的工资收入等是不完全相同的，“工资”等就是可变标志，它因每位教师的工龄、职称及工作绩效等不同而异。但如果我们研究的不是该校教师的工资收入情况，而是该校所有员工的工资收入情况，总体就应包括教师、行政管理人员、服务人员等在内，这时“职业”这个标志在总体各单位上的表现就不尽相同了，它与工资等一样均为可变标志。

三、变异和变量

如果统计中的标志和指标都是可变的，这种标志和指标具体表现出的差别被称为变异。变异分为属性变异和数值变异两种。可变品质标志表现出来的差异称为品质差异，它表明质的差别；可变数量标志和指标表现出来的差异称为数值差异，它表明量的差别。如性别标志表现为男、女，年龄标志表现为不同的年岁，劳动生产率标志表现为不同的生产水平等，这种差别称作变异。变异是普遍存在的，这是统计的前提条件，有变异才有统计，没有变异就用不着统计。

可变的数量标志是变量，如工业企业的职工人数、资金总额、产值、利润等都是变量。变量的具体表现是变量值（也称标志值）。如某班的学生年龄分为20、21、22、23等几个年龄段，其中年龄是可变数量标志，而20、21、22、23等是年龄这一变量的不同数字表现，就是变量值或标志值。

变量按其变量值是否具有连续性，分为连续变量和离散变量。连续变量是指其变量值是连续不断的，在任意两个相邻数值之间可以有无限多个不同数值的变量。如工资、产值、利润等可以带小数，且两个变量之间可以无限分割。离散变量是指变量值只能以整数断开而不可能表现为小数，如人口数、企业数、学校数等，它们只能以整数计数。

变量按其性质可分为确定性变量和随机变量。确定性变量是指在变量值的变动中存在某种起决定作用因素的变量，其变动方向较为稳定。确定性变量的取值具有趋势性，这种趋势是受某种决定性因素影响的，如一个国家的耕地面积就是确定性变量。随机变量是指影响变量值的因素较多，各因素都不起决定作用，变量值的变动带有很大的偶然性或随机性。随机变量的数值变动有一定的规律性。这种规律性可以运用统计的方法，对其数量特征以及变动加以揭示和描述。随机变量的变动没有一个确定的方向，原因是影响因素较多，没有一个起决定性作用的因素，如居民收入与银行存款之间的数量关系。

四、统计指标和指标体系

在社会经济统计活动中，对事物的定量认识是从定性认识开始的，并以定性为基础。从定性认识到定量认识的过渡需要一座“桥梁”，这座“桥梁”便是统计指标、统计指标体系等。

统计指标是社会经济统计活动和社会经济统计学中最重要的基本概念。统计正是用统计指标来反映总体的实际情况，并用统计指标来研究认识总体的发展变化情况、总体内部及它与外部的数量关系。在社会经济统计中，统计指标占有中心地位，许多统计方法都是围绕统计指标产生的。

（一）统计指标的概念和要素

统计指标是说明总体数量特征的指标名称和指标数值。它是依附于统计总体的。一个完整的指标由以下5个要素构成：① 指标名称及其含义；② 指标数值字；③ 计量单位；④ 时间；⑤ 空间范围。指标离不开数值，即指标都是能用数值表现的。例如，2020 年我国的国内生产总值为 1 015 986.2 亿元，其中“国内生产总值”是指标的名称，“2020 年”表示指标所属的时间，“1 015 986.2”是指标数值，“我国”表示指标的空间范围，“亿元”表示指标的计量单位。

（二）统计指标的特点

第一，可量性。统计指标是对现象某种综合数量特征进行概括而形成的科学范畴。但不是所有作为概括现象的范畴都能形成统计指标，只有那些能用数字加以计量的范畴才有可能被称为统计指标。例如，国内生产总值、从业人数、税收总额等。对于那些无法用数字加以计量的范畴，就不可能成为统计指标。例如，企业的组织形式、筹资方式等就不是统计指标。可量性是统计指标的基本特征，也是社会经济范畴转化为统计指标的前提条件。有些抽象度较高的社会经济概念是难以量化的，不能直接用来作为统计指标的名称，必须将它分解或转化为可以量化的概念才能成为统计指标。例如，“生活质量”怎样衡量呢？可以把它分解为平均预期寿命、平均受教育年限、婴儿死亡率、每人每日摄取热量、居民收入水平等可以量化的概念，再用一定的方法加以综合计算，“生活质量”便成为一个统计指标了。

第二，综合性。统计指标反映的是总体的数量，它是许多个体现象的数量综合的结果。一个职工的工资不能成为统计指标，一个企业或一个地区的工资总额或平均工资才成为统计指标。

第三，具体性。统计指标是反映具体现象在具体时间、地点、条件下的数量特征，而不是抽象的现象、概念和数字。它包含着特定的含义、内容、计算方法和计量单位等，因而不存在脱离具体内容的统计指标。

（三）统计指标的种类

1. 统计指标按其反映的总体现象的内容不同，分为数量指标和质量指标

数量指标是反映社会经济现象的总水平、总规模的统计指标。例如，人口总数、商品销售总额、工业总产值、税收总额等。从其数值的表现形式看，数量指标总是用绝对数表示，又称为绝对指标。因为它是表明现象的总量规模，所以又称为总量指标。从计算上看，数量指标是对总体单位的数量进行加总的结果。质量指标是说明总体内部数量关系和总体平均水平的统计指标，它反映现象总体的相对水平或平均水平。用来反映总体的强度、密度、效果、结构、工作质量等，如劳动生产率、单位产品成本、产品合格率、平均价格、人口密度、资金利润率等。从计算上看，质量指标一般是两个指标进行对比的结果，具体表现为相对数或平均数。

2. 统计指标按其作用不同，分为总量指标、相对指标和平均指标

总量指标是反映总体现象规模的统计指标，它表明总体现象发展的结果。例如，上述的总人口、国内生产总值等。相对指标是两个有联系的统计指标相比较的结果。例如，人口增长率、成本降低率、三次产业在国民生产总值中所占比重等。平均指标是按某个数量标志计算的说明总体单位一般水平的统计指标，如平均工资、平均成本，等等。这三种指标在第四章、第五章有具体内容，这里不再阐述。

3. 统计指标按其反映的时间特点不同，分为时点指标和时期指标

时点指标是反映总体特征在某一时点上的数量表现，常用的是期末数字。例如，期末人口数、商品库存量、企业设备台数、外汇储备额等。时期指标是反映总体在某一段时期内发展的数量表现。例如，产品产量、进出口总额、商品销售量（额）、人口出生（死亡）数等。

4. 统计指标按其计量单位的特点，分为实物指标、价值指标和劳动指标

实物指标表明现象总体的使用价值总量。它根据现象的自然属性和特点采用实物单位计量。实物单位有自然单位、度量衡单位、标准实物量单位、复合单位。

价值指标表明现象总体的价值总量，它以货币单位计量。

劳动指标是以劳动过程中消耗的劳动时间为计量单位，如工时、工日、人工数等，为成本核算和计算劳动生产率提供依据。

（四）标志和指标的区别与联系

1. 指标与标志的区别

（1）标志是说明总体单位特征的名称；指标是说明总体的数量特征。如研究某市工业企业的基本情况，则该市的“工业增加值”是一个统计指标，而该市某工业企业的“工业增加值”则是一个标志，具体工业增加值 5 000 万元是数量标志值。

（2）标志既有反映总体单位数量特征的，也有反映总体单位品质特征的，其中数量标志使用数值来表现。而指标只反映总体的数量特征，所有的指标都用数值来表示。

（3）凡是统计指标都具有综合的性质，而标志一般不具有综合的性质。如某人的身高、年龄等是直接说明该个体的身高、年龄特征的，而总体中所有人的平均身高、平均年龄则是对该总体中每个人的身高、年龄进行了差异综合而得到的平均数，是一个综合指标。

2. 指标与标志的联系

（1）统计指标的数值是由相应的总体单位某一数量标志值汇总、计算的结果。没有总体单位的标志值，就不可能有总体的指标数值。而且总体各单位标志值的大小及变化将直接影响总体指标数值的大小及变化。例如，某企业职工的“平均工资”这一指标，是以该企业全部职工的工资总额为基础计算出来的，每一职工工资的多少及升降直接影响该企业平均工资水平的高低。

（2）指标与标志之间存在转换关系。根据研究目的与任务的不同，指标有可能变为标志，标志也有可能变为统计指标，这是由总体与总体单位的变化来决定的。如果原来的总体因研究目的的变化而变为总体单位，则原来的统计指标就相应变为标志；如果原来的总体单位变为统计总体，则原来的统计标志就相应变为统计指标。例如，研究某市工业企业的生产经营状况，则该市全部工业企业中的每个工业企业的有关增加值、职工人数等就是标志；如果现在我们的任务是研究该市某一特定工业企业的生产经营情况，则该工业企业是我们的研究对象，因而其工业增加值、职工人数等就是统计指标了。

（五）统计指标体系

一个统计指标只能反映总体的某一方面的数量特征，然而复杂的社会经济现象又存在相互联系、相互制约的关系。为了揭示总体的全貌，必须把一系列相互联系、相互补充的指标结合起来应用。由若干个相互联系、相互补充的指标结合在一起形成的一个整体称为指标体系。例如，一个工业企业把产品产量、净产值、劳动生产率、质量、消耗、成本、销售收入等统计指标联系起来就组成了指标体系，这便于我们全面、准确地评价该企业的生产经营情况。

因此，要反映现象多方面的有机联系的数量关系，就需要使用一系列相互联系的统计指标。在统计学上，把反映社会经济现象数量关系的一系列相互联系的统计指标组成的一个整体，称为统计指标体系。

统计指标体系的组成形式和内容，是由社会经济现象客观存在的相互联系所决定的，它是社会经济现象在数量之间存在联系的一种反映。指标体系的表现方式有多种，可以是指标罗列，也可以用账户来表现。比如，工业企业财务管理指标体系，主要指标有：以净资产收益率为核心指标反映工业企业财务效益状况，包括净资产收益率、总资产报酬率、资本保值增值率等指标；以资产周转率为核心指标反映工业企业资产营运状况，包括总资产周转率、流动资产周转率、不良资产比率等指标；以资产负债率为核心指标反映工业企业偿债能力，包括资产负债率、流动比率、速动比率等指标；以销售增长率为核心反映工业企业发展状况，包括销售增长率、资本积累率、总资产增长率等指标，工业企业可根据生产经营情况再增加其他相关指标。

统计指标体系按其说明问题的角度不同，可分为两大类：基本统计指标体系和专题统计指标体系。

1. 基本统计指标体系

基本统计指标体系是指反映国民经济和社会发展及其各个组成部分基本情况的指标体系。具体又分为三个层次：最高层次是反映整个国民经济和社会发展的统计指标体系，从经济上讲主要是国民经济综合平衡指标体系，以及社会指标体系和科技指标体系；中间层次是各地区各部门统计指标体系，这个层次也应该建立中观经济综合指标体系、中观社会指标体系和中观科技指标体系；第三个层次是基层统计指标体系，它是指微观企业、事业单位的统计指标体系。例如，国家统计局在部门统计的基础上制订综合性社会统计指标体系，由以下相互联系的15个指标构成：① 自然环境统计。国土面积、行政区划、人口密度、自然资源、气候条件和城市面积利用与绿化等。② 人口与家庭统计。人口规模、人口构成、人口出生死亡、婚姻家庭、计划生育等。③ 劳动统计。劳动力资源利用、社会劳动者构成、劳动条件、劳动时间利用等。④ 居民收入与消费统计。居民收入、居民消费、城乡居民储蓄存款、个人消费总额占消费总额的比重、劳动收入与劳动生产率对比等。⑤ 住房与生活服务统计。居住面积与质量，住宅投资与建设、商业、饮食业、服务业、交通运输、公用事业等。⑥ 劳动保险与社会福利统计。劳动保险、社会救济、社会福利、劳动保险与社会福利费用总额占国民收入比重等。⑦ 教育统计。普通教育、成人教育、少数民族教育、教育经费等。⑧ 科学研究统计。科学研究机构、人员、科研成果、学术交流、科研经费等。⑨ 卫生统计。卫生机构、床位、人员、医疗活动、营养与健康、少数民族医疗情况、卫生事业经费等。⑩ 环境保护统计。人员与设施、各地区三废处理、城市三废处理、自然保护区情况、环保经费等。⑪ 文化统计。文化、广播机构设施及人员数，文化、广播活动，书刊出版，少数民族文化，文化广播经费等。⑫ 体育统计。人员与设施、体育活动普及情况、运动成绩、国际体育交流、体育事业经费等。⑬ 社会秩序与安全统计。律师公证调解情况，社会治安情况、青少年违法犯罪及其教育，非正常死亡情况等。⑭ 社会活动参与统计。政治活动参与情况、工会活动、共青团活动、妇联活动等。⑮ 生活时间分配统计。职工一天二十四小时内用于工作、上下班、睡眠、用餐、个人卫生、家务劳动、业余学习、文体活动及其他活动的时间分配情况等。

2. 专题统计指标体系

专题统计指标体系是指针对某项社会或经济问题制定的专门统计指标体系。例如，就环境问题建立的环保指标体系，就能源问题建立的能源统计指标体系，就社会保障问题建立的社会保障统计指标体系，为了研究生产、流通、消费信息等经济效益而制定的统计指标体系，为了研究人民生活水平的变化而制定的统计指标体系等，都属于专题统计指标体系。这类指标体系的内容具有专门化的特点，而且完全取决于研究问题的目的和要求。例如，道路交通事故统计指标体系由事故起数、死亡事故起数、死亡人数、受伤人数、直接财产损失、重大事故起数、重大事故死亡人数、特大事故起数、特大事故死亡人数、特别重大事故起数、特别重大事故死亡人数、万车死亡率、10 万人死亡率、生产性事故起数、生产性事故死亡人数、重大事故率、特大事故率等指标组成。

小　结

统计学的产生与发展大约经历了三个阶段：国势学派阶段、政治算术学派阶段和数理统计学阶段。统计的含义包括三个方面：统计工作、统计资料和统计学。统计具有信息、咨询、监督三大职能。

社会经济统计学的研究对象是大量社会现象总体的综合数量特征和数量关系，通过对社会经济现象数量关系的研究来反映社会经济现象的现状和发展变化的规律性。其特征是数量性、总体性和变异性。统计学的研究方法在其各个阶段使用了各种专门的方法，如大量观察法、统计分组法、综合指标法和统计模型法等。

统计学分为描述统计学和推断统计学。描述统计学研究如何取得反映客观现象的数据，并通过图表形式对收集的数据进行加工处理和显示，进而通过综合、概括与分析得出反映客观现象的规律性数量特征。推断统计学则是研究如何根据样本数据去推断总体数量特征的方法，它是在对样本数据进行描述的基础上对统计总体的未知数量特征做出以概率形式表述的推断。理论统计学主要是指统计学的数学原理和方法原理，应用统计学是研究如何应用统计方法去解决实际问题。统计学与数学、经济学、计算机科学有着密切的联系，但也存在着实质性的区别。

总体是指由客观存在的，具有某种共同性质的许多个别单位所构成的整体。构成整体的个别单位（或事物）称为总体单位。标志是说明总体单位的数量特征和属性的名称，标志按其性质不同分为品质标志和数量标志。品质标志是说明总体单位质的特征的名称，数量标志是说明总体单位数量特征的名称，其具体表现为数值。统计学中的标志和指标都是可变的，这种标志和指标具体表现出的差别被称为变异。可变的数量标志是变量，变量的具体表现是变量值，又称为标志值。变量按其变量值是否具有连续性，分为连续变量和离散变量。统计指标是说明总体数量特征的指标名称和指标数值的。一个完整的指标由以下 5 个要素构成：① 指标名称及其含义；② 指标数值；③ 计量单位；④ 时间；⑤ 空间范围。统计指标按其反映的总体现象的内容不同，可分为数量指标和质量指标；按其具体内容和作用不同，可分为总量指标、相对指标和平均指标；按其反映的时间特点不同，可分为时点指标和时期指标；按其计量单位的特点，可分为实物指标、价值指标和劳动指标。由若干个相互联系、相互补充的指标结合在一起形成的一个整体称为指标体系。

思考与练习

一、思考题

1. “统计”的含义包括哪几个方面？它们之间的关系是什么？统计的基本职能有哪些？
2. 统计学有哪几个学派？各学派的主要观点是什么？其代表人物是谁？
3. 统计学的研究对象及其特征是什么？
4. 统计的工作过程有哪几个阶段？常用的统计学研究的方法有哪些？
5. 统计学是怎样分类的？简述它与其他学科的关系。
6. 统计指标有哪些分类？指标与标志有什么区别和联系？
7. 简述标志的含义和分类，品质标志和数量标志有什么区别？
8. 什么是大数据？阐述大数据对统计学的影响。

二、练习题

（一）单项选择题

1. 人们在使用“统计”一词时，通常有三种不同的含义，其中不正确的一项是（　　）。

   A. 统计工作　　B. 统计方法　　C. 统计资料　　D. 统计学

2. 下列指标中属于质量指标的是（　　）。

   A. GNP　　B. 劳动生产率　　C. 产品总成本　　D. 人口死亡数

3. 某机床厂要统计该企业自动机床的产量和产值，这两个变量是（　　）。

   A. 两者均为离散变量　　B. 两者均为连续变量
   C. 前者为连续变量，后者为离散变量　　D. 前者为离散变量，后者为连续变量

4. 社会经济统计学的研究对象是社会经济现象总体的（　　）。

   A. 数量特征和客观规律　　B. 数量特征和数量关系
   C. 数量关系和认识客体　　D. 数量关系和研究方法

5. 下列分组中哪个是按品质标志分组（　　）。

   A. 企业按年生产能力分组　　B. 产品按品种分组
   C. 家庭按年收入水平分组　　D. 人口按年龄分组

6. 在全国人口普查中，（　　）。

   A. 男性是数量标志　　B. 人的年龄是变量
   C. 人口的平均寿命是品质标志　　D. 人的性别是统计指标

7. 在对高校教师的一项调查中，下列标志中属于不变标志的是（ ）。

A. 高校教师年龄 B. 高校教师身高

C. 高校教师收入 D. 高校教师职业

8. 某公司高层管理人员的工资，分别为 7 000、7 200、7 300、7 500、8 500 元，这 5 个数据是（ ）。

A. 统计指标 B. 总体单位 C. 指标值 D. 标志值

9. 一个统计总体有（ ）。

A. 一个标志 B. 一个指标 C. 多个标志 D. 多个指标

10. 为研究某班学生英语水平，测得平均分数为 78 分，及格率为 90%，成绩优秀者 5 人，在这都是（ ）。

A. 数量标志 B. 总体单位数 C. 数量指标 D. 指标

（二）多项选择题

1. 统计研究运用的方法主要包括（ ）。

A. 大量观察法 B. 统计分组法

C. 综合指标法 D. 统计模型分析法

E. 计算机算法

2. 在全国人口普查中，（ ）。

A. 人口的性别比是品质标志 B. 人口的平均年龄是统计指标

C. 全国人口是统计总体 D. 每一个人是总体单位（个体）

E. 各年龄人口的比重是数量标志

3. 要了解某地区全部学龄儿童的上学情况，则（ ）。

A. 全部学龄儿童是研究的总体 B. 学龄儿童总数是统计指标

C. 学龄儿童上学率是统计标志 D. 反映每个人特征的年龄是数量指标

E. 某学龄儿童人身高 1.3 米是标志表现

4. 2021 年某市统计局对该市工业企业进行调查得到如下资料，其中统计指标有（ ）。

A. 该市亏损企业 15 个 B. 某企业负债 80 万元

C. 该市工业机床 12 万台 D. 某企业劳动生产率 2 万元/人

E. 该市 2021 年末职工人数 30 万人

5. 下面标志中，哪些是连续型数量标志（ ）。

A. 工资总额 B. 某商场一季度销售额

C. 某大学学生人数 D. 手机的重量

E. 教室的座位数

6. 下列统计指标中，质量指标有（ ）。

A. 总产值 B. 商品价格

C. 平均工资 D. 单位产品原材料消耗量

E. 商品库存额

7. 下列统计指标中，总量指标有（ ）。

A. 工资总额 B. 单位产品成本

C. 出勤人数 D. 人口密度

E. 合格品率

8. 要了解某地区全部成年人口的就业情况，那么（　　）。

A. 全部成年人是研究的总体　　B. 成年人口总数是统计指标

C. 成年人口就业率是统计标志　　D. “职业”是每个人的特征，“职业”是数量指标

E. 某人职业是“教师”，这里的“教师”是标志表现

9. 指标与标志之间存在转换关系，是指（　　）。

A. 在同一研究目的下，两者可相互对调　　B. 指标有可能成为标志

C. 标志有可能成为指标　　D. 在不同研究目的下，指标和标志可相互对调

E. 在任何情况下，指标和标志都可相互对调

10. 下列指标中属于质量指标的是（　　）。

A. 国内生产总值　　B. 出生人数

C. 60 岁以上人口所占比重　　D. 年末人口数

E. 职工平均工资

（三）判断题

1. 数量指标的表现形式是绝对数，质量指标的表现形式是相对数和平均数。（　　）

2. 总体和总体单位的区分具有相对性，随着研究任务的改变而改变。（　　）

3. 标志通常分为品质标志和数量标志两种。（　　）

4. 总体单位是标志的承担者，标志是依附于单位的。（　　）

5. 在人口普查中，某人女性是品质标志，36 岁是数量标志。（　　）

6. 统计研究客观事物现象，着眼个体的数量特征，而不是研究整体事物的数量特征。（　　）

7. 统计一词包含统计工作、统计资料、统计学等三种含义。（　　）

8. 社会经济统计学的研究对象是社会经济现象总体的各个方面。（　　）

9. 品质标志表明单位属性方面的特征，其标志表现只能用文字来表现，所以品质标志不能转化为统计指标。（　　）

10. 统计指标和数量标志都可以用数值表示，所以二者反映的内容是相同的。（　　）

（四）综合题

1. 举例说明总体、总体单位、标志、指标、品质标志、数量标志、质量指标、数量指标的含义。

2. 查阅《中国统计年鉴 2021》，完成以下任务：

（1）查询 2010—2021 年我国各项税收数据资料，分析各项税收发展变化情况。

（2）查询普通高校 2010—2021 年招生人数、在校生人数、毕业人数统计数据，分析其发展变化情况。

第一章资料

第二章　统计调查

统计工作分为统计设计、统计调查、统计整理和统计分析四个阶段。统计设计是根据统计研究的目的和研究对象的特点，对统计工作的各环节制订详细计划，并为其计划制订出具体实施方案的工作阶段。其结果表现为各种设计方案，如调查方案、汇总整理方案、分析研究方案等。统计设计是开展统计调查、统计整理、统计分析前的必要准备阶段。它是从定性认识过渡到定量认识的连接点，也是使整个统计工作顺利进行的重要保证。关于统计设计的知识点，我们将在统计调查和整理资料中介绍，并结合具体的内容进行描述。

第一节　统计调查概述

一、统计调查的含义和基本要求

统计调查是按照预定的统计任务，运用科学的调查方法，有组织、有计划地从客观实际中搜集资料的过程。统计调查既是对现象总体认识的开始，也是进行资料整理和统计分析的基础环节。

统计调查的基本任务是取得反映社会经济现象总体全部或部分单位以数字资料为主体的信息。这种信息可以表现为原始资料（如工业企业产品产量的入库单），也可以表现为已经加工过的资料（如按企业类型、按企业行业整理的产值）。

统计调查不同于一般的社会调查。统计调查主要着眼于数字资料的搜集，并且是搜集能够汇总并形成综合数据的大量单位的数据。

准确、及时、全面、系统是统计调查的基本要求。统计调查的准确性，是指提供的统计资料必须符合实际，真实可靠。力求做到真实地反映实际，杜绝谎报，而且要数字完整、没有遗漏，计算准确、不出差错。统计数字的准确性是统计的生命。把好资料准确这一关，对于保证和提高整个统计工作的质量具有十分重要的意义。统计调查的及时性，就是在统计调查规定的时间内，尽快提供统计资料。统计调查的全面性是指搜集调查对象的全部单位的全部项目的全部资料。统计调查的系统性是指统计资料应以客观现象之间的内在联系为基础，使各项调查资料能够有机结合或对比应用。

统计调查的准确性、及时性、全面性、系统性是相互联系的。及时、全面、系统离不开准确的要求，准确又是达到及时、全面、系统的基础。可见，统计调查的基本要求中最重要的是准确性和及时性，是衡量统计工作质量的重要标志。

二、统计调查的种类

为了适应不同的调查对象和调查目的，需要采用不同的调查方式和方法。根据不同的标准可以对统计调查进行以下分类：

1. 按调查的组织方式不同，分为统计报表和专门调查

统计报表是以原始记录为基础，按照统一规定（按国家或上级主管部门统一规定）的表式、内容、计算方法、报送时间和报送程序自上而下地统一布置，自下而上地逐级提供基本统计资料的统计调查方式。统计报表是我国搜集常规资料的主要形式。通过统计报表制度能够得到有关国民经济和社会发展基本情况的资料。

专门调查是根据特定的目的和要求专门组织的一种搜集统计资料的调查形式。专门调查根据其特点不同，可分为普查、重点调查、典型调查、抽样调查等具体形式。

2. 按调查对象包括的范围不同，分为全面调查和非全面调查

全面调查是对调查对象所包括的全部单位进行调查，以取得全面统计资料的一种调查方式。例如，人口普查、工业普查、第三产业普查、全面统计报表等都是全面调查。

非全面调查是对被调查对象的部分单位进行调查登记，以取得部分统计资料的一种调查方式。例如，抽样调查、重点调查和典型调查等都是非全面调查。

全面调查与非全面调查两者相比较：前者需花费较大的人力和物力，因此调查内容仅限于最重要、最基本的指标。后者可用较少的人、财、物和时间，调查较多的内容，取得的是非全面资料，这种非全面调查所获得的资料可以在一定程度上反映总体的现状和发展趋势。

3. 按调查登记时间是否具有连续性，分为经常性调查和一次性调查

经常性调查是随被研究现象的变化所进行的经常和连续登记的一种调查方式。如产品产量、工业产值等，这些现象数值变动大，通常采用经常性调查。

一次性调查是不连续调查，一般每隔一段时间进行一次调查登记。一次性调查，是对调查对象某一时点上的状态进行不连续登记的一种调查方式。所调查的现象一般都属于时点现象。一次性调查又分为定期与不定期两种。我国每隔十年进行一次人口普查、农业普查等，属于定期性的一次性普查。

4. 按调查作用范围不同，分为国家统计调查、部门统计调查与地方统计调查

国家统计调查是全国性基本情况的统计调查，包括国家统计局单独拟订的以及由国家统计局与国务院有关部门共同拟订的调查项目。例如，全国人口、工业、农业、第三产业普查等重大国情国力的了解，属于国家统计调查。

部门统计调查是指各部门的专业性统计调查，如商务部门组织的商业网点调查，能源部门组织的节约能源情况调查，这两种统计调查都是由相关部门组织的调查。

地方统计调查是指地方政府组织的地方性统计调查，如某市组织的居民住房需求调查、农村土地使用情况调查等。

国家统计调查与部门统计调查、地方统计调查的分工，由国家统计局、国务院各主管部门和省、自治区、直辖市政府统计局具体商定。原则上部门统计调查和地方统计调查一般应服从国家统计调查。

5. 按搜集统计资料的方法不同，分为直接观察法、报告法和采访法

取得资料是统计调查的目的，需要采用科学的方式和方法。调查方式前面已阐述，调查方法主要有直接观察法、报告法、采访法、问卷法、实验法等。直接观察法是调查人员到现场直接对调查对象进行观察、登记，获得现场观察得到的统计资料。报告法是报告单位利用各种原始记录和核算资料，向有关单位提供统计资料的方法，如统计报表。采访法是根据被调查者的答复来搜集调查资料的方法。具体内容在本章第二节阐述。

三、统计资料的间接来源

从统计数据本身的来源看，统计数据最初都是来源于直接的调查或试验。但从使用者的角度看，统计数据主要来源于两种渠道：① 来源于直接的调查和科学试验，这是统计数据的直接来源，称为一手或直接的统计数据资料。② 来源于前人调查或试验的数据，这是统计数据的间接来源，称之为二手或间接的统计数据资料。对统计资料使用者来说，通过统计调查获取一手统计资料和直接使用二手统计资料同样重要。

二手数据主要是公开发布的数据。公开出版或报道的社会经济统计数据主要来自国家和地方的统计部门公布的数据，这些数据主要通过各种统计年鉴和公报等形式向社会公布。调查机构发布的专门调查数据也是二手重要来源，如北京大学中国社会科学调查中心调查和发布的《中国健康与养老追踪调查（CHARLS）》数据、中国人民大学调查与数据中心调查和发布的《中国综合社会调查（CGSS）》调查数据。除此之外，企事业单位内部也存在大量可供使用的间接统计资料。

分析问题时，应充分利用第二手数据。但必须注意统计数据的含义、计算口径和计算方法的准确性。在引用二手数据资料时，一定要注明数据的来源。

间接数据可以弥补收集原始信息数据成本高、时间长和不方便的缺点，因此调查人员可以广泛地使用二手数据资料。但二手资料也存在局限，如有些二手数据难以获得，有些资料时效性不强，准确性得不到保证等。

第二节　统计调查的方式与方法

一、统计调查的方式

根据不同的统计研究目的以及调查对象的不同特点，将采用不同的调查方式来搜集统计资料，以便更加客观地反映经济现象的数量特征。在统计实践中常用的统计调查方式主要有统计报表、普查、重点调查、典型调查、抽样调查。

（一）统计报表

1. 统计报表的概念和特点

统计报表是我国传统的搜集统计资料的方法。统计报表是按照国家统一规定的表式、统一的指标、统一的报送程序和报送时间，自下而上逐级提供统计资料的一种统计调查方法。统计报表具有如下特点：

（1）资料的统一性和全面性。由于统计报表的指标体系、表格形式、报送时间及报送程序都是按照国家统计局规定实施的，从而确保了统计资料的统一性和全面性。

（2）时间上有保证。统计报表的任务自上而下统一布置，调查资料自下而上逐级上报，这一上一下关系明确、稳定，能够在规定的时间范围内获得统计资料。

（3）资料的准确性有保证。统计报表建立在基层企事业单位的原始记录和核算资料的基础上，计算方法和计算口径全部统一，从而使得统计资料具有可靠性。

2. 统计报表的种类

1）统计报表按其填报内容和实施范围不同，可分为国家统计报表、部门统计报表和地方统计报表

国家统计报表是反映我国国民经济和社会发展基本情况的统计报表，也称为国民经济基本统计报表，由国家统计局制定，在全国范围内颁发执行。它包括农、工、商、交通、邮电、财政、金融、外贸等方面的最基本的统计资料。国家统计报表是我国统计报表的主体。部门统计报表是各业务部门根据本部门管理需要而制发，在本部门范围内实施的统计报表。地方统计报表是为了适应本地区特点而制定的地区性统计报表。在这三种统计报表之间，国家统计报表是基本统计报表，部门统计报表和地方统计报表要在满足国家统计报表要求的基础上增加有关本部门或本地方的统计项目。

2）统计报表按调查范围不同，分为全面统计报表和非全面统计报表

全面统计报表要求调查对象中的每个单位都填报；非全面统计报表要求只填报调查对象中的一部分单位。例如，农作物播种面积报表就是全面统计报表，农产量抽样调查统计报表就是非全面统计报表。

3）统计报表按报送周期长短不同，分为日报、旬报、月报、季报、半年报和年报

月报、季报和年报是我国的常规统计报表，是企事业单位向我国有关部门提供统计资料的基本形式。对于关系到国计民生的重要事项或者在特定时间内备受关注的事项要实行日报。比如，在春节期间，各交通运输部门必须每天上报运送旅客的数量。从报送的内容上看，报送周期越长，其包含的内容就越丰富。

4）统计报表按填报的单位不同，分为基层报表和综合报表

基层报表是由基层企事业单位填报的统计报表。综合报表是由主管部门或统计部门根据基层报表逐级填报的统计报表。基层报表是综合报表的基础。

3. 统计报表的基础工作

统计报表的基础工作是各企事业单位的原始记录、统计台账和企业内部的统计报表制度，这也是确保统计报表质量的基础。

1）原始记录

基层企事业单位通过一定的表格形式，对其生产经营管理活动所做的第一手记录就是原始资料，如各种原始凭证、单据和记录等。原始记录是基层单位对各项业务活动所作的经常性的最初记载，是统计、会计、业务核算的重要依据。原始记录所包含的要素必须准确、完整，否则会严重影响统计资料的质量。比如，一张原材料入库单应包括入库的时间、地点、品种、数量、规格、质量、计量单位、交货人与验货人姓名等要素。

2）统计台账

统计台账是基层企事业单位根据统计报表和本单位经营管理的需要而设置的一种系统积累统计资料的表册。也就是将大量分散的原始记录分门别类汇总整理，按时间先后顺序填列在一定的表册上。统计台账是介于原始记录和统计报表之间的一种汇总资料的形式。比如，将每天入库的各种原材料分别进行小计，得到每天各种原材料入库的合计数，将每天的合计数登记在表册上就得到原材料入库量的统计台账。

3）企业内部报表

企业内部报表是企业根据原始记录和统计台账编制的企业内部报表。比如，企业为了营销管理的需要，专门设置了销售周报表。企业内部报表是编制统计报表的基础。

（二）普　查

1. 普查的概念和特点

普查是普遍调查的简称。普查是为了详细地了解某项重要的国情国力而专门组织的一次性全面调查，主要用于调查社会经济现象在一定时间上的总量。这种调查主要用来搜集一些比较全面而又不能或不易从经常调查中得来的统计资料，为党和国家制定政策、编制长远规划以及深入分析研究一些社会现象提供必要的依据和参考。

普查要对所有调查单位进行全面调查，调查资料比较全面、准确。但普查涉及面广，时间性强，需要大量的人力、物力，组织工作比较繁重复杂。

普查有两个特点：第一，普查是专门组织的一次性全面调查。这种专门组织的一次性全面调查一般针对时点现象，如人口普查的对象是人口总体，人口总量就是时点现象。第二，普查具有调查项目多、持续时间长的特点。由于普查不是经常进行，对调查现象一般要进行详尽的调查以获得全面、详细的资料。比如，我国的人口普查包括了每个人的年龄、性别、学历、民族等详细信息。普查常常是用来调查社会普遍关注的重要问题，所以我国重大国情国力的调查多采用普查，如人口普查、农业普查、经济普查等，这几种普查都确定了间隔的时间周期。

在管理实践中，各国都用普查这种方式了解本国更全面更详细的资料。定期普查制度始于美国 1790 年的人口普查，随后其他许多国家也都以相应的法律形式规定了人口普查周期，这样就可以保证统计资料的连贯性和可比性。联合国曾建议，世界各国人口普查应在逢 0 或 1 的年份中进行，使各国的普查时点相对接近，以提高普查资料在国际上的可比性。普查项目也随着社会经济发展和国家管理的需要逐渐增多，如人口普查在美国、加拿大等国已达到 70 项左右，日本和中国有 20 项左右。

我国也建立了周期性的普查机制。我国《关于建立国家普查制度，改革统计调查体系的实施计划（1995—2000）》中明确指出“国家规定的周期性普查包括人口、第三产业、工业、农业和基本统计单位五项调查，一般是每 10 年进行一次。人口普查在逢 0 的年份进行，第三产业普查在逢 3 的年份进行，工业普查在逢 5 的年份进行，农业普查在逢 7 的年份进行，基本统计单位普查每 5 年进行一次，在逢 1、6 的年份进行。”

2. 普查的组织方式

普查的组织方式有两种，一种是建立专门的普查机构，由上级制定普查表，派出专门的调查人员对调查对象进行直接登记，如我国的五次人口普查在各级都成立了专门的人口普查办公室来具体负责人口普查资料的搜集等工作。另一种是由被调查单位根据原始记录或核算资料按颁发的表格进行填报，如我国进行的多次物资库存普查就是由各单位自己填报。

3. 普查的原则

普查是一次性的全面调查，它涉及面广、工作量大。与其他调查相比，普查工作要求更多的集中领导和统一行动，具体应遵守以下几个原则：

1）统一规定调查资料所属的标准时间

明确规定标准时间的目的在于避免和防止登记资料时产生的重复或遗漏现象。如果登记的时间在所规定的时点以前或以后进行，则要按标准时间做相应的调整，以取得同一时点的资料。如我国第七次人口普查以 2020 年 11 月 1 日零点为普查的标准时点。

2）统一规定调查项目、计算口径、计算方法及填报方法

由于普查涉及的范围广、项目多，为了调查资料的准确性，必须严格规定调查项目以及各调查项目的计算口径、计算方法和填报方法。为了贯彻这些规定，在调查开始之前应对工作人员进行严格的培训，对所涉及的公众应开展与其相关的宣传教育工作，使调查方案能有效地实施。

3）统一规定调查工作的期限

由于普查的工作量大，持续的时间长，为了使调查工作有计划地进行，必须规定普查工作的起始时间，并且要做出阶段性计划。一般的大型普查需要的时间都较长，少则一年，多则二至三年。只有在规定了阶段性时间计划的前提下，才可能使普查按期完成。

4）普查需要事前做好周密的普查方案

普查方案是普查工作的详尽计划。在普查方案中对调查目的、对象、项目以及与调查有关的问题做了详细的阐述，是指导调查工作顺利进行的保证。普查方案包括项目方案和实施方案，分别对调查内容、组织机构和实施步骤做出详细的规定。

（三）重点调查

1. 重点调查的概念和特点

重点调查是在调查总体中选择一部分重点单位所进行的非全面调查。重点调查的关键在于确定重点单位。所谓重点单位，是指那些在总体标志总量中占有较大比重的少数单位。这些重点单位，虽然只是全部总体单位中的一部分，但就调查标志而言却具有举足轻重的作用。例如，我国的钢铁企业有千余家，但钢铁产量却有很大差别，其中宝钢、鞍钢、攀钢、武钢等十多个钢铁企业，它们规模大、产量高，虽然在全国钢铁企业中是少数，但其钢产量在全国的钢铁产量中却占有较大比重。如果要了解全国钢铁产量的基本趋势，它们就是要调查的重点单位。

重点调查具有两个明显的特点：① 以客观性原则来确定调查单位，这种客观性表现为数量上的优势，它不带有主观因素。② 重点调查实质上是在范围比较小，对总体影响又很大的少数单位中进行的全面调查。重点调查的目的是反映现象总体的基本情况，而不是推断总体的准确数据。

2. 重点调查的优点

重点调查的优点：首先，能以较少的人力和时间取得较大的效果，掌握某一问题的基本情况，便于及时发现问题，采取措施。其次，所选择的重点单位和地区，管理水平较高，通信条件较好，因此在调查资料的质量和及时性方面，较全面调查的效果好。再次，重点调查因涉及的调查单位少，调查项目的设置就可以详尽一些，便于深入、细致地了解情况。

一般来说，当调查任务只是要求掌握基本情况，而部分单位又比较集中地反映所研究对象在某些标志上的主要情况时，采用重点调查比较适宜。这样可以用较少的时间、人力和物力，满足一般研究任务的需要。

3. 重点调查的局限性

由于重点单位与其他非重点单位的标志值差异很大，所以重点调查的结果可以用来了解总体的基本情况，但不能直接用来推断总体的标志总量。另外，部分总体中可能并不存在重点单位，因此无法开展重点调查。

（四）典型调查

1. 典型调查的概念及特点

典型调查是根据调查目的，在对被调查研究现象进行初步分析的基础上，有意识地选取少数具有代表性的单位进行深入细致地调查研究，用以说明同类现象发展变化的趋势和规律性。

典型调查是一种非全面调查方法。典型调查的关键是选择典型单位。典型单位是指客观存在的、对同类现象的共同本质和一般特征表现得最充分、最完整、最有代表性的单位。一般来说，通过典型调查可以找出它们的综合特征，以此来概括说明同类现象发展变化的规律与趋势，揭示事物的内在矛盾，找出关键性问题等。典型调查时，调查单位少，便于对被研究事物进行深入了解，取得丰富生动的资料。因此，典型调查是灵活机动，收效迅速，节省人力、物力和时间的一种调查方法。

典型调查与其他调查相比有以下特点：第一，典型调查既反映现象发展的结果，又能说明发展过程和发展趋势，所以可以弥补全面调查的不足。第二，典型调查的调查单位，是有意识地选择出来的，容易受人的主观意志的影响。第三，典型调查一般不能推算总体资料，只能说明典型现象的特征。

2. 典型调查的作用

典型调查具有以下两个方面的作用：第一，可以用来反映新情况、新问题，总结先进经验。社会经济现象随着形势的发展变化，将不断出现新情况、新问题。通过典型调查，可以及时分析研究它们发生、发展的规律性。第二，可以对具体问题进行深入的分析，认识事物的本质特征。典型调查与全面调查可以结合运用。

（五）抽样调查

抽样调查是按照随机原则从总体中选取部分调查单位（样本）进行观察，根据观察结果从数量上推算总体数量特征的调查方法。

抽样调查具有三个特点：其一，按随机原则（即同等可能性原则）抽取调查单位。抽样调查时从总体中抽取的样本单位是随机地抽取，而不是有意识选择的，每个单位被抽取与不被抽取的机会是均等的。其二，从数量上推算总体。抽样调查的目的就是以样本指标推算总体指标。其三，抽样误差是可以计算和控制的。

抽样调查的基本组织形式有简单随机抽样、等距抽样、分层抽样和整群抽样等。关于抽样调查的具体内容，详见第五章抽样调查与估计。

二、统计调查的方法

统计调查方法是指搜集统计资料的具体方法。搜集统计资料主要有直接观察法、报告法、采访法、问卷调查法、实验法等。

（一）直接观察法

1. 直接观察法的概念和特征

直接观察法是调查者通过感官或借助调查仪器，有目的、有计划地进行直接观察、清点、计数、测量等，以取得各种统计资料的一种调查方法。例如，商品库存的盘点、产品质量的调查、农作物产量的实割实测、车流量调查、旅客流量调查等，都可采用直接观察法。这种方法取得的资料较为真实可靠，但容易受到各种条件的限制。

直接观察法因调查人员亲自参加计量、点数和了解有关情况，可以提高统计资料的准确性，从而获得大量生动具体的感性材料，有利于开展统计分析。但这种方法只能对当前已存在或正在发生的客观现象进行观察。

2. 直接观察法的类型

根据统计研究的目的和客观现象的不同，观察者可采用不同类型的观察方法以搜集统计资料。

1）根据观察者是否使用科学的观察仪器，可将观察分为直接观察和间接观察

直接观察是观察者用自己的感觉器官进行观察来获得感性认识，而不借助科学仪器。如某街区地段上午 10:00—12:00 时的车流量、人流量调查。间接观察是观察者借助科学仪器进行的观察，如摄像、录制、探测等。如观察森林中猴子的活动情况。

2）根据观察者是否参与被观察者的活动，可将观察分为参与观察与非参与观察

参与观察是参与者加入观察对象的群体中，通过参与观察对象的活动进而从内部进行观察。非参与观察的观察者以局外人的身份从外部对所研究现象进行观察。

3）根据观察对象的不同性质，可分为对自然现象的观察和对社会的观察

对自然现象的观察，就是对自然界的动植物以及气象等现象的观察。例如，对鸟类的观察，调查人员亲自参加抽选样本，记录鸟的种类、数量等来取得资料。对社会现象的观察，是指对人类的社会活动所进行的观察。例如，观察学生早上迟到的情况，就在教学楼前观察迟到的人数、时间。

3. 直接观察法的实施步骤

不同的观察其实施步骤也不同，这里主要介绍对社会现象进行参与观察的实施过程。

首先，应制订观察的计划和提纲，明确观察的地点、时间、对象、范围等。其次，进入观察现场，并与被调查单位建立友好关系。最后，要及时准确地做好记录，把观察的信息变成文字记录，这是很重要的一个环节。

直接观察法可以获得大量的第一手材料，保证资料的准确性。直接观察法简便易行，灵活性大，不受时间、地点的限制。但直接观察法需要花费较多的人力、物力、财力和时间，且在某些情况下这种方法难以使用，如对宏观的调查，历史资料的搜集，涉及私人隐私的调查及人们的心理活动等。因此，直接观察法主要用于非全面调查，收集表象资料，了解现实情况。

（二）报告法

1. 报告法的概念和特征

报告法是报告单位以各种原始记录和核算资料为依据，向有关单位提供统计资料的方法，这是目前我国统计机构搜集统计资料的主要方法之一。现行统计报表制度就是采用的报告法。有些专门调查，也可以采用报告法取得资料，如工业普查。定期统计报表和某些一次性调查表都用这种方法。

与其他调查方法相比，报告法具有统一性、全面性、周期性、强制性四个特点。统一性是指报告法的指标体系、表格形式、报送程序、报送时间都由国家统一规定。全面性是指在

报告法实施的范围内各单位必须全面地贯彻执行。周期性是指不间断地按相等的时间间隔定期地进行。强制性是指下级必须按规定准确及时地向上级提供统计报告，对违反规定弄虚作假和迟报、拒报者，将按照统计纪律及统计法给予惩处。

2. 报告法的实施步骤

报告法的实施过程，一般包括下列基本步骤：

建立健全原始记录→制订统计报表→报表的审批、布置→统计报表的填报。

原始记录是统计报表资料的来源，是实施报告法的基础和重要条件。

制订统计报表要做到以下几点：① 表式和指标尽可能少而精。② 基层统计报表应统一配套。③ 各层次的统计报表，必须适当分工、互相配合。

填报统计报表应做到：① 严格遵守报表的分组、指标解释、计算方法、统计编码。② 严格遵守统一规定的报送程序、报送时间和方式。③ 如实填报统计资料。④ 所有统计报表，需经签章后上报。

（三）访谈法

访谈法是由调查人员向被调查者提问而取得所需资料的一种调查方法。访谈法的组织方式有两种：

（1）标准化访谈法，又称结构式访谈法。它是按事先设计的有一定结构的访问问卷进行调查。在采访中提出的问题、提问的方式和顺序以及记录方式等都是统一的。结构式访谈法获得的调查结果便于分组、整理和统计分析。

（2）非标准化访谈法。这种方法事先不制定统一的问卷、表格和采访程序，而只是围绕一个题目（或简要的采访提纲）进行比较自由的交谈。

访谈法的方法有许多，下面介绍几种常用的方法：

1）调查会法

把许多被调查者集中起来，依据调查提纲，以开会的形式对他们进行访问的方法。

2）个别访问法

调查人员向被调查者进行个别口头询问，将询问结果记录下来而取得资料的方法。

访谈法具有双向沟通的特点，友好的交流能够使调查者获得真实的资料。但同时，访谈法也受主观影响较大。

（四）问卷调查法

问卷调查法是十分普遍的搜集统计资料的方法。它是调查者根据调查目的和要求将一系列调查项目设计为问题，由被调查者根据自己的看法做出选择的一种调查工具。问卷调查法可以分为自填问卷调查和访问问卷调查。自填问卷调查中，由被调查者根据自己的看法，自己将选择的答案按照要求填写在问卷上。例如，被调查者将所选择答案的符号填写在问题后的括号里。访问问卷调查是由调查人员向被调查者提问，调查人员将回答结果填写在问卷上的方式。

问卷调查中可采用书面问卷和电子问卷。书面问卷是将问卷打印成纸质文本使用。电子问卷是直接通过网络，在计算机、手机等移动设备上编制和发放。

通过电子问卷进行的网络问卷调查是在 20 世纪 90 年代开始并迅速发展起来的，涌现了一批专门提供网络调查服务的软件和机构。

网络问卷调查与其他调查方法相比，其优点表现在以下几个方面：

1）速度快

由于省却了印制、邮寄和数据录入的过程，故问卷的制作、发放及数据的回收速度均得以提高，可以在短时间内完成问卷并统计结果。

2）费用低

印刷、邮寄、录入、差旅等费用相对节省。因此，与其他调研方法相比，进行大规模的调研时，网上调查能节省费用。

3）易获得连续性数据

由于网上固定样本调研的出现，调研员能够通过跟踪受访者的态度、行为和时间进行纵向调研。复杂的跟踪软件能够做到根据上一次的回答情况进行本次问卷的筛选，而且还能填补落选项目。

4）可视性强

借助数据库和统计算计，网络问卷调查可以及时反馈统计结果并进行可视化，这是其他调研方式所无法比拟的。

网络问卷调查依然存在缺点。例如，网上答题人员的不可控性，使调查结果的代表性受到影响；很多使用者担忧私人信息的安全性，导致不能提供真实信息等。

问卷调查法是社会调查中最常用的收集资料的方法，通常适用于对被调查者的观点、态度等内容的调查，具有科学性、民主性、广泛性、保密性的特点。关于调查问卷的设计将在本章第三节进行专门的描述。

（五）实验法

实验法是根据调查的目的，把调查对象置于一定的条件下，进行实验来收集资料的调查方法。例如，某酿造厂的瓶装酱油销售量上不去，初步分析可能是瓶装酱油包装太陈旧，缺乏吸引力。该厂决定对瓶装酱油包装进行更新的实验，即先对少量瓶装酱油由旧包装改为新包装，而后再拿到市场上试销，观察新包装的瓶装酱油销售量能否增加。如果试销结果是销售量大增，那么企业就可以决策，对所有的瓶装酱油包装进行换新。在实验调查中需要对实验条件和流程进行精心设计。

实验法的优点：① 实验调查能获得第一手信息资料，为预测未来提供客观根据。企业要想知道改变老产品的质量、价格、包装、款式等，会产生多大的促销效果，就可以运用实验调查法。在选择的特定地区和时间内进行小规模试验改革，试探性地了解市场反应，然后根据实验的初步结果，再考虑是否需要大规模推广，或者决定推广的规模。这样做有利于提高经营活动的预见性，减少盲目性。② 这种实验取得的数据排除了主观推论的偏差，能够客观地反映问题的真实性。③ 实验调查更能发挥调查者在调查工作中的主动创造性。因为采用实验法进行调查，可以有效地分析、观察某些现象间的因果关系及其相互影响程度，这是访问调查法、观察调查法不易做到的。

实验法的局限性：① 实验效果的准确性不一定绝对可靠。实验调查法是从自然科学中的实验方法移植过来的，对影响社会经济现象的各种因素进行实验，不可能像自然科学中的实验一样准确。② 实验调查费用较高，时间长。③ 实验调查只适合对当前社会经济变量观察分析，无法研究过去的情况，也无法收集未来变化的信息。

第三节　统计调查方案

调查方案是指导整个调查过程的纲领性文献，是在调查工作之前，为了做好本阶段的工作，根据调查目的制订的一个完整的调查工作计划。由于统计调查的工作量大、内容繁杂，要保证调查资料的准确性、全面性和及时性，在调查工作开展前必须对整个阶段的工作进行统筹考虑、合理安排，以保证统计调查工作的效率和质量。一个完整的统计调查方案应包括以下几方面的内容。

一、确定调查目的

在制订调查方案时，首先要确定调查的目的、任务和意义。调查目的是调查所要达到的具体目标，它回答的是“为什么要调查”“要解决什么样的问题”“调查具有什么样的经济意义”等。只有调查目的确定后，才能确定调查的对象、内容、范围和方法。调查目的不同，调查取得的资料就不同，因此，确定调查目的是统计调查的首要问题。

调查目的应尽可能规定得具体明确，突出中心。调查目的不同，调查项目也不一样。例如，新中国成立后进行了 7 次人口普查，这 7 次普查的目的不同，因而调查项目也不一样。2020 年 11 月 1 日零时举行的第七次全国人口普查的调查方案中，明确了第七次全国人口普查的目的是全面查清我国人口数量、结构、分布、城乡住房等方面情况，为完善人口发展战略和政策体系，促进人口长期均衡发展，科学制定国民经济和社会发展规划，推动经济高质量发展，开启全面建设社会主义现代化国家新征程，向第二个百年奋斗目标进军，提供科学准确的统计信息支持。可见，在这一调查方案中，调查目的是具体和明确的。

二、确定调查对象和调查单位

确定调查目的以后，要根据调查目的确定调查对象和调查单位。调查对象就是所要研究的某一社会经济现象的总体。调查单位是指构成调查对象的具体单位，是调查项目的承担者或载体，是调查搜集数据的基本单位。调查对象和调查单位所解决的是“向谁调查”“由谁来提供资料”的问题。在实际调查中，可以对调查对象中的全部调查单位进行调查，也可以只对其中的一部分单位进行调查。例如，人口普查的对象就是普查标准时点在中国境内的自然人以及在中国境外但未定居的中国公民，不包括在我国境内短期停留的境外人员。

实际工作中，还要注意不能把调查单位与填报单位相混淆，调查单位有时也是填报单位。填报单位是填写调查内容、提供资料的单位，它可以是一定的部门或单位，也可以是调查单位本身。

在确定调查单位时，需要确定实际接受调查的单位数的总规模和具体的分布。例如，调查北京市居民对某产品品牌知名度的调查，实际调查的单位数为 2 000 人，在东、西、南、北、中 5 个方向各调查 400 人。

三、确定调查项目

按照调查目的确定调查对象和调查单位后，应当拟订调查项目。调查项目就是所要调查的具体内容，是调查单位的某些特征。一般来说，调查项目就是调查单位各个标志的名称，包括品质标志和数量标志两种。不同的调查对象有不同的调查项目，如经济普查的调查项目包括企业所有制的性质、固定资产、总产值、企业收入、生产能力、职工人数等。人口普查有居民的性别、年龄、民族、文化程度、职业等调查项目。确定调查项目时应该注意项目名称的准确性以及各项目之间的逻辑联系。

调查项目确定后，需要将这些调查项目科学地分类排队，并按一定的方式表达出来。表达调查项目的工具主要有调查表和调查问卷。

四、调查表和调查问卷

（一）调查表

调查表是统计工作者用来搜集原始资料的基本工具，它是合理地排列着调查项目的表格。调查表一般由表头、表体和表脚三部分构成。表头用来说明调查表的名称，包括调查单位的名称、性质等。表体是调查表的主体，包括调查项目、栏号、计算单位等。表脚包括调查者的签名、调查日期等。

调查表有单一表和一览表两种形式。单一表是指在一份表格上只登记一个调查单位的各个项目的调查表。它可以容纳较多的项目，且便于分类整理和汇总审核，如全国人口普查中百岁以上老人的登记卡。一览表是指一份表格上登记若干调查单位的各项调查项目的调查表。它便于合计和核对差错，但一般只在调查项目不多时采用，如消费者基本信息登记表，只登记消费者的性别、年龄、职业等基本信息。实际工作中采用哪一种表要根据调查项目内容的多少，调查单位是否集中等因素来决定。

（二）调查问卷

调查问卷是以问题的形式系统地记载调查内容的一种形式。问卷可以是表格式、卡片式或簿记式。问卷设计是询问调查的关键。完美的问卷必须具备两个功能，即能将问题传达给被问的人和使被问者乐于回答。要完成这两个功能，问卷设计时应当遵循一定的原则和程序，并要讲究一定的技巧。

1. 问卷设计的原则

问卷的设计有以下几个原则：

（1）有明确的主题。根据调查主题，从实际出发拟题，问题的目的要明确、重点突出，不能设计可有可无的问题。

（2）结构合理、逻辑性强。问题的排列应有一定的逻辑顺序，符合应答者的思维程序和习惯。一般是先易后难、先简后繁、先具体后抽象。

（3）通俗易懂。问卷应使应答者一目了然，并愿意如实回答。问卷中语气要亲切，符合应答者的理解能力和认识能力，避免使用专业术语。对敏感性问题采取一定的技巧调查，使问卷具有合理性和可答性，避免主观性和暗示性，以免答案失真。

（4）控制问卷的长度。回答问卷的时间控制在 20 分钟左右为宜，问卷中既不浪费一个问句，也不遗漏一个问句。

（5）便于资料的校验、整理和统计。

2. 问卷设计的程序

问卷设计的程序如下：

（1）确定主题和资料范围。具体内容包括：根据调查目的和要求，研究调查内容所需收集的资料及资料来源、调查范围等；酝酿问卷的整体构思，将所需要的资料一一列出；分析哪些是主要资料，哪些是次要资料，哪些是可要可不要的资料，淘汰那些不需要的资料；再分析哪些资料需要通过问卷取得，需要向谁调查等；确定调查地点、时间及对象。

（2）分析样本特征。分析了解各类调查单位的社会阶层、社会环境、行为规范、观念习俗等社会特征，需求动机、潜在欲望等心理特征，理解能力、文化程度、知识水平等学识特征，以便针对其特征来拟题。

（3）拟订并编排问题。首先构想每项资料需要用什么样的句型来提问，尽量详尽地列出问题；然后对问题进行筛选，检查有无多余的问题，有无遗漏的问题，有无不适当的问句，以便进行删、补、换。

（4）进行试问试答。站在调查者的立场上试行提问，看看问题是否清楚明白，是否便于资料的记录、整理。站在应答者的立场上试行回答，看看是否能回答并愿意回答所有的问题，问题的顺序是否符合思维逻辑，以及估计回答时间是否合乎要求。可在小范围进行实地试答，以检查问卷的质量。

（5）修改、印制。根据试答情况，进行修改，再试答，再修改，直到完全合格才定稿印刷，制成正式问卷。

3. 问卷的答案形式

根据问卷中所设计问题的不同回答方式，可将问卷中的问题分为开放式问题、封闭式问题和半封闭式问题。

1）开放式问题

开放式问题又称无结构的问答题。采用开放式问题时，应答者可以用自己的语言自由地发表意见，在问卷上没有已经拟订的答案。例如，您喜欢看哪一类的电影？显然，应答者可以自由回答这一问题。

开放式问题可以让被调查者充分发表自己的观点。对开放式问题做调查所获得的资料进行整理与分析较为困难。由于各种应答者的答案可能不同，在对答案进行分类时难以寻求合理的标准，就免不了会夹杂整理者个人的主观看法。因此，开放性问题在探索性调研中很有帮助，但在大规模的抽样调查中运用较少。

2）封闭式问题

封闭式问题又称有结构的问答题。封闭式问题与开放式问题相反，它规定了一组可供选择的答案和固定的回答格式，被调查者只能在其中做出选择。

例如，您认为海尔家电的售后服务如何？

A. 很好　　B. 比较好　　C. 一般　　D. 不好　　E. 很不好

封闭式问题的优点包括以下几个方面：回答者作答容易，有利于提高问卷的回收率；答案是标准化的，对答案进行编码和分析都比较容易；问题的含义比较清楚，因为所提供的答案有助于理解题意，这样就可以避免回答者由于不理解题意而拒绝回答。

3）半封闭式问题

半封闭式问题是指在设计问题的答案时，有一部分答案是给定的，但也可以有开放的回答的选项。这种形式既给被调查者一定的自由回答余地，又给其一定的标准答案，综合了封闭式和开放式的优点，具有广泛的用途。

例如，您主要从何处了解我们的产品？

A. 报纸　　B. 电视　　C. 商场　　D. 其他（　　）

4. 设计调查问卷的技巧

1）对事实性问题的设计

事实性问题主要是要求应答者回答一些有关事实的问题。例如，您通常什么时候逛商场？事实性问题的主要目的在于求取事实资料，因此问题中的文字描述必须清楚，让应答者看后能正确回答。调查中，许多问题属于“事实性问题”。例如，应答者个人的资料：职业、收入、家庭状况、居住环境、教育程度等。这些问题又称为“分类性问题”，因为可根据所获得的资料将应答者进行分类。

2）对意见性问题的设计

在问卷中，往往会询问应答者一些有关意见或态度的问题。例如，你对当前社区服务的整体满意情况如何？

意见性问题事实上是对态度、观点的调查。在对意见性问题的设计中，要考虑如何能让应答者更愿意表达他真正的态度，也要考虑态度强弱如何测量更科学。

3）对困窘性问题的设计

困窘性问题是指应答者不愿在调查员面前作答的某些问题。例如，关于私人问题，或不为一般社会道德所接纳的行为、态度或属有碍声誉的问题。

如果一定要想获得困窘性问题的答案，又避免应答者做不真实回答，可采用以下方法：

（1）间接问题法。不直接询问应答者对某事项的观点，而改问他认为其他应答者对该事项的看法。间接问题法旨在套取应答者认为回答的是旁人的观点，所以在他回答后，应立即再加上问题："您同他们的看法是否一样？"

（2）卡片整理法。将困窘性问题的答案分为"是"与"否"两类，调查员可暂时走开，让应答者自己取卡片投入箱中，以避免困窘气氛。应答者在无调查员的情况下，选取正确答案的可能性会提高不少。

（3）假设法。先假定一种情况，然后询问应答者在该种情况下，他会采取什么行动？例如，如果大米涨价至 5 元，您是否将改吃另一种未涨价的面粉？如果某种肥皂跌价 1 元，您是否愿意用它？

这种假设要有一定的参照性和使用价值，不能是远离实际的假设。

5. 问卷的结构

调查问卷一般可以看成由三大部分组成：封面信、问题和作业记录。

1）封面信

封面信是对调查目的、意义、内容及填写方法等事项的说明。它主要有两个目的，一是引起被调查者的重视和兴趣，使他们愿意回答；另一是打消顾虑，使他们敢答，争取他们的支持与合作。

封面信的具体内容为：调查目的、意义；匿名性与保密性原则；对被调查者的希望和要求；回复问卷的时间和方法；调查的主办单位和个人身份等。

问卷的封面信十分重要。语气应该亲切、诚恳而礼貌，文字要简明扼要。大量的实践表明，几乎所有拒绝合作的人都是在开始接触的前几秒钟就表示不愿参与的。如果潜在的调查对象在听取调查者介绍来意的一开始就愿意参与的话，那么绝大部分都会合作。而且一旦开始回答，就几乎都会继续并完成，除非在非常特殊的情况下才会中止。

2）问　题

问卷的问题实际上也包含了三大部分。

一部分是被调查者基本信息。这些问题应该适用于所有的被调查者，并且是能很快、很容易回答的问题。例如，被调查者的性别、年龄等。

另一部分是调查主体内容，包括涉及调查主题的实质和细节问题。这一部分的结构组织安排要符合逻辑性，也是调查问卷中最重要的部分。

第三部分一般包括敏感性或复杂的问题，主要了解被调查者的态度或对特殊性问题的回答。

3）作业记录

作业记录一般包括：调查人员（访问员）的姓名、编号；受访者的姓名、地址、电话号码等；问卷编号；访问时间等。

6. 问卷设计应注意的问题

问卷的封面信，必须慎重对待。要以亲切的口吻询问，措辞应精心设计，做到言简意赅，亲切诚恳，使被调查者自愿与之合作，认真填好问卷。

不同的语言会对被调查者产生不同的影响，因此往往看起来差不多相同的问题，却会因所用文字不同，致使应答者做出不同的反应，并做出不同的回答。故问题所用的语言要口语化，符合人们交谈的习惯，避免书面化，以免影响答案的准确性。

核心问题往往置于问卷的中间。问卷中问题的顺序一般按下列规则排列：

（1）容易回答的问题放在前面，较难回答的问题放在稍后的位置上，困窘性问题放在后面，个人资料的事实性问题放在卷尾。

（2）封闭式问题放在前面，自由式问题放在后面。由于自由式问题往往需要时间来考虑答案和语言的组织，放在前面会引起应答者的厌烦情绪。

（3）要注意问题的逻辑顺序，按时间顺序、类别顺序等合理排列。

五、确定调查方式与方法

根据调查目的和任务，再进一步确定调查方式和搜集资料的方法。搜集统计资料的方法一般有直接观察法、报告法、访谈法、问卷法等，统计调查的方式有统计报表、普查、重点调查、抽样调查、典型调查等。根据不同的调查方式和方法，要精心设计调查对象的选取。

六、确定调查时间

调查时间是指统计资料所属的时间范围（时期或时点）和进行此次调查工作的期限。调查时间包括两个方面的含义：

（1）调查资料所属的时间。如果所调查的是时期现象，则对时期现象要确定调查资料的起止时间。例如，年度资料一般从每年的 1 月 1 日起至 12 月 31 日止，即明确规定反映的调查对象是从何年何月何日起到何年何月何日止的资料，如总产值、销售额等。如果所要调查的是时点现象，就要明确规定统一的标准时点，如工人数、商品库存数等。对于时点现象要确定统一的标准时点，如我国第七次人口普查的标准时间确定为 2020 年 11 月 1 日零时。

（2）调查工作的期限。即整个调查工作的期限，包括调查准备、搜集资料以及整理报送资料的整个工作所需要的时间。为了使调查工作顺利进行，在调查方案中不仅要规定调查起止时间，而且要做出阶段性计划。

七、调查经费预算

要使调查工作能顺利开展，合理的经费是调查成功的保证。在预算经费时，要将可能需要的费用尽可能地全面考虑进去。通常，在一个调查项目中，实施阶段的费用安排仅占总预算的 40%，而调查前期的策划和准备阶段的所需费用占总预算的 20%，后期分析报告阶段的费用安排占总预算的 40%。具体的预算项目主要有以下几个方面：

（1）调查方案策划费和设计费。

（2）抽样设计费和实施费。

（3）问卷设计、印刷、装订费。

（4）调查实施费用（包括试调查费用、调查员劳务费、受访对象礼品费、督导员劳务费、异地实施差旅费、交通费、误餐费及其他杂费等费用）。

（5）数据录入、统计分析费（包括问卷编号、数据录入、统计整理、制表制图等费用）。

（6）调查报告撰写费。

（7）资料费、办公费。

（8）其他费用（一般占总费用 5%～10%）。

八、制订调查的组织实施计划

要保证统计调查工作的顺利进行，必须做好调查组织工作。首先，确定调查的组织机构，包括调查工作的领导机构和办事机构，选定符合条件参加调查的单位和人员并做分工。其次，做好调查前的各项准备工作，如宣传教育、调查人员的培训、文件表格的印刷、调查方案的传达布置、试点及其他工作等。最后，确定调查进行过程中监督、检查工作进度的方法，统计分析的方法以及统计效果的评估方法。

统计调查是一项繁杂而细致的工作，为了使调查工作得以顺利进行，必须在调查之前拟订一个内容统一、方法统一、共同遵守的科学的统计调查方案，它是取得完整、精确的统计资料的重要前提。

案例分析 1

某市城乡居民收入调查方案

为进一步提高城乡居民收入调查资料的真实性和代表性，客观、准确地反映某市城乡居民收入状况，进行城乡居民收入调查。

一、调查目的

为全面、准确、及时了解某市城乡居民收入情况，客观监测居民收入分配格局和不同收入层次居民的生活质量，拟开展城乡居民收入调查。

二、调查内容

调查内容主要包括以下三个方面：（一）居民家庭基本情况。（二）居民在过去三个月的收入状况、消费状况等。（三）居民对城乡居民收入差距的看法。

三、调查对象及范围

调查范围为某市城乡居民。调查对象为市内常住居民家庭住户，即 1 年内在本住宅居住超过 6 个月的人，既包括城镇住户，也包括农村住户。

四、调查方法

调查采用抽样调查方法。由调查员对抽中住户每季度末直接入户询问并填报调查问卷，并由住户确认。

五、组织实施

国家统计局某市调查队负责本次调查的组织实施工作，其中包括制订调查方案及调查问卷、编写录入程序、培训市调查队的调查管理员；调查队负责调查工作，其中主要包括抽选样本、布置和收集问卷、数据审核及录入。样本点调查员在季度末直接入户调查后将调查数据上报至国家统计局某市调查队。

六、质量控制

（一）走访调查由专门的调查小组负责完成。每个调查小组应由二名调查员组成。

（二）调查员在完成调查后，要向调查队的调查管理员详细汇报调查情况。

（三）调查管理员要随时了解每位调查员的工作进展情况，并按要求将有关调查情况记录在案。

（四）调查管理员要对20%的调查对象进行事后复核。

（五）调查管理员要对全部问卷内容进行审查。

七、数据使用和发布

调查结果仅供某市人民政府相关领导及部门参阅，掌握城乡居民收入情况，供制定相关政策使用，不公开发布。

八、经费预算（略）

附：某市城乡居民收入调查问卷

案例分析2

某市城乡居民收入调查问卷（节选）

您好：本次调查目的主要是了解城乡居民收入差距状况，包括城乡居民的收入水平、来源、结构及居民的收入差距及其原因等，为促进缩小城乡居民的收入差距，提供科学的依据。希望您按照自己的实际情况选择或填写。感谢您百忙之中的参与！

调查时间:________年________月________日

问卷编号________

1. 您生活的地域是（　　）。

A. 乡镇　　B. 县城　　C. 农村　　D. 县城以上

2. 您的年龄是（　　）。

A. 20岁以下　　B. 20～39岁　　C. 40～59岁　　D. 60岁以上

3. 您的学历是（　　）。

A. 无学校经历　　B. 小学

C. 初中　　D. 高中（职高、中专、技校）

E. 大专　　F. 本科

G. 硕士及以上

4. 您属于城镇居民还是农村居民（　　）。

A. 城镇居民　　B. 农村居民

5. 您的职业是（　　）。

A. 自由职业　　B. 农民　　C. 企业员工

D. 事业单位　　E. 公务员　　F. 其他

6. 您家有几人（　　）。

A. 不足 3 人　　B. 3～5 人　　C. 5 人以上

7. 您家的主要工作人员有几人（　　）。

A. 1～2 人　　B. 3～4 人　　C. 5 人及以上

8. 您的工作年限是（　　）。

A. 一年以内　　B. 1～3 年　　C. 3～6 年

D. 6～9 年　　E. 9 年以上

9.（多选）您家里的主要收入来源是（　　）。

A. 依靠单位工资及津贴　　B. 依靠打零工，做兼职

C. 依靠子女或父母　　D. 依靠城市低保

E. 依靠退休金　　F. 其他

10. 您家庭成员的平均月收入是（　　）。

A. 1 000 元及以下　　B. 1 000～3 000 元

C. 3 000～6 000 元　　D. 6 000～9 000 元

E. 9 000～12 000 元　　F. 12 000～15 000 元

G. 15 000 元以上

11. 在你的消费中，各项消费所占比例分别为

吃喝住行方面：_________%；

娱乐教育方面：_________%；

其他方面：_________%；

12. 你认为影响城乡居民收入差距的原因有哪些?如果有不同的看法或意见请在其他栏里填写。（多选）

A. 家里务工人员受教育的程度　　B. 政府相关政策的影响

C. 工作时间的长短　　D. 地理环境

E. 文化背景　　F. 工作岗位的质量、多寡

G. 居住地的生活水平　　H. 其他

13. 你认为如何才能缩小城镇居民的收入差距？请给出一些建议。

小　结

统计设计是整个统计研究的前期工程，其完成质量直接关系到整个统计研究的质量。统计调查是取得社会经济数据的主要来源，也是获得直接统计数据的重要手段。实际工作中常用的统计调查方式主要有抽样调查、普查、统计报表、重点调查、典型调查等。具体采用何

种调查方式，必须根据调查研究的目的和具体条件进行选择。不论统计调查采取何种方式进行，在取得统计数据时，都有一些具体的统计调查方法。统计调查方法归纳起来可分为观察法、报告法、采访法、问卷法、实验法、网络调查法等。通过这些方法，可以获得第一手数据或原始数据。统计数据还可以来源于别人调查或实验的数据，对使用者来说，这是数据的间接来源，称之为二手数据或间接数据。

为了及时准确地获取被研究现象的实际资料，在数据收集之前，必须设计调查方案，而且调查方案设计的好坏直接影响到调查数据的质量。在调查方案中，问卷设计是使调查者能顺利地获取必要的信息资料，以便于统计分析的一种手段。问卷设计是科学与艺术的结合。

数据质量的好坏直接影响统计分析的结果，数据的真实性是统计工作的生命。

思考与练习

一、思考题

1. 什么是统计调查？它有哪些基本要求？

2. 统计调查有哪些种类？其基本内容是什么？

3. 什么是普查、抽样调查、重点调查、典型调查？它们各有什么特点？

4. 有下列调查：① 为了了解空调积压情况，上级机关向单位颁发一次性调查填报要求；② 一批饮料运到商业仓库，在这批饮料中选出 10 件进行仔细检查，以判断和记录其质量；③ 某县在春播期间每隔 5 天向上级主管部门提交播种进度报告；④ 为了了解科技人员分配、使用状况，有关部门向各单位发布调查表，要求填报；⑤ 对大中型基本建设项目投资效果进行调查；⑥ 选取部分企业进行调查，以了解扩大企业自主权试点后的成果及问题。

要求：

（1）指出上述各项调查按组织方式分类属于哪种调查。

（2）指出上述各项调查按登记事物的连续性分类属于哪种分类。

（3）指出上述各项调查按调查对象包括的范围分类属于哪种调查。

（4）指出上述各项调查按搜集资料的方法分类属于哪种调查。

二、练习题

（一）单项选择题

1. 统计调查项目（标志）的承担者是（　　）。

A. 调查对象　　B. 调查单位

C. 填报单位　　D. 调查表

2. 某市进行一次零售食品质量与价格抽查，其调查单位是（　　）。

A. 该市所有食品商店　　B. 每一个食品商店

C. 每一种零售食品　　D. 全部零售食品

3. 统计研究哪个阶段的工作运用大量观察法（　　）。

A. 统计设计　　B. 统计调查

C. 统计整理　　D. 统计分析

4. 下列调查中，调查单位与报告单位一致的是（　　）。

A. 企业设备调查　　B. 人口普查

C. 农村耕畜调查　　D. 工业企业现状调查

5. 某地区为了掌握该地区水泥生产的质量情况，拟对占该地区水泥总产量的 80%的五个大型水泥厂的生产情况进行调查，这种调查方式是（　　）。

A. 普查　　B. 典型调查

C. 抽样调查　　D. 重点调查

6. 某市进行工业企业生产设备状况普查，要求在 7 月 11 日至 7 月 21 日全部调查完毕，则这一时间规定是（　　）。

A. 结束时间　　B. 调查期限

C. 标准时间　　D. 登记时间

7. 对于生产过程中产品质量的检查和控制应采用的调查方法为（　　）。

A. 重点调查　　B. 典型调查

C. 普查　　D. 抽样调查

8. 某地为推广先进企业的生产经营管理经验，对该地区效益最好的几个企业进行调查，这种调查属于（　　）。

A. 重点调查　　B. 抽样调查

C. 典型调查　　D. 经济普查

9. 为了解某企业的月末产品存货量，由调查人员亲自到现场观察计数，这种收集资料的方式是（　　）。

A. 访谈法　　B. 直接观察法

C. 大量观察法　　D. 报告法

10. 调查问卷中用“是”与“否”来回答的问题是（　　）。

A. 开放式问题　　B. 封闭式问题

C. 半开放式问题　　D. 半封闭式问题

（二）多项选择题

1. 我国统计调查的组织方式有（　　）。

A. 统计报表　　B. 普查

C. 抽样调查　　D. 重点调查

E. 典型调查

2. 调查方案设计中，调查时间是指（　　）。

A. 调查工作开始的时间　　B. 调查工作的期限

C. 调查的具体时刻　　D. 调查资料所属的时间

E. 以上都不是

3. 要调查某市国有企业职工的工种、工龄、工资、文化程度等情况，那么（　　）。

A. 填报单位是每个职工　　B. 调查单位和填报单位都是每个企业

C. 填报单位是每个企业　　D. 调查单位是每个职工

4. 关于重点单位，以下说法正确的有（　　）。

A. 重点单位是随机抽选的
B. 在总体单位数中占的比重很小
C. 在总体中具有代表性
D. 标志总量占总体标志总量的比重很大
E. 并不是所有总体中都存在重点单位

5. 普查是一种（　　）。

A. 经常性调查
B. 一次性调查
C. 全面调查
D. 非全面调查
E. 专门调查

（三）判断题

1. 统计调查搜集的资料有两种，一是原始资料，二是次级资料。（　　）

2. 调查表的形式有单一表和一览表两种。（　　）

3. 统计调查按调查对象包括范围的不同，可分为专门调查和抽样调查。（　　）

4. 我国的人口普查每十年进行一次，因此它是一种连续性调查。（　　）

5. 典型调查与抽样调查的根本区别是选择调查单位的方法不同。（　　）

6. 重点调查中的重点单位是根据当前工作的重点来确定的。（　　）

7. 统计设计是统计工作顺利进行的前提，统计调查是统计工作的基础，统计整理是统计分析的前提。（　　）

8. 全面调查和非全面调查是根据调查结果所得的资料是否全面来划分的。（　　）

9. 调查单位和填报单位在任何情况下都不可能一致。（　　）

10. 在统计调查中，调查标志的承担者是调查单位。（　　）

11. 对全国各大型钢铁生产基地的生产情况进行调查，以掌握全国钢铁生产的基本情况。这种调查属于非全面调查。（　　）

12. 调查方案的首要问题是确定调查对象。（　　）

（四）综合题

1. 自己选择一个调查课题；

2. 为自己选择的课题设计一份完整的统计调查方案。

3. 进行实际调查，并对调查数据进行分析，写出相应的分析报告。

4. 根据调查过程和数据分析，反思调查方案在设计上的不足，并提出改进建议。

第二章资料

第三章　统计整理

通过统计调查，可以获得大量的数据和信息。但是这些统计资料往往是零碎的、分散的，反映的是各个总体单位的情况，不能直接反映出总体的数量特征和规律。因此，在统计调查以后，必须对获得的统计资料进行整理，使之条理化、系统化，为下一步的统计分析提供有效的信息。

第一节　统计整理概述

一、统计整理的意义

统计整理是指根据统计研究的目的和要求，对统计调查所取得的资料进行科学分组和汇总，使之成为能够反映统计总体数量特征的资料的全部工作过程。

统计调查所取得的总体各单位的资料是零碎的、分散的，只能说明总体单位的情况，而不能反映总体特征。统计整理可以对调查资料进行科学加工，使之系统化，成为说明总体特征的综合资料，实现了由反映总体单位特征的标志向反映总体综合数量特征的统计指标的转化。统计整理既是统计调查的继续，又是统计分析的基础，在整个统计工作中发挥着承上启下的作用。例如，通过人口普查可以了解我国每个居民的年龄、性别、职业等情况，但是普查的目的是反映全国人口的总体情况。因此，可以按照年龄、性别、职业等标志进行分组和汇总，从而了解全国人口的年龄构成情况、性别构成情况、职业分布情况等，并且可以根据这些构成情况做下一步的统计分析工作。

二、统计整理的步骤

统计整理包括对调查资料的审核、分类、汇总，以及编制统计表和统计图等环节，它们共同构成统计整理的完整工作过程。

1. 对原始资料进行审核和检查

主观和客观原因的影响，统计调查搜集的资料与实际可能有偏差，因此汇总前应对调查资料进行审核，以保证资料的质量。资料的审核和检查包括准确性、及时性、完整性三个方面。准确性审核主要指检查资料的逻辑是否正确，检查计算方法、计算口径等是否符合要求，计算过程是否正确等。及时性审核主要指检查资料的时限是否符合要求，是否具有可比性等。完整性审核主要检查调查项目的填写是否齐全、是否漏报等情况。

2. 对原始资料进行分组和汇总

分组汇总是统计整理的主要步骤，需要根据一定的组织形式和方法，将原始资料中那些零散的信息系统化、条理化，使所得资料能够反映总体的特征和规律。统计分组和汇总往往可以借助计算机软件技术来进行。

3. 绘制统计表和统计图

经过分类汇总的整理过程,统计汇总的结果主要采用统计表或者统计图的形式表现出来。统计表和统计图相对于文字说明而言，简明扼要、直观形象，这种表现形式有利于资料的使用者快速了解资料反映的信息。

三、统计整理的汇总技术

统计整理中的分组汇总，主要分为手工汇总和电子计算机汇总两种。

1. 手工汇总

手工汇总是最原始的汇总方式。常用的手工汇总方法包括“划记法”“过录法”“折叠法”等。手工汇总速度慢，并且容易产生误差，加上统计调查中涉及的变量和单位数较多，因此在现代统计调查和整理中较少采用。在总体单位数较少，或者没有条件进行计算机汇总的情况下，也可以采用手工汇总。在实践中，手工汇总多采用“划记法”。

“划记法”是采用划“正”或其他符号的方式进行汇总的。汇总时，根据总体单位归属的组别，在该组内点一个点或画一条线，最后计算出各组点或线的数目，得到各组的总体单位数。这种方法简便易行，但容易出错，并且只能计算出各组的总体单位数，不能对分布在各组的标志值进行汇总。因此，划记法通常只在总体单位数不多，且只要求汇总单位数，不要求汇总标志值的情况下使用。

2. 计算机汇总

计算机数据处理是在手工处理的基础上发展起来的，其处理过程与手工处理大致相同，但具有手工处理所不可比拟的优点。这种方式省时省力，使统计整理变得简单、轻松，而且计算容量大，汇总速度快，同时在对资料的显示、长期存储、反复调用等方面都具优越性。运用计算机汇总，大致有以下几个步骤：

（1）掌握准备采用的计算机软件和语言。随着电子计算机技术的不断进步及其在统计工作中的应用，适用于统计工作的软件不断问世。目前，在统计方面已有上百种应用软件，如SAS（Statistical Analysis System）、SPSS（Statistical Package for the Social Science）、R 语言等，这些软件包均具有统计汇总的功能。统计整理时，可根据计算机的类型、所处理数据的特点和对统计结果的要求，选择合适的软件包来进行。

（2）编码。统计工作中，通过一定的方法和手段取得了研究对象的数据资料，这些资料从其表现形式来看，有数字形式也有文字形式。计算机处理过程中所需要的数据主要是数值型信息，因此在对所搜集的数据进行处理前，必须对其进行标准化、规范化处理。也就是要将这些数据转化为计算机所能接收的数据信息，这种转换工作叫作数据编码。编码是依照程序规定把调查表的汉字信息符号（代码）化的工作。代码一般使用诸如 1，2，3 等数字，也可以用 A，B，C 等英文字母。编码是进行统计整理的一项重要工作，编码的质量会影响数据录入的速度和数据处理的最终结果。

（3）数据录入。要利用计算机技术对统计调查所取得的数据进行加工处理，输出预期的结果，必须首先将需要分组汇总的数据录入到计算机中。计算机数据处理中对数据录入的方法主要有键盘录入法和光电输入法两种。键盘录入法是通过计算机键盘，采用人工击键的方式将原始数据直接录入计算机中去，它是目前数据录入最常用的方法。光电输入法是通过连接到计算机上的专用光电输入设备，直接从调查表上读取符号或将数据信息输入到计算机中去。在网络调查中，数据在调查时即完成了录入。

（4）数据的检查和修正。数据录入的准确性将直接影响到数据处理结果的正确性和实用性，因此，在数据录入过程中或多或少会产生一定的差错。为保证数据录入的质量，必须采取一些必要的质量控制方法对输入数据进行检查。在实践中主要是对资料进行逻辑检查，也就是按照预先给定的一套逻辑检查规则对进入电子计算机的原始数据进行分析、比较、筛选和整理等。

（5）程序运行。计算机按照指定的程序进行运行，处理信息的过程。

（6）输出统计整理的结果。将经过计算机运行处理后的汇总结果输出到一定的介质（如磁盘等）上，是汇总工作的最后一个环节。经过计算机处理的数据输出可以采用表格形式，也可采用图形形式，并且可以根据不同的需要输出不同的汇总结果。

第二节　统计分组

一、统计分组的概念

统计分组就是根据统计研究的目的和社会经济现象的特点，按照一个或几个标志把统计总体划分为若干部分的一种统计方法。统计分组是统计整理工作的核心。不同的分组就能得到不同的结果，反映现象的不同分布和规律性。

对于所研究的调查对象总体而言，单位与单位之间往往有差异。这些差异有的表现为数量上的差异，有的表现为性质上的差异。统计分组就是要用一定的标准把那些表现出差异的单位区分开，把具有同一性质的单位或数量上接近的单位合并在一起，以显示组与组之间的差别。因此，统计分组同时具有两方面的含义：对总体而言，是“分”，即将总体分为性质不同或数量上相近的若干个部分；对总体单位而言，是“合”，即把性质相同的单位组合在一起。统计分组要做到这一点，关键问题就是正确选择分组标志。

统计分组的关键是分组标志的选择。适当的分组标志能够在分组的结果中体现现象之间的差异，反映总体的某种特征。在选择分组标志时要注意以下几点：

1）根据研究问题的目的选择分组标志

每一总体都可以按照许多标志进行分组，具体按什么标志分组，主要取决于统计研究的目的。例如，研究人口的年龄构成时，就应该按“年龄”分组；研究各类型的工业企业在工业生产中的地位和作用时，就应该按“经济类型”分组。

2）在若干个标志中，选择能反映问题本质的标志进行分组

有时在同一研究目的下，可能有几个标志都可以达到此目的，这时就应该进行深入分析，选择主要的、最能反映问题本质的标志进行分组。例如，在对世界各国按照人民生活水平进行分组的时候，可供选择的指标很多，如人均收入水平、人均消费水平、人均住房面积等都能不同程度地反映人民生活水平。由于不同国家的货币政策、物价水平、工资分配制度不同，以上指标在国家之间的可比性就较差。为了在世界上能有一个既可以真实反映人民生活水平的高低，又能消除各国的以上差异，联合国采用了“恩格尔系数”，这一分组标志将世界人民的生活水平划分为极度贫困、贫困、温饱、小康和富裕。

3）结合所研究现象所处的历史条件选择分组标志

由于社会经济的发展变化，有的标志在过去能反映问题的本质，但现在可能已经不能反映了，这时就要选择新的标志进行分组。例如，对工业企业规模的划分标准，就是随着工业生产技术和市场经济的发展来选择的。当工业还处于手工业阶段时，需用职工人数来划分工业企业的规模；当工业革命以后，随着机器设备在工业生产中发挥重要作用时，需用固定资产拥有量作为划分标准；当人们讲求劳动效率，注重生产规模时，需用工业总产值作为划分标准。在市场经济条件下，企业不仅要重视创造价值，更重要的是要实现产品的价值，因此，需用实现的销售收入作为划分工业企业的规模的标准。

二、统计分组的作用

统计分组是统计研究的基本方法之一，是统计研究的基础。统计分组在统计研究中的作用有很多，主要表现在以下三方面。

1. 划分现象的类型

将复杂的社会经济现象按某些标志划分为性质不同的类型，揭示社会经济现象的质的差异，是统计分组的根本作用。例如，我国工业企业按其所有制性质不同，可划分为国有企业、集体企业、个体企业、合资企业、外资企业等，这样分组可以了解当前我国工业企业的类型，并在此基础上分析各类工业企业在国内工业中的地位和各自的作用。需要说明的是，统计分组时，总体各单位的性质相同与否，只能是相对的，是由统计研究问题的目的决定的。例如，研究某班学生的学习成绩，就“及格”和“不及格”而言，60分以上的学生就是同质的。而就奖学金评定而言，在及格这一组学生中，又可以区分为优、良、中、及格4个不同性质的类型。

2. 揭示现象的内部结构及其比例关系

通过统计分组，可以计算出各组的总体单位数，并在此基础上计算出各组总体单位数在总体中所占的比重以及各部分之间的比例关系，从而反映总体的内部构成情况。例如，表 3.1 反映了我国 2020 年的三次产业结构。

表 3.1　　2020 年中国增加值三次产业分组

按产业分组	增加值（亿元）	比重（%）
第一产业	77 754.1	7.7
第二产业	384 255.3	37.8
第三产业	553 976.8	54.5
合　计	1 015 986.2	100.0

资料来源：《中国统计年鉴（2021 年）》。

3. 分析现象之间的依存关系

社会经济现象之间往往具有相互联系、相互依存的关系，一些现象的发展变化会引起另一些现象的发展变化。例如，劳动生产率的提高能使经济效益提高，产品成本降低；土地的施肥量与亩产量也有依存关系。统计分组可以帮助我们分析现象之间的这种相互依存关系。从表 3.2 对 40 户城镇居民的调查资料可以看出，居民的家庭收入与家庭支出之间存在着一定的关系，家庭月平均收入越高，家庭月平均支出也越高，因此，二者之间具有相同方向变化的关系。

表 3.2　　40 户居民家庭按月收入分组

家庭月平均收入（元）	家庭户数（户）	家庭月平均支出（元）
1 600 以下	2	1 000
1 600～2 000	5	1 200
2 000～3 000	6	1 300
3 000～4 000	15	1 570
4 000～5 000	7	1 890
5 000 以上	5	2 200
合　计	40	—

三、统计分组的方法

根据统计研究的需要，统计分组可以按照一个标志分组，也可以按照多个标志分组。根据分组标志的多少及分组程度的不同，统计分组可以分为简单分组和复合分组。

1. 简单分组

简单分组是指对统计总体仅按一个标志进行分组。例如，国民经济按产业分组，分为第一、二、三产业，只有一个分组标志，即产业类型。简单分组说明总体在某一方面的内部结构，简单明了。表 3.3 是对某企业职工按性别进行的简单分组结果。

表 3.3　某企业职工的性别分组

性　别	人数（人）
男	60
女	40
合　计	100

2. 复合分组

复合分组是对统计总体按照两个或两个以上的标志进行分组。复合分组至少有两个分组标志，见表 3.4。由于分组标志多，首先要确定分组标志的顺序，然后，再进行依次分组，直到将最后一个标志分组完毕。复合分组较之简单分组能更全面、更深入地说明问题，并且能够进行不同类型之间的比较。但在实际运用过程中，分组标志不宜过多。

表 3.4　某企业职工构成　单位：人

按性别分组	合　计	按学历分组			
		中专及以下	大学专科	大学本科	研究生
男　性	60	5	28	20	7
女　性	40	2	12	22	4
合　计	100	7	40	42	11

第三节　分布数列

一、分布数列的概念

分布数列又称为分配数列或次数分配。分布数列是指在统计分组的基础上，将总体的所有单位按组分类，计算各组单位数，并按一定顺序排列而形成的数列。

分布数列包括两个要素：各组分组标志的具体表现和各组对应的总体单位数（或频率）。例如，将学生按成绩进行分组，统计出各分数段的学生人数，并按成绩由低到高进行排列，形成表 3.5，即一个分布数列。

表 3.5 某班数学成绩分布

成绩（分）	人数（人）	所占比重（%）
50 以下	2	4.76
50 ~ 60	7	16.67
60 ~ 70	11	26.19
70 ~ 80	12	28.57
80 ~ 90	8	19.05
90 ~ 100	2	4.76
合　计	42	100.00

在分布数列中，各组的总体单位数又称为次数或频数。例如，上例中，成绩为 70 ~ 80 分这一组中，对应的学生人数为 12 人，则 12 人就是频数。各组次数与总次数之比称为频率，也称为比率或比重。如成绩为 70 ~ 80 分的学生所占比重为 28.57%，则 28.57%为频率。频率一般用相对数表现，每一频率的取值在 0 ~ 1，各组的频率之和等于 100%。

二、分布数列的种类

根据分组标志的不同，分布数列分为品质分布数列和变量分布数列两种。

（一）品质分布数列

品质分布数列又简称为品质数列，它是指按品质标志分组而形成的分配数列。品质数列是根据定性信息分组而得的。例如，人口按性别、职业、民族等分组，国民经济按行业、产业等分组，所形成的数列就是品质分配数列。表 3.6 所示的按性别分组表即为品质数列。按品质标志分组以后的各组之间表现为性质上的差异。

表 3.6 2020 年中国人口性别分组

性别	人口（万人）	比重（%）
男	72 357	51.24
女	68 855	48.76
合　计	141 212	100.00

资料来源：《中国统计年鉴 2021 年》。

（二）变量分布数列

变量分布数列简称变量数列，它是按数量标志分组所形成的分布数列。变量数列按照每组变量值的范围大小，分为单项式数列和组距式数列。

1. 单项式变量数列

单项式变量数列简称为单项数列，是指每组只有一个变量值的变量数列。表 3.7 所示的年龄情况统计表即为单项数列。在单项数列中，每个变量值就是一组。这种变量数列针对的是离散型数据，并且是在变量的变动范围较小、变量值较少的情况下才使用。

表 3.7　某校大三经济专业学生的年龄情况统计

年龄（岁）	人数（人）	比重（%）
20	10	25.0
21	15	37.5
22	10	25.0
23	5	12.5
合　计	40	100.0

2. 组距式变量数列

组距式变量数列简称为组距数据，组距数列的每个组用由若干个变量值形成的区间来表示。表 3.8 所示的销售额分组数列为组距数列，每一组的标志值均为一个区间。离散型数据和连续型数据均可编制组距数列。

表 3.8　某市 2021 年 3 月各商场销售额资料

销售额（万元）	商场数（个）
100 以下	14
100～150	16
150～200	13
200～250	4
250～300	3
合　计	50

在组距数列中，需要明确几个基本概念：组限、组距、组中值等。

1）组　限

组限是指组距数列中各组区间两端的数值，其中每组的最大值称为上限，最小值称为下限。如上例中，销售额为 100 万～150 万元，即表示其下限为 100 万元，上限为 150 万元。组限是各组的数量界限，组限的确定与变量的特点密切相关。对于连续型变量，前后两组的组限一般是重合的；对于离散型变量，前后两组的组限是不重合的。这里的重合是指相邻两组中，前一组的上限与后一组的下限数值相等。这种重合只是形式上的，实际上两组之间是不重复的，一般在汇总时按“上限不在内”的原则处理，如果某一单位标志值刚好等于重合的组限，则将其归于下限所在组。

2）组　距

组距是各组的最大值（上限）与最小值（下限）之差。

当相邻组的组限重合时，有

$$组距=本组上限-本组下限$$

当各组间的相邻组限不重合时，有

$$组距=下一组下限-本组下限 \quad 或 \quad 组距=本组上限-上一组上限$$

如上例中，销售额为 100 万～150 万元，其组距为 150－100＝50 万元。

3）组中值

各组上、下限之间的中点数值称为组中值，它表示本组各标志值的一般水平。

$$组中值=\frac{上限+下限}{2}$$

$$缺下限组的组中值=本组上限-\frac{邻近组组距}{2}$$

$$缺上限组的组中值=本组下限+\frac{邻近组组距}{2}$$

如上例中，销售额为 100 万～150 万元，其组中值为 $\frac{100+150}{2}=125$ 万元；销售额为 100 万元以下，其组中值为 $100-\frac{50}{2}=75$ 万元。

4）等距数列和异距数列

在组距数列中，根据统计研究的要求和标志变量变化的不同，可以采用等距和不等距分组，形成等距数列和异距数列。等距数列是指在组距数列中每个组的组距都相等的数列。异距数列是指在组距数列中每个组的组距不完全相等的数列。表 3.9 所示的即为异距数列。

表 3.9　某地区人口分布状况

年　龄	人口数（万人）
1 岁以下（婴儿组）	1
1～7 岁（幼儿组）	6
7～17 岁（学龄儿童组）	12
17～55 岁（有劳动能力的人口组）	25
55 岁以上（老年组）	8
合　计	52

5）开口式组距数列和闭口式组距数列

开口式组距数列是指组距数列的第一组没有下限，或最后一组没有上限。无论只有一端还是两端为开口，都是开口式组距数列。闭口式组距数列是指第一组有下限，最后一组有上限。

三、变量数列的编制

变量数列的编制一般按以下步骤进行。

1. 根据研究的目的和变量的分布特点，确定是编制单项式数列还是组距式数列

如果变量为离散型，并且取值很少，可以考虑编制单项式数列。其他情况一般考虑组距式数列。

例 1　按百分制记分，某班 40 位学生的统计学考试成绩分别如下：

89　88　76　99　74　60　82　60　89　86　93　99　94　82　77　79　97
78　95　92　87　84　79　65　98　67　59　72　84　85　56　81　77　72
65　66　83　63　79　70

因为考试成绩的取值较多，所以应编制组距式变量数列。

2. 将总体中各变量值按由小到大的顺序进行排列，计算全距

全距是总体中最大的标志值与最小的标志值之差，即

$$全距 = 最大标志值 - 最小标志值$$

若将上例资料先按数值大小排列如下：

56　59　60　60　63　65　65　66　67　70　72　73　74　76　77　77　78
79　79　79　81　82　82　83　84　84　85　86　87　88　89　89　92　93
94　95　97　98　99　99

则该资料最小标志值为 56，最大标志值为 99，因此，全距为 99 – 56 = 43 分。

3. 科学地确定组数和组距

组数是指将一个总体划分为几组。组距与组数成反比例，组数越多，组距越小；组数越少，组距越大。因此，组数与组距的确定要符合研究的目的和要求。组数多少和组距大小还要结合具体的社会经济内容、标志变量的分散程度和全距的范围等因素来决定。组数确定了，组距也就确定了，反之亦然。对于等距数列，分组时，全距、组数、组距的关系可用下面的公式表示：

$$组数 = \frac{全距}{组距}，组距 = \frac{全距}{组数}，全距 = 组距 \times 组数$$

在实际工作中，往往将组距取为整十、整百或者它们的倍数。上述资料中全距约为 43，则从 43 个变量值的集中或分散程度看，组距可以取为 10，组数为 5。

4. 确定组限

组距和组数确定后，应选用整数值表明各组的上限和下限，最小组下限要能容纳最小标志值，最大组上限包含最大标志值，即所有变量值要包含于组限中，不能有遗漏。组限一般应选择能反映总体单位质的区别的标志值。如上例中，对于考试成绩来说，60 分是一个质的区分点，60 分以上为“及格”，60 分以下为“不及格”，所以应该将 60 分作为分布数列中的一个组限。

另外，根据数列中上下限是否齐全，可以将数列分为开口组和闭口组。最小组的下限值与最大组的上限值都完全确定的，称为闭口组；若最大组缺上限或最小组缺下限，或两者都缺的称为开口组。

5. 分配各组次数

组限划分后，根据总体单位标志值的大小，把它们分配到相应的组中，并计算各组分配的单位数和各组单位所占的比重，即计算频数和频率。

经过统计分组，根据前例可以编制表 3.10 所示的组距数列，该数列基本上能准确反映学生成绩的分布特征：

表 3.10　　某班学生统计考试成绩

考　分（分）	人　数（人）	比　重（%）
50 ~ 60	2	5.0
60 ~ 70	7	17.5
70 ~ 80	11	27.5
80 ~ 90	12	30.0
90 ~ 100	8	20.0
合　计	40	100.0

四、累计频数和累计频率

为了满足统计分析的要求，有时不仅需要了解考试成绩在 60 ~ 70 分的学生有多少，而且还需要了解有多少名（或比例）学生的考试成绩在 80 分以上，或者多少名学生考试成绩在 60 分之下。如果想了解某一变量值以上或以下所对应的频数（次数）和频率是多少，则需要计算累计频数或累计频率。

累计频数有两种计算方法：向上累计和向下累计。向上累计是从变量值最小一组的次数开始逐项累计，表示标志值低于各组上限的总体单位累计数。向下累计是从变量值最大一组的次数开始逐级累计，表示标志值高于各组下限的总体单位累计数。

例如，有人按皮尔逊智商计分法，对 50 人进行智力测验，得出整理资料见表 3.11。

表 3.11　　皮尔逊智力测验累计次数

分数（分）	人数（人）	比重（%）	向上累计		向下累计	
			人数（人）	比重（%）	人数（人）	比重（%）
70 ~ 80	2	4	2	4	50	100
80 ~ 90	7	14	9	18	48	96
90 ~ 100	10	20	19	38	41	82
100 ~ 110	14	28	33	66	31	62
110 ~ 120	12	24	45	90	17	34
120 ~ 130	3	6	48	96	5	10
130 ~ 140	2	4	50	100	2	4
合　计	50	100	—	—	—	—

通过上述次数累计分布表可以看出，智商在 100 分以上的人数为 31 人，所占比重为 62%；智商 100 分以下的人数为 19 人，所占比重为 38%。

第四节 统计表和统计图

统计表和统计图是统计整理结果的具体表现形式。规范的统计图表，可以将统计整理的结果有效地显示出来，简明扼要地反映出总体的数量特征。

一、统计表

（一）统计表的概念

统计表是指对统计调查得来的统计数据进行分组汇总后得出的统计资料，将系统化、条理化的整理结果排列在一定的表格内，这样的表格就是统计表。这里的统计表是狭义的统计表，专指统计整理表。广义上的统计表包括统计调查表、统计整理表和统计分析表。

用统计表表现统计资料比用文字叙述的方式表述统计资料更简明、清晰、易懂，更能直观地反映各指标之间的关系，便于统计计算、比较和分析。利用统计表还便于检查数字的完整性和正确性，所以在实际中，统计表被广泛地使用。

（二）统计表的结构

从内容上看，统计表由主词和宾词两部分组成。主词是统计表所要说明的总体及其分组；宾词是用来说明总体的统计指标的。通常，表的主词排列在表的左方，列于横栏；表的宾词排列在表的右方，列于纵栏。但有时为了更好地编排表的内容，也可以将主宾词更换位置或合并排列。

从构成要素上看，统计表包括以下几个部分。

1. 总标题

总标题，即统计表的名称，是说明全表的内容的，应简明扼要。一般将总标题写在统计表的上方。

2. 横行标题和纵列标题

横行标题一般列于统计表的左端，是总体各组或者各单位的名称。纵列标题一般列于统计表的上端，说明纵列数据的名称，由说明总体特征的统计指标构成。

3. 具体数据

具体数据指的是指统计表具体呈现的统计数据。例如，表 3.12 是 2004 年中国增加值产业构成统计表。

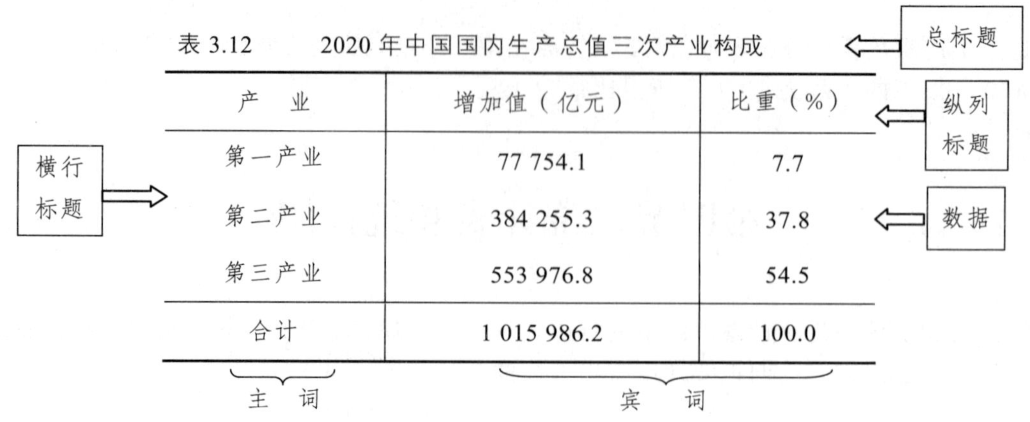

表 3.12　　2020 年中国国内生产总值三次产业构成

产　业	增加值（亿元）	比重（%）
第一产业	77 754.1	7.7
第二产业	384 255.3	37.8
第三产业	553 976.8	54.5
合计	1 015 986.2	100.0

资料来源：《中国统计年鉴（2021 年）》。

（三）统计表的种类

根据不同的研究目的和统计资料的类型，可以编制不同的统计表来表现数据。具体而言，根据主词的分组程度不同可以将统计表分为简单表、分组表和复合表。

1. 简单表

简单表是指未经任何分组的统计表。其主词可以按总体单位的名称、地区或时间顺序来排列。表 3.13 为一张按时间排列的简单表，只是将数据罗列出来，并没有进行任何分类。

表 3.13　　2016—2020 年中国国内生产总值

年份（年）	国内生产总值（亿元）
2016	746 395.1
2017	832 035.9
2018	919 281.1
2019	986 515.2
2020	1 015 986.2

资料来源：《中国统计年鉴（2021 年）》。

2. 分组表

分组表是指按一个标志进行分组而形成的统计表。例如，表 3.14 是我国 2020 年按三次产业分就业人员分组表。

表 3.14　　2020 年我国按三次产业分就业人员分组

性别	人口（万人）	比重（%）
一次产业	17 715	23.6
二次产业	21 543	28.7
三次产业	35 806	47.7
合　计	75 064	100.0

资料来源：《中国统计年鉴（2021 年）》。

3. 复合表

复合表是指按两个或两个以上标志进行分组而形成的统计表。例如，将职工按性别和学历同时进行分组。复合表是复合分组的结果见表 3.15。

表 3.15　　某企业职工构成　　单位：人

职　工　分　类	人　数
男性	60
其中：大学本科及以上	40
大学专科及以下	20
女性	40
其中：大学本科及以上	32
大学专科及以下	8
合　计	100

（四）统计表的宾词设计

宾词是用来说明主词的统计指标的，对统计指标的分组整理称为宾词指标的设计。宾词指标的设计分为简单设计和复合设计两种。

1. 简单设计

将宾词的各个指标并列起来作平行设置，并按照指标的顺序排列，或者按分组标志对宾词作简单分组，然后进行平行排列。

例如，表 3.16 是将宾词按性别和年龄平行排列的。

表 3.16　　某校 2021 年教职工情况

系　科	人数（人）	性　别		年　龄（岁）		
		男	女	30 以下	30～50	50 以上
计算机	40	25	15	5	25	10
经济系	40	20	20	10	20	10
英语系	35	10	25	12	13	10
合　计	115	55	60	27	58	30

2. 复合设计

将宾词指标进行复合分组，作层叠式排列。复合设计可以更深入、更全面地说明总体的数量特征。例如，表 3.17 是将学生按性别和城乡来源做层叠式排列的。

表 3.17　某高校 2017—2020 年招收新生的性别与城乡来源状况

年　份	学生人数（人）	城　　镇		农　　村	
		男	女	男	女
2017	5 000	1 700	1 000	1 500	800
2018	5 500	2 000	1 000	1 600	900
2019	6 000	2 050	1 150	1 800	1 000
2020	6 600	2 200	1 300	1 100	2 000
合计	23 100	7 950	4 450	6 000	4 700

注意：宾词指标分组标志不宜过多，以免使统计表过于复杂庞大，不易反映总体的发展规律。

（五）编制统计表的注意事项

编制统计表应注意以下事项：

（1）统计表的内容力求简明扼要，重点突出。

（2）统计表的总标题、纵横标题都要简洁。总标题反映表中的基本内容以及所属的时间、地点，要避免文字含糊不清。

（3）主词栏一般按先分后总排列，即先列出各个项目，后列总计。如果不必列出全部项目时，可以先列总计，紧后分列重要项目。

（4）统计表的左右两端不画封闭线。

（5）统计表中数字应对位整齐，保持相同精确度。缺数字的用“……”标明，不应有数字的用“—”标明，当数字为 0 或忽略不计时要用 0 标明。

（6）统计表要标明计量单位。如果全表只有一个计量单位，通常列在统计表的右上方。如果表中各项目的计量单位不同，需要分别表明。如果横行数据的计量单位不同，可在标题右边专设“计量单位”一栏，以便填写计量单位的名称；如果纵行数据的计量单位不同，可将计量单位与纵行标题写在一起。

（7）必要时可在统计表下方增加“注明”或“注解”，说明统计表的资料来源、制表人或单位、制表日期以及其他需要说明的问题。

二、统计图

（一）统计图的概念和绘制原则

统计图是根据统计资料绘制成的各种图形，能够形象地反映总体的数量特征。与统计表一样，统计图可以从数量方面反映出研究对象的规模、水平、结构、发展趋势和比例关系，是统计整理结果的一种重要表现方式。统计图是表现统计资料的一种重要方法，它不仅使统计资料鲜明醒目、生动活泼，而且具体、形象、通俗易懂，使人一目了然。

绘制统计图，应遵循以下原则：

（1）统计图要简明扼要，主题突出，通俗易懂。绘制的统计图应使读者一看就知道所表达的基本内容，即画的是什么、单位是什么。每一个图形都应有一个确切的、简明扼要的标题，必要时可对图中的各项内容附加注解和说明。

（2）数据要醒目。作图时要清楚画的是一个呈现数据的图，而不是艺术创作。牢记抓住读者注意力的应该是数据本身，而不是标示、背景等。

（3）统计图应能反映客观实际情况，不允许夸张，在反映客观真实数据的同时，也要尽量做到内容与形式的协调，做到规范、美观，以增加读者的兴趣，提高其对读者的吸引力。

（二）统计图的种类

统计图的种类很多，包括条形图、曲线图、象形图、面积图、三维空间图、统计地图等，分别用来表现频数分布、时间序列的变化、相关关系等方面。在实际工作中，要根据统计研究的目的和数据类型来选择适当的统计图。下面介绍几种常用的频数分布统计图和其他图形。

1. 直方图

直方图是常用的频数分布图形。直方图是以横轴表示标志值，纵轴表示各组频数的柱形图，可以直观地反映变量数列的分布特征。柱形的宽度反应分组的组距。例如，根据例 1 的学生考试成绩可以绘制直方图，并通过直方图说明考试成绩的分布情况。

40 名学生的考试成绩（分）如下：

56 59 60 60 63 65 65 66 67 70 72 73 74 76 77 77 78
79 79 79 81 82 82 83 84 84 85 86 87 88 89 89 92 93
94 95 97 98 99 99

直方图如图 3.1 所示。

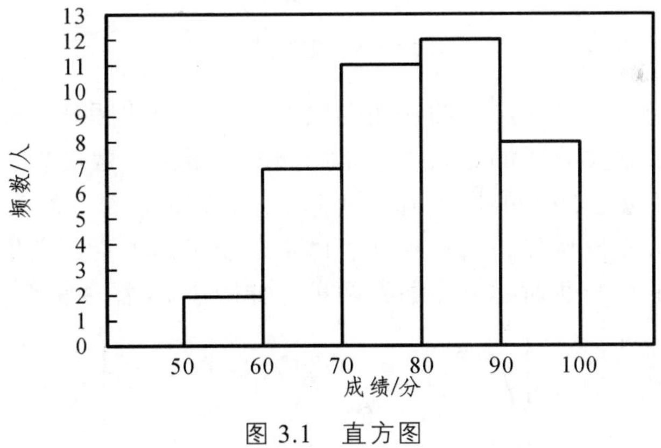

图 3.1 直方图

对于等距数列而言，可以直接用柱形的高度来表示频数的分布。但是，如果是异距数列，则不能直接用柱形的高度来表示各组的频数，而应该用柱形的面积来表示，或根据频数密度来绘制直方图。

2. 折线图和曲线图

折线图也可以表示变量的频数分布。将直方图中每个长方形的顶端中点用折线连接起来即可得到对应的折线图，如图 3.2 所示。

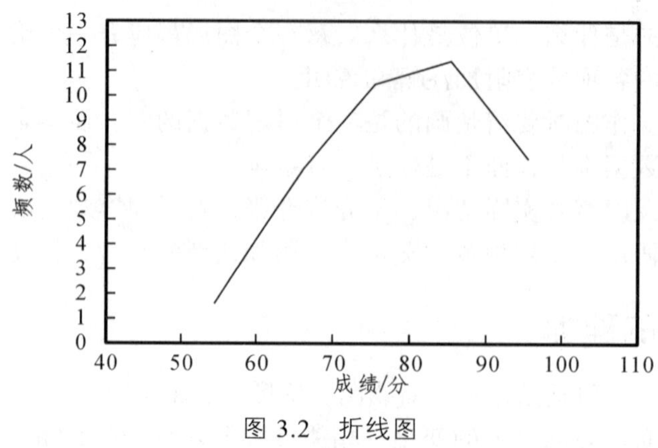

图 3.2　折线图

当变量值非常多变量数列的组数无限增多时，折线会趋于一条平滑的曲线，这时也称为曲线图。例如，上例的折线图可以近似为一条曲线，如图 3.3 所示。

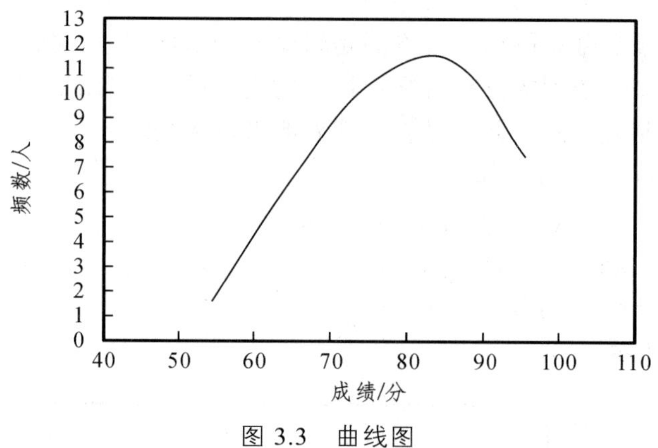

图 3.3　曲线图

根据次数的分布特征和其对应的曲线图形状，可以将曲线图分为钟形、U 型、J 型等。最常见的是钟形曲线。这类曲线的分布一般是中间的变量值次数最多，两边各组变量值分布的次数则随着与中间变量值距离的增大而逐渐减小。其特征就是“两头小，中间大”。许多社会经济现象属于钟形分布。例如，人的身高、体重，职工的工资，学生的成绩等。钟形分布曲线又分为对称分布曲线与非对称分布曲线两种，如图 3.4～图 3.6 所示。

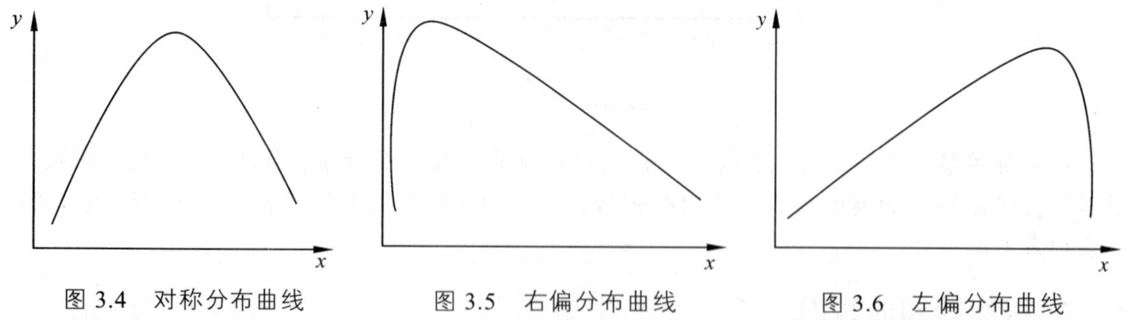

图 3.4　对称分布曲线　　图 3.5　右偏分布曲线　　图 3.6　左偏分布曲线

折线图和曲线图还经常在时间序列的图形中使用，用折线或曲线来表示变量随着时间推移的变化规律，此时可用横轴表示时间，纵轴表示变量。例如，表 3.13 表示随着时间的变化，中国的国内生产总值不断增加。此外，折线图和曲线图也用来反映两个变量之间的依存关系，在相关分析中经常使用。

3. 饼状图

饼状图是用圆形及圆内扇形的面积大小来表示频率分布的图形的。饼状图主要用于表示总体中各组成部分所占的比例，对于研究结构性问题十分有用。

例 2 为研究广告市场的状况，一家广告公司在某城市随机抽取 200 人就广告问题做了邮寄问卷调查，其中的一个问题是“您比较关心下列哪一类广告？”，答案包括：① 商品营销广告；② 企业形象广告；③ 招生招聘广告；④ 其他广告。

根据问卷调查的结果可以绘制饼状图，如图 3.7 所示。从图中可以明显看出被调查者最关心的是商品营销广告，其次是招生招聘广告。

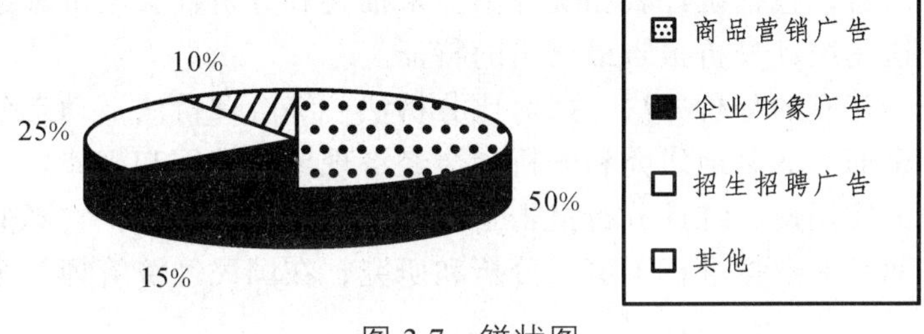

图 3.7 饼状图

4. 环形图

饼状图只能显示一个总体的各部分所占的比例，环形图则可以同时绘制多个总体的数据系列，每一个总体的数据系列为一个环。环形图中间有一个“空洞”，总体中的每一部分数据用环的一段来表示，环型图经常用于比较研究。

例如，在对某年上海市和四川省的居民消费情况进行对比分析时，可以采用图 3.8 所示的环形图。

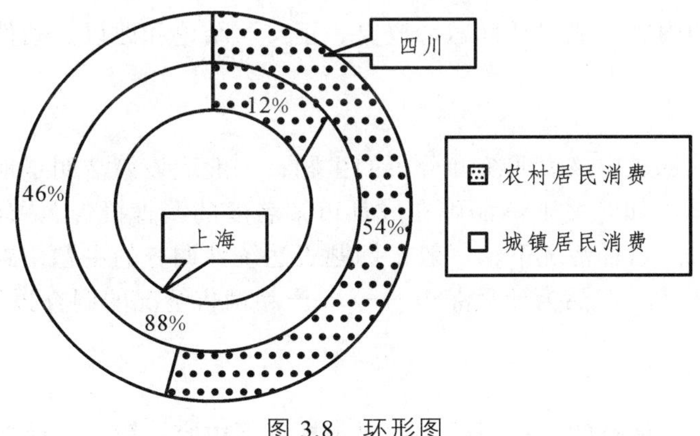

图 3.8 环形图

第五节 统计分析报告

撰写统计分析报告是统计工作的最后步骤，统计整理和统计分析的工作都是为撰写统计分析报告做准备的。本节将对统计分析报告的内容、格式等方面做简要介绍。

一、统计分析报告的概念和特点

统计分析报告是根据统计学的原理和方法，运用大量统计数据来反映、研究和分析社会经济活动的现状、成因、本质和规律，并做出结论，提出解决问题办法的一种统计应用文体。

运用大量的统计数据来说明问题，这是统计分析报告与其他文体最明显的区别。可以说，没有统计数字的运用，就不能称其为统计分析报告。

统计分析报告既要遵循一般文章写作的要求，同时，在写作格式、写作方法、数据运用等方面也有自身的特点和要求：

（1）注重定量分析。从数量方面来反映现象的规模、水平、构成、发展速度、效益等情况，并把定量分析与定性分析相结合。

（2）运用数字语言，包括统计表和统计图，来描述和分析社会经济现象的数量特征，用统计数字来说话。这是统计分析报告最突出的特征。

（3）运用统计学特有的分析方法，如对比分析法、综合评价法、动态分析法、因素分析法、统计推断等，全面、深刻地研究和分析社会经济现象的特征和规律。

（4）具有很强的实用性。统计分析报告是统计工作的最终成果，它不但包含了大量原始数据反映的信息，而且对数据进行了深入分析和研究，在国民经济管理、企业管理等方面都具有很强的实用性。

虽然统计分析报告注重定量分析，但并不排斥定性分析。一篇好的统计分析报告，必须有数字、有分析，两者应紧密结合，相互统一。通过定性分析与定量分析的有效结合，达到透过现象看本质的目的。

二、统计分析报告的主要内容

统计分析报告的内容一般包括标题、概要、正文、结论和建议、附件等几部分。

1. 标　题

统计分析报告的标题应该表明统计分析的主题，一般应该简洁明了地将统计分析的对象和分析内容表现出来，如《关于××品牌在成都市知名度的调查报告》。有时分析报告也可采用正、副标题的形式。这种情况下，一般正标题表达统计调查的主题，副标题则具体表明调查的单位和内容。如《××产品为什么滞销 ——××产品销售情况的调查报告》。

2. 概　要

概要主要阐述统计调查的基本情况，主要包括以下内容：第一，简要说明调查目的和调查背景；第二，介绍调查对象和调查内容，包括调查对象、时间、地点、调查要点及所要解答的问题；第三，简要介绍调查研究的方法。

3. 正　文

正文是统计分析报告的主要部分，它决定着整个调查报告质量的高低和作用的大小。这一部分着重通过对调查获得的资料进行分组整理并总结其规律性，说明调查现象的现状、发展变化、存在的问题，并具体分析成因和提出解决办法。

正文的内容主要分为两部分。第一部分是对调查对象基本资料的分析，说明调查对象的基本情况、构成分布等。这部分内容有时也可直接在概要中说明。第二部分是调查内容的具体分析部分。这一部分是正文的主要内容，由于内容一般较多，因此经常使用概括性或提示性的小标题来划分结构。正文部分应该有理有据，采用统计分析方法，根据调查内容反映的情况进行深入分析和研究。在分析问题的排列上要充分考虑问题之间的逻辑联系以及问题的重要性，一般把重要的问题写在前面，非重点写在后面。

4. 结论和建议

得出结论和提出建议是撰写统计分析报告的主要目的。这部分是对正文内容的总结，将正文分析中得出的观点集中进行归纳，并提出解决问题的方案与建议。结论和建议与正文部分的论述要紧密对应，不可以提出无论据的结论，提出的建议应该考虑合理性和可操作性。

5. 附　件

附件是指统计分析报告正文包含不了或没有提及,但与正文有关又必须附加说明的部分。它是对正文报告的补充。如统计调查的问卷或调查表常常作为统计分析报告的附件。

三、撰写统计分析报告应注意的问题

1. 切忌简单的数据罗列

在统计分析报告的撰写过程中，要特别注意避免只是简单地将数据进行罗列和堆砌，不进行深入地分析。只停留在数据的罗列上，就事论事，如此得到的分析报告缺乏深度，价值不高。统计分析报告虽然是用数字说话，但是对数字反映的现象特点、成因等方面的文字分析十分重要，而且作用举足轻重。

2. 统计分析报告应该结构清晰、重点突出

把收集来的各种资料无论其是否反映主题，全都面面俱到地进行分析，会使读者感到杂乱无章，不知道重点所在。一次统计调查自有它的重点和中心，因此应该在对调查情况进行全面了解和分析后，合理安排报告的结构，做到详略得当。对于调查的重点内容，要深入分析，只有重点突出，才能使读者看后留下深刻的印象。

3. 结论与建议应该与正文的分析相互对应

统计分析报告的结论与建议部分是在正文的具体统计分析基础上做出的，所以两者必须相互对应。结论必须是统计分析的结论，建议必须根据分析结论做出，应避免前后脱节情况的发生，以使整个统计分析报告具有系统性和完整性。

案例分析

大学生创业意愿调查分析报告——以 A 大学为例（节选）

一、问题的提出

自 2015 年《关于深化高等学校创新创业教育改革的实施意见》明确提出要使创新精神、创业意识和创新创业能力成为评价人才培养质量的重要指标以来，各高校对于大学生创新创业教育开展了大量的理论与实践探索，如“创业基础”课程的开设，以及各类大学生创新创业项目的设立。大学生作为创新创业的新生力量，尤其是民族地区的大学生，其创新创业意愿与能力不仅与自身未来发展有着密切关系，而且对于地区经济社会发展也有着重要影响。大学生创新创业能力提升与其创业意愿、对创业的认知等有着密切关系。

二、研究方法与数据来源

本文采用问卷调查法收集资料。数据来源于课题组 2020 年 12 月开展的“大学生创业意愿调查”。该调查以 A 大学在校生为调查对象，共计发放问卷 300 份，收回有效问卷 286 份，有效回收率 95.33%

问卷内容包括被调查者个人背景、创业意愿、影响因素三个方面。被调查者基本情况见表 1，其中，男生占比 48.95%，女生占比 51.05%。

表 1　　被调查者基本情况统计（N=286）

变量	类别	人数（人）	比例（%）
性别	男	140	48.95
	女	146	51.05
家庭所在地	城市	138	48.25
	农村	148	51.75
父母是否创业	是	80	27.97
	否	206	72.03

三、大学生创新创业意愿描述统计

1. 创业意愿分析

从调查结果来看，不到三成的被调查者有创业意愿。在调研过程中，更多的被调查者表示虽然有创业意愿，但是更倾向于先就业再创业，而不是直接创业。

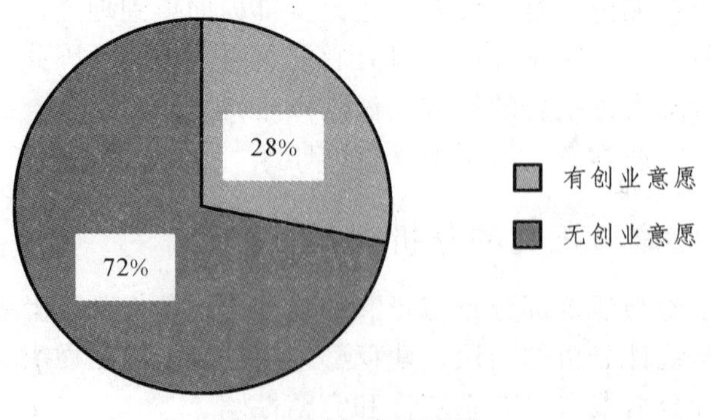

图 1　创业意愿统计

2. 对创业知识的了解程度

从调查结果来看，被调查的大学生对创业知识都有一定的了解，但是了解非常清楚的同学并不多，大多数同学都选择了有点了解，占了被调查者的 39.2%。由此可见，虽然开设了《创业基础》等课程，但是同学们对于创业相关的知识的了解程度还需进一步提高。

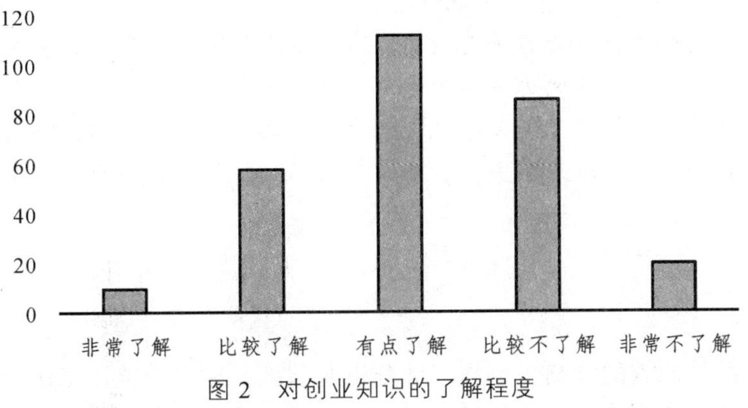

图 2 对创业知识的了解程度

3. 创业实践活动的参与情况分析

关于学校开展从创业活动和自主开展创业实践方面，75.2%的被调查者没有参加过学校或者自主开展的创业活动，这说明学生的创业参与度并不高。在参与创业实践活动的原因调查中，排名前两位的原因分别是“提升综合能力”和“个人兴趣”，分别占了 38.2%和 32.4%。

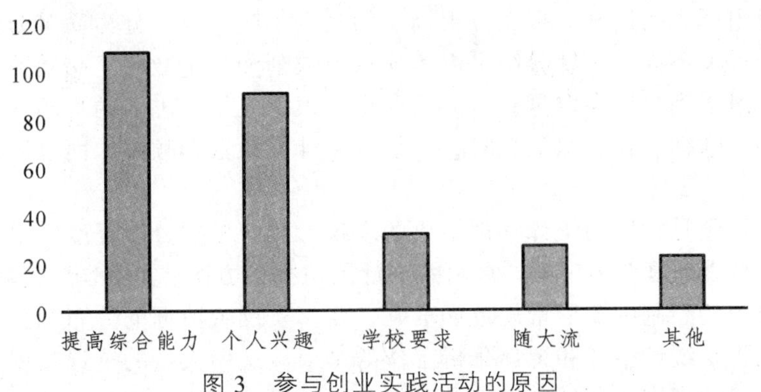

图 3 参与创业实践活动的原因

四、提升大学生创业意愿的建议

1. 改变就业观念，提升创业综合素质

从调查结果来看，大学生创业意愿还有进一步提升的空间。在实际中，即使是有创业意愿或者积极参加了各类创业大赛的学生中，真正在现实社会环境中进行创业实践活动的比例也较少。因此，要提高创业意愿，首先要改变个人及家庭的就业观念，从而提升创业意识。其次大学生要主动了解创业政策，参与校内外创业实践活动，提升自身的创业能力，通过创业实践亲身体验，发掘自身兴趣与能力。

2. 学校要完善创业人才培养体系

虽然高校大都开设了创业基础类课程，并开展了一系列创业比赛，但其创业人才培养体系仍有需要完善的方面。首先，应进一步加强创业教育与专业教育的结合，将创业教育融入专业教育中，让学生能够基于专业所长开展创业实践活动，学有所用，更能激发学生的创业热情。其次，创业教育要更加注重理论联系实际，要加强校企合作，打造产学研一体化的创业人才培养模式。第三，创业人才培养离不开高水平的师资，一方面要强化教师理论与实践能力的提升，另一方面要引进企业界人士进校园，发挥校内校外创业导师的共同作用。

3. 加强创业政策宣传，营造良好的创业氛围

大学生在创业过程中往往存在资金短缺、管理经验欠缺、抗风险能力较弱等困难。因此，要加强对创业政策的宣传，要大力宣传国家创业相关政策，让大学生了解创业支持政策。除了加强政策宣传之外，要切实了解大学生创业中存在的困难，进一步完善对于大学生创业的帮扶机制和激励机制，抓好政策落实，营造出良好的创业氛围，从而让大学生敢于创业，勇于创业。

小　结

统计整理是统计调查的继续，也是统计分析的基础，在整个统计工作中发挥着承上启下的作用。统计整理是根据统计研究的目的和要求，对统计调查所取得的资料进行科学分组和汇总，使之成为能够反映统计总体特征的资料的过程。统计整理的具体内容包括统计资料审核、分组汇总、绘制统计表和统计图几个部分。

统计分组是将总体按照某一标志划分为若干性质不同而又有联系的几个部分。统计分组可以划分社会经济的类型，研究总体内部的结构，并且可以分析现象之间的依存关系。统计分组的关键是分组标志的选择。根据分组标志的多少不同，可以分为简单分组和复合分组；根据分组标志的类型不同，统计分组可以形成品质数列和变量数列。品质数列是根据品质标志分组而得。变量数列是根据数量标志分组而得，根据各组标志值的不同取法，可以分为单项式数列和组距式数列。在分组汇总时，不仅可以计算频数和频率，而且还可以计算累计频数和累计频率。

统计表和统计图是常用的统计整理结果的表现形式。根据分组程度的不同，统计表可以分为简单表、分组表和复合表三类。常用的统计图包括直方图、折线图、饼状图、环形图等。在统计表和统计图的绘制中要尽量规范和准确，要真实反映数据的分布特征。

统计分析报告是统计整理和统计分析工作的结果。运用大量的统计数据是统计分析报告与其他文体最明显的区别。统计分析报告一般包括标题、概要、正文、结论与建议，以及附录几个部分，在报告的撰写过程中切忌简单的数据罗列，要将定量分析和定性分析有机结合，做到结构清晰、重点突出，对调查内容进行深入而细致地研究。

思考与练习

一、思考题

1. 什么是统计分组，它有哪些作用？
2. 变量数列有哪些要素，如何编制变量数列？
3. 常用的统计图有哪些？分别适合分析何种数据？
4. 统计表的规范要求包括哪些内容？

二、练习题

（一）单项选择题

1. 分布数列包含两个组成要素，即（　　）。

A. 分组标志和组距　　B. 各组距的分组和频数

C. 分组标志和频数　　D. 分组和表式

2. 在统计分组中，根据“上组限不在内”的原则，分数为 60 分的同学应归入下列哪一个组?(　　)。

A. 60 分以下　　B. 60 ~ 70 分　　C. 70 ~ 80 分　　D. 80 ~ 90 分

3. 将某地区国有企业按利润计划完成程度分为以下 4 组，正确的是（　　）。

A. 第一种，80% ~ 90%　　90% ~ 99%　　100% ~ 109%　　110%以上

B. 第二种，80%以下　　80.1% ~ 90%　　90.1% ~ 100%　　100.1% ~ 110%　　110%以上

C. 第三种，80%以下　　80% ~ 90%　　90% ~ 100%　　100% ~ 110%　　110%以上

D. 第四种，85%以下　　85% ~ 95%　　95% ~ 105%　　105% ~ 115%　　115%以上

4. 划分连续变量的组限时，相邻的组限必须（　　）。

A. 重叠　　B. 相近　　C. 不等　　D. 不定

5. 次数分布数列是（　　）。

A. 按数量标志分组形成的数列　　B. 按品质标志分组形成的数列

C. 按统计指标分组所形成的数列　　D. 按数量标志和品质标志分组所形成的数列

6. 统计分组的关键问题是（　　）。

A. 做好统计资料的整理工作　　B. 正确地选择分组标志与划分各组界限

C. 注意统计资料的准确性与科学性　　D. 应抓住事物的本质与规律

7. 对职工的生活水平状况进行分组研究，正确地选择分组标志应当用（　　）。

A. 职工月工资总额的多少　　B. 职工月人均收入额的多少

C. 职工家庭成员平均月收入额的多少　　D. 职工的人均月岗位津贴及奖金的多少

8. 按离散变量分组形成的变量数列（　　）。

A. 只能是单项数列　　B. 只能是组距式变量数列

C. 既可以是单项式变量数列，也可以是组距数列

D. 既不是单项式变量数列，也不是组距式变量数列

9. 某连续变量数列，其末组为 500 以上。又知其邻近组的组中值为 480，则末组的组中值为（　　）

A. 520　　B. 510　　C. 530　　D. 540

10. 次数分配中，靠近中间的变量值分布的次数少，靠近两端的变量值分布的次数多，这种次数分布的类型是（　　）。

A. 钟型分布　　B. U 型分布　　C. J 型分布　　D. 洛伦茨分布

（二）多项选择题

1. 对于通过调查取得的原始数据，应主要从哪几个方面进行数据审核？（　　）

A. 及时性　　B. 完整性　　C. 适用性　　D. 准确性

2. 统计分组的作用是（　　）。

A. 划分社会经济类型　　B. 说明总体的基本情况

C. 研究同质总体的结构　　D. 说明总体单位的特征

E. 分析被研究现象总体各标志之间的联系和依存关系

3. 在组距数列中，组中值（　　）。

A. 是上限和下限之间的中点数值　　B. 是用来代表各组标志值的平均水平

C. 在开放式分组中无法确定　　D. 等于上限

E. 在开放式分组中，可以参照相邻组的组距来确定

4. 在次数分配数列中（　　）。

A. 总次数一定，频数和频率成反比　　B. 各组的频数之和等于 100

C. 各组频率大于等于 0，频率之和等于 1

D. 频数越小，则该组的标志值对平均数的影响越小

E. 频率又称为次数

5. 下列分组哪些是按品质标志分组（　　）。

A. 职工按工龄分组　　B. 人口按民族分组

C. 人口按地区分组　　D. 企业按所有制分组

E. 科技人员按职称分组

6. 下列哪些分组是按数量标志分组（　　）。

A. 工人按产量分组　　B. 职工按工龄分组

C. 学生按健康状况分组　　D. 企业按隶属关系分组

E. 科技人员按学历分组

7. 在组距数列中，组中值是（　　）。

A. 上限和下限之间的中点数值

B. 用来代表各组标志值的平均水平

C. 在开放式分组中无法确定

D. 在开放式分组中，可以参照相邻组的组距来确定

E. 必须要有上限和下限才能计算的

（三）判断题

1. 统计整理的目的在于将反映总体数量特征的指标值转化为说明总体单位特征的标志值。（　　）

2. 统计整理的关键是统计分组。（　　）

3. 统计分组的关键是选择组距和组数。（　　）

4. 进行组距分组时，遇到单位的标志值刚好等于相邻两组上下限数值时，一般把此值归并到作为上限的那一组。（　　）

5. 离散型变量可以作单项式分组或组距式分组，而连续型变量只能作组距式分组。（　　）

6. 统计表的主词栏是说明总体各种统计指标的。（　　）

（四）计算题

1. 有一个班 40 个学生的考试成绩如下：

89　88　76　99　74　60　82　60　93　28　94　82　77　45　97　78　87　84　79　65　98　67　59　72　56　81　77　73　65　66　83　63　89　50　95　92　84　85　79　70

学校规定：60 分以下不及格；60 ~ 75 分为中；76 ~ 89 分为良；90 ~ 100 分为优。试把该班学生分为不及格、中、良、优四组，编制一张次数分布表，绘制统计图。

2. 某班学生统计学原理考试成绩次数分布见表 3.18。

表 3.18　某班统计学原理考试成绩

考分	组中值	人数	比率	向上累计		向下累计	
				人数（人）	比率（%）	人数（人）	比率（%）
60 以下		2					
60～70		7					
70～80		11					
80～90		12					
90 以上		8					
合　计		40					

要求：根据上表资料，计算相应的数字，填入表中空格，并说明各指标的意义。

3. 某公司所属 20 家企业某月工业增加值资料见表 3.19。

表 3.19　某公司 20 家企业某月工业增加值

企业编号	工业增加值（万元）	企业编号	工业增加值（万元）
1	46	11	24
2	68	12	78
3	118	13	92
4	33	14	57
5	79	15	40
6	50	16	60
7	89	17	72
8	27	18	58
9	127	19	66
10	99	20	74

要求：进行汇总，编制组距数列，并绘制柱形图和饼图进行分析。

4. 对下面职工家庭基本情况调查表（表 3.20）中的答复进行逻辑检查，找出相互矛盾的地方，并进行修改。

表 3.20 职工家庭基本情况调查表（2020 年第二季度）

姓名	性别	年龄	与被调查者的关系	工作单位	参加工作年月	职务或工种	固定工或临时工	级别
陆　新	男	25	被调查者本人	宏大建筑公司	1973.7	干部	临时	20
陈　华	女	50	夫妻	市食品厂	1975.4	工人	固定	5
陆　力	女	28	长女	待业青年	2009	无	临时	2
陆　路	男	26	长子	农学院	2019	学生	无	无

第三章资料

第四章　统计数据的特征描述

通过统计调查收集到大量原始数据，对这些数据加以整理、汇总形成的分布数列，可直观呈现数据的分布规律。但仅对数据进行直观整理是远远不够的，还需要进一步挖掘数据信息，深入分析能够充分度量数据特征的统计指标。统计指标不仅仅是统计整理的结果，同时更是统计分析的基础。统计指标按其反映现象总体数量特征的不同分为总量指标、相对指标、平均指标和变异指标 4 种基本类型。统计指标从不同的侧面来说明总体的数量特征，往往贯穿于统计分析的始终，如平均指标反映统计数据的集中趋势，变异指标反映统计数据的离散趋势。

通过本章的学习，使学生理解总量指标、相对指标、平均指标以及变异指标的含义和作用，掌握其使用条件和计算方法，能够运用统计指标对统计数据的特征进行描述和分析。

第一节　总量指标

一、总量指标的概念和作用

总量指标是反映社会经济现象总体在一定时间、空间条件下的总规模或总水平的综合指标。它通常表现为绝对数形式，因此又称为绝对数或绝对指标。例如，2020 年我国国内生产总值 1 015 986.2 亿元，年末总人口数 141 212 万人。

人们认识社会经济现象，首先要了解和掌握社会经济现象的一系列总量指标，否则就无法进一步研究现象之间的数量关系以及数量变化的规律性。因此，在研究国民经济和社会发展过程中计算总量指标具有十分重要的意义。

总量指标的主要作用有以下三个方面：

1. 总量指标是人们认识社会经济现象的起点

总量指标能够反映社会经济总体现象的总规模和总水平，是反映国情、国力的重要指标。例如，我们掌握了一个国家或一个地区的一系列总量指标，如人口数、劳动力数量、耕地面积、国内生产总值、社会商品零售额等，就可以概括地了解这个国家或这个地区的基本状况。

2. 总量指标是制定方针政策，实现宏观经济调控和企业经营管理的依据

国家制定政策、编制计划，企业制定经营管理目标的一些基本指标通常都是以总量指标

的形式规定的。例如，国家的计划国内生产总值，企业的计划销售额等都表现为总量指标。因而相应的总量指标就成为制订计划和检查计划执行情况的依据。

3. 总量指标是计算相对指标和平均指标的基础指标

总量指标是统计整理获得的第一手资料，而相对指标和平均指标一般是由有联系的总量指标对比计算出来的，它们只能是总量指标的派生指标，所以总量指标是否准确，会直接影响相对指标和平均指标的准确性。

二、总量指标的种类

根据不同的标准，对统计指标可以进行不同的分类。下面介绍几种常见的总量指标的分类。

1. 按总量指标反映的内容不同，分为总体单位总量（简称总体总量）和总体标志总量（简称标志总量）

总体单位总量是总体单位数的加总，反映总体内所包含的总体单位总个数。它由每个总体单位加总得到，说明总体本身规模的大小。总体标志总量是总体各单位标志值的加总，反映总体各单位某一数量标志值的总和。它由总体各单位某一数量标志值加总得到，说明总体某一数量特征的总量。例如，以某地区工业企业作为研究总体时，该地区的工业企业数就是总体单位总量；以每个企业的职工人数为数量标志，该地区各工业企业的职工人数之和就是总体标志总量。当总体一经确定，总体单位数就确定了，所以总体单位总量是唯一的。而总体各单位的数量标志可以有很多，所以总体标志总量不是唯一的，不同的数量标志就有不同的标志总量。

某个总量指标是总体单位总量还是总体标志总量不是固定不变的，而是随着研究目的和研究对象的不同而发生变化。例如，研究某地区工业企业的情况，该地区的工业企业数是总体单位总量，工业企业职工人数是总体标志总量；若研究该地区工业企业职工的情况，则该地区的工业企业职工人数就变成了总体单位总量，与之相对应的总体标志总量就是职工工资总额、职工津贴总额等。

2. 总量指标按其反映的时间状况不同，分为时期指标和时点指标

时期指标说明时期现象，反映社会经济现象在一段时期内发展变化的总数量。时点指标说明时点现象，反映社会经济现象在某一时点上的存在状态或达到某种水平的总数量。例如，产品产量、产值、国内生产总值、社会商品零售额、投资总额、进出口贸易额、基本建设投资额等，反映的是一段时期内发展变化的累计总量，都是时期指标。人口数、职工人数、设备台数、商店数、土地面积、商品库存量、银行存贷款余额、资金占用量、固定资产总额、流动资产总额等，反映的是某一个时刻上的存量，通常表现为“期初”或“期末”的水平，这些指标都是时点指标。

不同时期的时期指标数值可以累计相加，其结果有意义；不同时点的时点指标数值不可以累计相加，其结果无意义。例如，将一年内 12 个月的钢产量相加就得到全年的钢产量，而商品库存量是某一时点储存的数量，若将不同时点上商品库存量相加，就会造成大量的重复计算，相加的结果也没有实际的经济意义。

时期指标数值大小与所属时期长短有直接关系，时期越长，指标数值越大，时期越短，指标数值越小。时点指标数值大小与时点间隔长短无直接关系。例如，一年的产量必然大于该年某一季度的产量，一个季度的产量必然大于其中某一个月的产量；而某种商品的年末库存量不一定比该年某季末或某月末的库存量大。

三、总量指标的计量单位

总量指标是具有一定社会经济内容的数值，所以它具有相应的计量单位。根据被研究对象的特点、性质和作用，总量指标的计量单位主要有以下 3 种。

1. 实物单位

实物单位是反映事物自然属性和外部特征的计量单位，反映事物的使用价值，具体包括自然单位、度量衡单位、标准实物单位、复合单位、双重单位、多重单位。

自然单位是人们在长期的社会实践中自然形成并习惯使用的计量单位。多用于对离散型变量进行计量。例如，人口以“人”为单位，汽车以“辆”为单位，牛以“头”为单位，鞋以“双”为单位，机器以“台”为单位等。

度量衡单位是以长度、重量、面积、体积等度量衡制度规定的单位来对事物进行计量的单位，多用于对连续型变量进行计量。例如，粮食按“千克”或“吨”计量，棉布按“米”计量，建筑面积按“平方米”计量，木材按“立方米”计量等。

标准实物单位是以统一的折算标准来度量事物的计量单位的。例如，电石以发气量 300 升/千克为标准实物单位来折算，能源按发热量 29 307 千焦/千克为标准实物单位来折算等。

2. 价值单位

价值单位是以货币作为价值尺度来计量的计量单位，反映事物的价值量。例如，元、万元、亿元、美元、日元、欧元等。价值单位较实物单位具有更广泛的综合概括能力。

3. 劳动单位

劳动单位是以劳动时间来表示的计量单位，也叫劳动量单位。例如，工日、工时等，是人们在生产经营活动中所消耗的劳动数量，它虽然有复合单位的含义，但由于这类劳动单位时间性太强，在管理活动中又有着其他计量方式所无法取代的重要作用，因此我们把它单独列为一类。

四、计算和应用总量指标应注意的问题

1. 要注意现象的同质性

总量指标不同于纯数学中的绝对数，并非简单数值相加，而是一定社会经济现象的数量

表现，具有确定的社会经济内容，具有质的规定性。因此，计算总量指标时必须注意社会经济现象的同质性。在计算总量指标时必须正确地确定总量指标所表示的各种社会经济现象的概念、范围、计算口径和计算方法。同质性是形成一个统计总体的基础，不能把具有不同性质的社会经济现象简单汇总为总量指标。

2. 要有统一的计量单位

汇总计算总量指标时，应使用统一的计量单位。若计量单位不同，应将不同的计量单位换算为同一计量单位。许多社会经济现象可以用不同的计量单位来表示，但不能将具有不同计量单位的社会经济现象直接简单汇总，应首先换算为相同计量，然后再汇总计算，否则将造成统计数量方面的差错。

五、国民经济统计中常用的总量指标

1. 国内生产总值（GDP）

国内生产总值是指一个国家或地区在一定时期内所有常住单位生产经营活动的全部最终成果的价值。GDP 按国土原则核算。例如，外资企业在中国境内创造的增加值应该计算在中国的 GDP 中。

2. 国民总收入（GNI）

国民总收入（GNI）原称国民生产总值（GNP），是指一个国家或地区所有常住单位在一定时期内所获得的初次分配收入总额，它等于国内生产总值加上来自国外的净要素收入。国民总收入按国民原则核算，只要是本国或本地区居民，无论是否在本国或本地区境内居住，其生产和经营活动新创造的增加值都应该计算在内。例如，我国居民通过劳务输出在境外所获得的收入就应该计算在 GNI 中。1994 年，联合国、世界银行、国际货币基金组织、经济合作和发展组织及欧洲共同体委员会共同颁布了 1993 年国民经济核算体系（1993SNA），用国民总收入 GNI 取代了国民生产总值 GNP。为了适应社会主义市场经济发展，以及中国加入世贸组织和国际货币基金组织数据通用公布系统（GDDS）的要求，中国在 2003 年开始采用 1993SNA 的标准称谓，统计术语 GNP 改用 GNI，两个数据的统计口径基本一致。

3. 财政收入

财政收入（Public finance revenue）是指国家财政参与社会产品分配所取得的收入，是实现国家职能的财力保证。财政收入所包括的内容主要有：① 税收收入。税收收入是财政收入最重要的收入形式和最主要的收入来源，包括流转税、所得税、财产税、资源税等。② 国有资产收益。国有资产收益是国家凭借国有资产所有权获得的利润、租金、股息、红利、资金使用费等收入的总称。③ 国债收入。国债收入是国家通过信用方式取得的有偿性收入。④ 收费收入。收费收入是国家政府机关或事业单位在提供公共服务、实施行政管理或提供特定公共设施的使用时，向受益人收取一定费用的收入形式，具体可以分为使用费和规费两种。⑤ 其他收入。包括基本建设贷款归还收入、基本建设收入、捐赠收入等。

4. 财政支出

财政支出（Public finance expenditure）是国家财政将筹集起来的资金进行分配使用，以满足经济建设和各项事业的需要，是指政府部门在一定时期内（一般为一个财政年度）为履行其自身的职能，对其从私人部门集中起来的以货币形式表示的社会资源的支配和使用。财政支出所包括的内容主要有：① 基本建设支出；② 企业挖潜改造资金；③ 地质勘探费用；④ 科技三项费用；⑤ 支援农村生产支出；⑥ 农林水利气象等部门的事业费用；⑦ 工业交通商业等部门的事业费；⑧ 文教科学卫生事业费；⑨ 抚恤和社会福利救济费；⑩ 行政事业单位离退休支出；⑪ 社会保障补助支出；⑫ 国防支出；⑬ 行政管理费；⑭ 政策性补贴支出；⑮ 债务利息支出等。

案例分析

统计公报中的总量指标

初步核算，全年国内生产总值 1 143 670 亿元，比上年增长 8.1%，两年平均增长 5.1%。其中，第一产业增加值 83 086 亿元，比上年增长 7.1%；第二产业增加值 450 904 亿元，增长 8.2%；第三产业增加值 609 680 亿元，增长 8.2%。第一产业增加值占国内生产总值比重为 7.3%，第二产业增加值比重为 39.4%，第三产业增加值比重为 53.3%。全年最终消费支出拉动国内生产总值增长 5.3 个百分点，资本形成总额拉动国内生产总值增长 1.1 个百分点，货物和服务净出口拉动国内生产总值增长 1.7 个百分点。全年人均国内生产总值 80 976 元，比上年增长 8.0%。国民总收入 1 133 518 亿元，比上年增长 7.9%。全员劳动生产率为 146 380 元/人，比上年提高 8.7%。

年末全国人口 141 260 万人，比上年末增加 48 万人，其中城镇常住人口 91 425 万人。全年出生人口 1 062 万人，出生率为 7.52‰；死亡人口 1 014 万人，死亡率为 7.18‰；自然增长率为 0.34‰。

……

年末国家外汇储备 32 502 亿美元，比上年末增加 336 亿美元。

……

全年粮食种植面积 11 763 万公顷，比上年增加 86 万公顷。

……

全年社会消费品零售总额 440 823 亿元，比上年增长 12.5%。

……

全年货物进出口总额 391 009 亿元，比上年增长 21.4%。

……

全年全国一般公共预算收入 202 539 亿元，比上年增长 10.7%，其中税收收入 172 731 亿元，增长 11.9%。

……

（摘自《中华人民共和国 2021 年国民经济和社会发展统计公报》）

上述资料中的国内生产总值、第一产业增加值、第二产业增加值、第三产业增加值、国民总收入、全年出生人口、死亡人口、全年粮食种植面积、全年社会消费品零售总额、全年货物进出口总额、全年全国一般公共预算收入、税收收入是总量指标中的时期指标，年末全国人口、城镇常住人口、年末国家外汇储备是总量指标中的时点指标。

第二节　相对指标

一、相对指标的概念和作用

相对指标是指社会经济现象中两个有联系的指标数值对比的比率，反映社会经济现象间的数量对比关系。它以相对数形式表现，因此又称为相对数。例如，2020 年我国第一产业、第二产业和第三产业对 GDP 增长的贡献率分别为 9.5%、43.3%和 47.3%。

相对指标既可以分析同一总体内不同部分之间的内在数量关系，也可以分析不同总体之间的外在数量联系。借助于相对指标可以对社会经济现象间的相对水平和程度进行对比分析，对比分析是统计分析的基本方法。

相对指标的主要作用有以下两个方面：

（1）相对指标本身可以表明社会经济现象之间的对比关系。结构相对数可以描述总体数量的内部构成，比例相对数可以描述总体内部是否协调，比较相对数可以描述不同总体间的水平高低，动态相对数可以描述总体数量的发展变化态势，强度相对数可以描述客观事物的强度、密度、普遍程度和利用程度，计划完成相对数可以描述计划执行效果。

（2）相对指标可使原本不便于直接对比的现象有了共同的比较基础。例如，生产规模不同的企业之间，产值、利税总额等不能直接比较，但与各自的计划产值、占用的资金数等对比，计算产值计划完成程度、资金利税率等指标，就可以对生产规模不同的企业进行效益比较了。又如，比较两个营业额不同的商店的流通费用额节约情况，仅以费用额支出多少进行评价难以说明问题，因为流通费用额的大小直接受营业额多少的影响，而采用相对指标流通费用率进行比较，则可做出正确判断。

二、相对指标的计量形式

相对指标有两种计量形式：无名数与复名数。

无名数是一种抽象化的、无量纲的数，如系数、倍数、番数、成数、百分数、千分数等，相对指标大多以无名数表示。复名数是指相对指标的计量单位由分子分母的计量单位共同构成，主要用于强度相对指标，如人口密度用“人/平方千米”表示等。

三、相对指标的种类及计算

（一）结构相对指标

结构相对指标是在对总体分组的基础上，用总体的部分数值与总体的全部数值对比。它表明总体中各部分所占的比重，反映总体内部构成及分布特征，一般用百分数表示。在同一总体中，各部分结构相对指标加总等于100%。其计算公式是

$$\text{结构相对指标}=\frac{\text{总体中部分数值}}{\text{总体全部数值}}\times 100\% \tag{4.1}$$

结构相对指标的示例见表4.1。

表4.1　2020年全国主要人口数据

指标	年末数（万人）	比重（%）
全国总人口	141 212	100.00
其中：城镇	90 220	63.89
乡村	50 992	36.11
其中：男性	72 357	51.24
女性	68 855	48.76
其中：0～14岁	25 277	17.90
15～64岁	96 871	68.60
65岁及以上	19 064	13.50

摘自：《中国统计年鉴2021年》。

（二）比例相对指标

比例相对指标是同一总体内部各组成部分之间的数值的对比。它表明总体内部各组成部分间的比例关系，一般用倍数或系数表示。比例相对指标也有反映总体结构的作用，与结构相对指标有密切联系，属于一种结构性的比例。其计算公式是

$$\text{比例相对指标}=\frac{\text{总体中某一部分指标数值}}{\text{总体中另一部分指标数值}}\times 100\% \tag{4.2}$$

例如，2020年我国男女性别比例为105.09∶100（以女性人口数为100）。又如，2020年我国轻工业和重工业之间的比例关系为1∶2.52。

（三）比较相对指标

比较相对指标是同类现象同一时期在不同空间的指标数值对比。它表明同类事物在不同空间条件下的差异程度，是一种静态对比，一般用倍数或系数表示。根据不同的研究目的，比较相对指标的分子和分母可以互换。其计算公式是

$$\text{比较相对指标}=\frac{\text{甲总体某类指标数值}}{\text{乙总体同类指标数值}} \tag{4.3}$$

例如，2020 年重庆市城镇常住居民人均住房建筑面积 39.66 平方米，四川省城镇居民家庭人均现住房建筑面积 37.1 平方米，则重庆市城镇人均住房建筑面积为四川省的 106.9%。

（四）动态相对指标

动态相对指标是同类现象同一空间在不同时间的指标数值对比。它表明同类现象在不同时间上的发展变化程度，是一种动态对比，一般用百分数或倍数表示。动态相对指标中的基期可以是上一期或上年同期，也可以是历史上某一特定时期，动态相对指标中的分子和分母不能互换，否则其作用不能实现。其计算公式是

$$\text{动态相对指标}=\frac{\text{某类现象报告期指标数值}}{\text{同类现象基期指标数值}}\times 100\% \tag{4.4}$$

例如，2020 年我国粮食产量 66 949.2 万吨，2019 年我国粮食产量 66 384.3 万吨，则 2020 年粮食产量为 2019 年粮食产量的 1.01 倍，动态相对指标为 100.85%。

（五）强度相对指标

强度相对指标是两个性质不同而又有联系的总量指标数值对比。它表明现象发展的强度、密度、普遍程度和利用程度。其计算公式是

$$\text{强度相对指标}=\frac{\text{某一总量指标数值}}{\text{另一性质不同但有联系的总量指标数值}} \tag{4.5}$$

强度相对指标的表现形式一般为复名数，由分子和分母的计量单位共同构成。例如，人口密度用“人/平方千米”表示，营业网点密度用“个/千人”表示，人均国内生产总值用“元/人”表示等。也有些强度相对指标用百分数或千分数表示。例如，资金利税率、商品流通费用率用百分数表示；人口出生率、人口死亡率用千分数表示。

有些强度相对指标的分子和分母可以互换，形成正指标和逆指标。正指标的数值大小与现象的密度成正比，即正指标的比值越大，现象的密度越大；逆指标的数值大小与现象的密度成反比，即逆指标的比值越大，现象的密度越小。例如，反映卫生事业对居民服务保证程度的强度相对指标，每千人拥有的医院床位数用“张/千人”表示，这是正指标，即数值越大，居民的医疗保证程度越高；反之，用“千人/张”表示的每张医院床位负担的人口数则是逆指标，即数值越大，居民的医疗保证程度越低。

有些强度相对指标带有平均意义，如人均国内生产总值、人均粮食产量等，但它们是相对指标，而非平均指标，因为它们并不是标志总量与总体总量的对比，而是用来反映强度、密度、普遍程度和占有程度的。

（六）计划完成相对指标

计划完成相对指标是某种现象实际完成数与计划任务数的对比。它表明某种社会经济现象计划任务完成程度，一般用百分数表示，因此又称为计划完成程度或计划完成百分比。其基本计算公式是

$$\text{计划完成相对指标}=\frac{\text{实际完成数}}{\text{计划任务数}}\times 100\% \tag{4.6}$$

1. 根据绝对数、平均数计算计划完成相对指标

当计划任务数是绝对数、平均数时，计划完成相对指标的计算公式即上述基本计算公式。公式中分子数值是对已发生的实际状况统计而得的资料，分母数值是为实现某项目标而规定的任务。根据公式计算得到的相对数表示计划的完成程度，而分子减分母的差额（正或负）则表明执行计划的绝对效果。

例 1　某企业 2020 年上半年计划总产值为 5 400 万元，实际完成 5 600 万元，该企业计划完成情况为

$$\text{总产值计划完成相对指标}=\frac{5\ 600}{5\ 400}\times 100\%\approx 103.7\%$$

计算结果表明，该企业 2020 年上半年总产值超额完成计划 103.7% – 100% = 3.7%，超额绝对数为 5 600 万元 – 5 400 万元=200 万元。

例 2　某工厂某年某月生产 A 产品计划每个工人日平均产量为 100 件，实际每人日平均产量为 150 件，则

$$\text{劳动生产率计划完成相对指标}=\frac{150}{100}\times 100\%=150\%$$

计算结果表明，该厂此月生产 A 产品超额 50%完成计划，超额绝对数为 50 件。

2. 根据相对数计算计划完成相对指标

计划任务数是相对数时，计划完成相对指标的计算有两种情况。

1）计划任务数以应该完成的百分数来规定

此种情况下，计划完成相对指标的计算公式是

$$\text{计划完成相对指标}=\frac{\text{实际完成百分数}}{\text{计划完成百分数}}\times 100\% \tag{4.7}$$

例 3　某企业某年钢材计划合格率为 98%，实际达到 99%，则钢材合格率计划执行情况为

$$\text{钢材合格率计划完成相对指标}=\frac{99\%}{98\%}\times 100\%=101.02\%$$

计算结果表明，该企业的实际钢材合格率比计划超额完成 101.02% – 100% = 1.02%，实际钢材合格率比计划钢材合格率提高了 1 个百分点（99% – 98%）。

2）计划任务数以计划提高率或计划降低率的形式来规定

此种情况下，计划完成相对指标的计算公式是

$$\text{计划完成相对指标}=\frac{1+\text{实际提高率}}{1+\text{计划提高率}}\times 100\% \tag{4.8}$$

或

$$\text{计划完成相对指标}=\frac{1-\text{实际降低率}}{1-\text{计划降低率}}\times 100\% \tag{4.9}$$

例 4　某企业计划规定今年的劳动生产率比上年提高 15%，实际完成情况是劳动生产率比上年提高 20%，则

$$劳动生产率计划完成相对指标=\frac{1+20\%}{1+15\%}\times 100\%=104.3\%$$

计算结果表明，该企业今年实际劳动生产率比计划超额完成 4.3%，实际劳动生产率比计划劳动生产率多提高了 5 个百分点。

例 5　某公司计划规定产品销售费用比上年降低 6%，实际执行比上年降低 8%，则

$$产品销售费用计划完成相对指标=\frac{1-8\%}{1-6\%}\times 100\%=97.9\%$$

计算结果表明，该公司今年产品销售费用实际比计划超额完成 2.1%，实际产品销售费用比计划产品销售费用多降低了 2 个百分点。

由于计划指标的性质不同，因而对计划完成相对指标就有不同的评价标准。如果计划指标是以最低限额规定的，如产量、产值、利润等，则计划完成相对指标等于或大于 100%为好，大于 100%的部分为超额完成计划部分。如果计划指标是以最高限额规定的，如原材料消耗、产品成本、销售费用定额等，则计划完成相对指标应以小于或等于 100%为好，小于 100%的部分为超额完成计划部分。

3. 短期计划执行情况检查

短期计划执行情况检查的方法具体又有两种：① 实际完成数与计划任务数都是同一时期的，如年度实际完成数与年度计划任务数之比、季度实际完成数与季度计划任务数之比、月份实际完成数与月份计划任务数之比等，它们说明短期计划执行的结果。② 计划期内某段时间累计实际完成数与计划全期任务数之比，它说明短期计划执行进度和均衡程度，其计算公式是

$$短期计划执行进度=\frac{计划期内期初到累计期止实际完成数}{全期计划任务数}\times 100\% \qquad (4.10)$$

例 6　某企业 2020 年全年和各季度计划总产值、前三个季度实际完成产值和累计至第三季度止总产值的资料见表 4.2。

表 4.2　　某企业 2020 年总产值计划完成情况

	计划数（万元）	实际数（万元）	计划完成程度（%）	累计实际产值（万元）	计划执行进度（%）
季度	（1）	（2）	（3）=（2）÷（1）	（4）	（5）=（4）÷全年
一	1 000	900	90	900	20.0
二	1 100	1 200	109	2 100	46.7
三	1 150	1 300	113	3 400	75.6
四	1 250	—	—	—	—
全年	4 500	—	—	—	—

计算结果表明，该企业第一季度完成了季度计划的 90%，还差 10%；第二季度完成了 109%，超额完成 9%；第三季度完成了 113%，超额完成了 13%。

执行进度情况是第一季度完成全年计划的 20%，还差 5%；第二季度完成全年计划的 46.7%，还差 3.3%；第三季度完成全年计划的 75.6%，超额完成 0.6%。从总的执行情况来看呈上升趋势，关键是要抓紧第四季度的正常生产。

四、计算和应用相对指标应注意的问题

1. 分子分母指标必须具有可比性

相对指标是运用对比的方法揭示现象之间的联系程度，反映现象之间的差异程度的。对比的两个指标是否可比是计算结果能否正确反映现象之间数量联系的重要条件。如果不可比的两个指标硬凑在一起进行对比，必然会歪曲事实，导致错误判断。分子分母指标的可比性主要指内容是否相适应，总体包括的范围、计算口径和方法是否一致，对比结果是否具有一定的意义。

2. 要把相对指标与绝对指标结合运用

相对指标是一个抽象的比率，通过计算相对指标把现象的绝对水平抽象化了，不能说明现象绝对量的差异。仅凭相对指标的数值大小来判断分析现象的数量关系是不准确的，较大的相对指标可能隐藏较小的总量，较小的相对指标可能隐藏较大的总量，即便是相同值的相对指标也有可能包含的总量不等。例如，我国 2020 年的人口自然增长率为 1.45‰，这个相对指标并不算高，但是 14 亿人的基数，增长 1.45‰就是增加 200 多万人，这个绝对量还是不小。因此在进行对比分析时要把相对指标和绝对指标结合起来进行分析，既要看到现象的变化程度，也要看到绝对量的变化，从而深刻认识现象变化的实质。

案例分析

甲公司下属 A、B 两个企业 2020 年与 2021 年利税总额及同期平均资产总额资料见表 4.3。乙公司 2021 年利税总额及同期平均资产总额分别为 54 万元和 300 万元。根据数据资料分别计算结构相对指标、比例相对指标、比较相对指标、动态相对指标、强度相对指标、计划完成相对指标，比较分析并评价甲、乙两公司的经济效益。

表 4.3　甲公司下属 A、B 企业 2020、2021 年利税总额及同期平均资产总额资料　单位：万元

企业名称	利税总额			平均资产总额	
	2020 年	2021 年		2020 年	2021 年
		计划	实际		
A 企业	76	80	82	475	500
B 企业	48	50	49	320	350
合　计	124	130	131	795	850

（一）结构相对指标

以甲公司 2020 年利税总额为例，其他结构相对指标计算结果见表 4.4。

$$结构相对指标=\frac{A企业2020年利税总额}{甲公司2020年利税总额}\times 100\%=\frac{76}{124}\times 100\%\approx 61.29\%$$

表 4.4　结构相对指标　单位：%

企业名称	利税总额			平均资产总额	
	2020 年	2021 年		2020 年	2021 年
		计划	实际		
A 企业	61.29	61.54	62.60	59.75	58.82
B 企业	38.71	38.46	37.40	40.25	41.18
合　计	100.00	100.00	100.00	100.00	100.00

（二）比例相对指标

以甲公司 2020 年利税总额为例，其他比例相对指标计算结果见表 4.5 和表 4.6。

$$比例相对指标=\frac{A企业2020年利税总额}{B企业2020年利税总额}=\frac{76}{48}\approx 1.58:1$$

表 4.5　A、B 企业利税总额比例相对指标

项　目	2020 年	2021 年	
		计划	实际
利税总额	1.58：1	1.60：1	1.61：1

表 4.6　A、B 企业平均资产总额比例相对指标

项　目	2020 年	2021 年
平均资产总额	1.48：1	1.43：1

（三）比较相对指标

以甲公司和乙公司 2021 年利税总额为例。

$$比较相对指标=\frac{甲公司2021年利税总额}{乙公司2021年利税总额}=\frac{131}{54}\approx 2.43:1$$

同理，可以计算甲、乙两个公司的平均资产总额比较相对指标为 2.83：1。

（四）动态相对指标

以甲公司 2020 年与 2021 年利税总额为例。

$$动态相对指标=\frac{甲公司2021年利税总额}{甲公司2020年利税总额}\times 100\%=\frac{131}{124}\times 100\%\approx 105.65\%$$

同理，可以计算甲公司平均资产总额的动态相对指标为106.92%。

（五）强度相对指标

以甲公司2020年利税总额及同期平均资产总额为例。

$$强度相对指标=\frac{甲公司2020年利税总额}{甲公司2020年平均资产总额}\times100\%=\frac{124}{795}\times100\%\approx15.60\%$$

同理，可以计算甲公司2021年的强度相对指标为15.41%，乙公司的强度相对指标为18%。

（六）计划完成相对指标

以甲公司2021年计划利税总额与实际利税总额为例。

$$计划完成相对指标=\frac{甲公司2021年实际利税总额}{甲公司2021年计划利税总额}\times100\%=\frac{131}{130}\times100\%\approx100.77\%$$

即甲企业2021年利税总额超额完成计划0.77%。

从总量指标来看，甲公司2021年实际完成利税总额131万元，高于乙公司的54万元，但是不能直接根据这一指标便判断甲公司的经济效益好。因为甲、乙公司的生产规模不同，对于生产规模不同的总体而言，不能只根据总量指标进行判断，即不能用利税总额这一绝对指标直接比较两者的经济效益。但将甲、乙公司的利税总额与各自的占用资金数对比，计算资金利税率相对指标，就可以对两者的经济效益进行比较了。尽管甲公司的利税总额是乙公司的2倍多，但从强度相对指标资金利税率来看，甲公司为15.41%，乙公司为18%，所以甲公司的资金投入效果没有乙公司的效果好，甲公司的经济效益不如乙公司。

第三节　集中趋势的描述：平均指标

一、平均指标的概念和作用

平均指标是反映同质总体各单位某一数量标志值在一定时间、地点条件下一般水平的综合指标，又称为平均数。在统计总体中，总体各单位的数据在客观上存在着差异，但同时也存在着集中趋势和一般水平。平均指标是反映总体各单位总体集中趋势的代表值。例如，某品牌牛奶的日销售量有高有低，通过“平均日销售量”可以将牛奶日销售量的个别差异抽象化，并以此来反映该品牌牛奶在一定时期内日销售量的集中趋势。

平均指标在认识社会经济现象总体数量特征方面发挥着十分重要的作用。平均指标的作用主要表现在以下三个方面：

（1）平均指标可以反映现象总体的综合特征。总体各单位的数值大小受许多因素影响，其中，有些是必然因素，起决定作用；有些是偶然因素，使各单位在数量上存在差异。通过平均可以消除偶然因素引起的差异，从而显示由于必然因素影响达到的一般水平。

（2）平均指标可以反映总体各单位分布的集中趋势。总体各单位数值大小的表现不同，一般呈正态分布，即较小或较大的标志值出现次数较少，而靠近平均数的标志值出现的次数较多，这说明总体分布是从两端向中间集中，中心一般接近平均数。因此，平均数可以说明总体的集中趋势。

（3）平均指标经常用来对不同空间、不同时间条件下的同类现象作对比分析，以反映现象在不同地区之间的差异，揭示现象在不同时间的发展趋势。平均指标在抽样推断中是一个重要指标，根据样本平均数估计总体平均数，进而可以估计总体指标。

二、平均指标的种类

1. 平均指标按其计算确定的方法不同，分为数值平均数和位置平均数

根据总体各单位标志值计算而得的平均数为数值平均数，包括算术平均数、调和平均数、几何平均数。根据标志值在数列中所处的特殊位置而得的平均数为位置平均数，包括众数、中位数、分位数。

2. 平均指标按其反映的时间状况不同，分为静态平均数和动态平均数

反映同一时间的同类社会经济现象一般水平的平均数称为静态平均数，反映不同时间的同类社会经济现象一般水平的平均数称为动态平均数。本章主要讲述静态平均数，有关动态平均数的内容将在“时间数列分析”一章中详细讲述。

三、平均指标的计算

（一）数值平均数

数值平均数是根据总体各单位标志值计算而得的平均数，具体包括算术平均数、调和平均数、几何平均数等。

1. 算数平均数

算术平均数是根据总体各单位标志值和总体单位数计算而得的平均数，具体包括简单算术平均数、加权算术平均数等。

算术平均数是指将总体各单位标志值求和再除以总体单位数的结果，是最基本、最常用的平均数计算方法。其计算公式是

$$\text{算术平均数}=\frac{\text{总体标志总量}}{\text{总体单位总量}} \tag{4.11}$$

公式中，分子与分母为同一总体内的两个总量指标，子项数值必须是母项各单位标志值之和，二者范围必须一致。也就是说，分母的每个单位必须具有分子的标志，有一个单位就必然有一个标志值与之对应。而某些带有平均含义的强度相对指标并不是算数平均数。因为强度相对指标是两个性质不同而又有联系的总量指标数值的对比，分子与分母的范围可以不一致，分子的数值不是分母各单位标志值之和。另外，算术平均数的计量单位与其分子（标志值）

的计量单位一致，而强度相对指标的计量单位由分子和分母的计量单位共同构成。例如，人均消费粮食是全国人口粮食消费总量与全国人口数的比值，每一个人都具有“消费粮食”这样一个标志，计算结果是平均数，计量单位用“千克”来表示。人均生产粮食是全国粮食总产量与全国人口数的比值，并不是分母的每一个单位都具有分子“生产粮食”这个标志，其计算结果是强度相对指标，计量单位用“千克/人”表示。强度相对指标还可以用百分数、千分数来表示，如资金利税率、人口出生率等，而平均数只能用分子的计量单位。再从作用上看，平均指标是一个代表值，代表总体各单位标志值的一般水平，而强度相对指标反映现象之间的密度、强度和普遍程度。

依据不同的资料，可以用平均数的不同计算方法：

1）简单算术平均数

简单算术平均数是在资料未分组，而且总体单位数较少的情况下，计算算术平均数的一种方法。这种方法是直接将总体各单位标志值加总求和再除以总体单位数。其计算公式是

$$\bar{x}=\frac{x_1+x_2+\cdots+x_n}{n}=\frac{\sum_{i=1}^{n}x_i}{n}$$

可简写为

$$\bar{x}=\frac{\sum x}{n} \tag{4.12}$$

式中：$\bar{x}$ 为算术平均数；x_i 为变量值；n 为变量值个数。

例 7　某机械制造有限公司的齿轮生产班组有 8 名工人，生产同一种齿轮零件的日产量分别为 7 件、8 件、9 件、10 件、10 件、11 件、12 件、13 件，则该生产班组平均日产量为

$$\bar{x}=\frac{7+8+9+10+10+11+12+13}{8}=10\ （件）$$

2）加权算术平均数

加权算术平均数是在资料已分组的情况下，计算算术平均数的一种方法。这种方法是先将各组标志值乘以各组总体单位数求得各组标志总量，再将各组标志总量相加求得总体标志总量，再用总体标志总量除以总体单位数求得算术平均数。其计算公式是

$$\bar{x}=\frac{x_1f_1+x_2f_2+\cdots+x_nf_n}{f_1+f_2+\cdots+f_n}=\frac{\sum_{i=1}^{n}x_if_i}{\sum_{i=1}^{n}f_i}$$

可简写为

$$\bar{x}=\frac{\sum xf}{\sum f} \tag{4.13}$$

式中：$\bar{x}$ 为算术平均数；x_i 为各组变量值的代表值；f_i 为各组权数；n 为组数。

当用单项式变量数列计算平均数时，x_i 为各组变量值；当用组距数列计算平均数时，x_i 为各组的组中值。

例 8　某塑胶模具有限公司汽车配件生产加工车间有工人 80 人，每人每天加工某种汽车配件数的统计资料见表 4.7。

表 4.7　　某塑胶模具有限公司汽车配件生产加工车间工人生产情况

工人按日加工汽车配件分组	工人人数（人）	占总人数（%）
12	1	1.25
13	3	3.75
14	6	7.50
15	11	13.75
16	18	22.50
17	17	21.25
18	10	12.50
19	7	8.75
20	5	6.25
21	2	2.50
合　计	80	100.00

则该加工车间日平均加工数为

$$\bar{x}=\frac{12\times1+13\times3+\cdots+19\times7+20\times5+21\times2}{1+3+\cdots+7+5+2}=16.65 \text{（件）}$$

例 9　某股份有限公司的 40 名推销员年度业绩见表 4.8。

表 4.8　　某股份有限公司 40 名推销员年度业绩

业绩分（分）	组中值（分）x_i	推销员人数（人）f_i	业绩总分（分）x_if_i
60 以下	55	3	165
60～70	65	7	455
70～80	75	18	1 350
80～90	85	8	680
90 以上	95	4	380
合　计	—	40	3 030

则该公司推销员的平均业绩为

$$\bar{x}=\frac{\sum xf}{\sum f}=\frac{3\ 030}{40}=75.75\ （分）$$

由于组中值本身是一个假定数值，计算结果也只能是一个近似值。

加权算术平均数的计算公式可以变形为

$$\bar{x}=\sum x\cdot\frac{f}{\sum f} \tag{4.14}$$

可见，变形后的计算公式以比重作权数，而基本计算公式以次数作权数。例如，表 4.7 的日平均加工数可以按下式计算

$$\bar{x}=12\times1.25\%+13\times3.75\%+\cdots+20\times6.25\%+21\times2.50\%=16.65\ （件）$$

用加权算术平均数的方法计算的平均数，不仅受到各组标志值的影响，而且还受到各组权数（单位数）的影响，权数越大，对平均数的影响就越大。

3）算术平均数的数学性质

为了加深理解和正确运用算术平均数，简化算术平均数的计算过程，需要掌握算术平均数的一些重要数学性质：

（1）各变量值与算术平均数的离差之和等于零。

在资料未分组条件下，有

$$\sum(x_i-\bar{x})=0$$

在资料已分组条件下，有

$$\sum(x_i-\bar{x})\ f_i=0$$

证明

$$\sum(x_i-\bar{x})=\sum x_i-n\bar{x}=\sum x_i-n\frac{\sum x_i}{n}=0$$

$$\sum(x_i-\bar{x})\ f_i=\sum x_if_i-\bar{x}\sum f_i=\bar{x}\sum f_i-\bar{x}\sum f_i=0$$

这个数学性质说明，在算术平均数中，变量值与平均数的正偏差之和与负偏差之和可以相互抵消。

（2）各变量值与算术平均数的离差平方和为最小。

在资料未分组条件下，有

$$\sum(x_i-\bar{x})^2=最小值$$

证明　设 x_0 为任意值，且 $x_0\neq\bar{x}$，令 $\bar{x}-x_0=c$，所以 $x_0=\bar{x}-c$，则以 x_0 为中心的离差平方和为

$$\sum(x_i - x_0)^2 = \sum[x_i - (\bar{x} - c)]^2 = \sum[(x_i - \bar{x}) + c]^2$$
$$= \sum(x_i - \bar{x})^2 + \sum c^2 + 2c\sum(x_i - \bar{x}) = \sum(x_i - \bar{x})^2 + nc^2$$

因为 $nc^2>0$，所以

$$\sum(x_i - x_0)^2 > \sum(x_i - \bar{x})^2$$

故 $\sum(x_i - \bar{x})^2$ = 最小值。

在资料已分组条件下 $\sum(x_i - x_0)^2 f_i$ = 最小值，证明略。

这个数学性质说明，若以离差平方和衡量各变量值与数据分布中心的差异，算术平均数作为标志值的一般水平和代表值是最理想的。因为从全部数据来看，算术平均数最能代表所有变量值，各变量值与任何其他数值的离差平方和都大于其与算术平均数的离差平方和。

算术平均数的这两个数学性质充分体现了算术平均数的统计思想，是进行趋势预测、回归预测、建立数学模型的重要数学理论依据。

2. 调和平均数

调和平均数是指总体各单位标志值倒数的算术平均数的倒数，又称倒数平均数，是算术平均数的变形计算。调和平均数也有简单调和平均数与加权调和平均数之分。

1）简单调和平均数

简单调和平均数是指总体各单位标志值倒数的简单算术平均数的倒数。其计算公式是

$$\bar{x} = \frac{1}{\dfrac{\dfrac{1}{x_1} + \dfrac{1}{x_2} + \cdots + \dfrac{1}{x_n}}{n}} = \frac{n}{\sum \dfrac{1}{x_i}} \tag{4.15}$$

式中：$\bar{x}$ 为调和平均数；x_i 为变量值；n 为变量值个数。

例 10　某水果超市出售三种樱桃番茄，每千克单价分别为 4.00 元、5.00 元、6.00 元，若各买 1 元钱，则平均每千克的价格为

$$\bar{x} = \frac{1}{\dfrac{\dfrac{1}{4} + \dfrac{1}{5} + \dfrac{1}{6}}{3}} = \frac{3}{\dfrac{1}{4} + \dfrac{1}{5} + \dfrac{1}{6}} = 4.86 \text{（元）}$$

2）加权调和平均数

加权调和平均数是指总体各单位标志值倒数的加权算术平均数的倒数。其计算公式是

$$\bar{x} = \frac{1}{\dfrac{\dfrac{m_1}{x_1} + \dfrac{m_2}{x_2} + \cdots + \dfrac{m_n}{x_n}}{m_1 + m_2 + \cdots + m_n}} = \frac{m_1 + m_2 + \cdots + m_n}{\dfrac{m_1}{x_1} + \dfrac{m_2}{x_2} + \cdots + \dfrac{m_n}{x_n}} = \frac{\sum m}{\sum \dfrac{m}{x}} \tag{4.16}$$

式中：$\bar{x}$ 为调和平均数；x_i 为各组变量值；m_i 为各组权数。

例 11　某品牌袋装纯牛奶在三家超市的单位价格及销售额资料见表 4.9。

表 4.9　某品牌袋装纯牛奶在三家超市的单位价格及销售额资料　单位：元

超市名称	销售单价	销售额
	x	m
甲	0.80	16 000
乙	1.00	21 000
丙	1.20	21 600
合　计	—	58 600

则该品牌袋装纯牛奶在三家超市的平均销售单价为

$$\bar{x}=\frac{\sum m}{\sum \frac{m}{x}}=\frac{58\ 600}{\frac{16\ 000}{0.80}+\frac{21\ 000}{1.00}+\frac{21\ 600}{1.20}}=\frac{58\ 600}{59\ 000}=0.99\ （元）$$

例 12　某药品连锁超市下属 20 个零售药店 2020 年第一季度销售情况见表 4.10。

表 4.10　某药品连锁超市下属 20 个零售药店 2020 年第一季度销售情况

计划完成程度（%）	药店数（个）	组中值（%）x_i	实际销售额（万元）m_i
80 ~ 90	3	85	45.9
90 ~ 100	4	95	68.4
100 ~ 110	8	105	34.4
110 ~ 120	5	115	94.3
合　计	20	—	243.0

则该药品连锁超市药品销售额平均计划完成程度为

$$\bar{x}=\frac{\sum m_i}{\sum \frac{m_i}{x_i}}=\frac{243.00}{240.76}=100.93\%$$

调和平均数是算术平均数的变形，针对同一问题时，调和平均数与算术平均数的计算结果和经济意义都是一致的，只是由于所掌握资料的不同而使用不同的方法。在掌握了对比的分母资料时，用算术平均数方法；在掌握了对比的分子资料时，用调和平均数方法。调和平均数与算术平均数的变形关系为

$$\bar{x}=\frac{\sum xf}{\sum f},\quad \bar{x}=\frac{\sum m}{\sum \frac{m}{x}}$$

式中：$\sum xf=\sum m; \sum f=\sum \frac{m}{x}$。

例 13　在表 4.10 中所掌握的资料就是商品的实际销售额，是计算计划完成程度时的分子资料，所以用调和平均数方法；若所掌握的资料是商品的计划销售额，是计算计划完成程度时的分母资料，则需用算术平均数方法。

表 4.11　　某药品连锁超市下属 20 个零售药店 2020 年第一季度销售计划完成情况

计划完成程度（%）	药店数（个）	组中值（%）x_i	计划销售额（万元）f_i
80 ~ 90	3	85	54.00
90 ~ 100	4	95	72.00
100 ~ 110	8	105	32.76
110 ~ 120	5	115	82.00
合　计	20	—	240.76

则该药品连锁超市药品销售额平均计划完成程度为

$$\bar{x}=\frac{\sum xf}{\sum f}=\frac{243.00}{240.76}=100.93\%$$

加权调和平均数与简单调和平均数之间的关系：若 $m_1=m_2=\cdots=m_n=k$，则

$$\bar{x}=\frac{\sum m}{\sum \frac{m}{x}}=\frac{nk}{k\sum \frac{1}{x}}=\frac{n}{\sum \frac{1}{x}}$$

3. 几何平均数

几何平均数是指对 n 个变量值连乘积开 n 次方根计算得到的平均数，适用于各标志值之间是连乘积的数量关系，如根据标志值连乘积等于总比率或总速度来计算平均比率或平均速度等。几何平均数也有简单几何平均数与加权几何平均数之分。

1）简单几何平均数

简单几何平均数是指在资料未分组情况下，计算 n 个标志值连乘积开 n 次方根。其计算公式是

$$G=\sqrt[n]{x_1\times x_2\times\cdots\times x_n}=\sqrt[n]{\prod x_i} \tag{4.17}$$

式中：G 为几何平均数；x_i 为变量值；n 为变量值个数；$\prod$ 为连乘积符号。

例 14　某汽车有限公司有铸造车间、机械加工车间、零件车间、部件装配车间、总装车间等连续作业的 5 个车间，本月份各车间的制品合格率分别为 95%、92%、91%、90%、88%，则产品平均合格率为

$$G=\sqrt[n]{\prod x_i}=\sqrt[5]{95\%\times92\%\times91\%\times90\%\times88\%}=91.17\%$$

由于各车间的产品合格率是在上一车间制品全部合格的基础上计算的，全厂产品的总合

格率等于各车间合格率的连乘积，而非各车间合格率的总和，所以应采用几何平均数而非算术平均数。

例 15　某品牌手机 2016—2020 年每年销售收入分别是上一年的 101%、104%、105%、106%、108%，则该品牌手机 2016—2020 年销售收入的年平均发展速度为

$$G=\sqrt[n]{\prod x_i}=\sqrt[5]{101\%\times104\%\times105\%\times106\%\times108\%}=104.77\%$$

2）加权几何平均数

加权几何平均数是指在资料已分组情况下，计算 n 个标志值连乘积开 n 次方根。其计算公式是

$$G=\sqrt[f_1+f_2+\cdots+f_n]{x_1^{f_1}\times x_2^{f_2}\times\cdots\times x_n^{f_n}}=\sqrt[\sum f_i]{\prod x_i^{f_i}} \tag{4.18}$$

式中：G 为几何平均数；x_i 为各组变量值；f_i 为各组权数；n 为组数；$\prod$ 为连乘积符号。

例 16　某地区国内生产总值 25 年增长速度见表 4-12。

表 4.12　某地区国内生产总值增长速度

年限	增长速度（%）	年数
第 1 年	5	1
第 2～5 年	7	4
第 6～13 年	8	8
第 14～23 年	11	10
第 24～25 年	14	2
合计	—	25

则这 25 年年平均发展速度为

$$G=\sqrt[\sum f_i]{\prod x_i^{f_i}}=\sqrt[25]{105\%^1\times107\%^4\times108\%^8\times111\%^{10}\times114\%^2}=109.38\%$$

年平均增长速度为 109.38% − 1=9.38%

例 17　某金融机构以复利方式计算利息，近 12 年来的年利率有 4 年为 3%、2 年为 5%、2 年为 8%、3 年为 10%、1 年为 15%，则 12 年的平均年利率=年平均本利率 − 1，即

$$G-1=\sqrt[\sum f_i]{\prod x_i^{f_i}}-1=\sqrt[(4+2+2+3+1)]{103\%^4\times105\%^2\times108\%^2\times110\%^3\times115\%^1}-1=6.85\%$$

加权几何平均数与简单几何平均数之间的关系：

若　　$f_1=f_2=\cdots=f_n=k$

则　　$G=\sqrt[\sum f_i]{\prod x_i^{f_i}}=\sqrt[nk]{(\prod x_i)^k}=\sqrt[n]{\prod x_i}$

（二）位置平均数

位置平均数是根据某数值在数列中所处的特殊位置而得的平均数，具体包括众数、中位数和分位数。

1. 众　数

众数是指总体中出现次数最多的标志值。众数可以反映总体各单位标志值的集中趋势，众数也不受极端值影响。当总体单位数较少时，众数没有意义；当各组次数相等时，不存在众数。

1）在未分组资料中确定众数

在未分组的原始资料中确定众数时可通过直接观察得到。

例如，某高校艺术学院艺术设计专业二年级有 20 名女生，年龄分别为 18 岁、19 岁、19 岁、19 岁、20 岁、20 岁、20 岁、20 岁、20 岁、20 岁、20 岁、20 岁、20 岁、20 岁、20 岁、20 岁、20 岁、21 岁、21 岁、21 岁，则众数为 $M_o = 20$ 岁。

2）在已分组资料中确定众数

（1）在单项数列中确定众数。

在单项数列中确定众数时，出现次数最多的那一组的标志值就是众数。

例 18　某运动器材加工厂组装班组有 20 名工人，日装配数量资料情况见表 4.13。

表 4.13　　某运动器材加工厂组装班组日装配数量资料情况

日装配数量（件）	工人人数（人）	比重（%）
16	2	10
17	5	25
18	8	40
19	3	15
20	2	10
合　计	20	100

则众数所在组为第 3 组，众数 M_o 为 18 件。

（2）在组距数列中确定众数。

在组距数列中确定众数时，首先根据出现次数找到众数所在组，再根据以下公式计算众数的近似值。

$$M_o = L + \frac{\Delta_1}{\Delta_1 + \Delta_2} \cdot d \text{（下限公式）} \tag{4.19}$$

或

$$M_o = U - \frac{\Delta_2}{\Delta_1 + \Delta_2} \cdot d \text{（上限公式）} \tag{4.20}$$

式中：M_o 为众数；L 为众数所在组下限；U 为众数所在组上限；Δ_1 为众数所在组次数与前一组次数之差；Δ_2 为众数所在组次数与后一组次数之差；d 为众数所在组的组距。

例 19　某企业工人本月完成生产定额情况见表 4.14。

表 4.14　　某企业工人本月完成生产定额情况

工人完成生产定额（%）	工人数（人）
80～90	5
90～100	11
100～110	14
110～120	27
120～130	20
130～140	14
140～150	9
合计	100

则众数所在组为第 4 组，众数 M_o 为

$$M_o = 110\% + \frac{13}{13+7} \times 10\% = 116.5\%$$

或

$$M_o = 120\% - \frac{7}{13+7} \times 10\% = 116.5\%$$

两种计算公式的结果完全相同，由于是按比例方法推算，所以该众数也只是一个近似值。

2. 中位数

中位数是指将总体各单位标志值按大小顺序排列后位于中间位置上的标志值。当总体各单位标志值中有极端值存在时，用中位数作为代表值可能比用算术平均数更好，因为中位数不受极端值影响。

1）在未分组资料中确定中位数

首先将未分组的总体各单位标志值按大小顺序排列，再根据 $\frac{n+1}{2}$ 的奇偶性确定中位数位置。若总体单位数是奇数项，则位于中位数位置上的标志值就是中位数；若总体单位数是偶数项，则位于中位数位置上相邻的两个标志值的简单算术平均数为中位数。

例如，某轴承加工生产班组有 7 名工人，日产量分别为 12 件、13 件、14 件、15 件、16 件、17 件、18 件，则中位数位置为 $\frac{7+1}{2}=4$，中位数 M_e 为 15 件；若该班组有 8 名工人，日产量分别为 14 件、15 件、15 件、16 件、18 件、18 件、19 件、20 件，则中位数位置为 $\frac{8+1}{2}=4.5$，中位数 M_e 为 $\frac{16+18}{2}=17$ 件。

2）在已分组资料中确定中位数

（1）在单项数列中确定中位数。

首先计算各组累计频数，再根据 $\frac{n+1}{2}$ 的奇偶性确定中位数位置，中位数位置所在组对应的标志值就是中位数。

例 20　某品牌男鞋专卖店销售男式皮鞋按尺码分组情况见表 4.15。

表 4.15　　某品牌男鞋专卖店销售男式皮鞋按尺码分组情况

皮鞋尺码（厘米）	销售量（双）	向上累计（双）	向下累计（双）
23	10	10	2 000
24	100	110	1 990
25	1 300	1 410	1 890
26	500	1 910	590
27	90	2 000	90
合　计	2 000	—	—

则中位数位置为 $\frac{2\,000+1}{2}=1\,000.5$，中位数位置所在组为第 3 组，中位数 M_e 为 25 厘米。

（2）在组距数列中确定中位数。

首先计算各组累计频数，再根据 $\frac{\sum f_i}{2}$ 确定中位数位置，找到中位数位置所在组后根据以下公式计算中位数的近似值。

$$M_e = L + \frac{\frac{\sum f}{2} - S_{m-1}}{f_m} \cdot d \quad（下限公式） \tag{4.21}$$

或

$$M_e = U - \frac{\frac{\sum f}{2} - S_{m+1}}{f_m} \cdot d \quad（上限公式） \tag{4.22}$$

式中：M_e 为中位数；L 为中位数所在组下限；U 为中位数所在组上限；$\sum f$ 为总次数；S_{m-1} 为中位数所在组前一组的向上累计频数；S_{m+1} 为中位数所在组后一组的向下累计频数；f_m 为中位数所在组的次数；d 为中位数所在组的组距。

例 21　根据例 20 的数据计算中位数，首先计算各组累计频数，见表 4.16。

表 4.16　　某企业工人本月完成生产定额情况

工人完成生产定额（%）	工人数（人）	向上累计（人）	向下累计（人）
80 ~ 90	5	5	100
90 ~ 100	11	16	95
100 ~ 110	14	30	84
110 ~ 120	27	57	70
120 ~ 130	20	77	43
130 ~ 140	14	91	23
140 ~ 150	9	100	9
合　计	100	—	—

则中位数位置为 $\frac{100}{2}=50$，中位数位置所在组为第 4 组，中位数 M_e 为

$$M_e = 110\% + \frac{\frac{100}{2}-30}{27}\times 10\% = 117.4\%$$

或

$$M_e = 120\% - \frac{\frac{100}{2}-43}{27}\times 10\% = 117.4\%$$

两种计算公式的结果完全相同。按这种方法计算的前提是假定中位数所在组的组内分布均匀，所以按比例推算的中位数只是一个近似值。

3. 分位数

分位数是指将总体各单位标志值分为几个等份的数值点，即处于等分点位置的数值，常用分位数的有二分位数（即中位数）、四分位数、十分位数、百分位数等。分位数可以更详细地反映数据的分布特征。

1）四分位数

四分位数是指把总体各单位标志值由小到大排列并分成四等分，处于 3 个分割点位置的数值。四分位数是通过 3 个分割点将全部数值等分为四部分，其中每部分包含 25%的数值。四分位数共有 3 个，第一四分位数 Q_1 就是通常所说的四分位数，称为下四分位数，又称较小四分位数，等于所有数值由小到大排列后第 25%的数值；第二四分位数 Q_2 就是中位数，等于所有数值由小到大排列后第 50%的数值；第三四分位数 Q_3 称为上四分位数，又称较大四分位数，等于所有数值由小到大排列后第 75%的数值。

（1）在未分组资料中确定四分位数。

首先根据以下公式确定四分位数的位置，然后再确定相应的四分位数。

$$Q_1\text{的位置} = \frac{n+1}{4}，\quad Q_2\text{的位置} = \frac{2(n+1)}{4} = \frac{n+1}{2}，\quad Q_3\text{的位置} = \frac{3(n+1)}{4} \qquad (4.23)$$

式中，n 为变量值个数。

例 22　某年室内田径世锦赛女子三级跳远比赛中，参赛选手的最终成绩分别是 13.99 m、14.13 m、14.14 m、14.30 m、14.42 m、14.42 m、14.45 m、14.53 m、14.62 m、14.74 m、15.74 m，则 3 个四分位数的位置分别为

$$Q_1\text{的位置} = \frac{11+1}{4} = 3，\quad Q_2\text{的位置} = \frac{11+1}{2} = 6，\quad Q_3\text{的位置} = \frac{3(11+1)}{4} = 9$$

则 3 个四分位数分别为

$$Q_1 = 14.14\text{ m}，\quad Q_2 = 14.42\text{ m}，\quad Q_3 = 14.62\text{ m}$$

例 23　某高校学生男子篮球队 10 名队员的身高分别为 181 cm、182 cm、182 cm、183 cm、

183 cm、185 cm、186 cm、186 cm、188 cm、189 cm，则 3 个四分位数的位置分别为

$$Q_1\text{的位置}=\frac{10+1}{4}=2.75\text{，}\quad Q_2\text{的位置}==\frac{10+1}{2}=5.5\text{，}\quad Q_3\text{的位置}=\frac{3(10+1)}{4}=8.25$$

则 3 个四分位数分别为

$$Q_1=0.25\times\text{第二项}+0.75\times\text{第三项}=0.25\times182+0.75\times182=182\ \text{cm}$$

$$Q_2=0.5\times\text{第五项}+0.5\times\text{第六项}=0.5\times183+0.5\times185=184\ \text{cm}$$

$$Q_3=0.75\times\text{第八项}+0.25\times\text{第九项}=0.75\times186+0.25\times188=186.5\ \text{cm}$$

（2）在分组资料中确定四分位数。

第一，在单项数列中确定四分位数。首先计算各组累计频数，再根据式（4.23）确定四分位数的位置，然后再确定相应的四分位数。

例 24　根据例 20 的数据计算四分位数，则三个四分位数的位置分别为

$$Q_1\text{的位置}=\frac{2\,000+1}{4}=500.25$$

$$Q_2\text{的位置}=\frac{2\,000+1}{2}=1\,000.5$$

$$Q_3\text{的位置}=\frac{3(2\,000+1)}{4}=1\,500.75$$

则 3 个四分位数分别为

$$Q_1=0.75\times\text{第}500\text{项}+0.25\times\text{第}501\text{项}=0.75\times25+0.25\times25=25\ \text{cm}$$

$$Q_2=0.5\times\text{第}1\,000\text{项}+0.5\times\text{第}1\,001\text{项}=0.5\times25+0.5\times25=25\ \text{cm}$$

$$Q_3=0.25\times\text{第}1\,500\text{项}+0.75\times\text{第}1\,501\text{项}=0.25\times26+0.75\times26=26\ \text{cm}$$

第二，在组距数列中确定四分位数。首先计算各组累计频数，再根据式（4.23）确定四分位数的位置，找到四分位数位置所在组后根据以下公式计算四分位数的近似值。

$$Q_1=L_1+\frac{\frac{\sum f}{4}-S_{Q_1-1}}{f_{Q_1}}\times d_{Q_1}\text{（下限公式）}$$

$$Q_2=L_2+\frac{\frac{2\sum f}{4}-S_{Q_2-1}}{f_{Q_2}}\times d_{Q_2}\text{（下限公式）}\tag{4.24}$$

$$Q_3=L_3+\frac{\frac{3\sum f}{4}-S_{Q_3-1}}{f_{Q_3}}\times d_{Q_3}\text{（下限公式）}$$

或

$$Q_1=U_1-\frac{\frac{3\sum f}{4}-S_{Q_1+1}}{f_{Q_1}}\times d_{Q_1}\text{（上限公式）}$$

$$Q_2 = U_2 - \frac{\frac{2\sum f}{4} - S_{Q_2+1}}{f_{Q_2}} \times d_{Q_2} \text{（上限公式）}$$

$$Q_3 = U_3 - \frac{\frac{\sum f}{4} - S_{Q_3+1}}{f_{Q_3}} \times d_{Q_3} \text{（上限公式）} \qquad (4.25)$$

式中：Q_1、Q_2、Q_3分别为下四分位数、中位数、上四分位数；L_1、L_2、L_3分别为下四分位数、中位数、上四分位数所在组下限；U_1、U_2、U_3分别为下四分位数、中位数、上四分位数所在组上限；$\sum f$ 为总次数；S_{Q_1-1}、S_{Q_2-1}、S_{Q_3-1}分别为下四分位数、中位数、上四分位数所在组前一组的向上累计频数；S_{Q_1+1}、S_{Q_2+1}、S_{Q_3+1}分别为下四分位数、中位数、上四分位数所在组后一组的向下累计频数；f_{Q_1}、f_{Q_2}、f_{Q_3}分别为下四分位数、中位数、上四分位数所在组的次数；d_{Q_1}、d_{Q_2}、d_{Q_3}分别为下四分位数、中位数、上四分位数所在组的组距。

例 25　根据例 21 的数据计算四分位数，则 3 个四分位数的位置分别为

$$Q_1\text{的位置} = \frac{100+1}{4} = 25.25$$

$$Q_2\text{的位置} = \frac{100+1}{2} = 50.50$$

$$Q_3\text{的位置} = \frac{3(100+1)}{4} = 75.75$$

则根据下限公式计算 3 个四分位数分别为

$$Q_1 = 100\% + \frac{\frac{100}{4} - 16}{14} \times 10\% = 106.4\%$$

$$Q_2 = 110\% + \frac{\frac{200}{4} - 30}{27} \times 10\% = 117.4\%$$

$$Q_3 = 120\% + \frac{\frac{300}{4} - 57}{20} \times 10\% = 129.0\%$$

或根据上限公式计算 3 个四分位数分别为

$$Q_1 = 110\% - \frac{\frac{300}{4} - 70}{14} \times 10\% = 106.4\%$$

$$Q_2 = 120\% - \frac{\frac{200}{4} - 43}{27} \times 10\% = 117.4\%$$

$$Q_3 = 130\% - \frac{\frac{100}{4} - 23}{20} \times 10\% = 129.0\%$$

两种计算公式的结果完全相同，按这种方法计算的前提是假定四分位数所在组的组内分布均匀，所以按比例推算的四分位数只是一个近似值。

2）十分位数、百分位数

与四分位数类似，十分位数是指把总体各单位标志值由小到大排列后分成 10 等份，处于九个分割点位置的数值。十分位数是通过 9 个分割点将全部数值等分为 10 部分，其中每部分包含 10%的数值。十分位数共有 9 个，记为 $D_1, D_2, \cdots, D_9$，分别等于所有数值由小到大排列后第 10%，第 20%，…，第 90%的数值。

同理，百分位数是指把总体各单位标志值由小到大排列后分成 100 等份，处于 99 个分割点位置的数值。百分位数是通过 99 个分割点将全部数值等分为一百部分，其中每部分包含 1%的数值。百分位数共有 99 个，记为 $P_1, P_2, \cdots, P_{99}$，分别等于所有数值由小到大排列后第 1%，第 2%，…，第 99%的数值。

（三）算术平均数、中位数与众数的关系

算术平均数、中位数与众数之间存在以下关系：

算术平均数、中位数与众数都是数列分布集中趋势的代表值。在钟形分布中，众数是分布最高峰对应的变量值，中位数一般比较适中，算术平均数受极端变量值的影响可能偏大或偏小。在图 4.1 中，对称分布时，算术平均数既是中点位置的标志值，也是频数最多的标志值，三者数值相同，说明现象没有受到极端值的影响；右偏分布时，算术平均数受极大变量值影响而偏向变量值较大的一方，中位数受中点位置影响，众数仍然是频数最多的标志值；左偏分布时，算术平均数受极小变量值影响而偏向变量值较小的一方，中位数受中点位置影响，众数仍然是频数最多的标志值。

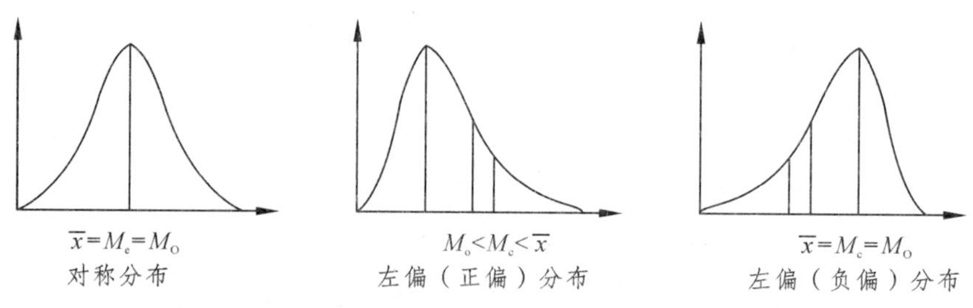

图 4.1　算术平均数、中位数、众数间的关系

算术平均数是根据所有数据计算的，中位数和众数是根据分布形状和位置确定的，各有不同特点，实际应用中要视研究目的和数据特征选择使用。一般社会经济现象中应用最多的是算术平均数，它也是进行统计推断的基础；中位数和众数容易理解，在有极端变量值存在时作为代表值更好，但并非任何时候都可以使用。

四、计算和应用平均数应该注意的问题

平均数是使用频率很高的统计指标，在计算和应用平均数时必须注意以下问题：

（1）只有构成同质总体的单位所拥有的标志值才能计算平均数，不属于同质总体的单位，不能纳入计算。因此，在计算平均数前，首先要识别同质总体。

（2）算术平均数是根据各单位的标志值来计算的，容易受到极端值的影响。在应用平均数时，要把总平均数与典型实例或组平均数相结合。

（3）用组距数列计算的平均数带有一定的假定性，在应用平均数时，可以将平均数、中位数和众数相结合，使几个指标的优势互补，从而更加可观地分析现象的规律性。

案例分析

某届青年歌手大奖赛中共有9位评委，歌手A和歌手B得分情况见表4.17。

表4.17　某届青年歌手大奖赛歌手A、B得分情况

评　委	1	2	3	4	5	6	7	8	9
歌手A	8.9	8.3	8.5	8.6	7.9	8.6	8.2	8.7	8.1
歌手B	9.4	8.4	8.3	8.4	7.9	8.2	8.1	8.7	8.5

通常情况下这种比赛的评委会对歌手的最终评分是：首先去掉歌手得分中的一个最高分和一个最低分，然后再取平均数作为其最终得分。现评价这种做法是否合理？

分析　歌手A与歌手B得分频数直方图如图4.2所示。

首先，从众数角度分析两歌手得分情况。$M_{oA}=8.6$，$M_{oB}=8.4$，并且从两歌手得分分布的偏态来看，A的得分集中于高于8.5分的部分，而B的得分集中于低于8.5分的部分，可初步判断歌手A比歌手B得分略高。

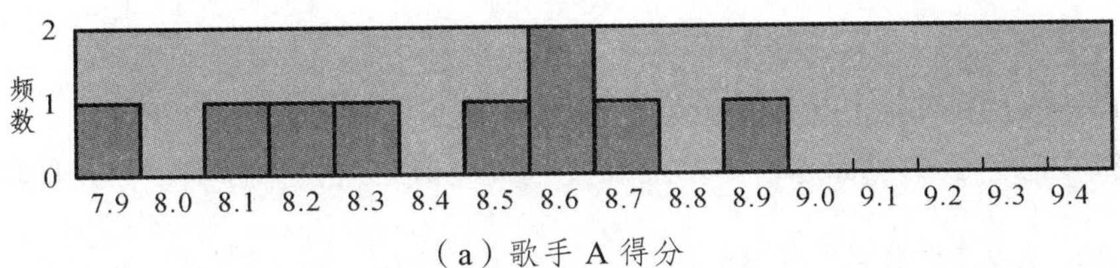

（a）歌手A得分

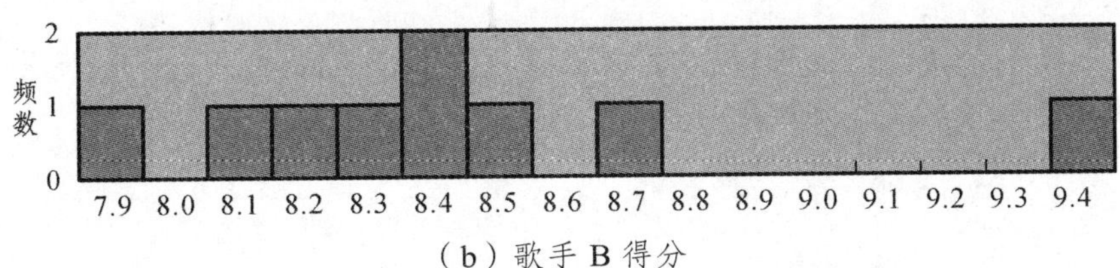

（b）歌手B得分

图4.2　歌手A与歌手B得分频数直方图

其次，从中位数角度分析两歌手得分情况。$M_{eA}=8.5$，$M_{eB}=8.4$，可以认为歌手A的水平较歌手B略高，这与众数的判断结果基本一致。

最后，从算术平均数角度分析两歌手得分情况。$\bar{x}_A\approx 8.42$，$\bar{x}_B\approx 8.43$，计算得到的结果与众数和中位数的结果不一致，歌手B的得分稍高于歌手A，原因是计算歌手B的算术平均

数时，受到了极大变量值 9.4 分的影响。因此，可以对数据稍加处理，去掉极大值和极小值等极端值的影响。本例中若首先去掉歌手得分中的一个最高分和一个最低分，然后再取平均数作为其最终得分，则 $\overline{x}_A' \approx 8.43$，$\overline{x}_B' \approx 8.37$，这样，结果就与众数和中位数的结果基本一致了。

所以，采用去掉一个最高分和最低分的方法来计算平均得分，消除了极端值的影响，是合理的。

第四节　离中趋势的描述：变异指标

一、变异指标的概念和作用

平均指标反映现象总体某一数量特征的一般水平，在平均化的过程中可将总体各单位标志值的差异抽象化。而总体各单位标志值的差异是客观存在的，且总体各单位标志值间的差异有可能很大，那么衡量总体数量特征一般水平的平均指标的代表性强弱程度如何呢？这就需要用一些指标来做出科学的评价。变异指标便是评价平均指标代表性强弱的尺度。

变异指标是反映总体各单位标志值之间差异程度的综合指标，又称标志变动度。变异指标是衡量平均指标代表性的尺度。变异指标值越大，各标志值间的差异越大，平均数的代表性就越小；变异指标值越小，各标志值间的差异越小，平均数的代表性就越大。

二、变异指标的计算

（一）极　差

极差是指在总体各单位标志值中的最大值与最小值之差，又称全距。其计算公式是

$$R = 最大值 - 最小值 \tag{4.26}$$

式中，R 为极差。

例如，A、B 两个班测验的平均成绩都是 70 分，A 班最低分 25 分、最高分 99 分，B 班最低分 66 分、最高分 73 分，则极差为

$$R_{A班} = 99 - 25 = 74 \ （分）$$

$$R_{B班} = 73 - 66 = 7 \ （分）$$

可见，虽然 A、B 两班平均成绩相同，但 A 班成绩差异大于 B 班成绩差异，说明 B 班平均成绩比 A 班平均成绩的代表性大。

然而，若 A 班 25 分与 99 分之间只有一人，其余都在 69 ~ 74 分，则用极差分析标志值间的差异程度就有局限性了。因为极差虽然计算简单，但它仅取决于两个极端值的大小，而未反映其他标志值的差异，所以，实际工作中很少用极差来评价平均数的代表性。

（二）四分位差

四分位差是指把总体各单位标志值由小到大排列并分成四等份，所得第三、四分位数与第一四分位数的差，又称内距、四分位距、四分间距。其计算公式是

$$Q = Q_3 - Q_1 \tag{4.27}$$

式中：Q 为四分位差；Q_1 为第一四分位数；Q_3 为第三四分位数。

1. 根据未分组资料计算四分位差

首先把总体各单位标志值由小到大排列并确定四分位数的位置，然后确定相应的四分位数，最后计算四分位差。

例 26　根据例 22 的数据计算四分位差，第一四分位数和第三四分位数分别为

$$Q_1 = 14.14\text{ m},\ Q_3 = 14.62\text{ m}$$

则四分位差为

$$Q = Q_3 - Q_1 = 14.62 - 14.14 = 0.48\text{ m}$$

计算结果表明，此次室内田径世锦赛女子三级跳远比赛中，有 50%的参赛选手最终成绩集中在 14.14 ~ 14.62 m，其差异为 0.48 m。

例 27　根据例 23 的数据计算四分位差，第一四分位数和第三四分位数分别为

$$Q_1 = 182\text{ cm},\ Q_3 = 186.5\text{ cm}$$

则四分位差为

$$Q = Q_3 - Q_1 = 186.5 - 182 = 4.5\text{ cm}$$

计算结果表明，该高校学生男子篮球队中有 50%的队员身高集中在 182 ~ 186.5 cm，其差异为 4.5 cm。

2. 根据已分组资料计算四分位差

1）根据单项数列计算四分位差

首先计算各组累计频数，再确定四分位数的位置，然后确定相应的四分位数，最后计算四分位差。

例 28　根据例 24 的数据计算四分位差，第一四分位数和第三四分位数分别为

$$Q_1 = 25\text{ cm},\ Q_3 = 26\text{ cm}$$

则四分位差为

$$Q = Q_3 - Q_1 = 26 - 25 = 1\text{ cm}$$

计算结果表明，该品牌男鞋专卖店销售的男式皮鞋中有 50%的皮鞋尺码集中在 25 ~ 26 cm，其差异为 1 cm。

2）根据组距数列计算四分位差

首先计算各组累计频数，再确定四分位数的位置，然后根据下限公式或上限公式确定相应的四分位数，最后计算四分位差。

例 29 根据例 25 的数据计算四分位差，第一四分位数和第三四分位数分别为

$$Q_1 = 106.4\%,\ Q_3 = 129\%$$

则四分位差为

$$Q = Q_3 - Q_1 = 129\% - 106.4\% = 22.6\%$$

计算结果表明，该企业有 50%的工人本月完成生产定额集中在 106.4%～129%，其差异为 22.6%。

四分位差可以快速评估数据的展开程度和中心趋势，它反映了中间 50%数据的离散程度，其数值越小，说明中间的数据越集中；其数值越大，说明中间的数据越分散。四分位差不受极端值的影响，也不受两端各 25%数值的影响。此外，由于中位数处于数据的中间位置，因此四分位差的大小在一定程度上也说明了中位数对一组数据的代表程度。但四分位差的局限性在于它的计算仅取决于第一四分位数和第三四分位数两个数值的大小，而未反映其他标志值的差异。

（三）平均差

平均差是指总体各单位标志值与算术平均数离差绝对值的算术平均数，表明各标志值与算术平均数的平均差异程度。

1. 根据未分组资料计算平均差用简单式

简单式的公式为

$$AD = \frac{\sum |x_i - \bar{x}|}{n} \tag{4.28}$$

式中：AD 为平均差；x_i 为变量值；$\bar{x}$ 为算术平均数；n 为变量值个数。

例 30 某酒店客房服务组与餐厅服务组各有 10 名服务生，工资情况见表 4.18。

表 4.18 某酒店客房服务组与餐厅服务组服务生工资情况

班组	工资水平（元）									
客房	3 050	3 140	3 160	3 280	3 320	3 340	3 480	3 520	3 560	3 650
餐厅	3 050	3 150	3 250	3 250	3 350	3 350	3 450	3 450	3 550	3 650

则

$$\bar{x}_{客房} = \bar{x}_{餐厅} = 3\,350（元）$$

$$AD_{客房} = \frac{\sum |x_i - \bar{x}|}{n} = 162（元）$$

$$AD_{餐厅} = \frac{\sum |x_i - \bar{x}|}{n} = 140（元）$$

计算结果表明，客房组每个服务生的工资水平与平均工资水平平均相差 162 元，而餐厅组每个服务生的工资水平与平均工资水平平均相差 140 元，可见，虽然两组平均工资水平相同，但客房组工资水平差异大于餐厅组工资水平差异，说明餐厅组平均工资水平比客房组平均工资水平的代表性大。

2. 根据分组资料计算平均差用加权式

$$AD=\frac{\sum|x-\bar{x}|f}{\sum f} \tag{4.29}$$

式中：AD 为平均差；x 为各组变量值；$\bar{x}$ 为算术平均数；f 为各组权数；n 为组数。

例 31 某单位职工全年用于文化娱乐的支出水平分组资料见表 4.19。

表 4.19 某单位职工全年用于文化娱乐的支出水平分组情况

全年文化娱乐支出水平（元）	组中值（元）x_i	人数（人）f_i
80 ~ 100	900	20
100 ~ 150	1 250	50
150 ~ 200	1 750	120
200 ~ 250	2 250	280
250 ~ 300	2 750	130
合 计	—	600

则

$$\bar{x}=\frac{\sum xf}{\sum f}=2\ 130\text{（元）}$$

$$AD=\frac{\sum|x-\bar{x}|f}{\sum f}=380.67\text{（元）}$$

计算结果表明，该单位每个职工全年用于文化娱乐的支出水平与平均支出水平相差 380.67 元。平均差越大，各标志值间的差异越大，平均数的代表性就越小；平均差越小，各标志值间的差异越小，平均数的代表性就越大。由于在平均差的计算过程中，采用了取绝对值的方式，在实际工作中也较少使用。

（四）方差、标准差

方差是总体各单位标志值与算术平均数离差平方的算术平均数。标准差是方差的算术平方根。方差与标准差都用于表明各标志值与算术平均数的平均差异程度。在同一总体中，分析标志值间差异程度时，方差、标准差要比平均差具有更高的灵敏度，因此统计实践中常用方差、标准差测度标志值差异程度。方差与标准差的计算公式也分为简单式和加权式两种。

方差与标准差的简单式分别为

$$\sigma^2=\frac{\sum(x-\bar{x})^2}{n} \tag{4.30}$$

$$\sigma = \sqrt{\frac{\sum (x-\bar{x})^2}{n}} \tag{4.31}$$

方差与标准差的加权式分别为

$$\sigma^2 = \frac{\sum (x-\bar{x})^2 f}{\sum f} \tag{4.32}$$

$$\sigma = \sqrt{\frac{\sum (x-\bar{x})^2 f}{\sum f}} \tag{4.33}$$

式中：σ^2 为方差；σ 为标准差；$x, \bar{x}, n, f$ 的符号含义与平均差公式一致。

例 32　某科技有限公司生产加工数字电视机顶盒，装配车间甲、乙两班组各有 7 名工人，日装配数量资料见表 4.20。

表 4.20　　　　甲、乙两班组日装配数量资料

班组	日装配数量（件）						
甲	60	67	69	69	72	73	80
乙	60	68	69	70	71	72	80

则　　$\bar{x}_{甲} = \bar{x}_{乙} = 70$（件）

$$\sigma_{甲} = \sqrt{\frac{\sum (x-\bar{x})^2}{n}} = 5.66 \text{（件）}$$

$$\sigma_{乙} = \sqrt{\frac{\sum (x-\bar{x})^2}{n}} = 5.48 \text{（件）}$$

计算结果表明，甲班组每个工人的日装配数量与平均日装配数量平均相差 5.66 件，而乙班组每个工人的日装配数量与平均日装配数量平均相差 5.48 件。可见，虽然甲、乙两班组平均日装配数量相同，但甲班组日装配数量差异大于乙班组日装配数量差异，说明乙班组平均日装配数量比甲班组平均日装配数量的代表性大。

例 33　某儿童玩具贸易公司生产加工毛绒填充玩具中国娃娃，工人日产量资料见表 4.21。

表 4.21　　　　某儿童玩具贸易公司工人日产量资料

日产量（件）	组中值（件）x_i	工人人数（人）f_i
20 ~ 30	25	100
30 ~ 40	35	350
40 ~ 50	45	400
50 ~ 60	55	150
合　计	—	1 000

则 $$\bar{x}=\frac{\sum xf}{\sum f}=41\ （件）$$

该公司工人日产量标准差计算见表 4.22。

表 4.22 某公司工人日产量标准差计算表

日产量（件）	组中值（件）	工人人数（人）	离差（件）	离差平方	加权离差平方
	x	f	$x-\bar{x}$	$(x-\bar{x})^2$	$(x-\bar{x})^2 f$
20 ~ 30	25	100	− 16	256	25 600
30 ~ 40	35	350	− 6	36	12 600
40 ~ 50	45	400	4	16	6 400
50 ~ 60	55	150	14	196	29 400
合 计	—	1 000	—	—	74 000

$$\sigma=\sqrt{\frac{\sum(x-\bar{x})^2 f}{\sum f}}=8.6\ （件）$$

计算结果表明，该公司每个工人的日产量与平均日产量相差 8.6 件。方差标准差越大，各标志值间的差异越大，平均数的代表性就越小；方差标准差越小，各标志值间的差异越小，平均数的代表性就越大。在例 37 中，只介绍了根据分组资料计算标准差的计算方法，不再进行两组数据的比较分析，有关两组数据的比较分析见本节案例分析。

方差、标准差具有以下的数学性质：

（1）每个变量值加上一个常数，方差、标准差不变。

设α为任意常数，$y_i=x_i+\alpha$，则有

$$\sigma_y{}^2=\sigma_x{}^2,\quad \sigma_y=\sigma_x$$

（2）每个变量值扩大一个常数倍，方差、标准差也发生变化。

设α为任意常数，$y_i=\alpha x_i$，则有

$$\sigma_y{}^2=\alpha^2\sigma_x{}^2,\quad \sigma_y=|\alpha|\sigma_x$$

（3）方差等于各变量值平方的算术平均数减去各变量值算术平均数的平方，即

$$\sigma^2=\overline{x_i{}^2}-(\bar{x}_i)^2$$

（4）设总体划分为 m 个组，各组数据个数为 f_i，数据 x_{ij} 表示第 i 组第 j 个数据（$i=1, 2, \cdots, m$；$j=1, 2, \cdots, f_i$）。分组条件下，总方差可以分解成组内方差平均数 $\overline{\sigma^2}$ 和组间方差 δ^2 两部分

$$\sigma^2=\overline{\sigma^2}+\delta^2$$

组内方差平均数是各组方差 σ_i^2 的加权平均数

$$\overline{\sigma^2}=\frac{\sum \sigma_i{}^2 f_i}{\sum f_i}, \quad \sigma_i{}^2=\frac{\sum_{j=1}^{f_i}(x_{ij}-\overline{x}_i)^2}{f_i}, \quad \overline{x}_i=\frac{\sum_{j=1}^{f_i}x_{ij}}{f_i}$$

组间方差是各组平均数的方差

$$\delta^2=\frac{\sum_{i=1}^{m}(\overline{x}_i-\overline{x})^2 f_i}{\sum_{i=1}^{m}f_i} \quad (m\text{ 是组数})$$

（5）同一数列的标准差不小于平均差，即

$$\sigma \geqslant AD$$

在统计实践中，方差和标准差只能用于对比分析几个总体平均数相同的情况下平均数的代表性。当平均数不同时，方差和标准差会受到平均数绝对水平的影响，因此，在对比分析平均数的代表性时，就要消除平均数绝对水平的影响。

（五）变异系数

变异系数是变异指标与其相应的算术平均数对比的比率，又称标志变动系数。变异系数越大，各标志值间的差异越大，平均数的代表性就越小；变异系数越小，各标志值间的差异越小，平均数的代表性就越大。变异系数具体包括极差系数、平均差系数、方差系数、标准差系数，其中最常用的是标准差系数，其计算公式是

$$v_\sigma=\frac{\sigma}{\overline{x}} \tag{4.34}$$

对于平均水平相同的两组数据，可直接用标准差比较标志值间差异程度的大小。然而对于平均水平不同的两组数据，就不宜直接用标准差比较标志值间差异程度的大小了，而应用标志变异系数。

例 34　将参加某次身高测量志愿活动的 10 位志愿者分成成人和幼儿两组，分别测得身高数据资料见表 4.23。

表 4.23　　成人组与幼儿组身高测量数据资料

组　别	身　高（厘米）				
成人组	164	166	168	170	172
幼儿组	71	72	73	74	75

则　　$\overline{x}_{成人}=168$（厘米），$\overline{x}_{幼儿}=73$（厘米）

$\sigma_{成人}=2.828$（厘米），$\sigma_{幼儿}=1.414$（厘米）

$v_{\sigma_{成人}}=1.68\%$，$v_{\sigma_{幼儿}}=1.94\%$

计算结果表明，成人组的标准差系数小于幼儿组，说明成人组身高的差异程度较小。若只比较标准差大小，则会得出错误结论。

案例分析

某农业技术公司对某农作物的两个品种进行试种，以决定在两个品种中到底应该推广哪个品种。两个品种的农作物分别在情况类似的 30 亩田地进行试种，其产量情况见表 4.24。试判断该公司应该推广哪个品种的农作物。

表 4.24　甲、乙两个品种的产量分组资料

甲　品　种		乙　品　种	
平均亩产（千克）	面积（亩）	平均亩产（千克）	各组播种面积所占比重（%）
200～300	3	200～300	20
300～400	12	300～400	20
400～500	9	400～500	40
500～600	6	500～600	20
合　计	30	合　计	100

根据上述数据计算分析

$\bar{x}_{甲}=410$ （千克）　　$\bar{x}_{乙}=410$ （千克）

$\sigma_{甲}\approx 91.65$（千克）　　$\sigma_{乙}\approx 101.98$（千克）

良好的品种不仅要产量高，而且要稳定。从两个品种的平均亩产来看，都是 410 千克，所以从产量上无法判断哪个品种更好。但是从标准差来看，甲品种农作物为 91.65 千克，低于乙品种的 101.98 千克，说明甲品种相对于乙品种而言，平均亩产的代表性更好，产量更加稳定。结论是应该将甲品种作为大田推广的品种。

小　结

总量指标是将总体单位数或总体标志值汇总而得到的说明现象总体特征的总量。总量指标是反映社会经济总体现象在一定时间、地点和条件下的规模和水平的统计指标。总量指标能够反映社会经济总体现象的总规模和总水平，是人们认识社会的起点；是制定方针政策，编制计划和检查计划执行情况，实行社会经济和企业管理的主要依据之一；是计算相对指标和平均指标的基础。总量指标的种类有：按其反映的内容不同分为总体单位总量与总体标志总量；按其反映的时间状况不同分为时期指标与时点指标；按其计量单位不同分为实物指标与价值指标。

相对指标是将两个有联系的指标数值对比求得的统计指标，它反映现象之间的联系程度，表明社会经济现象和过程的数量对比关系，可以明确地说明社会经济现象和过程的联系程度。使用相对指标便于比较和分析研究对象。相对指标是经济管理、绩效考核、分析各种经济活

动的重要工具。相对指标分为结构相对指标、比例相对指标、比较相对指标、动态相对指标、强度相对指标和计划完成相对指标。

平均指标是表明同类社会经济现象在一定时间、地点条件下所达到的一般水平的综合指标。它具有三个特点：数量标志在总体单位之间具体数量表现差异的抽象化；总体综合数量特征的典型水平或代表水平；总体分布集中趋势的反映。平均指标主要有以下三个方面的作用：可以进行同类现象的对比；可以分析现象之间的依存关系；可以对总体进行数量上的估计和推算。平均指标按其计算方法不同分为数值平均数和位置平均数；按其反映的时间状况不同分为静态平均数和动态平均数。数值平均数包括算术平均数、调和平均数、几何平均数；位置平均数包括众数、中位数、分位数。

变异指标是用来说明总体各单位某一数量标志值之间差异程度的综合指标。标志变异指标的作用是，可以说明总体平均数的代表性大小，衡量总体现象发展过程中的稳定性。标志变异指标主要有极差、四分位差、平均差、方差、标准差和标志变异系数。标志变动度越大，其平均数的代表性就越弱，反之则越强。

思考与练习

一、思考题

1. 如何区分时期指标与时点指标？

2. 如何判断计划完成程度？

3. 下列资料摘自《中华人民共和国 2021 年国民经济和社会发展统计公报》，判断资料中的指标属于相对指标还是总量指标，并进一步说明属于何种相对指标或总量指标。

全年国内生产总值 1 143 670 亿元，第一、第二和第三产业增加值占国内生产总值的比重分别为 7.3%、39.4%和 53.3%。全年人均国内生产总值 80 976 元。

年末全国人口 141 260 万人，其中男性 72 311 万人，占总人口的 51.2%；女性 68 949 万人，占总人口的 48.8%。性别比（女性为 100，男性对女性的比例）为 104.9。

全年东部地区生产总值 592 202 亿元，比上年增长 8.1%；中部地区生产总值 250 132 亿元，增长 8.7%；西部地区生产总值 239 710 亿元，增长 7.4%；东北地区生产总值 55 699 亿元，增长 6.1%。东部地区生产总值是西部地区生产总值的 2.47 倍。

4. 某商业公司下属两个零售店 2020 年零售额为 4 591 万元，该公司零售额年度计划完成情况为 100.6%，该公司第一零售店的零售额占全公司的 70%，该公司第一零售店的零售额是上年零售额的 98%，该公司第一零售店零售额为第二零售店零售额的 2.33 倍，该公司资金利税率为 8.09%，2020 年末全公司职工人数为 150 人，该公司 2020 年零售额是另一家公司的 1.02 倍。判断上述指标分别是什么指标。

5. 算术平均数、调和平均数与几何平均数有什么区别？

6. 算术平均数与众数、中位数之间有何关系？

7. 变异指标的作用是什么？标准差和标准差系数各在什么情况下使用？

二、练习题

（一）单项选择题

1. 2020 年某地区新批准 82 个利用外资项目，这个指标属于（　　）。

A. 动态相对指标　　B. 比较相对指标　　C. 时期指标　　D. 时点指标

2. 2020 年某地区人均粮食产量为 634 千克，这个指标属于（ ）。

A. 平均指标　　B. 计划完成相对指标

C. 比较相对指标　　D. 强度相对指标

3. 结构相对指标（ ）。

A. 只能对总体单位总量计算　　B. 只能对总体标志总量计算

C. 既能对总体单位总量计算，也能对总体标志总量计算

D. 上述说法都不正确

4. 男性人口数与女性人口数之比属于（ ）。

A. 强度相对指标　　B. 比例相对指标

C. 比较相对指标　　D. 结构相对指标

5. 万元工业总产值能耗指标属于（ ）。

A. 比较相对指标　　B. 比例相对指标

C. 动态相对指标　　D. 强度相对指标

6. 计划完成相对指标（ ）。

A. 以大于 100%作为超额完成计划

B. 以小于 100%作为超额完成计划

C. 是大于 100%还是小于 100%作为超额完成计划，应根据现象的性质决定

D. 上述说法都不正确

7. 某企业某种产品上年度实际成本为 450 元，本年度计划降低 6%，实际降低 7%，则成本降低计划完成相对指标为（ ）。

A. $\frac{7\%}{6\%}\times 100\% = 116.67\%$　　B. $\frac{6\%}{7\%}\times 100\% = 85.71\%$

C. $\frac{93\%}{94\%}\times 100\% = 98.94\%$　　D. $\frac{94\%}{93\%}\times 100\% = 101.08\%$

8. 已知某种农作物各类田块的单位面积产量和总产量，那么计算平均亩产应用（ ）。

A. 算术平均数　　B. 调和平均数

C. 几何平均数　　D. 位置平均数

9. 根据变量数列计算算术平均数，其指标值大小（ ）。

A. 只与变量值有关　　B. 只与次数有关

C. 与变量值、次数无关　　D. 同时受变量值和次数两个因素的影响

10. 根据同一变量数列计算平均数，若用简单算术平均数公式与用加权算术平均数公式计算的结果相等，则说明变量数列各组的（ ）。

A. 变量值相等　　B. 次数分配相同

C. 变量值不相等　　D. 次数分配不同

（二）多项选择题

1. 以下指标中，（ ）是时点指标。

A. 影剧场座位数　　B. 死亡人口数　　C. 粮食产量

D. 钢材库存量　　E. 工厂个数

2. 以下指标中，（ ）是时期指标。

A. 出生人口数　　B. 耕地面积　　C. 农作物播种面积

D. 商品销售额　　E. 全国高校所数

3. 以下指标属于强度相对指标的有（　　）。

A. 每百元工业固定资产提供产值　　B. 两个地区工业劳动生产率之比

C. 全国平均每人分摊的棉布产量　　D. 人口密度

E. 某商店营业员人均商品销售额

4. 某煤矿计划生产煤炭 50 万吨，实际完成 52.5 万吨，则（　　）。

A. 计划完成相对指标为 95%　　B. 计划完成相对指标为 105%

C. 超额 5%完成产量计划　　D. 实际比计划产量增加了 2.5 万吨

E. 上述说法都不正确

5. 描述统计指标离中趋势的指标有（　　）。

A. 极差　　B. 平均差

C. 方差　　D. 标准差

E. 众数

6. 下列对比关系能形成平均指标的有（　　）。

A. 国民生产总值/人口总数　　B. 工资总额/职工人数

C. 粮食总产量/播种面积　　D. 钢产量/粮食总产量

E. 工业总产值/农业总产值

7. 已知 A，B 两个工人的平均日产量分别为 20 件和 30 件，日产量的标准差分别为 4 件和 5 件，则（　　）。

A. A 工人日产量比较稳定　　B. B 工人日产量比较稳定

C. A、B 工人的日产量一样稳定　　D. 无法判断哪个工人的日产量比较稳定

E. B 工人的平均日产量指标代表性更大

8. 当变量为右偏分布时，其算数平均数、中位数和众数之间的关系是（　　）。

A. 全部相等　　B. 算数平均数大于中位数

C. 算数平均数大于众数　　D. 中位数小于众数

E. 无法判断

（三）计算题

1. 某公司所属三个商店近两年销售收入完成情况见表 4.25，试填出表中空格。

表 4.25　　某公司所属三个商店近两年销售收入完成情况

商店名称	2020 年实际销售收入（万元）	2021 年					2021 年为 2020 年的（%）
		计划		实际		计划完成（%）	
		销售收入（万元）	比重（%）	销售收入（万元）	比重（%）		
甲	6 000	8 000		9 600			
乙	4 000	5 000				110	
丙	8 000			10 000		80	
合计							

2. 某电器商店 2020 年零售额计划执行情况见表 4.26，试填出表中空格。

表 4.26　某电器商店 2020 年零售额计划执行情况

季度	计划（万元）	实际（万元）	完成季度计划（%）	累计完成全年计划（%）
一	1 600	1 400		
二	1 200	1 500		
三	1 400	1 600		
四	1 800	2 000		
合计	6 000	6 500		

3. 某厂的单位产品成本计划在去年的基础上降低 6%，计划执行结果降低了 4%，试计算该厂单位产品成本计划完成程度，并评价所计算的指标。

4. 某企业两车间生产同种产品产量和成本资料见表 4.27。

表 4.27　某企业两车间生产同种产品产量和成本资料

车间	2020 年		2021 年	
	单位成本（元/吨）	产量（吨）	单位成本（元/吨）	总成本（万元）
甲	600	1 200	620	93
乙	700	1 800	667	133.4

要求：

（1）分别计算 2020 年和 2021 年甲乙两车间的平均单位成本；

（2）分析该种产品甲乙两车间平均单位成本变动情况。

5. 某银行实行浮动的利息率，2016-2020 年的年利率分别为 3%、4%、4%、5%、6%，试计算五年的平均年利率。

6. 某集团公司的 20 个分公司 2021 年度的资料见表 4.28。

表 4.28　某集团公司销售统计表

销售额计划完成程度（%）	分公司数	实际销售额（万元）	销售费用率（%）
80 ~ 90	4	459	14.3
90 ~ 100	3	484	13.2
100 ~ 110	5	1 344	12.0
110 ~ 120	5	943	11.0

根据以上资料计算 20 个分公司的销售额的平均计划完成程度和平均销售费用率。

7. 从甲乙两个灯泡厂生产的灯泡中，各抽取相同规格的灯泡 5 个，测得耐用时间见表 4.29。

表 4.29　灯泡耐用时间统计表

工　厂	每个灯泡耐用时间（小时）				
甲	2 200	1 900	1 850	2 000	2 050
乙	2 040	2 000	1 980	1 970	2 010

试计算说明哪个厂生产的灯泡质量较稳定。

8. 有两个车间日生产零件数的统计资料见表 4.30。

表 4.30　　两个车间日生产零件数统计表

甲车间		乙车间	
日产零件数（件）	工人数（人）	日产零件数（件）	工人数（人）
200 以下	5	200 以下	7
200 ~ 240	7	200 ~ 240	12
240 ~ 260	25	240 ~ 260	25
260 ~ 280	22	260 ~ 280	20
280 ~ 320	12	280 ~ 320	10
320 以上	3	320 以上	8

试根据以上资料分析哪个车间的平均日产零件数更具有代表性。如果要在这两个车间中评出一个先进，你觉得应该选谁？

9. 区域经济发展差距可以通过城乡居民收入差异体现出来。表 4.31 列示了我国 2015 年和 2020 年 31 个省份级行政区城镇居民人均可支配收入以及农村居民人均可支配收入的数据资料。

表 4.31　　我国各省级行政区城镇居民人均可支配收入以及农村居民人均可支配收入

省份	城镇居民人均可支配收入（元）		农村居民人均可支配收入（元）	
	2015 年	2020 年	2015 年	2020 年
北京	52 859.2	75 601.5	20 568.7	30 125.7
天津	34 101.3	47 658.5	18 481.6	25 690.6
河北	26 152.2	37 285.7	11 050.5	16 467.0
山西	25 827.7	34 792.7	9 453.9	13 878.0
内蒙古	30 594.1	41 353.1	10 775.9	16 566.9
辽宁	31 125.7	40 375.9	12 056.9	17 450.3
吉林	24 900.9	33 395.7	11 326.2	16 067.0
黑龙江	24 202.6	31 114.7	11 095.2	16 168.4
上海	52 961.9	76 437.3	23 205.2	34 911.3
江苏	37 173.5	53 101.7	16 256.7	24 198.5
浙江	43 714.5	62 699.3	21 125.0	31 930.5
安徽	26 935.8	39 442.1	10 820.7	16 620.2
福建	33 275.3	47 160.3	13 792.7	20 880.3
江西	26 500.1	38 555.8	11 139.1	16 980.8
山东	31 545.3	43 726.3	12 930.4	18 753.2
河南	25 575.6	34 750.3	10 852.9	16 107.9
湖北	27 051.5	36 705.7	11 843.9	16 305.9

续表

省份	城镇居民人均可支配收入（元）		农村居民人均可支配收入（元）	
	2015 年	2020 年	2015 年	2020 年
湖南	28 838.1	41 697.5	10 992.5	16 584.6
广东	34 757.2	50 257.0	13 360.4	20 143.4
广西	26 415.9	35 859.3	9 466.6	14 814.9
海南	26 356.4	37 097.0	10 857.6	16 278.8
重庆	27 238.8	40 006.2	10 504.7	16 361.4
四川	26 205.3	38 253.1	10 247.4	15 929.1
贵州	24 579.6	36 096.2	7 386.9	11 642.3
云南	26 373.2	37 499.5	8 242.1	12 841.9
西藏	25 456.6	41 156.4	8 243.7	14 598.4
陕西	26 420.2	37 868.2	8 688.9	13 316.5
甘肃	23 767.1	33 821.8	6 936.2	10 344.3
青海	24 542.3	35 505.8	7 933.4	12 342.5
宁夏	25 186.0	35 719.6	9 118.7	13 889.4
新疆	26 274.7	34 838.4	9 425.1	14 056.1

根据上述资料：

（1）试分别计算出我国 2015 年和 2020 年各地区之间城镇居民人均可支配收入、农村居民人均纯收入的标准差；

（2）试比较各地区城镇居民人均可支配收入差异程度与各地区农村居民人均纯收入差异程度的大小；

（3）试分析我国各地区城镇居民人均可支配收入差异、各地区农村居民人均可支配收入差异由 2015 年至 2020 年的变化。

10. 某电机工程有限公司研发设计部门有 20 名研发设计人员，有关基本信息资料见表 4.32。

表 4.32 某电机工程有限公司研发设计部门研发设计人员有关基本信息资料

职工号	性别	年龄	学历	职称	月工资水平（元）
01	男	53	大学本科	高级工程师	9 000
02	女	52	大学本科	高级工程师	9 000
03	男	49	大学本科	工程师	8 650
04	男	45	博士研究生	高级工程师	8 950
05	男	46	硕士研究生	高级工程师	8 900
06	女	42	大学本科	工程师	8 600
07	男	43	大学本科	工程师	8 600
08	男	45	大学本科	工程师	8 600
09	男	43	大学本科	工程师	8 600
10	男	42	大学本科	工程师	8 600
11	男	40	大学本科	工程师	8 550

续表

职工号	性别	年龄	学历	职称	月工资水平（元）
12	女	39	大学本科	工程师	8 550
13	男	38	大学本科	工程师	8 500
14	男	38	大学本科	工程师	8 500
15	男	35	大学本科	工程师	8 450
16	男	32	硕士研究生	工程师	8 400
17	女	30	博士研究生	工程师	8 350
18	男	28	博士研究生	助理工程师	6 000
19	男	28	博士研究生	助理工程师	5 000
20	男	26	硕士研究生	助理工程师	4 850

根据上述资料：

（1）计算研发设计人员月工资水平的均值和标准差；

（2）分别按性别、年龄、学历、职称分组，并计算各组研发设计人员月工资水平的均值和标准差。

第四章资料

第五章　抽样调查与估计

统计调查是收集原始资料的重要方式。为了了解某一总体的数量特征，可以对该总体的每个单位进行调查。在实际工作中由于社会经济现象比较复杂，有些总体的范围太广等原因，我们往往难以对总体的每一个单位进行调查，所以只能根据部分总体单位的调查资料来对总体的数量特征进行估计。抽样调查就是利用部分总体单位的调查信息对总体数量特征进行科学估计的一种调查方式。这种方法由于具有较为科学的抽样和估计方法，已经成为世界各国普遍采用的一种统计调查方式。经常性抽样调查也是我国统计调查的主体。目前，已有十分重要的统计调查项目，如农产品产量调查、城乡住户调查、价格调查和人口变动调查等。

第一节　抽样调查与估计概述

一、抽样与抽样调查

（一）抽样和抽样种类

抽样是指根据一定的调查目的，从调查对象中抽取部分单位构成样本的过程。从总体中抽取出来的部分总体单位称为样本。例如，在产品的质量检验中，从 1 万件的产品中抽取 100 件产品进行检验，这个过程就称为抽样。抽取出来被检验的 100 件产品即为样本。根据抽取样本方式的不同，抽样可以分为概率抽样和非概率抽样两类。

概率抽样也叫随机抽样，是指按照随机原则抽取样本。在概率抽样中，调查人员无法事先了解哪个总体单位将被抽中，也无法决定哪个总体单位不被抽中。即样本单位的选择和抽样人员的主观意愿无关，是随机获得的。概率抽样的方式主要包括简单随机抽样、分层抽样、等距抽样和整群抽样等方式（在下一节将具体介绍）。概率抽样的方式避免了调查人员的主观意见对调查结果的影响，因此更具有代表性。而且抽样的随机原则使得对总体特征的估计建立在概率论和数理统计理论的基础上，可以对抽样误差进行计算和控制。

非概率抽样也叫非随机抽样，是指不按照随机原则抽取样本。在这种抽样方式下，抽样人员有意识地选取样本单位，样本单位的选择是非随机的。非全面调查中的重点调查、典型调查等都属于非概率抽样。相对于概率抽样而言，这种抽样方式事先对总体的情况进行了判断和分析，在及时了解总体的基本情况、总结经验教训、快速获得被调查单位、节约开支等方面具有一定的优势。但是对总体的事先判断和分析取决于调查人员的专业知识、经验等，因此难免受到调查者的主观意愿的影响，出现偏差。

需要指出的是，统计学上所讨论的抽样一般都是指概率抽样。本书只对概率抽样进行描述。

（二）抽样调查的概念和特点

抽样调查是指按照随机原则从调查对象中抽取一部分单位作为样本进行调查，然后根据所获得的样本资料，对总体的数量特征进行估计的一种非全面调查方式。

进行全面调查时，需要对总体中的每一个单位都进行调查，因此在总体单位较大时需要花费大量的财力、人力和时间。而抽样调查作为一种非全面调查方式，只需要对总体中抽中的部分单位进行调查。与全面调查相比，抽样调查具有省时省力的优点。例如，我国在每 10 年进行一次人口普查的基础上，每 5 年进行一次 1%人口抽样调查，即只调查全国人口的 1%。假如每个调查单位的调查费用是固定的，那么一次普查所需的费用是抽样调查所需费用的 100 倍。

同其他非全面调查相比，抽样调查具有以下特点：

1）抽样调查按照随机原则抽取调查单位

所谓随机原则，是指总体中的每个单位都有同等的可能性被抽中。从主观上讲，进行抽样调查时，应该确保每一个单位都具有被抽中的同等机会，调查者完全不带主观倾向。遵循随机原则可以使样本的结构更加接近总体的结构，使样本对于总体更具有代表性。随机原则并不等于随意性，它要求调查者充分考虑实际情况，设计出最优的抽样方案，既能达到调查目的又能省时省力。随机原则又可以分为纯随机原则和限定性随机原则。纯随机原则是指在抽取样本单位前，不对总体单位进行任何加工处理。限定性随机原则是指在抽取样本之前先对总体进行一定的分类或排队，然后再从各类中进行抽样。例如，农产量抽样调查就是先将调查总体分为平原、丘陵、山区、高原，然后再在各类内部采用等距抽样。这样能够使样本单位在总体中的分布更加均匀，提高抽样推断的可靠性。

2）可以根据抽样调查所得的样本信息对总体的数量特征进行估计

根据概率论和数理统计理论，通过抽样调查可以用样本指标对相应的总体指标进行科学的推算，并能确定推算的精确性。如在电视节目收视率调查中，可以用样本家庭的收视率指标在一定把握程度上对所有家庭的收视率指标进行估计。用样本指标推断总体指标是抽样调查的显著特点。同样是非全面调查的重点调查和典型调查就不具备这样的功能。重点调查只能直接通过对重点单位的调查了解总体的大致情况，不能进行总体的估计；典型调查一般也不用于估计总体特征，即使进行估计也只能是对具有相同特征的典型单位进行估算，但无法对估计的精确度进行确定。

3）抽样调查的结果与总体之间在客观上存在着误差，但这种误差可以采用科学的方法加以计算

由于样本不可能完全代表总体，用样本单位的信息对总体特征进行估计时，不可避免地会出现误差。这种误差叫作抽样误差。但是，在抽样调查和估计中，可以对抽样误差进行计算。并且通过确定不同的调查方法和样本单位的容量，来满足调查对象和调查项目的要求以缩小抽样误差。

（三）抽样调查的适用范围

与其他调查方式相比，由于抽样调查具有自身的优势，这就使得抽样调查成为统计实践中应用非常普遍的调查方法。在以下几种情况下一般都要采用抽样调查的方式获得资料。

1）在不可能进行全面调查的情况下，抽样调查成为唯一的选择

对于无限总体和范围非常广的有限总体，不可能对总体中的每个单位进行调查，只有进行抽样调查。例如，为了了解某条河流的污染情况，不可能将整条河流的水进行调查，而只需抽取部分水样进行调查和推算。对于具有破坏性的调查也只能采用抽样调查的方式。例如，某电视机生产厂家对产成品进行质量检验，其中包括电视机的抗震性能，由于测试具有破坏性，所以不可能对每一台电视机都进行测试，只能按照一定的比例和方法从每批次产品中抽取一部分产品进行测试，从而推断整批电视机的抗震性能是否达到合格品的要求。

2）在时效性要求很高的情况下，可采用抽样调查

抽样调查只需调查总体中的部分单位，并能够在较短的时间内完成调查工作，迅速取得所需资料。如某电视台为了对前一天晚上播出的电视节目的收视率和观众的喜爱程度进行调查，由于受到时效性的限制，则只能从观众中抽取部分观众进行调查。此外，农产品产量调查以及其他应急的社会调查等，时效性要求很高，一般都采用抽样调查。

3）在不必要进行全面调查的情况下，抽样调查便可满足要求

例如，对北京市居民关于某种商品的知名度进行市场调查，不需要花费大量人力物力对北京市的每一个居民进行登记和调查，而只需采取抽样调查的方式，从北京市居民中抽取一小部分居民进行调查即可达到调查目的。一般的市场调查、民意调查、城乡居民收支情况调查等一般都采用抽样调查。

4）在对全面调查资料进行补充和修正时，可采用抽样调查

由于全面调查花费的时间长、费用高，不可能再进行一次全面调查来进行检验，所以一般可以在全面调查之后，再采用抽样调查的方式，通过深入的抽样调查来对全面调查资料的质量进行检验，并计算修正系数以对全面调查资料进行修正。例如，我国在两次人口普查之间，统计局要采用 1%人口抽样调查的方式对人口普查的数据进行补充和修正，以了解我国人口状况的新发展。

二、抽样调查和估计的步骤

一个完整的抽样调查和估计过程要经过以下几个步骤。

（一）设计抽样方案

抽样方案是对抽样调查活动的总体安排。在抽样方案中，不仅包括一般调查方案中的调查目的、调查内容、调查时间、人员安排和经费预算等内容，还包括在什么范围内抽取样本、如何抽取、抽取多少、如何估计等内容。抽样方案设计得是否科学合理，将直接关系到抽样

能否顺利进行、样本是否具有代表性，并对抽样误差产生影响。一份好的抽样方案不仅能达到调查目的，而且还应该具有可操作性，并节省开支。

（二）抽取样本单位

抽样调查只对样本单位进行调查，所以需要从总体中抽取样本单位。样本单位是接受调查的具体单位。在抽取样本单位时要遵循随机原则，并严格按照抽样方案的要求抽取，以避免主观意愿对样本单位选取的影响。只有这样才能保证样本单位的代表性，保证抽样估计的可靠性。

（三）对样本单位进行调查

抽取样本单位以后，应该对样本单位进行调查和登记。在实际调查过程中，要按照抽样调查方案要求的项目，对样本单位进行认真调查。不能遗漏样本单位，也不能对样本单位进行随意更换。

（四）用样本信息对总体特征进行估计

对样本单位进行调查后能够得到反映样本特征的样本指标，进而可以按照一定的统计方法，利用样本指标对总体指标进行估计。对总体指标进行估计是抽样调查的最终目的，因此针对不同的抽样方式要选择正确的估计方法，以保证估计的准确性。

例 1　为了了解某市居民对目前该市公共交通系统的满意度程度，对居民进行一次抽样调查。其工作步骤如下：

步骤 1：根据调查目的和该市居民的分布情况，设计本次调查的调查方案。内容包括如何进行抽样、抽样数目是多少、抽样时间如何安排，以及抽样经费来源等。

步骤 2：根据调查方案，到该市各街区进行实地调查。根据抽样方案规定的调查方法，按照随机原则抽取被调查的市民。

步骤 3：对抽取的样本市民进行具体调查，获取他们对目前该市公共交通系统的满意度情况的资料。

步骤 4：根据调查所得的资料计算样本市民对公交系统的满意度指标，然后用样本满意度指标对该市所有市民的满意度进行估计，得到全市居民的总体满意度指标。

三、抽样调查和估计中的常用指标

在抽样调查和估计过程中，需要用样本指标去估计总体指标，因此要涉及一些常用指标。其中常用的总体指标包括总体平均数 $\bar{X}$，总体标准差 σ 和总体方差 σ^2，总体成数 P 等；常用的样本统计指标包括样本平均数 $\bar{x}$，样本标准差 S 和样本方差 S^2，以及样本成数 p 等。

（一）总体指标

总体指标也叫总体参数，是描述统计总体数量特征的，其数值大小由所有总体单位决定。

当一个总体确定以后，这个总体的指标也就随之确定，而且数值是唯一的。在实际中，总体指标一般是未知数，是需要用样本资料进行估计来获得的。

1. 总体平均数 $\bar{X}$

总体平均数描述的是总体某一数量标志值的一般水平。设总体中有 N 个总体单位，用 X 表示总体各单位的数量标志值，那么这 N 个总体单位在某一数量标志上的取值可分别表示为 $X_1, \cdots, X_N$，则总体平均数为

$$\bar{X} = \frac{X_1 + X_2 + \cdots + X_N}{N} = \frac{\sum X}{N} \tag{5.1}$$

2. 总体标准差 σ 和总体方差 σ^2

总体标准差和总体方差是常用的描述总体某一数量标志值变异程度的指标。其计算公式如下：

总体标准差为

$$\sigma_X = \sqrt{\frac{\sum (X - \bar{X})^2}{N}} \tag{5.2}$$

总体方差为

$$\sigma_X^2 = \frac{\sum (X - \bar{X})^2}{N} \tag{5.3}$$

3. 总体成数 P

成数是一种结构相对数，是总体中具有某种属性的单位数占总体单位数的比重，也可以称为比率。成数是相对于是非标志而言的。是非标志是一种特殊标志，是只具有两种具体表现的品质标志。是非标志的具体表现分别用 1 和 0 来表示，其中 1 表示具有某种属性，0 表示不具有某种属性。如用 1 表示产品“合格”，用 0 表示产品“不合格”，则合格品在全部产品中所占比重即为成数 P。是非标志的次数分布见表 5.1。

表 5.1　是非标志的次数分布

	变量值 X	频数 f	频率
具有某种属性	1	N_1	$P = N_1/N$
不具有某种属性	0	N_2	$1 - P = N_2/N$
合　计	—	N	1

所以，总体成数为

$$P = \frac{N_1}{N}$$

根据是非标志的次数分布，还可以得到是非标志的平均数、标准差和方差：

是非标志的平均数为

$$\bar{X}=\sum X\frac{f}{\sum f}=1\times P+0\times(1-P)=P \tag{5.4}$$

是非标志的方差为

$$\sigma^2=\sum(X_i-\bar{X})^2\frac{f}{\sum f}=(1-P)^2P+(0-P)^2(1-P)=P(1-P) \tag{5.5}$$

是非标志的标准差为

$$\sigma=\sqrt{P(1-P)} \tag{5.6}$$

例如，某工厂下线一批产品共 1 000 件，经检验其中合格品 920 件，不合格品 80 件，则其合格率即为一个成数，$P=\frac{920}{1\ 000}=0.92=92\%$。

（二）样本指标

样本指标即样本统计量，是根据调查所得的样本单位的数量标志值计算而来的统计量。可用样本统计量估计和推断相应的总体指标。样本统计量的计算方法和相应的总体指标相同。

1. 样本平均数

样本平均数描述了样本单位某一数量标志值的一般水平。设样本中有 n 个单位，而样本中 n 个单位的某一数量标志的取值分别为 x_1, …, x_n，则样本平均数为

$$\bar{x}=\frac{x_1+x_2+\cdots+x_n}{n}=\frac{\sum x}{n} \tag{5.7}$$

2. 样本标准差和样本方差

样本标准差和样本方差是反映样本单位在某一数量标志值上变异程度的指标，其计算方法同总体标准差和总体方差相似，即

样本标准差为

$$S_x=\sqrt{\frac{\sum(x-\bar{x})^2}{n}} \tag{5.8}$$

样本方差为

$$S_x^2=\frac{\sum(x-\bar{x})^2}{n} \tag{5.9}$$

3. 样本成数

样本成数是样本中具有某种属性的单位在样本中所占的比重。设具有 n 个单位的样本中具有某种属性的单位数为 n_1，不具有某种属性的单位数为 n_2，则样本成数为

$$p=\frac{n_1}{n_1+n_2}=\frac{n_1}{n} \tag{5.10}$$

第二节　抽样调查方案的设计

设计抽样调查方案是抽样调查和估计的第一个环节。调查方案设计得是否科学将直接影响调查结果的好坏。抽样调查方案是整个抽样调查和估计活动的总安排，内容涉及整个调查活动的方方面面，除了包括一般统计调查方案应该包括的项目，如调查目的、调查对象、调查项目等以外，还包括几项抽样调查方案应该具备的专门内容——界定抽样范围和编制抽样框、确定抽样组织方式、确定抽样方法和确定抽样数目。

一、界定抽样范围，编制抽样框

作为非全面调查，抽样调查需要从总体中抽取一部分单位构成样本。在确定调查目的之后，就应该确定在什么范围内抽取样本单位，即抽样范围。抽样框是包括被抽样总体所有单位的目录表。确定了抽样框，就相当于定义了被抽样的对象范围，我们可通过抽样框从总体中抽取样本，因此抽样框的编制是整个抽样工作的基础。

抽样框的类型主要有三种：

（一）目录框

目录框即名单抽样框，是有关所有总体单位的一份名录清单。例如，学校学生的名单就可以是一个目录框，见表 5.2。

表 5.2　学生名单抽样框

编　号	学生姓名	学　号	学生年级	学生专业
1	张云	202210001	2022	工商管理
2	李东	202210002	2022	工商管理
3	赵宇	202210003	2022	工商管理
…				

（二）区域框

区域框是其单位由地理区域构成的一种特殊的抽样框，也称地域框。区域框适用于以下两种情况：① 调查本身就具有地理性质。例如，希望通过对部分地区的某种珍稀植物数量进行调查来估计整个地区珍稀植物的总数时，便可采用地域框来进行抽样，将该地区划分为若干个子地区构成抽样框。② 没有合适的目录框。没有合适的目录框时，可以考虑借助于区域框。此外，区域框中可以分不同的层次，上一级单元可以细分成许多下一级单元。如对某市常住居民进行收入情况调查可编制如下地域抽样框：

例 2　市区居民调查抽样框：

某市市区

成华区　武侯区　金牛区　锦江区　青羊区

其中青羊区

西御街街道

草市街街道

草堂街道

青羊正街街道

……

（三）时间框

时间框是将总体单位按时间先后顺序进行排列构成的抽样框。这种抽样框，以时间为单位进行抽样。如对流水线上的产品进行质量抽检时，可以以 10 分钟为一个单位，10 个小时的生产就能得到一个 60 个单位的时间抽样框。

除了以上三种抽样框以外，对于比较复杂的调查，还可以编制多重抽样框。多重抽样框是指两个或两个以上的抽样框的组合，如目录框和区域框的组合。

在编制抽样框时，应尽可能使得抽样框与调查总体保持一致，既不遗漏也不重复。如果有遗漏，则遗漏的总体单位将没有被抽中的可能；如有重复，则重复的单位被抽中的可能会增加，得到的样本是有偏的样本。例如，在城市住户调查中，以电话号码簿为抽样框，就会漏掉那些没有电话的住户，而有些住户可能安装了两部电话，因此在抽样中被抽中的机会就会大一些。

二、确定调查的组织方式

常见的抽样调查组织方式主要包括简单随机抽样、分层抽样、等距抽样、整群抽样和多阶段抽样等。不同的抽样组织方式抽取样本的方法不同，调查的结果和估计的准确度也不同。

（一）简单随机抽样（Simple Random Sample，SRS）

简单随机抽样，又称纯随机抽样。它是按随机的原则从总体中抽取 n 个单位作为样本。这种抽样方式对总体不加任何分组、划类、排队等，完全随机地抽取调查单位。简单随机抽样可以使总体中每个单位都有相等的机会被抽中。简单随机抽样是其他各种抽样形式的基础，通常只是在总体单位之间差异较小而且总体数目较少时，才采用这种方法。按照简单随机抽样的方式抽取样本，可采用抽签和利用随机数表的方法进行。

1. 抽签法

抽签法是先给每个总体单位编号，将号码写在大小相同的纸片上，混合均匀后，从中抽取，抽中哪个单位就调查哪个单位，直到抽够预先规定的数量为止。

2. 随机数表法

当总体单位数较大时，采用抽签法显然费时费力，这时可采用随机数字表来抽取样本。随机数字表是由一连串的 0，1，…，8，9 这 10 个数字排列形成的。在表中，任一位置上出现 0~9 中某一数字的概率相同，且不同位置之间是相互独立的。这种方法同样要事先对总体单位进行编号，然后利用随机数表抽取样本。例 3 说明了利用随机数表抽取随机样本的过程。

例 3　利用随机数表抽取简单随机样本。

某公司共有客户 50 家，为了采取有效措施增加客户满意度，公司决定从客户中选择 5 家进行访谈。为了避免偏差，公司采用随机数表进行简单随机抽样。

步骤 1：公司将 50 家客户进行编码。50 家客户需要 2 位数，所以编码为：01，02，…，49，50。

步骤 2：利用随机数表选取代码，抽取样本。假如下列数字为随机数表的部分数字：

19223　90534　05756　28713　96409　12531　42544　82853

73676　47150　99400　01927　27754　42648　82425　36290

根据上表数据，其中头 10 个“2 位数字组”为

19　92　22　23　39　90　05　53　34　40

其中该公司的代码只用了 01~50，所以我们只选择 50 以内的 2 位数。这样得到的头 5 个在 01~50 的代码，就代表所抽选的样本，它们是代码为 19、22、23、39、05 所代表的客户。

在利用随机数表时，可以从任一栏、任一行的数字开始数，可以向任意方向读，遇到属于编号范围内的数字号码就确定为样本单位，直到抽够预定的单位数为止。除了利用随机数表外，也可以直接利用计算机生成随机数字。

（二）分层抽样（stratified sampling）

分层抽样也叫类型抽样。它将总体单位事先按其某种属性特征进行分类或分层，然后在每个类型或层中随机抽取样本单位。分层抽样可以提高样本对总体的代表性。该方法适用于总体情况复杂，各单位之间差异较大，单位较多的情况。这是因为在分层过程中，能将原来差异较大的总体，分成若干个内部差异较小的子总体，再从每一个子总体中抽取样本。这样的抽样方式使得样本结构更加接近总体结构，抽样估计更加准确。例如，在农产品产量抽样调查中，由于不同的土地类型对农产品产量有较大影响，因此可首先根据土地类型将调查对象分为平原类、丘陵类和山地类。然后再在每种类型中按照随机原则抽选出部分被调查的土地，一起构成样本。分层抽样使得样本中三种类型的土地类型都包括，样本结构与总体结构更加类似，因而对总产量的估计更加有效，而且还可以利用分层调查的结果进行层与层之间的比较。

（三）等距抽样（systematic sampling）

等距抽样也叫机械抽样或系统抽样。它是将总体各单位按一定标志或次序排列，然后按相同的距离或间隔抽取样本单位。如总体共有 N 个单位，要从中抽取 n 个单位构成样本，则用总体单位数 N 除以样本单位数 n，即 $k=\dfrac{N}{n}$ 便是等距抽样的间隔。然后在第一个间隔内的任意位置或者居中位置抽取第一个单位，再每隔 k 个单位抽取下一个单位，直到抽满 n 个单位构成样本为止。

等距抽样在进行排列时，既可以根据与调查内容相关的标志，也可以根据与调查内容无关的标志。等距抽样的优点是方法简便，抽出的样本单位在总体中分布均匀，样本结构与总体结构类似，因此实际工作中应用较多。例如，某企业要对产品质量进行检查，可以将产品按照出产时间进行排队，然后每隔一定的时间间隔再抽取产品进行调查。

（四）整群抽样（cluster sampling）

整群抽样又称集团抽样。它先将总体按照某一标志划分成若干群，然后从总体中以群为单位进行抽取，对抽中的群进行全面调查，对未抽中的群一个单位也不调查。例如，对一批箱装的水果进行质量检查，该批水果共计 100 箱，以箱为单位将该批水果分成 100 个群，然后从中随机抽取 5 箱，对抽中的 5 箱水果进行全面检查，其余 95 箱均不检查。整群抽样的优点是调查单位比较集中，调查工作的组织和进行比较方便，可以节省人力物力和时间。但是由于样本单位仅限于抽中的群中，分布比较集中，因此影响了调查单位在总体中的均匀性，产生的误差较大。

（五）多阶段抽样（又称多级抽样）

社会经济现象一般较为复杂，总体范围也可能较大，有时只用一种抽样方式或者一次抽样很难得到理想的样本。在这种情况下，可以将抽样过程分为几个阶段，进行多阶段抽样。多阶段抽样就是将抽样过程分成两个或两个以上的阶段进行。第一阶段先将总体按照一定的原则分成若干抽样单位，称之为一级抽样单位（或称为基本抽样单位），再把抽中的一级抽样单位分成若干更小的二级抽样单位，从抽中的二级抽样单位再分三级抽样单位，等等。多阶段抽样方式，在对超大而又复杂总体进行抽样调查时，实施和管理更加方便。

例 4

美国的人口调查（CPS）

CPS 的总体，包括美国的所有住户（包括阿拉斯加和夏威夷）。样本是分阶段抽取的。普查局把美国分成 2 007 个地理区。大体来说，是把邻近的县组成一个单位。第一阶段抽样抽出 792 个地理区。然后将所得的 792 个地理区再细分成普查街区，是比较小的地理区。普查街区再依住户种类、弱势群体等条件而分层。同一个普查街区的住户依地理位置排序，然后每约 4 户组成一群。最终取得的样本，是从街区的每一层抽出的群样本，而不是住户样本。访问员会去被抽出的群中的每一户访问。为了确保选出的群在地理位置上能够适度地散开，样本是先随机选一个群，之后就抽取这个群后面的第 10 个群（比如说）、第 20 个群，等等。

注：摘自戴维 · S. 穆尔，《统计学的世界》，中信出版社。

除了以上几种抽样组织方式以外，在现实的统计调查中还有一些常见的非概率抽样方式，如，配额抽样、方便抽样等。例如，某洗发水企业为了了解消费者对该企业商品的满意度，在城市中心的百货商场寻找样本进行访谈的抽样方式就属于方便抽样。方便抽样能够快速省力地抽取样本，但在百货商场访谈到的人并不能充分代表整个市区人口，比如这部分人中可能青年人比较多，家庭比较富裕，因此这样的样本是有偏的。

抽样调查组织方式的选择没有固定的模式，每种抽样方式也各有自己的优势和劣势。在具体选择时要根据调查目的和要求，调查对象的特点，以及客观条件来进行判断和决策。

三、确定抽样方法

抽样方法包括重复抽样和不重复抽样两种。现假设从总体 N 个单位中，随机抽取一个容量为 n 的样本，在两种抽样方法下有不同的结果。

（一）重复抽样

重复抽样也称回置抽样。其抽样过程为：① 从总体中抽取一个单位；② 对抽出的单位进行登记；③ 登记完以后将该单位放回总体；④ 从总体中抽取下一个单位。重复抽样每次都是在完全相同的条件下进行的，每个单位每次被抽中的机会完全一样，并且每次抽取都不会对下次抽取产生影响。

例 5　从 A、B、C、D 这 4 个球中用重复抽样的方法从中抽样 2 个球构成一个样本，则全部可能抽取的样本共有 16 个，它们是

AA　AB　AC　AD
BA　BB　BC　BD
CA　CB　CC　CD
DA　DB　DC　DD

（二）不重复抽样

不重复抽样也称不回置抽样。其抽样过程为：① 从总体中抽取一个单位；② 对抽出的单位进行登记；③ 登记完以后该单位不放回总体；④ 从总体中抽取下一个单位。不重复抽样每次抽选的结果不是相互独立的，第一次抽选的结果影响下一次抽样，每抽一次，总体的单位数就少一个。因此，在不重复抽样中一个单位只能被抽中一次，每个单位每次被抽中的可能性不同。

例如，在例 5 中，如果采用不重复抽样，则全部可能抽取的样本共有 12 个，它们是

AB　AC　AD
BA　BC　BD
CA　CB　CD
DA　DB　DC

和重复抽样相比，少了 AA、BB、CC 和 DD 这 4 个可能样本。

由于抽样方法的不同，在相同的抽样情况下所得到的可能样本数量也不同，所以其抽样误差也不同。但若总体单位数很大，而抽样比例又很小时，两者之间的差异非常小，此时可以用重复抽样的误差公式计算不重复抽样的误差。

四、确定抽样数目

抽样数目即样本容量，是指在抽样调查中应该从总体中抽取多少单位构成样本。习惯上，将样本容量大于或等于 30 的样本称为大样本。抽样的数目越多，样本结构和总体结构越接近，估计的误差越小。但数目越多，需要花费的人力物力也越多，因此要选择一个适当的抽样数目。在不同的抽样方式下，确定抽样数目的方法不同，我们将在下一节作具体的阐述。

第三节　简单随机抽样的抽样估计

一、统计调查误差

抽样调查是用样本资料对总体信息进行估计，因此不可避免地会出现误差。抽样误差是统计调查误差中的一种。这里的统计调查误差是统计调查数据值同总体实际值之间的差异。对于任一个统计调查而言，都可能存在调查误差。根据误差的不同来源，调查误差可以分为登记性误差和代表性误差。

（一）登记性误差

登记性误差是在调查过程中，由于主客观原因而引起的误差。比如，调查过程中出现的登记错误，计算机录入错误、计算错误，以及由于主观上存在的瞒报漏报等都可以产生登记性误差。登记性误差不仅存在于抽样调查这样的非全面调查中，而且在包括普查在内的全面调查中也会存在，即在任何一种统计调查中都可能产生。登记性误差容易使调查结果产生偏误，使调查结果缺乏代表性。这是一种无法计算但可以避免的误差，可以通过严格监督等方式来减少。

（二）代表性误差

代表性误差即样本结构与总体结构不同而引起的误差。代表性误差只存在于非全面调查中，并且可以分为系统误差和随机误差两种。系统误差是指没有按照随机原则抽取样本而产生的误差。系统误差会使样本指标值系统地高于或者低于总体指标值。比如，在选择样本时，故意选择较好或者较差的样本都会产生系统误差，用重点调查或者典型调查的结果估计总体指标时通常都存在系统误差。系统误差可以通过将非随机抽样变为随机抽样来避免。随机误差是指尽管按照随机原则抽样，样本指标和总体指标之间却依然存在的误差，并且在抽样调查中这种误差是客观存在的。

抽样调查是一种按照随机原则进行的非全面调查方式，调查工作中的登记性误差和系统误差都可以避免，但随机误差不可以避免。因此这里所指的抽样误差只指随机误差，即在抽样调查中无法避免，且只能对误差进行计算和控制。计算抽样误差时，实际上常常假设不存在登记性误差和系统误差。

二、抽样平均误差

（一）抽样平均误差的计算方法

抽样平均误差是衡量抽样误差的常用指标，是样本平均数（或样本成数）的标准差，它反映了所有可能样本的估计值与总体指标的平均差异程度,常常用它来反映抽样误差的大小。由于从一个总体中可能抽取多个样本，因此抽样所得的样本统计量（如样本平均数），就有多个不同的数值，这些不同的样本统计量与总体参数（如总体平均数）之间的差异也就有大有小，抽样平均误差正是对这种差异的一般水平进行衡量。设用 $\bar{x}$ 表示样本平均数，用 $\bar{X}$ 表示总体平均数，则样本平均数的抽样平均误差为

$$\mu_{\bar{x}}=\sqrt{\frac{\sum(\bar{x}-\bar{X})^2}{\text{可能样本个数}}} \tag{5.11}$$

样本成数的抽样平均误差为

$$\mu_p=\sqrt{\frac{\sum(\bar{p}-P)^2}{\text{可能样本个数}}} \tag{5.12}$$

样本平均误差越小，样本对总体的代表性就越大。但在实际的抽样调查中，总体的单位数很大,这就使得可能样本数量也会达到一定的规模,相应列出每一个可能的样本非常困难。此外，通常情况下，我们只能根据一个样本对总体进行估计。所以，在实际计算抽样平均误差时，一般根据概率论与数理统计的相关理论，采用下列公式：

（1）在重复抽样情况下，有

$$\mu_{\bar{x}}=\sqrt{\frac{\sigma^2}{n}}=\frac{\sigma}{\sqrt{n}} \tag{5.13}$$

或者

$$\mu_p=\sqrt{\frac{\sigma_p^2}{n}}=\sqrt{\frac{P(1-P)}{n}} \tag{5.14}$$

（2）在不重复抽样情况下，有

$$\mu_{\bar{x}}=\sqrt{\frac{\sigma^2}{n}\frac{(N-n)}{(N-1)}} \tag{5.15}$$

或者

$$\mu_p=\sqrt{\frac{P(1-P)}{n}\frac{(N-n)}{(N-1)}} \tag{5.16}$$

例 6　某工人某天生产电子元件 30 件,现从该工人一天生产的产品中随机抽取 4 件元件进行质量检查，即检查这 4 件元件的长度（厘米）。已知 30 件元件的总方差为 4，计算本次抽样的抽样平均误差。

解：已知 $N=30$，$n=4$，$\sigma^2=4$，所以

在重复抽样情况下，有

$$\mu_{\bar{x}}=\sqrt{\frac{\sigma^2}{n}}=\sqrt{\frac{4}{4}}=1\ \text{（厘米）}$$

在不重复抽样情况下，有

$$\mu_{\bar{x}}=\sqrt{\frac{\sigma^2}{n}\frac{(N-n)}{(N-1)}}=\sqrt{\frac{4(30-4)}{4(30-1)}}\approx 0.95\ （厘米）$$

所以在重复抽样情况下，本次抽样平均误差为 1 厘米；在不重复抽样情况下，本次抽样平均误差为 0.95 厘米。

在实际操作中，当总体的单位数 N 非常大时，有（$N-1$）≈N，所以，不重复抽样情况下的抽样平均误差也可以按照下列公式计算为

$$\mu_{\bar{x}}=\sqrt{\frac{\sigma^2}{n}\left(1-\frac{n}{N}\right)} \tag{5.17}$$

$$\mu_p=\sqrt{\frac{P(1-P)}{n}\left(1-\frac{n}{N}\right)} \tag{5.18}$$

计算抽样平均误差时，需要已知总体的标准差，但是在抽样调查中总体指标往往是未知的，所以，上述公式中的总体标准差 σ 或者 $\sqrt{P(1-P)}$ 需要用其他指标来代替，常用的替代方式有以下两种：

（1）用样本标准差代替。在大样本情况下，直接用样本标准差 S 代替；在小样本情况下，宜用样本修正标准差 S^* 代替。其中

$$S^*=\sqrt{\frac{\sum(x_i-\bar{x})^2}{n-1}}=S\sqrt{\frac{n}{n-1}}$$

（2）用以前或者同类现象的标准差代替。当有多个标准差可供选择时，应该选择其中的最大者。对于成数 P，因为当 $P=0.5$ 时，$\sigma_P=\sqrt{P(1-P)}$ 得到最大值，所以应该选择其中最接近 50%的比率。选择最大的标准差是为了使估计有更大的把握程度。

（二）抽样平均误差的影响因素

抽样平均误差的大小反映了样本对总体的代表性大小。抽样平均误差越小，样本对总体的代表性越大，用样本指标对总体指标进行估计的准确度越高。在抽样调查中必须对抽样误差进行控制，因此需要了解影响抽样平均误差的因素有哪些。根据抽样平均误差的计算公式，影响抽样平均误差的因素有以下几个：

（1）总体标准差 σ。总体标准差反映了总体内部的差异程度。在其他条件相同的情况下，总体标准差越大，总体内部的差异越大，抽样平均误差越大；反之，则越小。总体标准差是总体的信息，是调查人员无法控制的。

（2）样本单位数 n。在其他条件相同的情况下，样本单位数越大，抽样平均误差越小；反之，则越大。需要注意的是，样本单位数的变化与抽样误差的变化并不是等比例的。比如，要使抽样平均误差增加为原来的 2 倍，此时，抽样数目不是减少为原来的一半，而应该减少为原来的 1/4。在对抽样误差的控制中，调整样本单位数是经常采用的方式。

（3）抽样方法。由于在不重复抽样情况下，计算抽样平均误差的公式多了系数 $\sqrt{(N-n)/(N-1)}$

或 $\sqrt{1-(n/N)}$ ，而这一系数总是大于 0 小于 1 的，所以在其他条件不变的情况下，不重复抽样的抽样误差总是小于重复抽样的抽样误差。而当抽样比例 $\frac{n}{N}$ 很小时，两者之间差异非常小，所以可用重复抽样公式计算不重复抽样的抽样误差。

（4）抽样组织方式。抽样组织方式不同，抽样平均误差也不同。其他抽样组织方式的误差计算方法将在下一节介绍。一般情况下，按照有关标志排队的等距抽样和分层抽样调查的抽样误差较小。

三、抽样极限误差

抽样极限误差是指在一定置信度下，抽样估计可以允许的误差范围。用 $\Delta_{\bar{x}}$ 、 Δ_p 分别表示抽样平均数极限误差和抽样成数极限误差，则在置信度 $1-\alpha$ 下，有

$$|\bar{x}-\bar{X}|\leqslant \Delta_{\bar{x}} \tag{5.19}$$

$$|p-P|\leqslant \Delta_p \tag{5.20}$$

上式表示：在一定的置信度下，样本指标与对应的总体指标之间差异的绝对值最大不超过极限误差。抽样极限误差是抽样误差的可能范围而不是一个肯定范围，这个可能范围与置信度密切相关。置信度也叫作把握程度，或者概率保证程度，一般用 $1-\alpha$ 来表示。在相同条件下，置信度越大，抽样极限误差越大；反之，则越小。由于经济工作中的抽样调查经常采用大样本抽样，所以本书只讨论大样本情况下的抽样极限误差。根据平均数抽样分布理论，在给定置信度 $1-\alpha$ 时，大样本条件下的抽样极限误差可以表示为

$$\Delta_{\bar{x}}=Z_{\alpha/2}\mu_{\bar{x}} \tag{5.21}$$

$$\Delta_p=Z_{\alpha/2}\mu_p \tag{5.22}$$

其中 $Z_{\alpha/2}$ 的取值是与置信度 $1-\alpha$ 相对应的，可根据正态分布表查出 $Z_{\alpha/2}$ 的值。常见的置信度和 $Z_{\alpha/2}$ 的对应取值如下：

$1-\alpha$	0.682 7	0.90	0.95	0.954 5	0.99	0.997 3
$Z_{\alpha/2}$	1	1.65	1.96	2	2.58	3

例 7　某企业对刚下线的一批酒瓶的重量进行检查。已知该批酒瓶共计 1 000 个，采用重复抽样从中抽取 100 个进行检查，样本平均重量为 100 克，样本标准差为 5 克，试以 0.954 5 的把握程度估计本次抽查的抽样极限误差。

解： $S=5$，$n=100$，所以

$$\mu_{\bar{x}}=\sqrt{\frac{\sigma^2}{n}}=\sqrt{\frac{S^2}{n}}=\sqrt{\frac{5^2}{100}}=0.5\ （克）$$

又 $1-\alpha=0.954\,5$，所以 $Z_{\alpha/2}=2$，则

$$\Delta_{\bar{x}}=Z_{\alpha/2}\mu_{\bar{x}}=2\times0.5=1\ （克）$$

所以在 0.954 5 的置信度下，本次抽样的极限误差为 1 克。

例 8　某市场调查公司对某地区拥有电视机的家庭所占比重进行调查。抽取的 100 户人家中，90 户拥有电视机，试以 95% 的把握程度计算本次调查的极限误差。

解：$p = \frac{90}{100} = 90\%$，$n = 100$，所以

$$\mu_p = = \sqrt{\frac{p(1-p)}{n}} = \sqrt{\frac{0.9 \times (1-0.9)}{100}} = 0.03 = 3\%$$

又 $1-\alpha = 0.95$，所以 $Z_{\alpha/2} = 1.96$，则

$$\Delta_p = Z_{\alpha/2}\mu_p = 1.96 \times 0.03 = 0.058\,8 = 5.88\%$$

所以在 95%的把握程度下，本次调查的极限误差为 5.88%。

四、抽样估计

抽样估计是根据样本提供的信息对总体的数量特征进行估计。抽样估计是抽样调查的最终目的。抽样估计可以分为区间估计和点估计。

（一）区间估计

区间估计是在一定的置信度下，根据样本统计量及其抽样分布推断总体参数的可能范围。置信度 $1-\alpha$ 表示区间估计的可靠程度。由于抽样所得的样本是随机的，因此每次抽样所得到的估计区间是不同的，有的估计区间包含了总体指标的真实值，有的估计区间未包括总体指标的真实值。当置信度 $1-\alpha = 95\%$时，则表示在多次的抽样中有 95%的样本所得到的估计区间中包含了总体指标的真实值。

1. 总体均值的区间估计

由于在置信度为 $1-\alpha$ 的情况下，抽样极限误差为

$$|\bar{x} - \bar{X}| \leqslant \Delta_{\bar{x}}$$

所以将上式的绝对值打开，可得总体均值的置信区间

$$(\bar{x} - \Delta_{\bar{x}}) \leqslant \bar{X} \leqslant (\bar{x} + \Delta_{\bar{x}}) \tag{5.23}$$

在大样本情况下，$\Delta_{\bar{x}} = Z_{\alpha/2}\mu_{\bar{x}}$，所以在置信度为 $1-\alpha$ 的情况下，总体平均数的置信区间可以表示为

$$(\bar{x} - \Delta_{\bar{x}},\ \bar{x} + \Delta_{\bar{x}})$$

即

$$(\bar{x} - Z_{\alpha/2}\mu_{\bar{x}},\ \bar{x} + Z_{\alpha/2}\mu_{\bar{x}})$$

图 5.1 所示为区间估计示意。

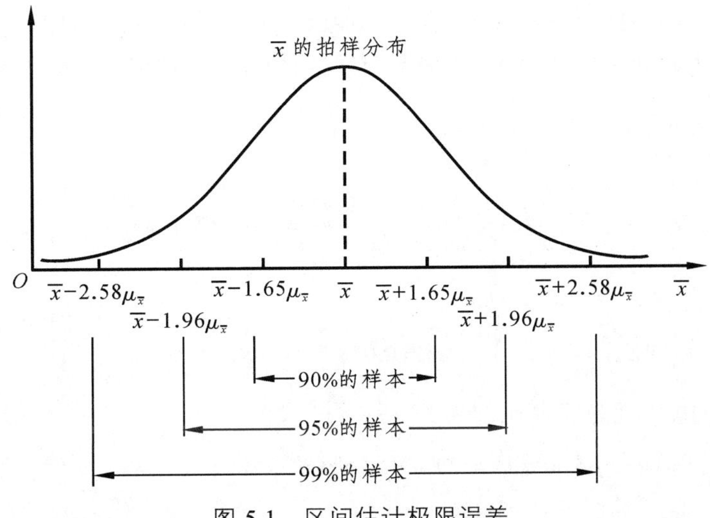

图 5.1　区间估计极限误差

例 9　某企业对刚下线的一批酒瓶的质量进行检查。已知该批酒瓶共计 1 000 个，采用重复抽样从中抽取 100 个进行检查，样本平均质量为 100 克，样本标准差为 5 克，试以 0.954 5 的置信度估计该批酒瓶平均质量的置信区间。

解：$S=5$，$n=100$，所以

$$\mu_{\overline{x}}=\sqrt{\frac{\sigma^2}{n}}=\sqrt{\frac{S^2}{n}}=\sqrt{\frac{5^2}{100}}=0.5\text{（克）}$$

又 $1-\alpha=0.9545$，所以 $Z_{\alpha/2}=2$，则

$$\Delta_{\overline{x}}=Z_{\alpha/2}\mu_{\overline{x}}=2\times0.5=1\text{（克）}$$

所以该批酒瓶的平均质量为

$$100-1\leqslant\overline{X}\leqslant100+1$$

即

$$99\leqslant\overline{X}\leqslant101$$

即在 0.954 5 的置信度下，该批酒瓶平均质量的置信区间为 99 ~ 101 克。

2. 总体成数的区间估计

由于在置信度为 $1-\alpha$ 的情况下，成数的抽样极限误差为

$$|p-P|\leqslant\Delta_p$$

所以将上式的绝对值打开，可得总体成数的置信区间

$$(p-\Delta_p)\leqslant P\leqslant(p+\Delta_p)\tag{5.24}$$

在大样本情况下，$\Delta_p=Z_{\alpha/2}\mu_p$，所以在置信度为 $1-\alpha$ 的情况下，总体成数的置信区间为

$$(p-\Delta_p,\ p+\Delta_p)$$

即

$$(p-Z_{\alpha/2}\mu_p,\ p+Z_{\alpha/2}\mu_p)$$

例 10　某市场调查公司对某地区的拥有电视机的家庭比例进行调查。抽取的 100 户人家中，有 90 户拥有电视机。试以 95% 的把握程度估计该地区拥有电视机的家庭所占的比重。

解：$p=\dfrac{90}{100}=90\%$，$n=100$，所以

$$\mu_p==\sqrt{\frac{p(1-p)}{n}}=\sqrt{\frac{0.9\times(1-0.9)}{100}}=0.03=3\%$$

又 $1-\alpha=0.95$，所以 $Z_{\alpha/2}=1.96$，所以

$$\varDelta_p=Z_{\alpha/2}\mu_p=1.96\times0.03=0.058\,8=5.88\%$$

所以，该地区拥有电视机的家庭比例为

$$90\%-5.88\%\leqslant P\leqslant 90\%+5.88\%$$

即

$$84.12\%\leqslant P\leqslant 95.88\%$$

即在 95% 的把握程度下，该地区拥有电视机的家庭所占比例在 84.12% ~ 95.88%。

3. 总体总量的区间估计

在实际运用中，除了需要对总体均值或者总体成数进行估计以外，往往还需要对总体总量指标进行估计。

（1）在已知总体均值的区间估计基础上，可以推算总体标志总量的置信区间。设在置信度为 $1-\alpha$ 的情况下，总体平均数的置信区间可以表示为

$$(\bar{x}-\varDelta_{\bar{x}})\leqslant\bar{X}\leqslant(\bar{x}+\varDelta_{\bar{x}})$$

即

$$(\bar{x}-\varDelta_{\bar{x}},\ \bar{x}+\varDelta_{\bar{x}})$$

若总体单位数为 N，则总体标志总量的区间估计为

$$N(\bar{x}-\varDelta_{\bar{x}})\leqslant N\bar{X}\leqslant N(\bar{x}+\varDelta_{\bar{x}}) \tag{5.25}$$

即

$$N\bar{X}=N(\bar{x}-\varDelta_{\bar{x}},\ \bar{x}+\varDelta_{\bar{x}})$$

例 11　利用例 9 的数据，在置信度为 0.954 5 的条件下，对该批酒瓶的总质量进行估计。

解：因为在置信度为 0.954 5 的条件下，该批酒瓶的平均质量区间估计为

$$99\leqslant\bar{X}\leqslant101$$

又 $N=1\,000$，所以总质量为

$$N\bar{X}=1\,000\,(99,\ 101)=(99\,000,\ 101\,000)$$

即在 0.954 5 的置信度下，该批酒瓶的总重量为 99 ~ 101 千克。

（2）在已知总体成数的区间估计基础上，可以推算总体中具有某种属性的单位总数。在置信度为 $1-\alpha$ 的情况下，总体成数的置信区间为

$$(p-\varDelta_p)\leqslant P\leqslant(p+\varDelta_p)$$

即

$$(p-\varDelta_p,\ p+\varDelta_p)$$

若总体单位数为 N，则总体中具有某种属性的单位总数的区间估计为

$$N(p-\Delta_p)\leqslant NP\leqslant N(p+\Delta_p) \tag{5.26}$$

即

$$NP=N(p-\Delta_p,\ p+\Delta_p)$$

例 12　利用例 10 的数据，如果该地区共有 3 000 户家庭，试以 95% 的把握程度估计该地区拥有电视机的家庭总数量。

解： 因为在 95% 的把握程度下，该地区拥有电视机的家庭所占比重为

$$84.12\%\leqslant P\leqslant 95.88\%$$

所以当 $N=3\ 000$ 时，该地区拥有电视机的家庭总数量为

$$NP=N(p-\Delta_p,p+\Delta_p)=3\ 000(84.12\%,\ 95.88\%)=(2\ 523.6,\ 2\ 876.4)$$

即在 95% 的把握程度下，该地区拥有电视机的家庭数量为 2 524 ~ 2 877 户。

（二）点估计

点估计就是直接用样本指标作为总体指标的估计值，即用样本平均数作为总体平均数的估计值，用样本标准差作为总体标准差的估计值等。例如，对工人产量进行估计时，如果样本工人的平均产量为 100 公斤，则直接估计全体工人的平均产量为 100 公斤。又如，对学校戴眼镜的同学比例进行估计，若样本中戴眼镜的同学所占比例为 65%，则直接估计全校学生中戴眼镜的同学比例为 65%。点估计过程简单，但无法说明估计结果的把握程度。

在进行点估计时，需要选择最优的估计量。一个优良的估计量，应该具有以下性质。

1. 无偏性

无偏性是指样本指标的均值应该等于被估计总体指标。一个样本的估计值相对于总体而言可能有差异，但从所有可能样本来看，所有估计值的平均数应该等于总体指标的真实值。

2. 有效性

有效性是指估计量的方差应该尽量小。方差越小，估计量的取值越靠近总体的真实值，该估计量就越有效。

3. 一致性

一致性是指随着样本容量的增大，样本估计值与总体真实值之间的差异越来越小，样本估计值越来越接近总体真实值。

在点估计中，样本平均数是总体平均数的优良统计量，样本成数是总体成数的优良统计量。大样本中，样本方差可以作为总体方差的估计量，而小样本中，样本修正方差才是总体方差的优良统计量。

五、抽样数目的确定

抽样数目的多少关系到抽样误差的大小，抽样数目与抽样误差之间存在反比关系。同时，

抽样数目也与抽样调查费用的多少密切相关，抽样数目越大，花费也越高。因此，在进行抽样调查时，必须根据调查目的、调查对象特点以及调查经费等确定一个适当的抽样数目。通常情况下，是根据既定的误差要求来确定必要的样本容量的。

（1）在重复抽样情况下，抽样极限误差为

$$\Delta_{\bar{x}} = Z_{\alpha/2}\mu_{\bar{x}} = Z_{\alpha/2}\sqrt{\frac{\sigma^2}{n}}$$

根据上式可解出

$$n = \frac{Z_{\alpha/2}^2\sigma^2}{(\Delta_{\bar{x}})^2} \tag{5.27}$$

（2）在不重复抽样情况下，抽样极限误差为

$$\Delta_{\bar{x}} = Z_{\alpha/2}\mu_{\bar{x}} = Z_{\alpha/2}\sqrt{\frac{\sigma^2}{n}\left(1-\frac{n}{N}\right)}$$

所以，必要抽样数目的确定公式为

$$n = \frac{Z_{\alpha/2}^2\sigma^2 N}{(\Delta_{\bar{x}})^2 N + Z_{\alpha/2}^2\sigma^2} \tag{5.28}$$

从不重复抽样的抽样误差计算公式可以看出，当 $\frac{n}{N}$ 的比例很小时，可以忽略系数的影响，所以也可以用重复抽样情况下的抽样数目的计算公式来代替。

例 13　某高校为了了解学生每天上网的时间对学生进行抽样调查。若已知该校有学生 1 000 人，学生上网时间的标准差为 3 小时，抽取多少名学生进行调查才能在 95.45%的把握程度下，使抽样的误差范围不超过 1 小时？

解：已知 $N = 1\,000$，$\sigma = 3$，$\Delta_{\bar{x}} = 1$，$1-\alpha = 95.45\%$，即 $Z_{\alpha/2} = 2$，所以

在重复抽样情况下，有

$$n = \frac{Z_{\alpha/2}^2\sigma^2}{(\Delta_{\bar{x}})^2} = \frac{2^2 \times 3^2}{1^2} = 36 \text{（人）}$$

在不重复抽样情况下，有

$$n = \frac{Z_{\alpha/2}^2\sigma^2 N}{(\Delta_{\bar{x}})^2 N + Z_{\alpha/2}^2\sigma^2} = \frac{2^2 \times 3^2 \times 1\,000}{1^2 \times 1\,000 + 2^2 \times 3^2} \approx 35 \text{（人）}$$

所以在重复抽样情况下，应抽取 36 人进行调查；在不重复情况下，应抽取 35 人进行调查。即重复抽样情况下，需要抽取的样本容量大于不重复抽样情况下，需要抽取的样本容量。

同理，在对总体成数的抽样估计中，也可以利用相应的极限误差公式，计算满足要求的抽样数目。在重复抽样情况下，有

$$n = \frac{Z_{\alpha/2}^2 P(1-P)}{(\Delta_p)^2} \tag{5.29}$$

在不重复抽样情况下，有

$$n=\frac{Z_{\alpha/2}^{2}P(1-P)N}{(\varDelta_{p})^{2}N+Z_{\alpha/2}^{2}P(1-P)} \tag{5.30}$$

例 14　某居民小区物业管理部门想通过调查了解业主对一项新的管理措施的看法。已知该小区共有 1 000 户，在以往类似的调查中，赞成比例为 60%、80% 和 90%，为了使估计的允许误差不超过 5%，在 99.73% 的把握程度下应该抽取多少户业主进行调查？若允许误差不超过 10%，又该抽取多少户？

解：已知 $N=1\,000$，$\varDelta_p=5\%$，$1-\alpha=99.73\%$，即 $Z_{\alpha/2}=3$。

由于在过去的资料中，$P=60\%$ 最接近 50%，所以应选择 $P=60\%$作为总体成数，所以

$$n=\frac{Z_{\alpha/2}^{2}P(1-P)}{(\varDelta_{p})^{2}}=\frac{3^{2}\times0.6\times0.4}{(0.05)^{2}}=864\text{（户）}$$

若 $\varDelta_p=10\%$，则

$$n=\frac{Z_{\alpha/2}^{2}P(1-P)}{(\varDelta_{p})^{2}}=\frac{3^{2}\times0.6\times0.4}{(0.1)^{2}}=216\text{（户）}$$

所以在允许误差为 5% 的情况下，应抽取 864 户业主进行调查；允许误差为 10% 的情况下，应抽取 216 户进行调查。

根据抽样数目的确定公式和上述例题，可以看出必要的抽样数目受到了多个因素的影响：

（1）总体标准差（或总体方差）。抽样数目的大小与总体标准差是正方向变化的。在其他条件不变的情况下，总体标准差越大，总体内部的差异越大，为了满足既定的抽样误差要求，需要抽取的样本数量就越多；反之，则越少。在总体标准差未知的情况下，应该选择以前的资料或者同类调查的资料代替。若有多个标准差可供选择的时候，应选择其中最大的一个。对于成数，则选择其中最接近 50% 的那一个，若没有可供参考的资料，则将值取为 50%。

（2）置信度 $1-\alpha$。抽样数目的大小与给定的置信度是正方向变化的。在其他条件不变的情况下，提高置信度，必要的抽样数目将增大；反之，则减少。

（3）允许误差范围。在其他条件不变的情况下，抽样数目的大小与允许误差范围反方向变化。允许误差范围越大，所需的抽样数目越少；反之，则越多。

（4）抽样方法。在相同条件下，采用重复抽样要比不重复抽样抽取更多的样本单位。但是当总体单位数很大时，两者之间相差甚微，所以，实际中往往用重复抽样的公式来计算。

此外，在不同的抽样组织方式下，抽样数目的计算也不同。其他抽样组织方式下的抽样数目可根据相应的误差公式进行推导。

案例分析

新药在正式投入使用之前都要进行临床试验，并且根据临床试验的有效率来判断是否可以批准使用。现有一家制药企业有一种新药在正式投入使用之前，按照随机原则在患者中选择了 200 名进行临床试验。实验结果是有 190 名患者痊愈。如果在 99.73%的把握程度下，有

效率等于或大于90%才能批准使用，那么该种新药是否能够获得批准？如果进行再次试验，要求误差不超过4.2%，其他条件不变，应该抽选多少名患者进行临床试验？

分析：要判断该种新药是否能够被批准使用，就是判断该种新药临床试验的有效率是否高于90%。如果有效率高于或者等于90%，则可以批准；反之，则不可以。因此必须首先知道临床试验的有效率是多少。

根据已知条件可得，$p=\frac{190}{200}=0.95=95\%$，所以

$$\mu_p=\sqrt{\frac{p(1-p)}{n}}=\sqrt{\frac{0.95(1-0.95)}{200}}\approx 0.015\,4=1.54\%$$

在99.73%的把握程度下，$Z_{\alpha/2}=3$，所以

$$\Delta_p=Z_{\alpha/2}\mu_p=3\times1.54\%=4.62\%$$

即该新药的临床试验有效率区间为：（95%－4.62%，95%＋4.62%）＝（90.38%，99.62%）。因为90.38%大于90%，所以该种新药可以批准使用。

如果再次进行试验，在允许误差为4.2%的条件下，应该抽取的患者人数为

$$n=\frac{Z_{\alpha/2}^2 p(1-p)}{(\Delta_p)^2}=\frac{3^2\times95\%\times(1-95\%)}{(4.2\%)^2}\approx 242.35=243\text{（人）}$$

所以这时，应该抽选243名患者进行试验。

第四节　其他抽样组织方式的抽样误差

一、分层抽样

分层抽样是指先按一定的标志将总体单位进行分层，然后分别从每一层中按照随机原则抽取一定单位构成样本的抽样方式。因此对于分层抽样而言，在抽样之前需要对总体有一定的认识，找出可以作为分类的标志。通过分层的方式将总体中某一标志值接近的单位归为一类，然后从每一类中抽取，可使得样本单位的代表性更大。例如，对毕业学生的就业情况进行调查，可以先按照专业对学生进行分层，然后从各个专业中抽取学生来组合成样本。抽样时，每一层中都要抽取一定的单位，因此，对于层与层之间而言，每一层都有单位被抽到，即层与层之间其实是一个全面调查。在这个意义上，分层抽样的抽样误差是由层内误差决定的。对于给定的总体，层内差异越小，抽样平均误差越小，抽样估计效果越好。

那么样本单位如何在各层之间进行分配呢？通常有两种分配方式。

（一）采用等额分配

采用等额分配，即每一层抽取的样本数相同。设总体单位数为 N，按照某一标志将总体

分为 k 层，则 $N=N_1+N_2+\cdots+N_k$。在这种分配方式下，若样本单位数为 n，每一层应该抽取的样本单位数都等于 $\frac{n}{k}$。

（二）等比例分配

同样设总体单位数为 N，按照某一标志将总体分为 k 层，$N=N_1+N_2+\cdots+N_k$。又样本单位数为 n，从每层的 N_i 中随机抽取 n_i 构成样本，$n=n_1+n_2+\cdots+n_k$。等比例抽样是按各层单位数占总体单位数的比例来分配每层应该抽取的样本数的，即

$$\frac{n_i}{n}=\frac{N_i}{N} \quad (i=1, 2, \cdots, k)$$

各组的样本单位数为

$$n_i=n\frac{N_i}{N} \quad (i=1, 2, \cdots, k)$$

等比例抽样可以保持样本结构和总体结构相同，减少抽样误差。当然，当每层的单位数相差不大时，也可以在每层中等额平均分配样本。分层抽样误差的计算和简单随机抽样误差的计算在方法上只有一个区别，就是用平均层内方差代替总体方差。

（1）重复抽样下，计算公式为

$$\mu_{\bar{x}}=\sqrt{\frac{\overline{\sigma^2}}{n}}$$

式中：$\overline{\sigma^2}$ 为平均层内方差，它是各层层内方差的平均数，即按各层的单位数对各层层内方差进行加权平均。计算公式为

$$\overline{\sigma^2}=\frac{\sum\sigma_i^2N_i}{\sum N_i}=\frac{\sum\sigma_i^2N_i}{N} \quad (i=1, 2, \cdots, k)$$

式中：σ_i^2 是各层的层内方差；N_i 是各层的单位数；N 是总体单位数，是所有各层单位数的总和。

（2）不重复抽样下，计算公式为

$$\mu_{\bar{x}}=\sqrt{\frac{\overline{\sigma^2}}{n}\left(1-\frac{n}{N}\right)}$$

例 15　某公司对下属 A、B 两个子公司员工的平均月收入进行调查，根据子公司职工人数采用等比例分层抽样方式。调查结果见表 5.3，在 95.45% 的置信度下，估计该公司员工的平均月收入区间。

表 5.3　　某公司员工收入统计表

	调查人数（人）n_i	平均月收入（元）$\bar{x}_i$	标准差（元）S_i
A 公司	40	1 200	100
B 公司	60	1 500	150

解：根据表中数据可得样本平均数为

$$\bar{x}=\frac{\sum \bar{x}_i n_i}{\sum n_i}=\frac{1\ 200\times 40+1\ 500\times 60}{40+60}=1\ 380\ （元）$$

平均层内方差为

$$\overline{\sigma^2}=\frac{\sum \sigma_i^2 N_i}{\sum N_i}=\frac{\sum S_i^2 n_i}{\sum n_i}=\frac{100^2\times 40+150^2\times 60}{40+60}=17\ 500$$

在重复抽样下为

$$\mu_{\bar{x}}=\sqrt{\frac{\overline{\sigma^2}}{n}}=\sqrt{\frac{17\ 500}{40+60}}\approx 13.23\ （元）$$

在 95.45% 的置信度下，抽样极限误差：$\Delta_{\bar{x}}=Z_{\alpha/2}\mu_{\bar{x}}=2\times 13.23=26.46$（元），所以

$$1\ 380-26.46\leqslant \bar{X}\leqslant 1\ 380+26.46$$

所以在 95.45% 的把握程度下，该公司职工平均月收入在 1 353.54 ~ 1 406.46 元。

二、等距抽样

等距抽样是将总体各单位按一定标志或次序排列，然后按相同的距离或间隔抽取样本单位。等距抽样在进行排队时，按所根据的标志不同分为两种抽样方法：无关标志排队和有关标志排队。

（一）无关标志排队

无关标志排队是指总体单位据以排队的标志与所研究的调查内容无关的排队方式。产品质量检查中按生产时间排队、居民家计调查中按门牌号排队等都属于无关标志排队。例如，某企业有 500 名员工，要抽出 50 人进行调查以了解员工对公司工作条件的满意度。这一调查中可利用员工姓名拼音对职工进行排队。从第 1 号到第 500 号，抽选间隔是 $\frac{500}{50}=10$（人）。

首先，从第一组 10 人中随机确定第 1 抽选人，假定是第 5 号，然后每隔 10 人抽出一个，即抽出第 15 号、第 25 号……，直到第 50 个。

无关标志排队的结果对于需要调查的内容来讲，总体单位依然是随机排列的，因此等距抽样的起点可以随机选择。这种调查方式近似于简单随机抽样，因此，一般可以按照简单随机抽样的方法计算抽样误差。

（二）有关标志排队

有关标志排队是指总体单位据以排队的标志与所研究的调查内容有直接关系的排队方

式。例如，进行农产品产量抽样调查时，将当年预估亩产或最近 3 年平均亩产作为排队标志，对农产品的产地进行排队，然后按照一定的亩产间隔从中抽取土地构成样本单位进行调查。在有关标志排队的等距抽样中，为了避免系统误差，第一个样本单位往往选择第一个间隔区间的中点。有关标志排队的等距抽样相当于分层较多，且每层只抽取一个单位的分层抽样，因此，一般认为可以用分层抽样的误差公式来近似计算其抽样误差。

三、整群抽样

整群抽样就是先将总体按照某一标志划分成若干群，然后从总体中以群为单位进行抽取，对抽中的群进行全面调查的抽样方式。对选中群的所有单位进行全面调查，因此对每一个群内部而言，不会发生抽样误差。由于对未选中的群一个单位也不调查，因此抽中的群对总体的代表性决定了样本的代表性。如果群与群之间差异越大，则抽样误差越大；反之，则越小。设总体群数为 R，抽出的样本群数为 r，则整群抽样的抽样平均误差计算公式为

$$\mu_{\bar{x}} = \sqrt{\frac{\delta^2(R-r)}{r(R-1)}} \approx \sqrt{\frac{\delta^2}{r}\left(1-\frac{r}{R}\right)}$$

式中：δ^2 为群间方差。群间方差说明群和群之间的差异程度，如用 $\bar{x}$ 表示样本平均数，$\bar{x}_i$ 表示每个抽中群的平均数，则计算方法如下

$$\delta^2 = \frac{\sum(\bar{x}_i - \bar{x})^2}{r}$$

例 16　某企业对新到的一批灯泡进行质量检查。该批灯泡共计 100 箱，每箱装有灯泡 20 个。现从中抽取 10 箱进行全面调查。根据调查结果计算 10 箱灯泡的合格率为 95%，各箱灯泡的合格率之间的方差为 5%，则本次抽样的平均误差为

$$\mu_{\bar{x}} = \sqrt{\frac{\delta^2}{r}\left(1-\frac{r}{R}\right)} = \sqrt{\frac{0.05}{10}\left(1-\frac{10}{100}\right)} \approx 0.067 = 6.7\%$$

所以本次对灯泡的质量检查抽样中，抽样误差为 6.7%。

以上几种抽样组织方式各有优缺点，各自的抽样误差计算方法也不同。因此，在实际工作中，需要根据调查的实际情况做出适当的选择。在每一种抽样方式下，都应该按照自身的方法计算抽样误差和进行抽样估计。

小　结

抽样调查是按照随机原则从调查对象中抽取一部分单位作为样本进行调查，然后根据所获得的样本资料，对总体的数量特征进行估计的一种非全面调查方式。抽样调查具有按随机原则抽样，用样本信息估计总体指标，抽样误差可以计算并加以控制三个特点。在不可能、不必要、来不及进行全面调查时，在对全面调查资料进行检验和修正时要采用抽样调查。

要进行抽样调查首先要设计抽样方案。抽样方案包括界定抽样范围和编制抽样框、确定抽样组织方式、确定抽样方法和确定抽样数目。抽样的组织形式包括简单随机抽样、分层抽样、等距抽样和整群抽样。抽样方法包括重复抽样和不重复抽样。

统计调查具有误差，包括登记性误差和代表性误差。抽样误差是一种代表性误差，是指随机误差。抽样误差常常用抽样平均误差来衡量。不同的抽样组织方式下，抽样误差的计算方法不同。抽样极限误差是指在一定置信度下，抽样估计可以允许的误差范围。抽样数目的多少关系到抽样误差的大小，抽样数目与抽样误差之间存在反比关系。必要的抽样数目受到抽样组织形式、抽样方法和保证程度的影响。抽样调查的目的是利用样本统计量对总体参数进行估计，总体参数的估计方法有区间估计和点估计。

思考与练习

一、思考题

1. 什么是随机原则？在抽样调查中为什么必须遵循随机原则？
2. 在什么情况下需要采用抽样调查？请举例说明。
3. 影响抽样误差的主要因素有哪些？
4. 影响抽样数目的主要因素有哪些？
5. 请举例说明简单随机抽样、分层抽样、等距抽样及整群抽样的方法。

二、练习题

（一）单项选择题

1. 就性质而言抽样误差属于（　　）。

A. 登记误差　　B. 计算误差　　C. 随机误差　　D. 系统误差

2. 成数方差的特点是（　　）。

A. 成数越接近于 1 方差越大　　B. 成数越接近于 0.5 方差越大

C. 成数越接近于 0 方差越大　　D. 上述说法都不正确

3. 同等条件下，对重复抽样和不重复抽样的抽样平均误差进行比较，（　　）。

A. 前者大于后者　　B. 后者大于前者

C. 二者相等　　D. 不能判定

4. 产生抽样误差的原因是（　　）。

A. 样本不足以完全代表总体　　B. 没有按照随机原则抽取

C. 调查人员的素质不高　　D. 调查的测量工具不准确

5. 某地有 2 万亩稻田，根据上年资料得知其中平均亩产的标准差为 50 公斤，若以 95.45%的概率保证平均亩产的误差不超过 10 公斤，应抽选（　　）亩地作为样本进行抽样调查。

A. 100　　B. 250　　C. 500　　D. 1 000

6. 在其他条件不变的情况下，要使抽样误差减少为原来的 $\frac{1}{3}$，样本单位数必须为原来的（　　）。

A. $\frac{1}{3}$　　B. 1.25 倍　　C. 3 倍　　D. 9 倍

7. 某企业最近几批产品的优质品率分别为 85%、82%、91%，为了对下一批产品的优质品率进行抽样检验，在确定必要的抽样数目时，应该选择优质品率（　　）作为代替。

A. 82%　　B. 85%　　C. 86%　　D. 91%

8. 某企业有 2000 人，随机抽查 100 人，其中有 10 人对工作环境有意见，则该企业员工中对工作环境有意见的人数的点估计值为（　　）。

A. 200　　B. 10　　C. 100　　D. 10%

9. 估计总体均值时的抽样平均误差是指（　　）。

A. 抽中样本的样本均值与总体均值的差异

B. 抽中样本的样本均值与总体均值的可能差异

C. 所有可能样本的样本均值的标准差

D. 所有可能样本的样本均值与总体均值的算数平均数

10. 对流水线上生产的某种产品进行质量检验，每隔两小时抽取出三件产品进行检验，这种抽样方式属于（　　）。

A. 分层抽样　　B. 等距抽样　　C. 整群抽样　　D. 简单随机抽样

（二）多项选择题

1. 影响抽样平均误差大小的因素有（　　）。

A. 总体各单位标志值的差异程度　　B. 抽样数目

C. 抽样的人员　　D. 抽样组织方式

E. 抽样的方法

2. 计算抽样平均误差时，由于总体方差是未知的，通常有下列代替方法（　　）。

A. 大样本条件下，用样本方差代替　　B. 小样本条件下，用样本方差代替

C. 用以前同类调查的总体方差代替　　D. 有多个参考数值时，应取其平均数代替

E. 对于比率的方差，有多个参考数值时，应取其中最接近 0.5 的比率来计算

3. 简单随机抽样组织形式（　　）。

A. 抽样效果最理想　　B. 适合较均匀的总体

C. 可以采用抽签法进行　　D. 在实践中受到许多条件限制

E. 抽样误差最小

4. 确定样本容量时，必须考虑的因素有（　　）。

A. 抽样推断的把握程度　　B. 总体内部的差异性

C. 允许的最大误差　　D. 抽样方法

E. 抽样的地点

5. 以下哪些抽样方式属于概率抽样（　　）。

A. 分层抽样　　B. 等距抽样

C. 整群抽样　　D. 配额抽样

E. 方便抽样

（三）判断题

1. 在简单随机重复抽样中，抽样单位数减少 75%，则抽样平均误差增加 75%。（　　）

2. 若成数方差未知，抽样极限误差不超过 2%，概率保证度为 95.45%，则应抽取 1 000 个单位。（　　）

3. 在其他条件不变的情况下，抽样极限误差越大，必要的抽样数目越多。（　　）

（四）计算题

1. 某电池厂对某天生产的 10 万只二号电池的电流强度随机抽取 1‰ 进行检查，结果见表 5.4。

表 5.4　　电池强度分布表

电流强度（安培）	电池数（只）
4.0 ~ 4.5	1
4.5 ~ 5.0	4
5.0 ~ 5.5	50
5.5 ~ 6.0	32
6.0 ~ 6.5	10
6.5 ~ 7.0	3
合　计	100

根据规定二号电池的电流强度低于 5 安培为不合格，试计算电流强度的抽样平均误差和合格率的抽样平均误差。

2. 某工厂有 1 500 名工人，用简单随机重复抽样方法抽出 50 个工人组成样本，调查其工资水平见表 5.5。

表 5.5　　某厂工人工资调查

月工资水平（元）	520	530	540	550	560	570	580	600
工人数（人）	4	6	9	10	8	6	4	3

要求：以 95.45%的可靠程度估计该厂工人的月平均工资和工资总额的所在区间。

3. 对一批水果罐头进行质量检查，随机抽取 100 瓶检查，发现有 6 瓶不合格，若以 95.45%的概率推断，可否认为这批水果罐头的不合格率不会超过 10%？

4. 某林区对新栽树苗的成活率进行抽样调查，要求允许误差不超过 3%，把握程度为 95.45%，并知道过去三年新栽树苗的成活率分别为 89.40%、89.50%、90.10%，试确定这次调查至少要抽选多少棵树？

5. 某企业生产某种产品的工人有 1 000 人，为了了解工人生产产品的日产量资料，随机抽取了 64 人进行调查。调查结果：人均日产量为 125 件，标准差为 4 件。试问：有多大的把握程度推断该企业总产量的区间范围在 124 000 ~ 126 000？

6. 某社区对居民个人全年用于文化娱乐的支出进行了等比例分层抽样，结果见表 5.6。

表 5.6　　社区居民个人支出情况

	总人数（人）	调查人数（人）	平均支出（元）	标准差（元）
青　年	3 000	120	450	70
中老年	2 000	80	320	50

试以 95.45% 的概率估计该社区居民全年用于文化娱乐的平均支出的区间。

7. 某企业出口某种商品 600 箱，每箱内装 10 只。随机抽取 20 箱，并对这 20 箱内的商品全部进行检查。根据抽样资料计算出合格率为 96%，各箱合格率的标准差为 5%。试求合格率的抽样平均误差，并以 95.45% 的把握程度对这批产品的合格率做出区间估计。海关规定如果该产品合格率低于 90%就不予出口，这批产品是否达到出口要求？

（五）综合题

自拟题目进行一次抽样调查，并说明本次调查的具体抽样方案和估计结果。

第五章资料

第六章　相关与回归分析

现实生活中，各种现象之间都有千丝万缕的联系。在经济管理中，在企业的生产经营过程中，在科学实验中，我们常常要对这些现象和现象之间的联系、变量与变量之间的关系进行分析。比如，在宏观经济管理中，政府需要知道进出口贸易的变化对经济增长是怎样影响的；在企业的经营管理中，企业需要了解产品产量与生产成本之间的关系，从而确定适当的产量，同时企业也需要了解各种影响企业成本的因素中哪些是重要因素。由此可见，对变量和变量之间的关系进行研究，具有重要的意义。本章将从相关分析和回归分析两个方面来分析变量之间的关系。

第一节　相关分析

一、相关分析概述

（一）相关关系的含义

相关分析是处理变量与变量之间关系的一种统计分析方法。在进行相关分析之前，首先要了解变量与变量之间的关系类型。在研究和实践中，变量之间的关系可以分为函数关系和相关关系。

1. 函数关系

函数关系是指现象之间存在的一种严格的数量依存关系。在这种关系中，当一种现象确定时，相联系的另一种现象也会随之确定，并且有一个确切值与之相对应。这种关系可以用数学函数式来表示。设有变量 x 和变量 y，变量 y 随着 x 一起变动，并且每一个 x 都有一个确切的 y 与之相对应，则 x 和 y 之间的函数关系可以表示为 $y=f(x)$，其中 x 称为自变量，y 称为因变量。以下是关于函数关系的例子。

例 1　圆的面积要受到圆半径的影响，给定一个半径就有一个唯一确定的圆面积与之对应。设面积为 S，半径为 r，则面积可以表示为半径的函数 $S=\pi r^2$。其中，r 为自变量，S 为因变量。半径 r 的改变将使得圆的面积 S 发生相应的变化。

例 2　在价格不变的情况下，产品的销售额与销售量之间存在确切关系。两者之间的关系可以表示为：销售额 = 价格 × 销售量。当销售量确定时，销售额也随之确定，两者之间存在函数关系。

2. 相关关系

相关关系是指现象间确实存在着联系，但在数量上不是严格对应的依存关系。在相关关系中，变量之间存在一种不确定的依存关系。当一种现象确定时，另一现象不会随之完全确定；当一种现象发生变化时，会引起另一种现象的变化，但这种变动关系不是唯一确定的，它可以有多种不同的数量表现。以下是关于相关关系的例子。

例 3　收入水平和受教育程度之间往往存在着一定的联系，但这种关系不是确切的。受教育程度高的人，收入水平往往较高；受教育程度低的人，收入水平往往较低。但由于收入还受到工作经历、工作单位等其他因素的影响，所以这种关系并不是绝对的。即使是受教育程度相同的人，收入也可能不同。

例 4　居民的收入和储蓄之间存在一定的相关关系。一般而言，收入越高，储蓄越多。但是相同收入的人其储蓄却不一定相同。因为储蓄同时还受到了预期、社会风俗等其他因素的影响。

在相关关系中，若其中一个现象是引起另一变量变化的原因，则称两个现象之间存在因果关系。相关关系中包含因果关系，但是具有相关关系的两种现象之间并不一定都具有因果关系。许多经济现象的联系并非都是因果关系，当两个变量同时受到第三个变量影响而发生共变关系时，它们具有相关关系，但不具有因果关系。例 5 说明了这个问题。

例 5　分别对欧洲和非洲的国家进行调查，发现人均拥有电视机台数较多的国家，平均寿命也较高；人均拥有电视机台数较少的国家，平均寿命也较低。人均拥有电视机的台数与平均寿命之间有一定的相关关系，但是不能说拥有电视机数量的多少是影响人均寿命高低的原因。这两个变量之间的正相关关系是因为这两者都同时受到生活水平高低的影响，并且都与生活水平具有正相关关系。

函数关系与相关关系虽然有明显的区别，但两者之间并无严格的界限。由于存在测算误差，所以函数关系在实际中一般通过相关关系来表现。同样，在对变量之间的关系进行深刻了解的基础上，我们也可以借助函数关系来描述和分析相关关系。

（二）相关关系的种类

社会经济现象之间的相关关系是错综复杂的，表现为各种不同的类型，按照不同的标准可以从不同的角度对其进行划分：

1. 按照相关关系涉及变量多少的不同，分为单相关和复相关

相关关系仅仅涉及两个变量之间关系的称为单相关，也称为一元相关。例如，居民的收入和储蓄之间、人的身高和体重之间的相关关系属于单相关。

相关关系涉及三个或三个以上变量之间关系的称为复相关，也称为多元相关。例如，农作物的产量与施肥量、降雨量等变量之间的相关关系属于复相关。

2. 按照相关关系的表现形式的不同，分为线性相关和非线性相关

线性相关又称为直线相关。当相关关系的一个变量变动时，另一个变量也相应地发生大致均等的变动，在图形上，其观测点大致表现为一条直线，这种相关关系称为线性相关。

非线性相关又称为曲线相关。当相关关系的一个变量变动时，另一个变量也相应地发生变动，但这种变动是不均等的，在图形上，其观测点的分布大致表现为一条曲线，如抛物线、指数曲线等，这种相关关系就称为非线性相关。

3. 按照相关关系密切程度的不同，分为不相关、完全相关和不完全相关

如果两个变量之间的数量变化互相独立，一个变量的变动不会对另一变量产生影响，则这两个变量之间的关系称为不相关。

如果一个变量的数量变化由另一个变量的数量变化唯一确定，则称这两个变量间的关系为完全相关。完全相关类似函数关系。

如果两个变量之间的关系介于不相关和完全相关之间，则称为不完全相关。大多数相关关系都表现为不完全相关。

4. 按照相关关系中变量的变化方向不同，分为正相关和负相关

正相关指两个变量的变化方向一致的相关关系，两个变量都呈增长趋势或下降趋势。即当一个变量增加的时候，另一个变量也增加；当一个变量减少的时候，另一个变量也减少。例如，居民收入提高，储蓄也增加，两者之间存在正相关。

负相关是指两个变量的变化趋势相反的相关关系，当一个变量增加的时候，另一个变量减少，或一个减少而另一个增加。例如，当产品产量增加的时候，单位产品的成本降低，两者之间的关系属于负相关。

二、相关关系的测定

变量和变量之间是否具有相互依存的关系？如果有，这种关系又是否紧密？为了回答这一问题，需要对相关关系进行测定。相关关系的测定是相关分析的主要内容。它主要分为两步：第一步是定性分析，通过专业知识和实践经验，对变量之间的关系进行判断；第二步是定量分析，通过绘制散点图，计算相关系数等方法确定变量之间有无相关关系，并确定相关关系的方向、表现形式和密切程度。

（一）散点图

最常用的展现两个现象之间相关关系的图形称为散点图，又叫相关图。散点图的绘制是在直角坐标系中，以横轴表示一个变量，纵轴表示另一变量，每一对变量对应图中的一个点。散点图中点的排列情况可以初步看出相关关系的形式、密切程度和相关方向。图 6.1 所示是常见的几种散点图的形式。

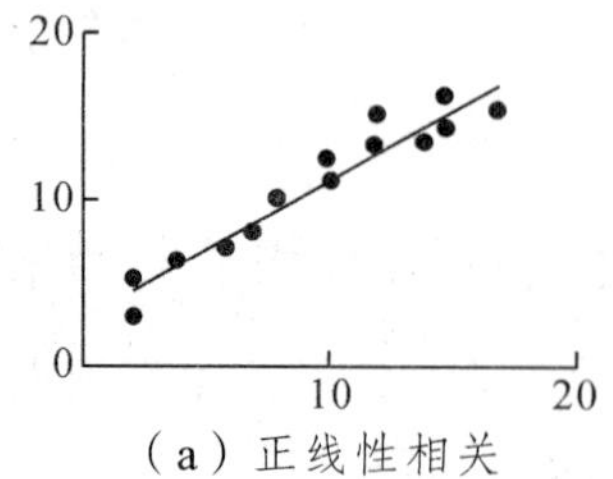

（a）正线性相关

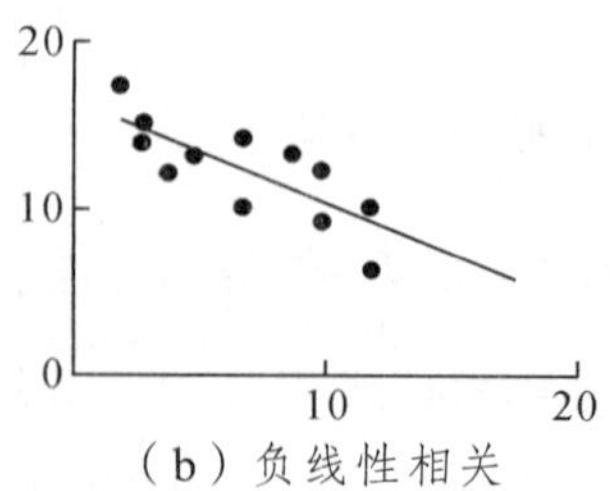

（b）负线性相关

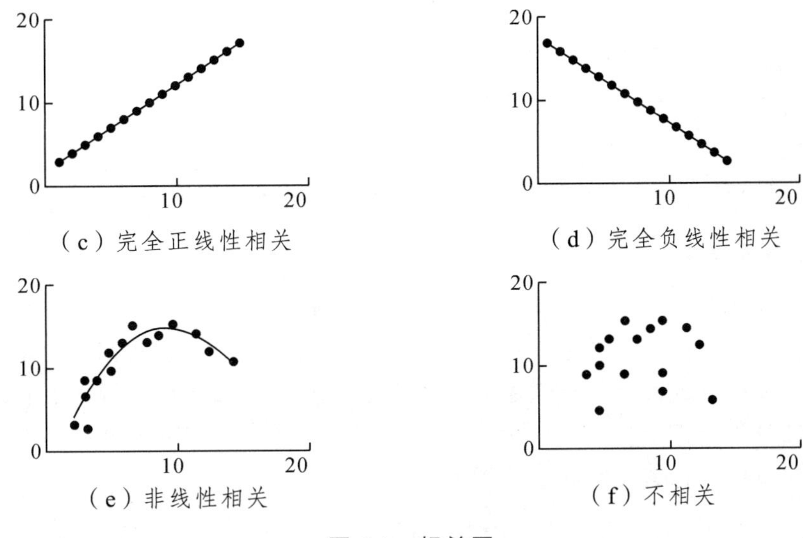

图 6.1　相关图

例 6　市场经济中，广告是企业创造品牌、增加销售的重要手段。根据某企业 2022 年在 10 个地区的销售情况，得到了月平均销售收入 y（万元）与月平均广告支出 x（万元）的资料见表 6.1。

表 6.1　某企业 2022 年销售情况

地　区	1	2	3	4	5	6	7	8	9	10
月平均广告支出（万元）x	4	8	6	12	10	9	6	15	8	11
月平均销售收入（万元）y	30	55	42	68	55	60	38	80	62	65

根据上述资料可以绘制散点图，如图 6.2 所示。

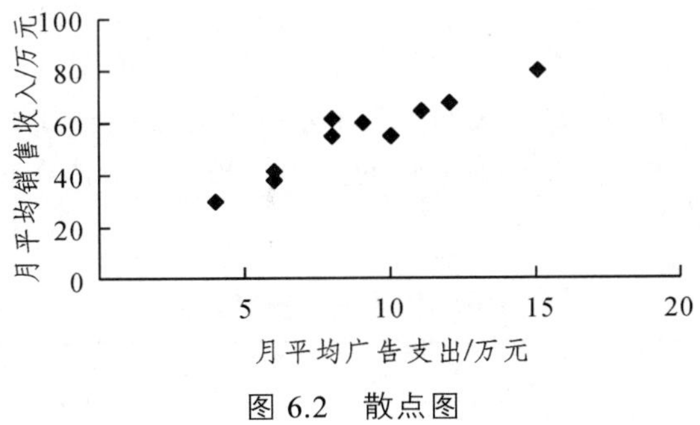

图 6.2　散点图

从图 6.2 可以看到这些点大致落在一条直线附近，它说明月平均广告支出与月平均销售收入之间具有明显的线性相关关系，而且这种关系为正线性相关。

除了散点图以外，有时也采用相关表进行相关分析。相关表就是将一变量按照从小到大的顺序进行排列，并将另一变量对应排列所形成的统计表。根据例 6 中的月平均广告支出进行排序，可得到月平均广告支出与月平均销售收入之间的相关表。从表 6.2 可以看出，随着月平均广告支出的增加，月平均销售收入也随之增加，两者之间呈正相关关系。

表 6.2　　相关表

地　区	1	7	3	9	2	6	5	10	4	8
月平均广告支出（万元）x	4	6	6	8	8	9	10	11	12	15
月平均销售收入（万元）y	30	38	42	62	55	60	55	65	68	80

（二）相关系数

通过散点图和相关表，只可以大致看出变量之间相关性的大小、方向和密切程度，但是不能确切表示变量之间的相关关系。相关系数就是确切测定变量之间相关关系密切程度的指标。最常用的相关系数是英国统计学家卡尔·皮尔逊（Karl Pearson）提出的相关系数。该相关系数是在线性相关条件下，说明两个变量之间相关关系密切程度的统计指标。

相关系数通常用 r 表示，计算公式如下：

$$r=\frac{S_{xy}}{S_xS_y}=\frac{\sum(x-\overline{x})(y-\overline{y})/n}{\sqrt{\sum(x-\overline{x})^2/n}\sqrt{\sum(y-\overline{y})^2/n}} \tag{6.1}$$

式中：S_{xy} 表示变量 x、y 的样本协方差；S_x、S_y 分别表示变量 x 和变量 y 的样本标准差。

为了方便计算，相关系数的公式也可以简化为

$$r=\frac{n\sum xy-\sum x\sum y}{\sqrt{n\sum x^2-(\sum x)^2}\sqrt{n\sum y^2-(\sum y)^2}} \tag{6.2}$$

相关系数的取值特点：

（1）相关系数的取值范围在 -1 和 $+1$ 之间，即 $-1\leqslant r\leqslant 1$。

（2）当 $r>0$ 时，表明变量之间呈正相关；当 $r<0$ 时，则表明变量之间呈负相关。

（3）相关系数 r 的绝对值越接近于 1，表明相关关系越强；越接近于 0，表明相关关系越弱。当 $|r|=1$ 时，表明两个变量之间的关系属于完全线性相关关系；当 $|r|=0$ 时，则表明两个变量之间完全没有线性相关关系。但要注意的是，r 只表示变量 x 与 y 之间的线性相关密切程度，当 r 很小甚至为 0 时，并不表明 x 与 y 之间不存在其他非直线型的相关关系。

（4）在实际应用中，常常按照相关系数的大小将相关关系的密切程度分为以下几种（见表 6.3）。

表 6.3　　相关系数的密切程度分类

相关系数绝对值 $\|r\|$	相关密切程度等级
0.3 以下	不相关
0.3～0.5	低度相关
0.5～0.8	显著相关
0.8 以上	高度相关

例 7　根据例 6 的数据，计算月平均广告支出与月平均销售收入的相关系数。

解： 由例 6，可得相关系数计算表如表 6.4 所示。

表 6.4　相关系数计算表

地　区	月平均广告支出 x	月平均销售收入 y	xy	x^2	y^2
1	4	30	120	16	900
2	8	55	440	64	3 025
3	6	42	252	36	1 764
4	12	68	816	144	4 624
5	10	55	550	100	3 025
6	9	60	540	81	3 600
7	6	38	228	36	1 444
8	15	80	1 200	225	6 400
9	8	62	496	64	3 844
10	11	65	715	121	4 225
合计	89	555	5 357	887	32 851

则月平均广告支出 x 与月平均销售收入 y 的相关系数为

$$r=\frac{n\sum xy-\sum x\sum y}{\sqrt{n\sum x^2-(\sum x)^2}\sqrt{n\sum y^2-(\sum y)^2}}$$

$$=\frac{10\times 5\ 357-89\times 555}{\sqrt{10\times 887-89^2}\sqrt{10\times 32\ 851-555^2}}=0.946\ 9$$

计算结果表明月平均广告支出与月平均销售收入之间存在高度线性正相关关系。

三、相关系数的显著性检验

相关系数的大小可以反映变量之间相关性的密切程度。但是相关系数是根据样本资料计算而得，那么，通过样本资料计算出的相关系数是否能代表总体的相关系数呢？从同一个总体中可以抽取多个不同样本，也可以得到多个不同的相关系数，那么两个变量 x 和 y 之间的一个样本相关系数高是否可以认为总体也真正具有显著的线性相关关系呢？因此有必要对相关系数进行显著性检验来判断。

在相关系数的显著性检验中，常采取 t 检验法。假设总体之间的相关系数为 ρ，当 $\rho=0$ 时，表明总体相关系数为 0，总体中两个变量之间的相关性不显著；当 $\rho\neq 0$ 时，表明总体中两个变量之间的相关性显著。根据概率论和数理统计理论，可以证明，在 $\rho=0$ 时，统计量 $t=r\sqrt{n-2}/\sqrt{1-r^2}$ 服从自由度为 $n-2$ 的 t 分布，即

$$t=\frac{r\sqrt{n-2}}{\sqrt{1-r^2}}\sim t(n-2) \tag{6.3}$$

对相关系数进行显著性检验的具体步骤：

（1）提出假设。H_0：$\rho=0$；H_1：$\rho\neq 0$。

（2）计算检验统计量 t 值。$t=\dfrac{r\sqrt{n-2}}{\sqrt{1-r^2}}\sim t(n-2)$。

（3）确定临界值。在给定的显著性水平下，根据自由度 $df=n-2$ 查 t 分布表，可得到相应的临界值 $t_{\alpha/2}$。

（4）做出判断。若 $|t|\geqslant t_{\alpha/2}$，则拒绝原假设 H_0，接受 H_1，认为 $\rho\neq 0$，总体的两变量之间有显著的线性相关性；若 $|t|<t_{\alpha/2}$，则接受原假设 H_0，两个变量之间的线性相关关系不显著。

例如，可以对本节中某公司月平均广告支出与月平均销售收入之间的相关系数进行显著性检验：

第一步：提出假设。H_0：$\rho=0$；H_1：$\rho\neq 0$。

第二步：计算 t 统计量。在例 7 中，有 $r=0.946\ 9$，单位数 $n=10$，则

$$t=\frac{r\sqrt{n-2}}{\sqrt{1-r^2}}=\frac{0.946\ 9\sqrt{10-2}}{\sqrt{1-0.946\ 9^2}}\approx 8.329\ 7$$

第三步：查表得临界值。在自由度为 $10-2=8$，显著性水平为 0.05 的情况下，查表可得 $t_{\alpha/2}=2.306\ 0$。

第四步：做出判断。由于 $t=8.329\ 7>t_{\alpha/2}=2.306\ 0$，所以，在显著性水平为 0.05 的情况下，拒绝原假设，总体相关系数不等于 0，即该企业月平均广告支出对月平均销售收入之间具有显著的线性相关关系。

第二节　一元线性回归分析

一、回归分析的概念

“回归”这个词是由英国人高尔顿爵士（Francis Galton，1822—1911）提出来的。1889 年，他在研究祖先与后代身高之间的关系时发现，身材较高的父母，他们的孩子也较高，但这些孩子的平均身高并没有他们的父母高；身材较矮的父母，他们的孩子也较矮，但这些孩子的平均身高却比他们的父母高。Galton 把这种后代的身高向中间值靠近的现象称为“朝平均数回归”。后来，人们把这一概念加以应用，逐渐形成了现在统计学上的“回归”。

由一个变量的变化去推测另一个变量变化的方法称为“回归方法”。回归分析就是对由自变量的变化引起的因变量平均发生多大的变动进行分析，反映自变量对因变量的影响程度。按照自变量的个数，回归分析可以分为一元回归和多元回归。只有一个自变量的回归分析叫一元回归；有两个或两个以上自变量的回归分析叫多元回归。按回归曲线的形态不同又可以分为线性回归和非线性回归。线性回归是指变量之间的关系表现为直线形态；非线性回归的变量之间的关系则表现为曲线形态。其中，一元线性回归是最简单也是最基本的回归类型。

同相关分析相比，回归分析也是对客观现象之间的依存关系进行分析，两者具有相同的理论基础。只有对具有高度相关关系的变量进行回归分析，回归分析才具有较高的实际意义。

相关程度越高，回归分析的准确度越高，回归预测的可靠性越好。因此相关分析是回归分析的基础，在进行回归分析之前，往往都要先进行相关分析。但是，相关分析和回归分析之间也各有特点。

（1）相关分析在研究变量之间依存关系时，并不区分自变量和因变量，变量之间相互对应即可。回归分析在分析变量之间关系时，必须确定自变量和因变量。回归分析是在对其中的一个或几个变量进行控制的条件下，来观测另一变量的变化，其中被控制的变量为自变量，被观测的变量为因变量。

（2）相关分析主要分析的是变量之间关系的密切程度和变化方向。而回归分析不仅能判断变量之间关系的方向，而且能够通过控制自变量的取值来预测因变量的取值。

二、一元线性回归模型

一元线性回归方程是最简单的回归分析模型，它是根据成对的两个变量的数据，配合直线方程，并根据自变量的变动，来推算因变量平均变动的一种数学关系式。

一元线性回归模型的一般形式为

$$Y=\alpha+\beta X+\varepsilon \tag{6.4}$$

式中：Y 是因变量（被解释变量）；X 是自变量（解释变量）；α 和 β 是模型的未知参数；ε 是不可观测的随机变量，表示 X 和 Y 之间不确定因素的影响，也称为随机误差。通常假定 $E(\varepsilon)=0$。

从平均意义上来说，总体回归方程可以表示为

$$E(Y)=\alpha+\beta X \tag{6.5}$$

根据 n 组样本观测值 (x_i,y_i)，可以对 α 和 β 进行估计，得到样本回归方程

$$\hat{y}=a+bx \tag{6.6}$$

式中：$\hat{y}$ 是因变量 y 的理论估计值；x 为自变量的实际值；a、b 为待定参数。A、b 的几何意义是 a 为回归直线的截距，b 为回归直线的斜率。其经济意义是 a 为当 x 为 0 时 y 的估计值，表示没有自变量影响时，其他因素对因变量的平均影响；b 为当 x 每增加一个单位时 y 的平均增加量，衡量自变量对 y 的影响，b 也称为 y 对 x 的回归系数。

建立一元线性回归方程，就是要求出 a 和 b 的值。常用的求回归方程待定系数的方法是最小平方法（最小二乘法）。通过最小平方法求出 a 和 b 的具体取值，即可确定回归模型。最小平方法就是要求变量 y 的实际值与理论估计值的离差平方和最小。用公式表示为

$$\sum(y-\hat{y})^2=\text{最小值}$$

式中：$y-\hat{y}$ 为估计值和真实值之间的误差（或离差）。由于 $\hat{y}=a+bx$，所以

$$\sum(y-\hat{y})^2=\sum[y-(a+bx)]^2=\sum(y-a-bx)^2$$

要使上式取得最小值，根据微积分求极值的原理，只需分别求 a 和 b 的偏导数，并令其

等于零，整理后便可得出直线回归方程中关于参数 a、b 的标准方程组

$$\begin{cases}\sum y = na + b\sum x \\ \sum xy = a\sum x + b\sum x^2\end{cases}$$

解上述标准方程组，可以得到 a 和 b 的值

$$\begin{cases}b = \dfrac{n\sum xy - \sum x\sum y}{n\sum x^2 - (\sum x)^2} \\ a = \overline{y} - b\overline{x}\end{cases} \tag{6.7}$$

例 8　医学研究发现适量饮用葡萄酒可以预防心脏病。表 6.5 是 15 个国家一年的人均葡萄酒消耗量（平均每人从葡萄酒摄取的酒精升数）和一年中因为心脏病死亡的人数（每 10 万人死亡人数）。根据该数据建立回归方程，说明两者之间的关系。

表 6.5　　葡萄酒消耗量与心脏病死亡人数表

国　家	葡萄酒消耗量（升）	心脏病死亡人数（人）
澳大利亚	2.5	211
奥地利	3.9	167
加拿大	2.4	191
芬　兰	0.8	297
法　国	9.1	71
意大利	7.9	107
荷　兰	1.8	167
新西兰	1.9	266
挪　威	0.8	227
西班牙	6.5	86
瑞　典	1.6	207
瑞　士	5.8	115
英　国	1.3	285
美　国	1.2	199
德　国	2.7	172

注：摘自戴维 · S. 穆尔，《统计学的世界》，中信出版社。

解：（1）设计回归方程。

设人均葡萄酒消耗量为自变量 x，死亡人数为因变量 y，则回归方程为

$$\hat{y} = a + bx$$

（2）计算回归系数。

回归系数计算表见表 6.6。

表 6.6　回归系数计算表

国　家	葡萄酒消耗量（升）x	心脏病死亡人数（人）y	xy	x^2
澳大利亚	2.5	211	527.5	6.25
奥地利	3.9	167	651.3	15.21
加拿大	2.4	191	458.4	5.76
芬　兰	0.8	297	237.6	0.64
法　国	9.1	71	646.1	82.81
意大利	7.9	107	845.3	62.41
荷　兰	1.8	167	300.6	3.24
新西兰	1.9	266	505.4	3.61
挪　威	0.8	227	181.6	0.64
西班牙	6.5	86	559	42.25
瑞　典	1.6	207	331.2	2.56
瑞　士	5.8	115	667	33.64
英　国	1.3	285	370.5	1.69
美　国	1.2	199	238.8	1.44
德　国	2.7	172	464.4	7.29
合　计	50.2	2 768	6 984.7	269.44

从表 6.6 和已知条件可得

$$n=15,\ \sum x=50.2,\ \sum x^2=269.44,\ (\sum x)^2=2\ 520.04,$$

$$\sum y=2\ 768,\ \sum xy=6\ 984.7$$

将上述数据代入回归系数的求解公式，可以得到 a 和 b 的数值

$$\begin{cases} b=\dfrac{n\sum xy-\sum x\sum y}{n\sum x^2-(\sum x)^2}=\dfrac{15\times 6\ 984.7-50.2\times 2\ 768}{15\times 269.44-2\ 520.04}\approx -22.47 \\ a=\overline{y}-b\overline{x}=\dfrac{2\ 768}{15}-(-22.47)\times\dfrac{50.2}{15}\approx 259.73 \end{cases}$$

（3）将 a 和 b 的数值代入回归方程，得出年人均葡萄酒消耗量与年心脏病死亡人数的直线回归方程，即

$$\hat{y}=a+bx=259.73-22.47x$$

式中：$a=259.73$，是回归直线在 y 轴上的截距；$b=-22.47$，表示一年内人均葡萄酒消耗量（平均每人从葡萄酒摄取的酒精升数）每增加 1 升，心脏病死亡人数（每 10 万人死亡人数）平均减少 22.47，即 23 人。

除了利用公式对 a、b 进行计算以外，还可以利用 Excel 等软件在计算机上求得回归方程和相关数据，具体计算步骤详见第九章。现将 Excel 回归结果解释如下（见图 6.3）。

A	B	C	D	E	F	G	H	I
SUMMARY OUTPUT								
回归统计								
Multiple	0.875088							
R Square	0.76578							
Adjusted	0.747763							
标准误差	34.70642							
观测值	15							
方差分析								
	df	SS	MS	F	gnificance F			
回归分析	1	51196.77	51196.77	42.50332	1.94E-05			
残差	13	15658.96	1204.536					
总计	14	66855.73						
	Coefficien	标准误差	t Stat	P-value	Lower 95%	Upper 95%	下限 95.0%	上限 95.0%
Intercept	259.719	14.60482	17.78309	1.66E-10	228.1672	291.2708	228.1672	291.2708
X Variabl	-22.4658	3.445966	-6.51946	1.94E-05	-29.9104	-15.0213	-29.9104	-15.0213

图 6.3　回归分析结果

Excel 的回归分析结果可以分为三个部分，每个输出指标的含义会在后面的章节中具体解释，下面给出结果的指标对照表。

第一部分：回归统计。主要得到一些回归的常用统计量，指标对照见表 6.7。

表 6.7　　指标对照表（一）

Multiple R	相　关　系　数
R Square	判定系数 R^2
Adjusted R Square	修正的判定系数
标准误差	回归估计标准误差
观测值	观测值的数量

第二部分：方差分析。主要作用是对回归方程进行显著性检验，指标对照见表 6.8。

表 6.8　　指标对照表（二）

	df（自由度）	SS	$MS = SS/df$	F	Significance F
回归分析	1	回归平方和	回归均方差	F 统计量	F 检验显著性水平
残差	$n-2$	残差平方和	残差均方差		
总计	$n-1$	总离差平方和			

第三部分：参数估计。包括对回归系数的估计值、标准差和 t 统计量等。指标解释见表 6.9。

表 6.9　指标对照表（三）

Intercept	截　距　项
x Variable 1	自变量 x
Coefficients	回归系数
标准误差	回归系数标准差
t Stat	t 统计量
P-value	P-值
Lower 95%	置信区间上限
Upper 95%	置信区间下限

另外，回归系数 b 与相关系数 r 有着非常密切的数量关系：

（1）回归系数 b 与相关系数 r 是同号的，即相关系数 r 为正数，回归系数 b 一定为正数；反之亦然。

（2）在相关分析和回归分析中两者之间可互相推算

$$b = r\frac{S_y}{S_x} \quad 或 \quad r = b\frac{S_x}{S_y}$$

三、利用一元回归模型进行估计和预测

通过回归分析建立回归方程，可以对变量和变量之间的关系进行分析，了解自变量变动对因变量的影响。不仅如此，利用回归方程，还可以根据自变量的取值，对因变量进行估计和预测。例如，例 8 中，在给定一个人均葡萄酒消耗量的情况下，就可以推算出心脏病死亡人数的预测值。回归预测的方法包括点估计和区间估计。

（一）点估计

点估计，即利用回归方程，对自变量 x 的一个特定值，求出其对应的因变量 y 的值。若已知给定的自变量值为 x_0，则相应的 y 的点估计值为

$$\hat{y}_0 = a + bx_0 \tag{6.8}$$

例如，例 8 中，已知国家一年内人均葡萄酒消耗量和心脏病死亡人数之间的线性回归方程为

$$\hat{y} = a + bx = 259.73 - 22.47x$$

则可以利用该回归方程进行预测。当某国一年内的人均葡萄酒消耗量为 3 升时，可以得到

$$\hat{y}_0 = 259.73 - 22.47x_0 = 259.73 - 22.47 \times 3 = 192.32$$

这说明，在人均葡萄酒消耗量为 3 升时，该国一年内每 10 万人中因为心脏病死亡人数约为 192.32，即 193 人。

（二）区间估计

回归估计的区间估计是指利用回归方程，对自变量 x 的一个特定值 x_0，求出因变量 y 的置信区间。根据预测值的不同，区间估计分为两种。

1. 因变量 y 的平均值的区间估计

y 的平均值的区间估计是指在给定一个 x 的特定值的条件下，y 的平均值的置信区间。根据抽样分布定理，可以得到在置信度为 $1-\alpha$ 时，其置信区间为

$$E(y_0)=\hat{y}_0 \pm t_{\alpha/2}(n-2)S_e\sqrt{\frac{1}{n}+\frac{(x_0-\overline{x})^2}{\sum(x-\overline{x})^2}} \tag{6.9}$$

式中：x_0 是自变量 x 的一个特定值；$\hat{y}_0$ 是因变量 y 的点估计值；$E(y_0)$ 是在给定 x 的情况下，y 的平均值；S_e 是回归估计标准差（将在下节介绍）。

根据例 8 的资料，在人均葡萄酒消耗量 x 为 3 升时，y 的点估计量为 192.32。设置信度为 95%，查 t 分布表可以得到 $t_{0.05/2}(15-2)=2.160\ 4$ 。若 $\overline{x}=3.35$，$S_e=34.70$，则心脏病死亡人数 y 的平均值的置信区间为

$$E(y_0)=192.32 \pm 2.160\ 4 \times 34.70\sqrt{\frac{1}{15}+\frac{(3-3.35)^2}{101.437\ 5}}$$

$$E(y_0) \approx 192.32 \pm 19.53$$

即在置信度为 95%时，当人均葡萄酒消耗量为 3 升时，所有国家的心脏病死亡人数的平均值在 172.79 ~ 211.85，即 173 ~ 212 人。

2. 因变量 y 的特定值的区间估计

因变量 y 的特定值的区间估计，是指在给定因变量 x 的一个特定值的情况下，y 的一个特定值或个别值的置信区间。在置信度为 $1-\alpha$ 时，其置信区间为

$$y_0=\hat{y}_0 \pm t_{\alpha/2}(n-2)S_e\sqrt{1+\frac{1}{n}+\frac{(x_0-\overline{x})^2}{\sum(x-\overline{x})^2}} \tag{6.10}$$

同样根据例 8 的资料，在人均葡萄酒消耗量 x 为 3 升时，y 的点估计量为 192.32。设置信度为 95%，查 t 分布表可以得到 $t_{0.05/2}(15-2)=2.160\ 4$ 。若 $\overline{x}=3.35$，$S_e=34.70$，则心脏病死亡人数 y 的置信区间为

$$y_0=192.32 \pm 2.160\ 4 \times 34.70\sqrt{1+\frac{1}{15}+\frac{(3-3.35)^2}{101.437\ 5}}$$

$$y_0 \approx 192.32 \pm 77.47$$

即在置信度为 95%时，当某国的人均葡萄酒消耗量为 3 升时，该国的心脏病死亡人数在 114.85 ~ 269.79，即 115 ~ 270 人。

从上面的例子可以看出，在两种区间估计下，置信区间的宽度不一样。y 的个别值的预测区间比平均值的预测区间大，即 y 的平均值的预测精度比个别值的预测精度高。另外，在利用回归方程进行预测时，一般适用于内插预测，不宜用外推预测。

第三节　回归方程的评价和检验

一、回归估计标准差和判定系数

回归估计标准差和判定系数都是对回归方程的拟合优度进行评价的。如果将回归方程和变量的真实值在直角坐标系中来表出，则回归方程表现为一条回归直线，变量的真实值表现为坐标上的点。如果这些点都落在回归直线上，则说明回归方程对变量的拟合非常好。但是，在现实生活中，散点往往落在回归直线的周围。因此，要对散点与回归直线的接近程度进行度量，来反映回归直线对变量真实值的拟合情况，从而判定回归方程的可靠性。

（一）回归估计标准差

回归估计标准差是反映利用回归方程所得估计值与真实值之间平均差异程度的指标，回归估计标准差和回归方程的拟合优度之间存在反方向关系。回归估计标准差越小，说明估计值和真实值之间的平均差异越小，估计值对真实值的代表性越强，拟合程度越好，利用回归方程进行估计和预测准确度越高。

用 $\hat{y}$ 表示估计值，y 表示真实值，则回归估计标准差计算公式为

$$S_e=\sqrt{\frac{\sum(y-\hat{y})^2}{n-2}}=\sqrt{\frac{\sum y^2-a\sum y-b\sum xy}{n-2}} \tag{6.11}$$

以例 8 中人均葡萄酒消耗量和心脏病死亡人数的资料来计算其回归估计标准差：$n=15$，$\sum y=2\ 768$，$\sum xy=6\ 984.7$，$\sum y^2=577\ 644$，$a=259.73$，$b=-22.47$

所以

$$S_e=\sqrt{\frac{\sum(y-\hat{y})^2}{n-2}}=\sqrt{\frac{\sum y^2-a\sum y-b\sum xy}{n-2}}$$
$$=\sqrt{\frac{577\ 644-259.73\times 2\ 768+22.47\times 6\ 984.7}{15-2}}\approx 34.70$$

这表明由回归估计所得的一年内每 10 万人中的心脏病死亡人数估计值与真实值之间的平均差异是 34.70，约为 35 人。

（二）判定系数 R^2

判定系数也是衡量回归直线拟合程度的指标，只是判定系数的大小与拟合优度之间是正

方向关系。现实中，因变量 y 的真实观测值是波动的，有大有小，y 的这种波动现象称为离差。产生离差的原因有两方面：① 受自变量 x 的影响，x 取不同的值会引起 y 取不同的值。② 受其他因素（包括未知的因素和观测误差）的影响，如图 6.4 所示。

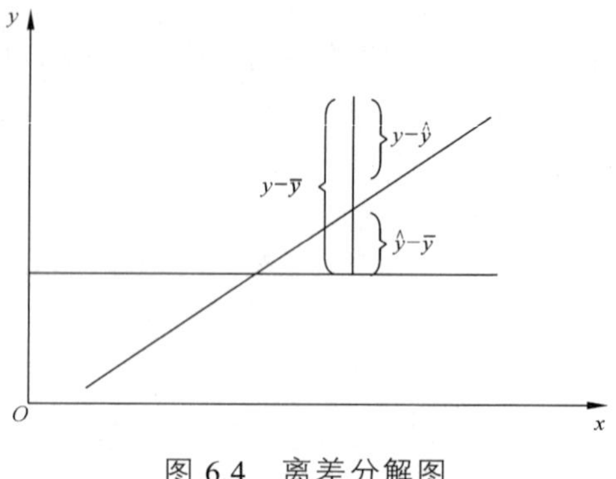

图 6.4　离差分解图

对每个观测值来说，离差的大小用（ $y-\bar{y}$ ）来表示，从图 6.4 可以看出，每个观察点的离差（ $y-\bar{y}$ ）都可分解为

$$y-\bar{y}=(y-\hat{y})+(\hat{y}-\bar{y}) \qquad (6.12)$$

而全部 n 个观测值的总离差则可由这些离差的平方和表示。将上式两端平方，并对所有 n 个点求和，有

$$\begin{aligned}\sum(y-\bar{y})^2&=\sum[(y-\hat{y})+(\hat{y}-\bar{y})]^2\\&=\sum(y-\hat{y})^2+2\sum(y-\hat{y})(\hat{y}-\bar{y})+\sum(\hat{y}-\bar{y})^2\end{aligned} \qquad (6.13)$$

可以证明，上式中的中间一项等于 0，所以总离差可以分解为两个部分

$$\sum(y-\bar{y})^2=\sum(y-\hat{y})^2+\sum(\hat{y}-\bar{y})^2 \qquad (6.14)$$

即

离差平方和（SST）= 残差平方和（SSE）加回归平方和（SSR）

其中回归平方和（SSR）反映了自变量 x 的变化对 y 的线性影响，残差平方和（SSE）反映了除 x 以外的其他因素对因变量 y 的影响。从离差分解图可以看出，回归直线拟合的好坏取决于 SST 中 SSR 和 SSE 所占的比重。如果回归平方和 SSR 所占的比重越大，y 的变化受 x 的影响越大，则各个观测值越靠近回归直线，拟合程度越高。我们将 SSR 占 SST 的比重称为判定系数 R^2

$$R^2=\frac{SSR}{SST}=\frac{\sum(\hat{y}-\bar{y})^2}{\sum(y-\bar{y})^2}=1-\frac{SSE}{SST} \qquad (6.15)$$

判定系数 R^2 的大小反映了回归方程对实际数据的拟合程度。当 R^2 越接近于 1 时，回归平方和占离差平方和的比重越大，说明在离差中自变量 x 对 y 的影响越大，真实值与回归直线越靠近，即回归直线的拟合程度越高；反之，R^2 越接近于 0，y 的变化与 x 越无关，回归直线的拟合程度越低。

在一元线性回归模型中，判定系数其实就是相关系数的平方。因此可以直接根据相关系数求得判定系数。实际操作中，Excel 等软件在回归分析时，在其结果中会直接输出 SST、SSR、SSE 和判定系数的结果。如利用例 8 的结果，可以计算该例的判定系数

$$R^2=\frac{SSR}{SST}=\frac{51\,196.77}{66\,855.73}\approx 0.765\,8=76.58\%$$

判定系数为 76.58%表示：在一年内每 10 万人中心脏病死亡人数在每个国家的差异中，有 76.58%可以由人均葡萄酒消耗量的不同来解释，两者之间的线性关系较强。

二、回归方程的显著性检验

回归方程的检验包括理论检验和数量检验。理论检验是利用专业知识和实践经验对回归方程中估计参数的符号、取值区间等进行检验。例如，居民可支配收入与居民消费之间的回归模型中，截距项 a 的取值应该大于零。如果估计的参数小于零，则和社会实际经验不符合。这里的不符合可能是由于样本量太少等原因造成的。数量检验包括利用统计学和计量经济学的理论对回归方程进行检验。这里所讲的显著性检验即指数量检验。

回归分析中的显著性检验包括两个方面的内容：一是对回归系数 b 的显著性检验，通常采用 t 检验；二是对整个回归方程的显著性检验，通常采用 F 检验。

（一）回归系数的显著性检验

两个变量 x 和 y 之间是否真正具有显著的线性相关关系，可以通过对回归方程的回归系数进行显著性检验来判断。在回归方程 $y=\alpha+\beta x+\varepsilon$ 中，如果回归系数 $\beta=0$，则因变量 y 的取值与自变量 x 的取值没有关系，表明两个变量之间没有线性相关关系。而如果 $\beta\neq 0$，则因变量 y 受到自变量 x 的影响，两个变量之间存在线性关系。因此，对回归系数的显著性检验就是检验回归系数 β 是否等于 0。

回归系数显著性检验的具体步骤如下：

（1）提出假设：H_0：$\beta=0$；H_1：$\beta\neq 0$。

（2）计算检验统计量 t 值：$t=\dfrac{\hat{\beta}-0}{S_{\hat{\beta}}}$。

因为 $\hat{\beta}=b$，所以

$$t=\frac{b}{S_{\hat{\beta}}}$$

其中 $S_{\hat{\beta}}$ 是回归系数的标准误差，计算公式为

$$S_{\hat{\beta}}=\frac{S_e}{\sqrt{\sum x^2-(\sum x)^2/n}}$$

（3）确定临界值：在给定的显著性水平下，根据自由度 $df=n-2$ 查 t 分布表，可得到相应的临界值 $t_{\alpha/2}$

（4）做出判断：若 $|t|\geqslant t_{\alpha/2}$，则拒绝原假设 H_0，认为 $\beta\neq 0$，自变量 x 对 y 的影响是显著的；若 $|t|<t_{\alpha/2}$，则接受原假设 H_0，认为 $\beta=0$，两个变量之间的线性相关关系不显著。

例 9　利用例 8 的资料对人均葡萄酒消耗量和心脏病死亡人数的回归方程进行回归系数的显著性检验。

解：第一步：提出假设。H_0：$\beta=0$；H_1：$\beta \neq 0$。

第二步：计算 t 统计量。在例 8 中已经求得一元回归方程为

$$\hat{y}=a+bx=259.73-22.47x$$

又可以计算得到回归系数标准差为 $S_{\hat{\beta}}=3.446\ 0$，所以

$$t=\frac{b}{S_{\hat{\beta}}}=\frac{22.47}{3.446\ 0}\approx 6.520\ 6$$

第三步：查表得临界值。在自由度为 15 - 2 = 13，显著性水平为 0.05 的情况下，查表可得 $t_{\alpha/2}=2.160\ 4$。

第四步：做出判断。由于 $t=6.520\ 6>t_{\alpha/2}=2.160\ 4$，所以在显著性水平为 0.05 的情况下，拒绝原假设，回归系数不等于 0，即葡萄酒消耗量对心脏病死亡人数的影响是显著的。

（二）回归方程的显著性检验

回归方程检验的目的是检验自变量 x 和因变量 y 之间的线性关系是否显著，是否可以用所得的一元线性方程来描述两个变量之间的关系。在进行回归方程检验时，我们通常使用 F 统计量进行检验。检验步骤如下：

（1）提出假设。H_0：回归方程不显著，即两个变量之间的线性关系不显著，$\beta=0$。

（2）计算检验统计量 F。F 统计量是以离差分析为基础构造的（见表 6.10）。

表 6.10　　回归模型离差分析表

离差名称	计算公式	自由度
回归平方和	$SSR=\sum(\hat{y}-\overline{y})^2$	1
残差平方和	$SSE=\sum(y-\hat{y})^2$	$n-2$
总离差平方和	$SST=\sum(y-\overline{y})^2$	—

根据离差分析可得

$$F=\frac{SSR/1}{SSE/(n-2)}\sim F(1,\ n-2) \tag{6.16}$$

（3）在给定的显著性水平下，查 F 分布表，得到临界值 F_α。

（4）做出判断。若 $F \geqslant F_\alpha$，则拒绝原假设，判断自变量 x 与 y 之间有显著的线性关系；若 $F<F_\alpha$，则接受原假设 H_0，两个变量之间的线性关系不显著。

例如，利用例 8 的回归方程，可得其 $SSR=51\ 196.77$，$SSE=15\ 658.96$，所以

$$F=\frac{SSR/1}{SSE/(n-2)}=\frac{51\ 196.77/1}{15\ 658.96/13}\approx 42.503\ 3$$

查 F 分布表，得在显著性水平为 0.05 时，临界值 $F_\alpha=4.67$，因为 42.503 3 > 4.67，所以拒绝原假设，表明人均葡萄酒消耗量与心脏病死亡人数之间线性相关显著。

小　结

相关分析和回归分析是对变量与变量之间关系进行分析的统计方法。变量与变量之间的关系分为函数关系和相关关系。相关分析就是对现象之间的相关关系进行分析，其目的是探求现象之间相互依存关系的表现形式和密切程度。变量之间的相关关系表现为不同的类型，可以利用散点图和相关系数对相关关系的类型进行判别。

相关系数是衡量变量之间线性相关程度的重要指标，相关系数的取值范围在 -1 到 1 之间，绝对值越接近 1，表明相关性越强。相关系数大于 0，表明变量之间存在正相关关系；相关系数小于 0，表明变量之间存在负相关关系；相关系数等于 0，表明变量之间不存在线性相关关系。

回归分析是对由自变量的变化引起的因变量平均发生多大的变动进行分析，反映自变量对因变量的影响程度。用一元线性回归方程 $\hat{y}=a+bx$ 来对两个变量之间的依存关系进行回归分析，其中 b 为回归系数，表明当 x 每变动一个单位时，y 的平均变动量。利用回归方程还可以在给定变量 x 的情况下，对 y 的取值进行估计。

回归分析的结果是否精确，需要对其进行评价和检验。回归估计标准差和判定系数是常用的评价回归方程拟合优度的指标。为了对变量之间线性关系的显著性进行检验，还需要对回归系数进行 t 检验，对回归方程进行 F 检验。

思考与练习

一、思考题

1. 相关关系与函数关系有何区别？
2. 线性回归方程 $y=a+bx$ 中，a、b 的几何意义和经济意义是什么？
3. 判定系数如何衡量回归方程的拟合优度？

二、练习题

（一）单项选择题

1. 已知变量 x 与 y 之间存在着负相关，下列回归方程中哪一个肯定是错误的（　　）。

A. $\hat{y}=-10-0.8x$　　B. $\hat{y}=100-1.5x$　　C. $\hat{y}=-150+0.9x$　　D. $\hat{y}=25-0.7x$

2. 线性回归方程 $\hat{y}=a+bx$ 中，回归系数 b 表示（　　）。

A. 当 x 增加一个单位时，y 增加 a 的数量　　B. 当 y 增加一个单位时，x 增加 b 的数量

C. 当 x 增加一个单位时，y 的平均增加量　　D. 当 y 增加一个单位时，x 的平均增加量

3. 相关系数的取值范围是（　　）。

A. $0\leqslant r\leqslant 1$　　B. $-1\leqslant r\leqslant 0$　　C. $|r|\leqslant 1$　　D. $|r|\leqslant 0$

4. 已知变量 x 和 y 的协方差为 -50，x 的方差为 170，y 的方差为 20，那么相关系数为（　　）。

A. 0.86　　B. -0.86　　C. 0.01　　D. -0.01

5. 线性回归方程 $\hat{y}=a+bx$ 中，回归系数 b 为负数，表明自变量与因变量为（　　）。

A. 负相关　　B. 正相关　　C. 显著相关　　D. 高度相关

（二）多项选择题

1. 估计标准误差是反映（　　）。

A. 回归方程代表性的指标

B. 自变量离散程度的指标

C. 因变量实际值与估计值平均差异程度的指标

D. 因变量估计值可靠程度的指标

E. 自变量可靠程度的指标

2. 线性相关系数（　　）。

A. 是反映现象间相关密切程度的综合指标　　B. 取值范围在 -1 和 +1 之间

C. 绝对值越接近 1，其相关程度越强　　D. 为 0 时，为完全相关

E. 永远不可能为 0

3. 下面关于相关关系与函数关系的说法正确的是（　　）。

A. 两种关系是相同的　　B. 两种关系毫无联系

C. 区别是现象之间的关系是否严格确定　　D. 人的身高和体重之间是函数关系

E. 人的身高和体重之间是相关关系

4. 根据某样本资料得产量 X（万件）与单位产品成本 Y（百元）之间的回归方程为 $\hat{y}=920-8x$，这意味着（　　）。

A. 产量与单位成本之间是负相关

B. 产量与单位成本之间是正相关

C. 产量为 1 万件时，单位成本平均为 912 百元

D. 产量每增加 1 万件，单位成本平均增加 8 百元

E. 产量每增加 1 万件，单位成本平均减少 8 百元

5. 以下变量之间的关系属于相关关系的有（　　）。

A. 圆的半径与周长　　B. 父亲的身高与孩子的身高

C. 可支配收入与消费　　D. 正方形的边长与面积

E. 人均收入与预期寿命

（三）判断分析题

1. 统计学上的相关关系是指现象之间存在着严格的数量依存关系，在这种关系中，对于某一个变量的每一个数值，都有另一个变量的确定数值与之对应。（　　）

2. 根据航班正点率（%）与旅客投诉率（次/万名）建立的回归方程为 $y_c=6.02-0.92x$，其中回归系数为 -0.92，表示旅客投诉率与航班正点率之间是低度相关。（　　）

3. 回归系数 b 的符号与相关系数 r 的符号，可以相同也可以不相同。（　　）

（四）计算题

1. 某地区居民 2011—2020 年人均月收入与商品销售额资料见表 6.11。

表 6.11　　某地区居民人均月收入与商品销售额统计

年　份	人均月收入（元）	商品销售额（亿元）
2011	1 200	160
2012	1 380	185

续表

年　份	人均月收入（元）	商品销售额（亿元）
2013	1 460	280
2014	1 640	320
2015	1 780	354
2016	1 800	369
2017	1 950	552
2018	2 130	582
2019	2 220	650
2020	2 300	680

要求：

（1）计算人均月收入与商品销售额之间的相关系数。

（2）用最小平方法求直线回归方程。

（3）当 2021 年的人均月收入为 3 000 元时，预测商品销售额是多少？

2. 某班 10 名学生的身高和体重统计资料见表 6.12。

表 6.12　某班 10 名学生的身高和体重统计

学生编号	身高（厘米）	体重（千克）
1	171	53
2	167	56
3	177	64
4	154	49
5	169	55
6	175	66
7	163	52
8	152	47
9	172	58
10	160	50

要求：

（1）画出相关图，判断身高与体重相关关系的类型。

（2）计算相关系数，说明相关密切程度。

（3）以身高为自变量、体重为因变量，建立线性回归方程。

（4）当身高为 179 厘米时，体重大约为多少千克？

3. 某电子工业公司有 15 个所属企业，根据其中 14 个企业 2021 年的劳动生产率和资金利润率调查数据，利用 Excel 进行回归分析得到的结果见表 6.13 ~ 表 6.15。

表 6.13　　回归统计

Multiple R	0.980 5
R Square	0.961 3
Adjusted R Square	0.958 1
标准误差	0.410 7
观测值	14

表 6.14　　方差分析

	df	*SS*	*MS*	*F*	Significance F
回归分析	1	50.325 2	50.325 2	298.363 1	0.000 0
残差	12	2.024 1	0.168 7		
总计	13	52.349 3			

表 6.15　　参数估计

	Coefficients	标准误差	t Stat	P-value
Intercept	3.100 3	0.386 0	8.031 5	0.000 0
劳动生产率	1.448 1	0.083 8	17.273 2	0.000 0

要求：

（1）写出估计的回归方程并解释回归系数的意义。

（2）评价回归方程的整体拟合效果。

（3）评价回归方程中常数项和回归系数的显著性。

（4）若第 15 个企业的劳动生产率为 8.2 千元/人，请预测其资金利润率。

第六章资料

第七章　时间数列分析

时间数列分析主要用于描述和探索现象随着时间发展变化的规律性，为总结过去现象发展的现状，预测未来的发展趋势提供重要的依据。本章主要介绍时间数列的基本分析方法及其应用，主要内容包括：时间数列的基本概念及分类；对时间数列进行水平分析、速度分析、长期趋势分析、季节变动分析的方法，并通过统计案例说明以上方法在实践中的应用。

第一节　时间数列概述

一、时间数列的概念和构成要素

所谓时间数列，又称时间序列或动态序列，是把反映某种现象在时间上发展、变化的一系列统计数据按时间先后顺序排列起来所形成的数列。任何一个时间数列，都具备两个基本要素：① 现象所属的时间，称为时间要素（常用 t 表示）；② 反映现象在不同时间上数量表现的统计数据，称为数据要素（常用 a 表示）。时间要素的单位可以是年、季、月、周、日，也可以是小时、分钟等；数据要素可以是绝对量指标（表示现象总水平的总量指标）和表示现象平均水平的平均指标，也可以是表示现象相对水平的相对量指标。时间数列是对现象进行动态分析的依据。

所谓动态分析，就是根据时间的发展变化，研究现象在不同时间上和一段时间内的发展状态，探索其随时间推移的变动趋势和变化规律，揭示其数量变化与时间的关系，探讨影响动态序列变动的各构成因素及组合模式，预测现象在未来时间上可能达到的数量规模和水平。

需要说明的是，本书所指时间数列特指确定型时间数列，不考虑随机变量的影响。如果时间数列由无穷随机变量所构成，各期数值的差异纯粹由随机因素的影响所致，其变动没有规律性，各阶段的自相关系数都近似等于零，则称这样的序列为随机型时间数列。后者把时间序列作为一个随机过程来研究和描述，充分考虑到时间序列的随机特征和统计特性，将各观察数据作为随机过程的一个样本，以建模的方式进行分析。随机型时间数列分析问题，本书不加讨论。

二、时间数列的种类

时间数列按其排列指标的表现形式不同，可分为总量指标时间数列、平均指标时间数列和相对指标时间数列（见表 7.1）。

表 7.1　　我国国内生产总值及职工平均工资指标

年份	国内生产总值（亿元）	人均国内生产总值（元/人）	年末总人口数（万人）	城镇非私营单位就业人员平均工资（元）
2011	487 940	36 277	134 916	41 799
2012	538 580	39 771	135 922	46 769
2013	592 963	43 497	136 726	51 483
2014	643 563	46 912	137 646	56 360
2015	688 858	49 922	138 326	62 029
2016	746 395	53 783	139 232	67 569
2017	832 036	59 592	140 011	74 318
2018	919 281	65 534	140 541	82 413
2019	986 515	70 078	141 008	90 501
2020	1 015 986	72 000	141 212	97 379

数据来源：《中国统计年鉴 2021 年》。国内生产总值和人均国内生产总值按当年价格计算。

（一）总量指标时间数列

总量指标时间数列，是指将反映现象总规模、总水平的某一总量指标在不同时间上的指标数值按时间先后顺序排列而成的时间数列。总量指标时间数列是计算平均指标时间数列、相对指标时间数列的基础，也是进行各种时间数列分析的基础。

总量指标时间数列按其所反映时间状况的不同，可分为时期指标时间数列（简称时期数列）和时点指标时间数列（简称时点数列）。时期数列中所排列的指标是时期指标，分别反映现象在一段时期内（如一年、一季、一月）所达到的总规模、总水平，是现象在这一段时期内发展过程的累计总量。不同时期的时期指标可以相加，相加后的结果有独立意义。时期指标数值的大小与指标所属时期的长短有直接关系，时期越长，累计总量越大，反之越小（见表 7.1 中的第 2 栏）。时点数列中所排列的指标为时点指标，分别反映现象在某一时间点（如期初、期末、期中等）上所达到的总数量、总水平，是现象在这一时点上的存量表现。不同时点上的数据具有不可加性，即相加后的结果没有意义；时点数值的大小与相邻两时点间的间隔长短也没有必然联系（见表 7.1 中的第 4 栏）。

（二）平均指标时间数列和相对指标时间数列

平均指标时间数列通常又称为平均数（或平均指标）数列，是指将反映现象平均水平的指标按时间先后顺序排列起来所形成的数列（见表 7.1 中的第 5 栏）。 相对指标时间数列又称相对数时间数列，是指将反映现象某一相对水平的指标按时间先后顺序排列起来所形成的数列（见表 7.1 中的第 3 栏）。不论是平均数数列还是相对数数列，都是由总量指标时间数列派生而来，反映现象在一定时间上的平均水平或相对水平，不同时间上的平均数或相对数是不能相加的，相加后的结果没有意义。

三、时间序列的编制原则

编制时间数列的目的，是为了对现象进行动态变动分析。因而，保证时间序列中各项指标数值的可比性，是编制时间序列的基本原则。

所谓可比性，是要求数列中各项指标数值所属时间、总体范围、计算口径、经济内容等方面是可比的。

1. 各项指标数值在所属时间上可比

各项指标数值在所属时间上可比即要求各项指标数值所属时间的一致性。对时期指标时间数列而言，由于数列中各项指标数值的大小与所属时间的长短有直接关系，因此，各项指标数值所属时期的长短应该一致，否则不便于对比分析。对于时点指标时间数列，虽然两个相邻时点的间隔时间长短与时点数值大小没有直接关系，但为了更好地反映现象的发展变化状况，两个相邻时点之间的时间间隔长短也最好相等。时间的可比性是编制时间序列的一般原则，但也不能太绝对化。为了特定的研究目的或由于事物的特殊背景，有时我们也可以将不同时期的长短或不同时间间距（间隔）的数值进行对比。

2. 各项数值在反映的总体范围上可比

这是针对现象所属空间范围而言的，如地区范围、隶属范围、分组范围、经营范围等。当时间数列中某些数值总体范围不一致时，必须进行调整使其一致，否则，前后期数值不能直接对比。调整的基本原则是以观察期的空间范围为标准。

3. 各项指标数值在计算口径上可比

计算口径，既指计算方法的一致性，也指价格和计量单位的一致性。例如，劳动生产率指标，在同一序列中，要么都是全员劳动生产率，要么都是生产工人劳动生产率；要么都按总产出计算，要么都按国内生产总值计算；要么都按实物量计算，要么都按可比价格的价值量计算。显然，前后期计算口径不一致的数值是不能直接对比的。

4. 各项指标数值的经济内容可比

计算口径不一致的数值，其经济内容也必然不一致。对于名称相同而经济内涵不一致的指标，尤其要注意这一点。各时间上的指标数值的经济内涵必须一致，否则也不具备可比性。

通常我们在搜集或整理时间数列资料时，就要根据研究目的和现象本身的特点，对资料所涉及的时期长短、时点间隔大小进行选择、判定，对资料的总体范围、计算口径等进行审核、鉴别、调整，以保证资料的可比性和研究任务的需要。

四、时间数列的基本分析方法

对时间数列进行分析最常用的方法有两种，即统计指标分析法和构成因素分析法。

1. 时间数列的统计指标分析法

时间数列的统计指标分析法，是指通过计算一系列时间数列的水平指标和速度指标来揭示现象的发展变化状况和发展变化程度。水平指标是反映现象发展的绝对水平，包括发展水平、平均发展水平、增减量、平均增减量、增长百分之一的绝对量；速度指标是反映现象发展的相对水平，包括发展速度、平均发展速度、增减速度、平均增减速度等。将这些指标按照是反映现象的对比量还是反映现象的平均量分为时间数列的比较指标（包括增减量、发展速度、增减速度）和时间数列的平均指标（包括平均发展水平、平均增减量、平均发展速度、平均增减速度）。

2. 时间数列的构成因素分析法

时间数列的构成因素分析法，是将时间数列看作是由许多因素共同影响的结果。这些因素可归纳为四大类：长期趋势、季节变动、循环周期和不规则变动。任何一个时间数列都由这些因素的全部或部分所构成，通过对这些构成因素的分解分析，进而揭示现象随时间变化而演变的规律。并在这些规律的基础上，假定事物今后的发展也遵循这些规律，从而对事物的未来发展做出预测。

时间数列的这两种基本分析方法，各有不同的特点和作用，且从不同方面和不同状况对现象做出揭示。进行分析时，应根据研究目的和任务进行选择，也可将两种方法结合起来对现象进行综合分析。

第二节　时间数列的水平分析指标

时间数列的水平分析指标主要包括发展水平、增长水平、平均发展水平和平均增长水平。

一、发展水平

发展水平是现象在不同时间上所达到的规模或水平的数量反映，也就是时间数列中的每一项指标数值。发展水平既可能是总量指标，也可能是相对指标或平均指标，分别反映现象在不同时间上所达到的总量水平（包括时期总量水平和时点总量水平，如表 7.1 中第 2 栏的数据所反映现象的时期总量水平，第 4 栏的数据所反映现象的时点总量水平）、相对水平（表 7.1 中第 3 栏的数据）或平均水平（表 7.1 中第 5 栏的数据）。总量发展水平通常用 a 或 b 表示，相对水平或平均水平通常用 c 表示。发展水平既给人直接而具体的印象，清楚地反映出现象在某个时间上所达到的各种水平，同时也是进一步计算其他时间数列分析指标的基础。

按在时间序列分析中所处的位置和作用不同，发展水平分为最初水平、最末水平、中间水平或报告期水平、基期水平等。如果序列中有 $n+1$ 项数据，各项数据按时间先后顺序依次记为 $a_0, a_1, a_2, \cdots, a_n$（或 $b_0, b_1, b_2, \cdots, b_n$；$c_0, c_1, c_2, \cdots, c_n$），则首项 a_0（b_0, c_0）称为最初水平，最后一项 a_n（或 b_n, c_n）称为最末水平，其余各项称为中间水平。如果将不同时间上的发展水平进行比较，则把作为比较基础的时期称为基期，其对应的发展水平称为基期水平；把需要分析研究观察的那个时期称为报告期，其对应的发展水平称为报告期水平。上述概念并不是一成不变的，随着研究目的或序列排列的不同，该场合下的报告期水平，有可能是另一场合下的基期水平；该数列的最末水平也有可能是另一序列的最初水平。反之亦然。

发展水平在文字表达上习惯用“增加到”或“增加为”，“降低到”或“降低为”等词。例如，我国国内生产总值 2015 年为 688 858 亿元，到 2020 年增加到 911 205 亿元（按不变价格计算）；或者表达为我国国内生产总值由 2015 年的 688 858 亿元增加到 2020 年的 911 205 亿元。

二、增长水平

增长水平是两个时期（报告期和基期）的发展水平之差，用以说明现象在一定时期内增减的绝对数量。其值为正数，表明现象水平的增长，通常用“增长了……”来表示；其值为负数，表明现象水平的减少，通常用“减少了……”来表示。其计算公式为

$$增长量=报告期水平-基期水平$$

根据所对比的基期不同，增长量可分为逐期增长量和累计增长量。逐期增减量是报告期水平与前一时期水平之差，说明报告期较前一时期增减的绝对数量。累计增减量是报告期水平与某一固定基期水平（通常为最初水平）之差，表明现象在一段时期内总的增减绝对数量，用符号表示为

逐期增长量：a_1-a_0；a_2-a_1；$\cdots$；a_n-a_{n-1}

$$\Delta a_i = a_i - a_{i-1} \quad (i=1, 2, \cdots, n)$$

累计增长量：a_1-a_0；a_2-a_0；$\cdots$；a_n-a_0

$$\Delta a_i = a_i - a_0 \quad (i=1, 2, \cdots, n)$$

逐期增减量和累计增减量之间存在一定的数量关系：各逐期增减量之和等于相应时期的累计增减量；两个相邻时期累计增减量之差等于相应时期的逐期增减量。即

$$\sum_{i=1}^{n}(a_i - a_{i-1}) = a_n - a_0$$

$$(a_i - a_0)-(a_{i-1} - a_0) = a_i - a_{i-1} \quad (i=1, 2, \cdots, n)$$

两种增减量的计算实例见表 7.5 的第（3）栏和第（4）栏。

实际工作中，为了消除季节因素的影响，对于月度或季度数据，也可以用本月（季）发

展水平与上年同月（季）发展水平相减，以表示本月（季）较之上年同月（季）增减的绝对数量，称为年距增减量或同比增减量。年距增长量是反映本期与上年同期水平对比的增减量。用符号表示为

$$\Delta a_{i+L} = a_{i+L} - a_i \quad (L = 12\text{ 月或 }4\text{ 个季度};\ i = 1, 2, \cdots, n - L)$$

例 1　某碳酸饮料公司，2021 年 8 月的销售额为 8 000 万元，9 月为 7 200 万元，2020 年 9 月为 6 800 万元。虽然该公司 9 月比 8 月减少了 800 万元，但与去年同期相比却增加了 400 万元。减少的原因是季节变动所造成的，实际上公司的业绩是在增长。

三、平均增长水平

平均增长水平又称为平均增减量，是各逐期增减量的平均数，用以说明现象在一段时期内平均每期的绝对增减数量。计算平均增减量，是将各个逐期增减量相加后除以其项数。由于各个逐期增减量之和等于累计增减量，故也可直接以累计增减量除以逐期增减量的个数(即时间序列项数减 1）而求得，用符号表示为

$$\overline{\Delta} a = \frac{\sum_{i=1}^{n}(a_i - a_{i-1})}{n} = \frac{a_n - a_0}{n} \tag{7.1}$$

根据表 7.1 中第 2 栏的数据，可求得我国国内生产总值的年平均增减量为

$$\text{平均增长量} = \frac{1\,015\,986 - 487\,940}{9} = 58\,671.78\text{（亿元）}$$

四、平均发展水平（序时平均数）

平均发展水平(统计上习惯称为序时平均数或动态平均数)，是不同时间上发展水平的平均数。在进行时间数列分析时，常需要将数列中各项指标数值加以平均，消除不同时间上的数量差异，综合说明现象在一段时间内的一般水平。这种平均数与一般平均数（也可称为静态平均数）有所不同，动态平均数是同一现象（变量）在不同时间上数值的平均，消除的是该现象（变量）在不同时间上的数量差异；而静态平均数是同一现象（变量）在同一时间上各单位标志值的平均，消除的是该现象（变量）在不同总体单位上数量表现的差异。

由于时间数列中发展水平的表现形式有总量水平、相对水平和平均水平，因而计算平均发展水平也应就这几种形式分别加以讨论。其中总量水平的序时平均数的计算是最基本的。

（一）总量指标时间数列平均发展水平的计算

前已述及，总量指标时间数列包括时期数列和时点数列，由于两者的性质和特点不同，计算平均发展水平的方法也有所不同。

1. 时期指标时间数列的平均发展水平的计算

时期指标时间数列中的各项数值均是反映现象在一段时期（如一年）内累计总量的数据，将各个时期（如各年）的数据加总起来除以其时期项数（如年数 n），即可求得这一段时期（如 n 年）内的平均数。如果用 a 表示各个时间上的时期指标，时期序号为 1, 2, …, n，以 $\overline{a}$ 表示其序时平均数，则有

$$\overline{a}=\frac{a_1+a_2+\cdots+a_n}{n}=\frac{\sum a}{n} \tag{7.2}$$

由表 7.1 中第 2 栏的数据，可得 2016—2020 年我国国内生产总值年平均数为

$$\overline{a}=\frac{\sum a}{n}=\frac{4\ 500\ 213}{5}=900\ 042.6\text{（亿元）}$$

2. 时点指标时间数列的平均发展水平的计算

时点数列中的各项数值均是反映现象在某一时点上的总量数值，要求各时点上的平均数，原则上应是各时点上数值的合计除以其时点数。但由于时点指标数值的大小与两时点间的间隔长短没有必然联系，因而实际工作中统计时点指标时没有必要在很短的时间间隔内连续进行计量，通常是根据现象的特点或研究目的与任务的不同，选择一定的时点进行统计。而且，由于时点是一个瞬间概念，事实上也不可能得到每一个瞬间的数值。这样，我们要求一段时间（如一个月）内每一个时点上数值的平均值，就不可能按照严格意义上所说的所有时点数值的合计除以其相应时点个数的方法，而是根据现象和数据的不同特点，采用如下一些方法：

1）连续时点数列平均发展水平的计算

时点是一个瞬间概念，严格来说不存在“连续”之说。但由于时点数据通常需要间隔较长一段时间才进行一次统计，对于每天都能进行计量以获得数据（例如，银行每天的存、贷款余额），这在统计上就已经是很详尽的时点数据了。因而也就把这种连续的按逐日时点数据排列而形成的序列称为连续时点序列。对于连续时点序列，其平均发展水平的计算应按照每天时点数据的合计除以其天数的方法，即公式（7.1）所表示的简单算术平均方法。

例 2　某企业某年 1 月 13—17 日的银行存款余额（万元）分别为：230、350、650、560、480，则这 5 天的平均银行存款余额为

$$\overline{a}=\frac{\sum a}{n}=\frac{230+350+650+560+480}{5}=454\ \text{（万元）}$$

2）间断时点数列平均发展水平的计算

实际工作中，很多现象并不需要逐日的连续对其时点数量进行计量，而是间隔一段时间（如一个月、一个季度、一年等）才对其报告期的期初、期中或期末时点进行一次统计。这样的时点指标排列形成的数列，称为间断时点数列。如果数列中两个时点间的间隔是相等的，称这样的数列为间隔相等的时点数列，否则，称为间隔不等的时点数列。

对于间断时点数列，由于其时点指标通常以月度、季度、年度为时间间隔单位，在实际工作中不可能像前一种方法那样将每天的时点数加总再除以天数来求得比较精确的平均数，而只能在一定的假设下求其近似值。若假设上期期末时点指标即为本期期初时点指标，并假定相邻两时点间现象的数量变动是均匀的，则可以将相邻两时点（例如，1 月末和 2 月末）上的时点数值相加除以 2，作为这两个时点所代表的时间段（按上例即为 2 月份）现象的平均值；依此，将序列中每两个时点间的平均值都求出来，再将所有这些平均值相加除以其项数，即可得到整个序列时点的平均值。如果以 a_0，a_1，a_2，a_3，…，a_{n-1}，a_n 依次代表数列中的各项时点数据，对于间隔相等的时点数列，则有

$$\bar{a}=\frac{\frac{a_0+a_1}{2}+\frac{a_1+a_2}{2}+\cdots+\frac{a_{n-1}+a_n}{2}}{n} \tag{7.3}$$

或

$$\bar{a}=\frac{\frac{a_0}{2}+a_1+\cdots+a_{n-1}+\frac{a_n}{2}}{n} \tag{7.4}$$

式（7.4）形式上表现为首末两项数值折半，故称为“首末折半法”。显然，首末折半法适用于对间隔相等的时点序列求其平均发展水平。

例 3　某销售公司第二季度各月末销售人员统计资料见表 7.2。

表 7.2　　某销售公司销售人员统计表

时　　间	3 月 31 日	4 月 30 日	5 月 31 日	6 月 30 日
销售人员（人）	150	170	220	190

按照式（7.3），代入各月末人数，得

$$第二季度月平均销售人员=\frac{\frac{150+170}{2}+\frac{170+220}{2}+\frac{220+190}{2}}{3}=186.67（人）$$

按照式（7.4）代入各年年末人数，得

$$第二季度月平均销售人员=\frac{\frac{150}{2}+170+220+\frac{190}{2}}{3}=186.67（人）$$

对于间隔不等的时点序列，两相邻时点间的间隔单位时间数不尽相同，在利用上述公式求平均发展水平时，应以间隔单位时间数（以 f 表示）为权数进行加权平均，即

$$\bar{a}=\frac{\frac{a_0+a_1}{2}f_1+\frac{a_1+a_2}{2}f_2+\cdots+\frac{a_{n-1}+a_n}{2}f_n}{\sum_{i=1}^{n}f_i} \tag{7.5}$$

式（7.5）称为以间隔单位时间数为权数的加权平均公式，适用于对间隔不等的时点数列求其平均发展水平。

例 4　某工业公司 2021 年职工人数资料见表 7.3。

表 7.3　某工业公司职工人数统计表

日　期	1月1日	5月1日	8月1日	11月1日	12月31日
职工人数（人）	160	180	170	190	200

根据式（7.5）得

$$月平均职工人数=\frac{\frac{160+180}{2}\times 4+\frac{180+170}{2}\times 3+\frac{170+190}{2}\times 3+\frac{190+200}{2}\times 2}{4+3+3+2}=177.92（人）$$

从以上计算不难看出，“首末折半”公式和“间隔加权”公式并没有实质上的不同，前者不过是后者的特例而已。

（二）相对数时间数列、平均数时间数列的平均发展水平的计算

相对数（这里仅指静态相对数）数列、平均数时间数列中的各项数值（以 c 表示）是根据两个有联系的总量指标（分别用 a 和 b 表示）对比而求得的，即 $c=\frac{a}{b}$。因此，由相对数或平均数时间数列计算平均发展水平，应当符合该相对数或平均数本身的计算公式，即 $\bar{c}=\frac{\bar{a}}{\bar{b}}$，而不应当由 $\frac{\sum c}{n}$ 得到 $\bar{c}$。因为作为一种平均数，平均发展水平也受权数的影响，而且这种权数不是一般意义上变量值出现次数所占的比重 $\frac{f}{\sum f}$，而是计算 c 时的分子 a 和分母 b。若以简单平均的方式求 $\bar{c}$ $\left(即\ \bar{c}=\frac{\sum c}{n}\right)$，实际上忽略了权数的影响，而在权数不相等的情况下其计算结果是不正确的。唯有按该相对数或平均数本身的计算公式，即由 $\frac{\bar{a}}{\bar{b}}$ 而得到 $\bar{c}$，其权数的加权作用才真正得到体现，计算结果也才是正确的。

（三）序时平均数的代表性评估

在实际工作中，我们常常会遇到这样一些问题，在对员工进行绩效评估时，两人年度业绩总量是相同的，月平均业绩也完全相同，但过程的差异很大。如果在这样两个人中比较优劣的话，就需要对其发展过程的均衡性进行评估。在计算静态平均数时，要用标准差和标准差系数来评价平均数的代表性和现象的均衡性。在此可以借用这种方法，来评价序时平均数的代表性和时期现象发展变化的均衡性。由于时点现象中各指标数据的大小与间隔时间长短没有直接关系，所以这种方法不适合对时点指标时间数列计算的序时平均数代表性的评价。设时期数列的标准差为 S，其计算公式为

$$S=\sqrt{\frac{\sum(a_i-\overline{a})^2}{n}} \tag{7.6}$$

式中：a_i表示各时期的发展水平；$\overline{a}$表示序时平均数；n表示时期指标的项数。

时期数列的标准差系数为

$$v_S=\frac{S}{\overline{a}} \tag{7.7}$$

综上所述，评价序时平均数相同的现象只需计算标准差。标准差越大，说明现象发展过程的均衡性越差；标准差越小，说明现象发展过程的均衡性就越强。如果对比平均数不同的现象，就必须用标准差系数。

案例分析

某公司在对销售人员的业绩进行年度考核时，有两名销售人员的销售业绩均为 340 万元，是公司的年度销售业绩最好的两名业务员。公司只需在其中评出一名作为销售冠军。而在投入的销售费用也是完全相同的情况下，人力资源部门如果单纯从总的销售业绩和销售费用的投入这两方面，无法从中做出选择，最终决定对销售过程的均衡性进行评估。

两名销售人员的年度销售额资料见表 7.4。

表 7.4　两名销售人员销售额统计表　单位：万元

月份	1	2	3	4	5	6	7	8	9	10	11	12	合计
甲	20	30	25	30	30	22	28	30	35	30	32	28	340
乙	15	25	10	20	15	20	30	20	40	30	50	65	340

$$\overline{a_{甲}}=\frac{\sum a_{甲_i}}{n}=\frac{340}{12}=28.33 \text{（万元）}$$

$$\overline{a_{乙}}=\frac{\sum a_{乙_i}}{n}=\frac{340}{12}=28.33 \text{（万元）}$$

$$S_{甲}=\sqrt{\frac{\sum\left(a_{甲_i}-\overline{a_{甲}}\right)^2}{n}}=4.01 \text{（万元）}$$

$$S_{乙}=\sqrt{\frac{\sum\left(a_{乙_i}-\overline{a_{乙}}\right)^2}{n}}=15.46 \text{（万元）}$$

从以上计算结果看出，两名业务员的年度销售业绩和月平均销售业绩都是相同的。但从销售过程看，甲销售员的每月销售业绩较为均衡，乙业务员在前半年的销售业绩明显不如甲。为了用数据说明两者销售过程的差异性，需要分别计算两者的标准差，甲的标准差为 4 万元，乙的标准差为 15.45 万元。很明显，甲的销售过程更加均衡。最后，人力资源部决定将甲业务员评为公司的销售冠军。

第三节　时间数列的速度分析指标

反映现象发展变化的速度指标主要有发展速度与增长速度，平均发展速度与平均增长速度。

一、发展速度和增减速度

（一）发展速度

发展速度是两个时期（报告期和基期）的发展水平之比，用以说明现象报告期水平较基期水平发展的程度。其值大于 1，表明现象报告期水平比基期水平提高了；其值小于 1，表明现象报告期水平较基期水平降低了。根据所选择基期的不同，发展速度可分为环比发展速度、定基发展速度、年距发展速度。

1. 环比发展速度

环比发展速度是报告期水平与报告期前一期水平的对比，说明现象逐期发展的相对程度。

2. 定基发展速度

定基发展速度是报告期水平与固定基期水平之比，说明现象在较长一段时期内的发展总速度。

设动态数列为 $a_0, a_1, a_2, \cdots, a_{n-1}, a_n$，则环比发展速度为

$$\frac{a_1}{a_0},\ \frac{a_2}{a_1},\ \frac{a_3}{a_2},\ \cdots,\ \frac{a_n}{a_{n-1}} \tag{7.8}$$

定基发展速度为

$$\frac{a_1}{a_0},\ \frac{a_2}{a_0},\ \frac{a_3}{a_0},\ \cdots,\ \frac{a_n}{a_0} \tag{7.9}$$

例 5　我国出口贸易总额的统计指标计算表见表 7.5，试计算环比发展速度和定基发展速度。

表 7.5　我国出口贸易总额统计指标计算表

年份	出口总额（亿美元）	逐期增长量（亿美元）	累计增长量（亿美元）	环比发展速度（%）	定基发展速度（%）	环比增长速度（%）	定基增长速度（%）
（1）	（2）	（3）	（4）	（5）	（7）	（8）	（9）
2010	15 777.5	—	—	—	—	—	—
2011	18 983.8	3 206.3	3 206.3	120.32	120.32	20.32	20.32

续表

年份	出口总额（亿美元）	逐期增长量（亿美元）	累计增长量（亿美元）	环比发展速度（%）	定基发展速度（%）	环比增长速度（%）	定基增长速度（%）
（1）	（2）	（3）	（4）	（5）	（7）	（8）	（9）
2012	20 487.1	1 503.3	4 709.6	107.92	129.85	7.92	29.85
2013	22 090.0	1 602.9	6 312.5	107.82	140.01	7.82	40.01
2014	23 422.9	1 332.9	7 645.4	106.03	148.46	6.03	48.46
2015	22 734.7	− 688.2	6 957.2	97.06	144.10	− 2.94	44.10
2016	20 976.3	− 1758.4	5 198.8	92.27	132.95	− 7.73	32.95
2017	22 633.5	1 657.2	6 856.0	107.90	143.45	7.90	43.45
2018	24 866.8	2 233.3	9 089.3	109.87	157.61	9.87	57.61
2019	24 994.8	128.0	9 217.3	100.51	158.42	0.51	58.42
2020	25 899.5	904.7	10 122.0	103.62	164.15	3.62	64.15

数据来源：出口总额摘自《中国统计年鉴 2021 年》。

两种发展速度的计算结果见表 7.5 的第（5）和第（6）栏。

环比发展速度和定基发展速度之间存在着重要的数量关系：各环比发展速度的连乘积等于相应时期的定基发展速度；两相邻时期定基发展速度之商等于相应时期的环比发展速度。用公式分别表示为

$$\frac{a_n}{a_0}=\frac{a_1}{a_0}\times\frac{a_2}{a_1}\times\frac{a_3}{a_2}\times\cdots\times\frac{a_n}{a_{n-1}} \qquad (7.10)$$

$$\frac{a_i}{a_0}\div\frac{a_{i-1}}{a_0}=\frac{a_i}{a_{i-1}} \quad (i=2, 3, \cdots, n) \qquad (7.11)$$

利用这些关系，再根据所掌握的资料就可以互相推算了。

3. 年距发展速度

为了消除季节因素的影响，实际工作中，也可以用本期（月或季）发展水平与上年同期（月或季）发展水平相比，表示本期比上年同期发展的相对程度，称之为年距发展速度或同比发展速度。用公式表示为

$$a_{i+L}\div a_i \quad (L=12\text{ 个月或 }4\text{ 个季度}；\ i=1, 2, \cdots, n-L) \qquad (7.12)$$

（二）增长速度

增长速度是增长量与基期水平之比，用以说明报告期水平比基期水平提高的程度。

$$增长速度=\frac{增减量}{基期水平}=\frac{报告期水平-基期水平}{基期水平} \qquad (7.13)$$

从上式可以看出，增长速度等于发展速度减 1，但两者说明的问题是不相同的。发展速

度说明报告期水平相当于基期水平的多少，或报告期水平相对于基期水平发展到多少；而增长速度说明报告期水平较基期水平增长的这一部分相当于基期水平的多少，或报告期水平相对于基期水平来说，增长了多少（扣除基数）。当发展速度大于1时，增长速度为正值，说明现象的增长程度；当发展速度小于1时，增长速度为负值，说明现象的降低程度。

由于发展速度分为环比发展速度和定基发展速度，其对应的增减速度也分为环比增减速度和定基增减速度。用公式分别表示为

$$环比增减速度=环比发展速度-1$$

$$定基增减速度=定基发展速度-1$$

两种增减速度的计算结果，见表7.5的第（7）栏和第（8）栏。

需要特别注意的是，虽然环比增减速度和定基增减速度分别是环比发展速度和定基发展速度的派生指标，反映了现象增减的相对程度，但本身并不具备环比发展速度和定基发展速度之间的有关关系。也就是说，环比增减速度的连乘积并不等于相应时期的定基增减速度；两相邻定基增减速度之商也不等于相应时期的环比增减速度。若要以环比增减速度求定基增减速度，必须将各环比增减速度分别加1变成环比发展速度，连乘得定基发展速度，再减1而求得。同理，若以两相邻定基增减速度推算相应时期的环比增减速度，也应将两定基增减速度分别加1变成定基发展速度，两者相比得环比发展速度，再减1而求得。

（三）增长百分之一的绝对量

增长百分之一的绝对量是指每增长百分之一的速度在绝对数量上所包含的内容。增长1%的绝对量一般用于环比增长速度的绝对量分析（本月比上月、本年比上年等）。其计算公式如下

$$增长1\%的绝对量=\frac{逐期增长量}{环比增长速度\times100}=\frac{逐期增长量}{\frac{逐期增长量}{前一期水平}\times100}=\frac{前一期水平}{100} \quad (7.14)$$

进行动态对比分析时，由于对比基数的不同，就不可能单纯从发展速度方面进行对比，而需要用增长量和增长1%的绝对量来分析单位增长速度所带来的规模价值。这种规模价值才能真实地反映其差异。

案例分析

甲地区生产总值2021年为1 200亿元，2020年为1 050亿元；乙地区生产总值2021年为5 200亿元，2020年为4 820亿元。对比分析两个地区的经济发展速度以及由增长速度带来的规模价值上的差异。

$$甲地区的发展速度=\frac{1\ 200}{1\ 050}=114.29\%$$

$$增长速度=114.29\%-1=14.29\%$$

$$增长1\%的绝对量=\frac{1\ 050}{100}=10.5亿元$$

$$乙地区的发展速度=\frac{5\ 200}{4\ 820}=107.88\%$$

$$增长速度=107.88\%-1=7.88\%$$

$$增长百分之一的绝对量=\frac{4\ 820}{100}=48.2亿元$$

从以上计算结果看，甲地区的发展速度和增长速度都高于乙地区近 10 个百分点，但从增长 1%的绝对量看，乙地区增长 1%绝对量是甲地区的 4 倍。这说明乙地区的起点高，基数大，增长 1%所带来的规模价值非常好。甲地区的增长速度比乙地区高出 10 个百分点，是因为起点低、基数小所致。

二、平均发展速度和平均增长速度

平均发展速度指标是各个时期环比发展速度的平均数，说明现象在一段时期内发展变化的平均程度。平均发展速度说明现象逐期发展的平均程度，平均增长速度说明现象逐期增长的平均程度。

平均增长速度与平均发展速度之间相差一个基数，即

$$平均增长速度=平均发展速度-1$$

也就是说，平均增长速度不能直接计算得到，而应首先计算平均发展速度，再通过平均发展速度减 1 而求得。

平均发展速度大于 1，则平均增长速度为正值，表明现象在这段时期内平均说来是逐期递增的，因而也称为平均递增率；平均发展速度小于 1，则平均增长速度为负值，表明现象在这段时期内平均说来是逐期递减的，因而也称为平均递减率。平均递增（递减）率反映出现象在某段时期内平均逐期递增（递减）的程度。

平均发展速度是各期环比发展速度的平均数，而环比发展速度是两个时期（报告期和报告期的前一时期）发展水平之比$\left(即\dfrac{a_i}{a_{i-1}}\right)$，是一种动态相对数。因为这种增长是呈几何增长的，所以，在求这些动态相对数的平均数时，应当分别采用几何平均法或方程式法来计算。

（一）几何平均法

几何平均法又称为水平法。因为平均发展速度是环比发展速度的几何平均，因此要求平均发展速度，首先应得到总速度。由于现象发展的总速度是各环比发展速度的连乘积，而非代数和，因而求平均发展速度不能用算术平均法而必须用几何平均法。

为了与算数平均数加以区分，用 G_i（$i=1, 2, \cdots, n$）代表各环比发展速度，$\bar{G}$代表平均发展速度，$\prod$表示连乘，则用几何平均法计算平均发展速度的公式为

$$\bar{G}=\sqrt[n]{G_1\times G_2\times G_3\times\cdots\times G_n}=\sqrt[n]{\prod_{i=1}^{n}\mathrm{G}_i} \tag{7.15}$$

由于环比发展速度的连乘积等于总速度，若以 R 代表总速度，则式（7.15）也可改写为

$$\bar{G}=\sqrt[n]{R} \tag{7.16}$$

又由于总速度就是定基发展速度，若以 a_n 代表最末水平，a_0 代表最初水平，则式（7.16）又可改写为

$$\bar{G}=\sqrt[n]{\frac{a_n}{a_0}} \tag{7.17}$$

显见，3 个公式在实质上是一致的，只是根据已知资料的不同而灵活运用。3 个公式中的 n 都是指环比发展速度的个数，或者是时间数列的项数减 1。

根据表 7.5 中的有关数据，可由上述公式分别求得 2011—2020 年我国出口贸易总额的年平均发展速度

$$\bar{G}=\sqrt{G_1\times G_2\times G_3\times\cdots\times G_n}=\sqrt[10]{1.203\,2\times1.079\,2\times1.078\,2\times\cdots\times1.036\,2}=105.08\%$$

$$\bar{G}=\sqrt[n]{R}=\sqrt[10]{1.641\,5}=105.08\%$$

$$\bar{G}=\sqrt[10]{\frac{a_n}{a_0}}=\sqrt[10]{\frac{25\,899.5}{15\,777.5}}=105.08\%$$

$$\text{平均增长速度}=105.08\%-1=5.08\%$$

说明我国的出口贸易总额在 2011—2020 年平均每年以 5.08% 的速度增长。

用几何平均法计算的平均发展速度具有如下特点：

若将各期环比发展速度换成平均发展速度，依次推算各期发展水平（称为各期计算水平），则各期计算水平 $a_0\bar{G}^i$（$i=1, 2, \cdots, n-1$）与各期实际水平 a_i（$i=1, 2, \cdots, n-1$）并不相等，但最末一期的计算水平 $a_0\bar{G}^n$ 与最末一期的实际水平 a_n 相等。这体现了几何平均法的一个重要理论性质，即从最初水平 a_0 出发，每期都按平均发展速度 $\bar{G}$ 发展，则 n 期后一定达到末期水平 a_n。用公式表示为 $a_0\bar{G}^n=a_n$；由该公式也可派生出 $\frac{a_0\bar{G}^n}{a_0}=\frac{a_n}{a_0}$，或直接写为 $\bar{G}^n=\frac{a_n}{a_0}$，即计算所得的最末一期定基发展速度等于最末一期实际的定基发展速度。由于几何平均法着眼于末期水平，因而又常将其称为“水平法”。

由几何平均法的这一理论性质及式（7.17）不难看出，几何平均法侧重于末期水平，只要知道末期水平和基期水平，不论中间水平如何，事实上并不影响平均发展速度的计算结果。实际工作中，有些现象需要侧重考察末期水平，而有些现象却需要考察各期水平的总和。因此，除了用几何平均法计算平均发展速度外，有时也需要用方程式法进行计算。

（二）方程式法

方程式法又称为累计法。与几何平均法不同的是，根据方程式法计算平均发展速度，要

求满足的条件是：从最初水平 a_0 出发，每期都按平均发展速度 $\overline{G}^*$ 发展（为了和用几何平均法求出的平均发展速度 $\overline{G}$ 相区别，这里用 $\overline{G}^*$ 代表按方程式法求出的平均发展速度），则各期计算水平 $a_0\overline{G}^{*i}$（$i=1, 2, \cdots, n$）的总和应等于各期实际水平 a_i（$i=1, 2, \cdots, n$）的总和。

各期实际水平的总和为

$$a_1+a_2+\cdots+a_n=\sum_{i=1}^{n}a_i$$

也可改写为

$$a_0G_1+a_0G_1G_2+\cdots+a_0G_1G_2\cdots G_n=\sum_{i=1}^{n}a_i$$

式中，G_i（$i=1, 2, \cdots, n$）代表各期环比发展速度。将各环比发展速度 G_i 换成平均发展速度 $\overline{G}^*$ 后，按方程式的要求有

$$a_0\overline{G}^*+a_0\overline{G}^{*2}+\cdots+a_0\overline{G}^{*n}=\sum_{i=1}^{n}a_i$$

等式两边都除以 a_0 后，有

$$\overline{G}^*+\overline{G}^{*2}+\cdots+\overline{G}^{*n}=\sum_{i=1}^{n}\frac{a_i}{a_0}$$

解此高次方程所得 $\overline{G}^*$ 的正根（利用计算机求解），就是按方程式法所求得的平均发展速度。由于方程式法着眼于累计和，要求各期计算水平的总和等于各期实际水平的总和，即

$$a_0\overline{G}^*+a_0\overline{G}^{*2}+\cdots+a_0\overline{G}^{*n}=\sum_{i=1}^{n}a_i$$

同时也有各期计算的定基发展速度的总和等于各期实际定基发展速度的总和，即

$$\frac{a_0\overline{G}^*}{a_0}+\frac{a_0\overline{G}^{*2}}{a_0}+\cdots+\frac{a_0\overline{G}^{*n}}{a_0}=\sum_{i=1}^{n}\frac{a_i}{a_0}$$

或

$$\overline{G}^*+\overline{G}^{*2}+\cdots+\overline{G}^{*n}=\sum_{i=1}^{n}\frac{a_i}{a_0} \tag{7.18}$$

因此又常将此法称为“累计法”。

根据几何平均法和方程式法计算的平均发展速度，对同一现象，计算结果也是不相同的。选择何种方法，应根据研究目的而定。如果侧重考察最末一年所达到的水平，并按水平法制定五年计划或长期计划（如工农业产品产量、产值，社会商品零售额、劳动工资、人口等），计算平均发展速度宜采用几何平均法（水平法）；如果侧重考察全期水平的总和，并按累计法制定五年计划或长期计划（如基本建设投资额，毕业学生人数，干部、职工培训人数，新增固定资产数额、垦荒造林等），计算平均发展速度宜采用方程式法（累计法）。

（三）平均发展速度的应用

平均发展速度主要用于考察已经发生的现象在过去的较长时间里平均发展的程度，以及对未来做出预测。实际工作中，广泛地用于制订计划和检查计划的执行情况。应用平均发展速度指标时，应注意以下几个问题。

1. 平均发展速度应与各环比发展速度结合应用

用几何平均法计算平均发展速度，虽然是各个环比发展速度的平均，但实质上仅取决于最末水平和最初水平。如果现象中间时期的发展不平衡、不稳定，或者最末、最初水平表现出异常变动，都会降低甚至失去这个指标的意义。因此，在计算平均发展速度时，既要注意正确选择报告期水平和基期水平，也要注意平均发展速度和各环比发展速度的结合应用，以便更好地揭示现象的运动变化过程和发展变化特征。

2. 总平均发展速度应和分段平均发展速度结合应用

总平均发展速度仅概括地反映现象在一段较长时期内的平均发展变化过程，不能深入揭示其间各重要历史阶段的发展变化状况。在我国的历史数据中，这种阶段性的数据特征尤其明显。因此，在进行总平均发展速度的分析时，有必要将各个特定历史时期（如各个 5 年计划时期、改革开放时期等）分段计算平均发展速度，以对总平均发展速度作补充说明。

3. 正确选择用于计算总平均发展速度时所需要的基期水平

现象发展的速度与基期水平有密切的关系。一般而言，基期水平低，容易算出高速度；基期水平高，发展速度就相对低。因此，高速度可能掩盖低水平，而低速度又可能隐含高水平。

4. 将平均发展速度与每增长 1%的绝对量结合应用

为了对现象做出正确分析，就要既看相对速度，又看绝对水平，更要注意每增长 1% 所包含的绝对数量。将相对指标与绝对指标结合应用，能够更加准确地揭示现象发展变化的规律性。

案例分析

某地区 2015 年的国内生产总值为 89 468.1 亿元，其中第一产业为 14 628.2 亿元，占国内生产总值的 16.35%；第二产业为 44 935.3 亿元，占国内生产总值的 50.23%；第三产业为 29 904.6 亿元，占国内生产总值的 33.42%。2020 年按可比价格计算的国内生产总值为 150 426.6 亿元，第一产业为 21 848.0 亿元，占国内生产总值的 14.52%；第二产业为 80 650.8 亿元，占国内生产总值的 53.62%；第三产业为 47 927.8 亿元，占国内生产总值的 31.86%。该地区计划到 2025 年，国内生产总值将在 2015 年的基础上翻一番，根据前 5 年的国民经济运行情况，该地区的十年规划将提前多长时间完成？各产业所占比重将发生什么变化？

根据已知资料，首先计算 2016—2020 年国内生产总值和第三产业产值的平均发展速度。

$$\text{国内生产总值的平均发展速度}=\sqrt[5]{\frac{150\ 426.6}{89\ 468.1}}=\sqrt[5]{1.681\ 3}\approx 1.109\ 5\text{或}110.95\%$$

$$\text{第一产业的平均发展速度}=\sqrt[5]{\frac{21\ 848.0}{14\ 628.2}}=\sqrt[5]{1.493\ 6}\approx 1.083\ 5\text{或}108.35\%$$

$$\text{第二产业的平均发展速度}=\sqrt[5]{\frac{80\ 650.8}{44\ 935.3}}=\sqrt[5]{1.794\ 8}\approx 1.124\ 1\text{或}112.41\%$$

$$\text{第三产业的平均发展速度}=\sqrt[5]{\frac{47\ 927.8}{29\ 904.6}}=\sqrt[5]{1.602\ 7}\approx 1.098\ 9\text{或}109.89\%$$

根据该地区规划，到 2025 年国内生产总值将在 2015 年的基础上翻一番，则 2025 年的计划目标为

$$89\ 468.1\times 2=178\ 936.2\text{（亿元）}$$

如果在2021—2025年该地区国内生产总值仍然按照2016—2020年的平均发展速度发展，则到 2025 年的国内生产总值将达到

$$1.109\ 5^5\times 150\ 426.6\doteq 252\ 907.19\text{（亿元）}$$

比计划目标高出 73 970.99 亿元。该地区将提前完成的时间是

$$1.109\ 5^n\times 150\ 426.6=178\ 936.2$$

则

$$n=\frac{\lg 178\ 936.2-\lg 150\ 426.6}{\lg 1.109\ 5}\doteq\frac{5.252\ 7-5.177\ 3}{0.045\ 1}\approx 1.67\text{（年）}$$

根据以上计算，如果该地区在 2021—2025 年仍按照 2016—2020 年的平均发展速度发展的话，则将提前 3 年完成国内生产总值翻一番的目标。

如果三大产业仍按照前 5 年的速度发展，则到 2025 年各产业的产值将分别为

$$\text{第一产业产值}=1.083\ 5^5\times 21\ 848.0\approx 32\ 625.43\text{（亿元）}$$

$$\text{第二产业产值}=1.124\ 1^5\times 80\ 650.8\approx 144\ 754.95\text{（亿元）}$$

$$\text{第三产业产值}=1.098\ 9^5\times 47\ 927.8\approx 76\ 803.03\text{（亿元）}$$

三项合计为 254 183.41 亿元，与按总平均发展速度计算的国内生产总值 252 907.19 相差 1 276.22 亿元，这种差异是计算平均发展速度的小数点后的取舍造成的。如果我们以 252 907.19 为标准根据三大产业所占比重进行调整，则各大产业的比重分别为

第一产业：32 625.43/254 183.41 × 252 907.19 = 32 461.62（亿元）

第二产业：144 754.95/254 183.41 × 252 907.19 = 144 028.16（亿元）

第三产业：76 803.03/254 183.41 × 252 907.19 = 76 417.41（亿元）

我们将 2015 年的国内生产总值与预测的 2025 年的国内生产总值及其结构列表 7.6 如下。

表 7.6　　该地区国内生产总值统计　　单位：亿元

分组	年份			
	2015 年		2025 年	
	国内生产总值	所占比重（%）	国内生产总值	所占比重（%）
第一产业	14 628.2	16.35	32 461.62	12.84
第二产业	44 935.3	50.23	144 028.16	56.95
第三产业	29 904.6	33.42	76 417.41	30.21
合　计	89 468.1	100	252 907.19	100

以上计算结果表明，如果 2021—2025 年的发展速度与 2016—2020 年的发展速度相同，该地区在 2022 年就有可能实现国内生产总值翻一番的目标。预计到 2025 年，国内生产总值可达 252 907.19 亿元，第一产业的比重将由 16.35%下降至 12.84%，第二产业的比重将由 50.23%提高至 56.95%，第三产业的比重将由 33.42%下降至 30.21%。

第四节　时间数列的影响因素分析

在一段时期内，客观现象总是按照自身所固有的一定规律发展变化。对现象随着时间所发生变化的分析，不仅要根据时间数列的有关数据计算一系列时间数列的分析指标，以研究现象发展所达到的水平和速度，还应当对一个时间数列的影响因素进行分解分析，以揭示现象发展变化的趋势和规律性，并在此基础上，对现象的未来发展做出有科学根据的预测，这就是时间数列影响因素分析的主要内容。

一、时间数列的影响因素

时间数列所揭示的事物的发展变化状况，是许多因素共同作用的结果。这些影响因素有大有小、有强有弱，要将各种因素一一加以区分、逐个分解计算，这在事实上是不可能的。但我们可以将这些影响因素合并归类为几种不同的类型，并对各种类型因素的影响作用加以测定。对时间数列影响因素进行归类，最常见的有四类：长期趋势、季节变动、循环周期（有时也称为经济周期）以及无法归入上述三类的不规则变动。

各种时间数列的变动，通常是由这四类因素中的一部分或全部影响所致。例如，自然现象中的气温变化，主要受季节周期因素和不规则变动因素的影响；社会经济的发展，主要受长期趋势和经济周期因素的影响，同时也会受到不规则变动因素的影响；某种商品销售额的变动，既受长期趋势因素的影响，也受季节周期、经济周期及不规则变动因素的影响。不同因素的影响，使时间数列呈现为不同的形态。对时间数列中的各类因素进行分解、测定、分析、预测，揭示事物随时间变化而演变的趋势和规律，是时间序列分析的重要内容。

（一）长期趋势

长期趋势是指现象在较长一段时期内，由于受到持续的决定性因素的影响，使其在较长时间内向着一个方向逐渐向上或向下的变动趋势。长期趋势是一种对事物的发展普遍和长期起作用的基本因素。这种变化最常见的是一种向上的发展。对于经济现象而言，通常由各种经济投入（如技术进步、劳动力、资金等）所引起，因此，长期趋势有时也可视作经济成长的因素。当然，也有一些经济现象随着经济的发展反而呈下降趋势（如单位产品成本、商品流通费用率、人口自然增长率等）。不论是上升趋势或下降趋势，都应理解为这是现象的长期趋势。任何一个时间数列，都必然受长期趋势因素的影响而呈现出某种长期趋势形态。

（二）季节变动

季节变动也称为季节周期，是指社会经济现象随自然季节改变而产生的有规律性的循环变动。例如，某些服装商品的销售额、旅游客流量、各月的降雨量等都会直接受到季节变动的影响。

形成季节周期的原因，既要受到自然因素的影响，有些现象也要受到人为因素的影响。例如，农作物的生产、某些商品的需求和销售是由于自然界季节变化对现象产生影响而形成的周期性规律。我国商品销售和旅游人数在春节、国庆节、五一劳动节等大假期间都会大量增加，某些国家的商品销售及旅游在圣诞节、复活节等期间可能特别活跃，这种变化是由于制度、习惯、法规、法律等影响而形成的周期性规律。但很多时候自然季节和人为季节也不能截然划分。因为人为季节要以自然季节为基础，而自然季节引起的变动又往往形成人类的习惯，使自然季节转变为习惯季节。如春风和煦、秋高气爽的季节，人们习惯外出旅游，国家又给予大假，形成两种季节因素共同影响的旅游季节；其他如“端午节”“中秋节”等，相关商品的销售和消费，也逐渐形成两种季节因素共同影响的特点。

（三）循环周期

循环周期也称为循环变动，这种因素的影响使现象呈现出以若干年（通常不少于三年）为一周期，涨落相间、扩张与紧缩、波峰与波谷相交替的波动。这种变动不同于长期趋势，它不是沿着某一方向持续运动，而是一种兴衰交替的周期波动。但它也不同于季节周期，循环周期的周期变化规律是一种自由规律，周期的长短很不一致，可短至两三年，也可长至几十年，而季节周期的变化是一种固定规律，通常以一年（12 个月）、四个季度或一周（7 天）等为一周期，每年重复出现；循环周期的可识别性也远不如季节周期，季节周期通常根据常识和几年的数据资料即可识别，而循环周期常常需要十几年甚至几十年的数据资料才能加以识别。

（四）不规则变动

不规则变动是一种由偶然性、随机性、突发性因素引起的变动。受这种因素影响，现象呈现时大时小、时起时落、方向不定、难以把握的变动。这种变动不同于前三种变动，是因为其完全无规律可循，无法预料、无法控制、无法消除也无法抗拒。但由于这种因素具有偶然性，根据概率论原理，如果这类因素很多，而且互相独立，则有相互抵消的可能；但若这些因素相互之间有联系而且受一两个重大因素所支配，则难以互相抵消，极可能形成数列的波动，而且振幅往往很大，无法以前三种变动加以解释（例如，战争、自然灾害等）。

时间数列分析的重要任务之一，是对影响时间数列的这几类因素进行统计测定和分析，从数列的变动中，分解出各类因素的影响，揭示各类因素影响数列变动的规律性，为正确认识现象现状和预测未来的发展趋势提供科学的依据。本章只介绍在实际工作中普遍采用的长期趋势分析和季节变动分析。

二、长期趋势分析

（一）研究长期趋势的目的和意义

长期趋势分析，就是运用一定的方法分析现象发展变化的规律性，是时间数列构成因素分析中最重要的工作。一个时间数列可能不包含季节周期和循环周期因素，但必然包含长期趋势因素。研究长期趋势的目的，一是认识和掌握现象随时间演变的趋势和规律，为制定相关政策和进行管理提供依据；二是通过对现象过去变动规律的认识，对事物的未来发展趋势做出推测；三是测定出趋势因素后，便于从原时间数列中剔除趋势因素，更好地分析、研究其他因素。

为了使长期趋势分析能够更好地反映现象的规律性，对一个时间数列进行趋势分析时，所选定的时间应尽可能长一些。时间越长，越能反映现象发展的基本规律，偶然性因素的影响就越小。但若在长时间的数据中出现了前后数据不可比的情况或个别有悖于基本趋势的不正常数据，则应视具体情况予以调整或删除。

（二）测定长期趋势的方法

1. 移动平均法

移动平均法的基本原理，是通过对数列移动平均，消除数列中的不规则变动和其他变动，揭示数列的基本趋势。

所谓移动平均，是选择一定的平均项数（常用 n 表示），采用逐项移动逐项平均的方法对原有时间数列计算一系列移动平均值，这些移动平均值消除或削弱了原数列中的不规则变动和其他变动，从而揭示出现象在较长时间内的基本发展趋势。

例 6　现以我国 2010—2020 年的出口总额资料为例说明移动平均的计算方法和原理（见表 7.7）。

移动平均的项数可以是奇数项，也可以是偶数项。项数的选择要根据现象本身的特点和波动幅度而定，一般情况下，要考虑以下几方面的因素：① 受自然周期影响较大的现象，一般要选择构成自然周期的单位时间数（如 1 年由四个季度或 12 个月组成，一个季度由 3 个月组成）。② 若向上或向下趋势明显，项数可少一些；若上下波动较明显，项数可多一些。

表 7.7　　我国出口总额移动平均数计算　　单位：亿美元

年　份	出口总额	三项移动平均	四项移动平均	移正平均
（1）	（2）	（3）	（4）	（5）
2010	15 777.5			
2011	18 983.8	18 416.13		
2012	20 487.1	20 520.30	19 334.6	20 290.28
2013	22 090.0	22 000.00	21 245.95	21 714.81
2014	23 422.9	22 749.20	22 183.68	22 244.83
2015	22 734.7	22 377.97	22 305.98	22 373.91
2016	20 976.3	22 114.83	22 441.85	22 622.34
2017	22 633.5	22 825.53	22 802.83	23 085.34
2018	24 866.8	24 165.03	23 367.85	23 983.25
2019	24 994.8	25 253.70	24 598.65	
2020	25 899.5			

1）奇数项移动平均

在表 7.7 中，三期移动平均值是以每 3 个数据进行移动平均的，如

$$\frac{15\,777.5+18\,983.8+20\,487.1}{3}=18\,416.13\text{（亿美元）}$$

$$\frac{18\,983.8+20\,487.1+22\,090.0}{3}=20\,520.30\text{（亿美元）}$$

等等。

由于三期移动平均值代表的是这三期的平均水平，因而其平均数的位置应在这三个时期的中间。相类似，五期、七期移动平均值是以每五（七）个数据进行移动平均，由于五（七）项移动平均值代表的是这五（七）期的平均水平，因而其平均数的位置应在这五（七）个时期的中间。以此类推。

2）偶数项移动平均

现以 $n=4$ 计算四期移动平均值（方法同上）。但由于四期移动平均值代表这四期的中间水平，其平均数的位置应在这四个时期的中间，即这四个时期的第二、第三期之间，这在原时间数列的时间刻度上不便于反映，出现移动平均值不能对准原数列的某一时期的情况。因而，应将四期移动平均值再两两平均（称为中心化平均或移正平均），这样，移动平均值下移半个时期，正好对准原数列的某一时期。类似地，只要移动平均项数 n 为偶数，则移动平均值均应多一步中心化或移正平均步骤。

从表 7.7 中的四期或四期中心化移动平均值及图 7.1 中四期移正平均值数列可以看出，原数列中的波动已被消除，其长期趋势被很清楚地表现出来了。

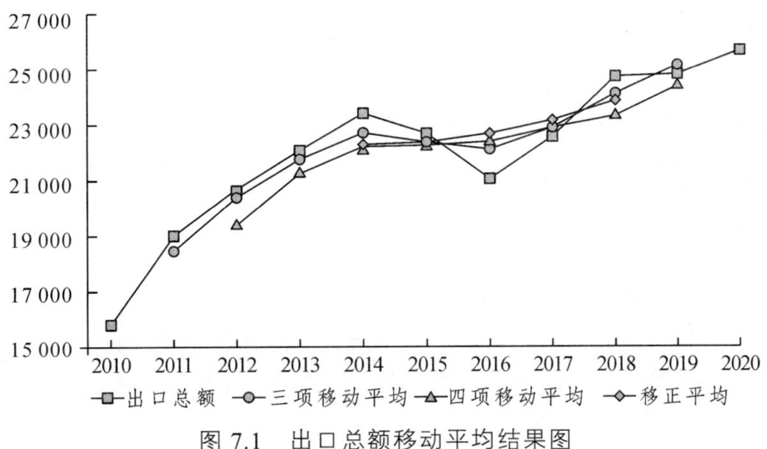

图 7.1　出口总额移动平均结果图

该例说明，移动平均方法确实能够消除数列中的不规则变动（平均项数越多，消除的不规则变动越多）。通过以上例示和分析，可以看出移动平均法具有以下特点：

（1）移动平均对数列具有平滑修匀作用，平均项数（n）越大，对序列的平滑修匀作用越强。

（2）平均项数 n 为奇数，只需一次移动平均，其平均值所代表的时期即可与数列中的某一时期相对应；而平均项数 n 为偶数时，尚需再进行一次中心化或移正平均，其平均值所代表的时期才能与数列中的某一时期相对应。

（3）若序列中包含周期变动，则平均项数 n 必须与周期长度一致，才能消除数列中的周期波动，揭示数列中的长期趋势。

（4）移动平均后，移动平均值数列较原序列项数要少。n 为奇数时，新数列首尾各少 $\frac{n-1}{2}$ 项；n 为偶数时，新数列首尾各少 $\frac{n}{2}$ 项。

（5）分解长期趋势的目的之一，是为了对数列的未来趋势发展做出预测。但移动平均趋势值本身不能将趋势线延长进行外推预测，而必须借助其他方法。

需要说明的是，有些移动平均位置的处理是将移动平均值直接置于第 n 期的最后一期。如三期移动平均时，平均值直接置于这三期的第三期；以此类推，五期（或 n 期）移动平均时，平均值直接置于这五期（或 n 期）的第五期（或第 n 期）。Excel 中的移动平均即是这样的。这对于水平趋势的数列尚可，但对于有增长趋势的数列，这种处理方法易使趋势产生滞后，通常并不提倡采用这种方法。

2. 数学模型法

数学模型法是利用数学中的某种数学方程对原数列中的趋势进行拟合，以消除其他变动的影响，揭示数列长期发展趋势的规律性。由于数学方程式表现的是一种函数关系，由该方程式计算出的趋势值所反映的是一种规则变动，因而特别适合于只包含趋势影响的数列测定趋势值。又由于趋势方程具有延伸外推的功能，便于对未来时期的趋势做出预测，因此，数学模型法在时间数列的长期趋势分析中较为广泛的应用。用数学模型分析时间数列的长期发展趋势的关键是模拟与现象发展规律相适合的趋势方程。

1）趋势方程的选择

由于客观现象的实际变化复杂多样，有的呈现一次线性趋势，有的呈现二次、三次曲线趋势，有的呈现指数曲线趋势，也有的呈现 S 曲线趋势，更多的则是各种混合形式。对这些趋势形态各异的各种数列，要准确判断其发展变化的趋势规律，找出准确的函数形式很困难，实际上只能拟合最为接近的趋势方程对现象进行分析。具体提出以下方法可供参考：

（1）定性分析。即根据经济常识和现象的客观性质判断该现象在一般情况下遵循什么规律发展，从而从定性角度选择拟合曲线。

（2）绘制观测值的散点图或折线图。这些图形通常能很直观地表现出数列的趋势类型，再配合定性分析，一般能拟合较为接近的趋势线。这种方法是最常用也是比较有效的一种方法。

（3）根据数列的数据特征加以判断。常用的判断方法有：若数列各项数据的增长量大致相同，可对该序列拟合直线趋势方程；若数列的环比发展速度大致相同，可对该数列拟合指数曲线。

（4）对混合趋势形式的数列，也可采取分段拟合的方法，分别考察各阶段的趋势变化。但若要对未来的趋势发展做出预测，通常只能根据最后一阶段的趋势方程进行外推预测。

（5）对某个数列，若有多种曲线形式可供选择，则应依据趋势估计值与原序列实际观测值的均方差对各种拟合的曲线进行比较，选择其中均方差最小者为宜。

2）用最小平方法计算趋势方程的参数

（1）按最小平方法计算方程的参数，要求满足两个条件：

第一，实际观测值 y_t 与由趋势方程计算的时间数列的 t 期趋势估计值 $\hat{y}_t$ 的离差平方和为最小值。即

$$\sum(y_t - \hat{y}_t)^2 = \text{最小值} \qquad (7.19)$$

第二，y_t 与 $\hat{y}_t$ 的离差之和为零，即

$$\sum(y_t - \hat{y}_t) = 0 \qquad (7.20)$$

若能满足第一个条件，第二个条件自然满足。对于不同的曲线形式，由满足离差平方和最小的条件可得到不同的参数估计值。

（2）直线趋势方程的参数估计与趋势测定。设直线的趋势方程为

$$\hat{y}_t = a + bt \qquad (7.21)$$

式中：a、b 为直线方程的待估计的参数。a 是直线的截距，也就是当时间 t 为 0 时的数据均值；b 为直线斜率，也就是时间 t 每增加一个单位，现象平均增加的数量；$\hat{y}_t$ 为 t 时期的趋势估计值；t 为时间序号。

a 和 b 的估计按最小平方法的要求，应满足

$$\sum(y_t - \hat{y}_t)^2 = \sum(y_t - a - bt)^2 = \text{最小值}$$

通过对 a 和 b 分别求一阶偏导数并令其为零，得

$$\begin{cases}\dfrac{\partial Q}{\partial a}=2\sum(y_t-a-bt)(-1)=0\\\dfrac{\partial Q}{\partial b}=2\sum(y_t-a-bt)(-t)=0\end{cases}$$

整理后，可得到用最小平方法求 a 和 b 的标准方程

$$\begin{cases}\sum y_t=na+b\sum t\\\sum ty_t=a\sum t+b\sum t^2\end{cases}$$

由标准方程可解得

$$b=\frac{n\sum ty_t-\sum t\sum y_t}{n\sum t^2-(\sum t)^2} \tag{7.22}$$

$$a=\frac{\sum y_t}{n}-b\frac{\sum t}{n} \tag{7.23}$$

（3）关于 t 的取值。t 为时间序号，可以对此进行排列。

起点取值：就是以时间数列的第一期为起点 1，以后依次取值为

1, 2, 3, 4, 5, 6, 7, …

中点取值：当时间数列的指标项数为奇数项时，以中间项为原点 0，原点之前的各期为负，原点之后的各期为正，t 值分别为

… − 3, − 2, − 1, 0, 1, 2, 3, …

当时间数列为偶数项时，则可用两个中间项的中间为原点，t 以半期为单位，一期为两个单位，t 值分别为

… − 5, − 3, − 1, 1, 3, 5, …

t 从中点取值，使 $\sum t=0$。

参数 a、b 的求解方程为

$$\begin{cases}\sum y=na\\\sum ty=b\sum t^2\end{cases} \tag{7.24}$$

$$\begin{cases}a=\overline{y}\\b=\dfrac{\sum ty}{\sum t^2}\end{cases} \tag{7.25}$$

案例分析

以我国 2000—2014 年国家预算资金用于固定资产投资的资金总额（见表 7.8）为例，分析其长期发展趋势，并拟合一条直线方程，对 2015 年的情况进行估计。

表 7.8　　国家预算资金用于固定资产投资金额数据　　单位：亿元

年　份	资金额	年　份	资金额
2000	2 109.5	2008	7 954.8
2001	2 546.4	2009	12 685.7
2002	3 161 0	2010	13 012.7
2003	2 687.8	2011	14 843.3
2004	3 254.9	2012	18 958.7
2005	4 154.3	2013	22 305.3
2006	4 672 0	2014	26 745.4
2007	5 857.1		

第一步：根据表 7.8 的数据，绘制散点图，如图 7.2 所示。

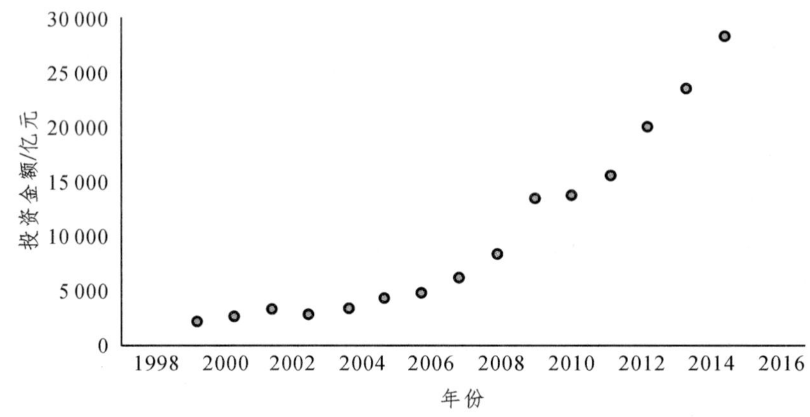

图 7.2　数据散点图

根据以上散点图拟合一条直线方程

$$\hat{y}_t = a + bt$$

第二步：求趋势方程的参数（见表 7.9）。

表 7.9　　投资金额趋势值计算

年　份	资金额 y	t	t^2	ty	$\hat{y}_t$
2000	2 109.5	−7	49	−14 766.5	−2 042.60
2001	2 546.4	−6	36	−15 278.4	−370.33
2002	3 161.0	−5	25	−15 805.0	1 301.94
2003	2 687.8	−4	16	−10 751.2	2 974.20
2004	3 254.9	−3	9	−9 764.7	4 646.47
2005	4 154.3	−2	4	−8 308.6	6 318.73
2006	4 672.0	−1	1	−4 672.0	7 991.00

续表

年　份	资金额 y	t	t^2	ty	$\hat{y}_t$
2007	5 857.1	0	0	0	9 663.26
2008	7 954.8	1	1	7 954.8	11 335.53
2009	12 685.7	2	4	25 371.4	13 007.79
2010	13 012.7	3	9	39 038.1	14 680.06
2011	14 843.3	4	16	59 373.2	16 352.32
2012	18 958.7	5	25	94 793.5	18 024.59
2013	22 305.3	6	36	133 831.8	19 696.85
2014	26 745.4	7	49	187 217.8	21 369.12
合　　计	144 948.9	0	280	468 234.2	144 948.90

根据以上计算得

$$\sum y = 144\,948.9\text{（亿元）},\ \sum t = 0,\ \sum t^2 = 280,\ \sum ty = 468\,234.2$$

$$a = \frac{\sum y}{n} = \frac{144\,948.9}{15} = 9\,663.26$$

$$b = \frac{\sum ty}{\sum t^2} = \frac{468\,234.2}{280} = 1\,672.265$$

第三步：建立趋势方程，估计趋势值。

将 a、b 的值代入 $\hat{y}_t = a + bt$ 得

$$\hat{y}_t = 9\,663.26 + 1\,672.265t$$

将 t 的取值分别代入上式求趋势值：

当 $t = -7$ 时，

$$\hat{y}_{2000} = 9\,663.26 + 1\,672.265 \times (-7) = -2\,042.595\text{（亿元）}$$

当 $t = -6$ 时，

$$\hat{y}_{2001} = 9\,663.26 + 1\,672.265 \times (-6) = -370.33\text{（亿元）}$$

当 $t = -5$ 时，

$$\hat{y}_{2002} = 9\,663.26 + 1\,672.265 \times (-5) = 1\,301.935\text{（亿元）}$$

……

当 $t = 7$ 时，

$$\hat{y}_{2014} = 9\,663.26 + 1\,672.265 \times 7 = 21\,369.115\text{（亿元）}$$

到 2015 年，$t = 8$，有

$$\hat{y}_{2015} = 9\,663.26 + 1\,672.265 \times 8 = 23\,041.38\text{（亿元）}$$

同理，当 t 从起点取值时（即 $t=1$，2，3，…，14，15），求解的方程为

$$\hat{y}_t = 1\,672.3t - 3\,714.9$$

其趋势线表现如图 7.3 所示。

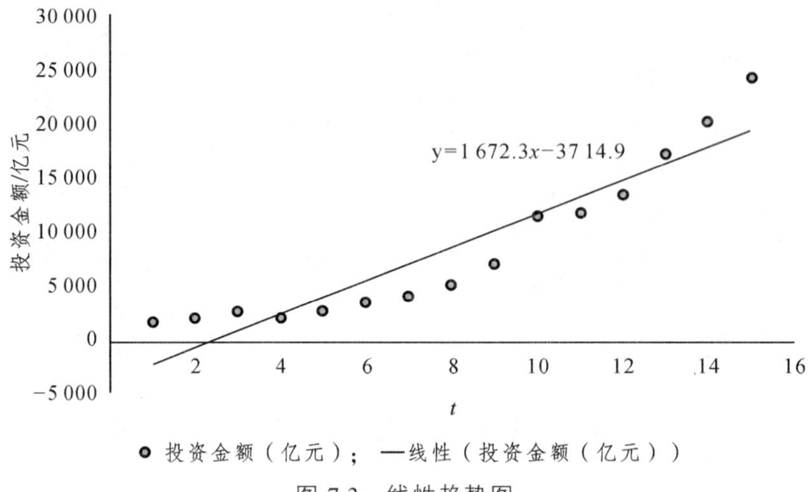

图 7.3　线性趋势图

从以上计算结果可以看出，对于国家预算用于固定资产投资金额，拟合一直线方程进行长期趋势分析，误差比较大。该现象更适合的是用曲线方程进行分析，尤其是指数曲线（见图 7.4）。

3）曲线趋势方程的参数估计与趋势测定

曲线趋势方程的类型很多，但方程中参数估计的基本原理与直线方程是一致的。现仅以指数曲线为例加以说明（见图 7.4）。

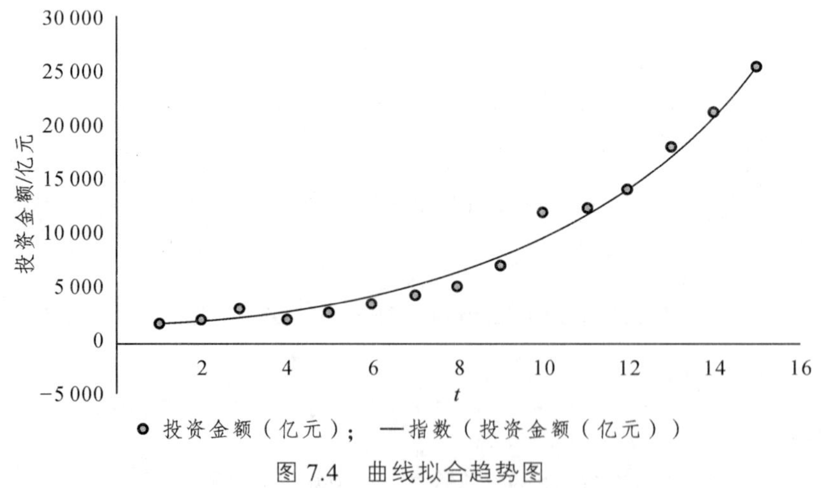

图 7.4　曲线拟合趋势图

（1）指数曲线的趋势方程式为

$$\hat{y}_t = ab^t \tag{7.26}$$

式中：$\hat{y}_t$、a 及 t 的意义同前；b 为时间 t 每增加一个单位现象的发展速率。也就是说，直线方程反映的是等量增长的现象，而指数曲线方程反映的是等速增长的现象。

将指数曲线方程的两边取对数，得对数直线方程

$$\lg \hat{y}_t = \lg a + t \lg b$$

由此得到按最小平方原理估计参数 lg$a$ 和 lg$b$ 的标准方程为

$$\begin{cases} \sum \lg y_t = n \lg a + \lg b \sum t \\ \sum t \lg y_t = \lg a \sum t + \lg b \sum t^2 \end{cases} \qquad (7.27)$$

（2）二次曲线的趋势方程式为

$$\hat{y}_t = a + bt + ct^2$$

用最小平方法估计参数的标准方程为

$$\begin{cases} \sum y_t = na + b\sum t + c\sum t^2 \\ \sum ty_t = a\sum t + b\sum t^2 + c\sum t^3 \\ \sum t^2 y_t = a\sum t^2 + b\sum t^3 + c\sum t^4 \end{cases} \qquad (7.28)$$

其他曲线的参数估计可以此类推，不再赘述。

三、季节变动分析

社会经济现象随自然季节改变而产生的有规律性的循环变动称为季节变动。现实生活中，季节变动是一种极为普遍的现象，尤其在商业经济活动中表现得十分明显。因此，通过分析现象的季节变动，能够掌握现象季节变动的特点和规律性，正确认识现象季节变动的数量特征，为当前的经济活动决策和未来经济活动的计划提供依据；也可以通过分解和消除数列中的季节变动因素，更好地揭示数列中的循环周期和其他因素变动，以便对循环周期和其他因素进行正确地分析。

在进行季节变动分析之前，通常要根据原序列绘制出折线图或散点图，认真观察数列的基本类型和季节变动的基本特征，以便于选择适当的测定方法。季节变动分析所依据的资料是最近几个季节周期已经发生的历史资料。对于规律性较强的季节数列，其基础数据一般不少于 4 年；而规律性较差的，数据则应更多一些。对序列中由于各种临时性、偶然性的激变因素所引起的异常数据，可视具体情况删除或修正。

季节变动分析的核心是计算季节变动比率（又称为季节变动指数），它反映季节变动的综合指标，表示的是各月（季）的水平与月（季）平均水平的差异程度。计算季节变动比率的方法主要有两种，一种是按月（季）平均法，一种是移动平均趋势剔出法。

（一）按月（季）平均法

这是测定季节周期变动最简单的一种方法，适用于包含水平趋势、季节周期和不规则变

动的数列。所谓按月（季）平均法，就是对原数列数据资料不通过剔除趋势等整理过程，直接对原数据按平均的方法分离出季节因素。其原理是：以某个均值（例如，全部数据的平均数）作为序列的水平趋势估计值，再通过各年同期（同月或同季）平均的方法消除不规则变动，并以消除不规则变动后的数据除以水平趋势估计值求得季节因素（又称为季节比率）。具体步骤如下：

第一步：求各年同期（月或季）平均数。对于月度资料，计算 12 个月几年同月的平均数；对于季度资料，计算几年同季的季平均数。这一步骤的目的是消除体现在各年同期数据上的不规则变动。

第二步：求各年单位时间的总平均数。如果是月度资料，就计算总的月平均数；如果是季度资料，就计算总的季平均数。这一步骤的目的是找出数列中单位时间的水平趋势值。

第三步：计算季节比率。季节比率的计算公式为

$$\text{季节比率}=\frac{\text{各年同期（月）季平均数}}{\text{各年单位时间总平均数}}\times 100\% \tag{7.29}$$

为了计算结果较为准确，一般小数点后面需保留两位。12 个月的季节比率之和一般应等于 1 200%，4 个季度的季节比率之和应等于 400%。如果不等于以上结果，需要对季节指数进行调整。调整系数的公式为

$$\text{调整系数}=\frac{1\,200}{\text{各月季节指数之和}} \tag{7.30}$$

$$\text{调整季节比率}=\text{季节比率}\times\text{调整系数}$$

从以上计算步骤可见，季节因素其实质是相对于水平趋势值的一种变化程度，这种变化程度揭示了季节变动的一般规律。

（二）移动平均趋势剔出法

很多社会经济现象，除了受季节变化的影响外，还要受到发展趋势的影响。对于有发展趋势影响的现象，用移动平均趋势剔出法计算季节比率更为科学。具体计算步骤如下：

第一步：计算移动平均值。如果是季度资料，移动平均的项数应为 4 项，如果是月度资料，移动平均的项数应为 12 项，并将其结果进行中心化处理，也就是将移动平均的结果再进行一次二项移动平均，即得出中心化移动平均值。这种移动平均值，消除了季节波动，反映出现象向上（或向下）的发展趋势。

第二步：将实际值与移动平均趋势值进行对比，计算季节比率。

第三步：计算几年来同月（季）的平均季节比率。当计算结果相加不等于 1 200%（400%）时，计算调整季节比率。

季节比率在实际工作中的应用十分广泛。分析季节变动是制定经营计划的基础，管理者常常利用季节比率来分解年度计划。

案例分析

1. 按季平均法

某啤酒生产企业 2016—2020 年各季的啤酒销售量季节比率计算见表 7.10。

表 7.10　　某啤酒生产企业啤酒销售量　　单位：万吨

年　份	第一季度	第二季度	第三季度	第四季度	合　计
2016	25	50	68	32	—
2017	28	58	80	33	—
2018	30	62	90	35	—
2019	33	68	96	37	—
2020	35	72	102	40	—
合　计	151	310	436	177	—
平均值	30.2	62	87.2	35.4	53.7
季节比率（%）	56.24	115.46	162.38	65.92	400.00
2021 年计划	42.01	86.25	121.3	49.24	298.8

第一步：计算几年来同季的季平均数。

$$\frac{25+28+30+33+35}{5}=30.2$$

$$\frac{50+58+62+68+72}{5}=62$$

……

第二步：计算五年的季平均数。

$$\frac{25+28+30+\cdots+32+33+35+37+40}{20}=53.7$$

第三步：计算季节比率。

$$一季度季节比率=\frac{30.2}{53.7}=56.24\%$$

$$二季度季节比率=\frac{62}{53.7}=115.46\%$$

$$三季度季节比率=\frac{87.2}{53.7}=162.38\%$$

$$四季度季节比率=\frac{35.4}{53.7}=65.92\%$$

由于季节比率之和为 400%，故不需要调整。

从以上计算结果表明，第三季度由于天气炎热、气温高，是啤酒销售最旺的季节，高出年平均水平 62.38%；第一季度由于天气寒冷，是啤酒销售最淡的季节，其销售量只有年平均销售量的 56.24%。如果 2021 年的计划目标是在 2020 年的基础上，销售量增长 20%，那么可以应用季节比率将计划分解到各季度。

2021 年计划销售量 = 249 × 120% = 298.8（万吨），则

$$2021\text{ 年一季度计划销售量} = 56.24\% \times \frac{298.8}{4} = 42.01\text{（万吨）}$$

$$2021\text{ 年二季度计划销售量} = 115.46\% \times \frac{298.8}{4} = 86.25\text{（万吨）}$$

$$2021\text{ 年三季度计划销售量} = 162.38\% \times \frac{298.8}{4} = 121.30\text{（万吨）}$$

$$2021\text{ 年四季度计划销售量} = 65.92\% \times \frac{298.8}{4} = 49.24\text{（万吨）}$$

2. 移动平均趋势剔出法

从表 7.10 中的资料可以看出，啤酒销售量不仅表现出明显的季节变动，而且每年的销售量还呈现出明显的增长趋势。下面我们用移动平均趋势剔出法来计算啤酒销售量的季节变动指数。计算步骤如下：

第一步：计算四项移动平均数（见表 7.11）。

第二步：计算移正平均数（见表 7.11）。

第三步：计算季节比率（见表 7.11）。

$$\text{季节比率} = \frac{\text{同期销售量}}{\text{移正平均数}}$$

第四步：计算同期平均季节比率（见表 7.12）。

第五步：计算修正季节比率（见表 7.12）。

第六步：计算 2021 年各季度计划销售额。

表 7.11　　某啤酒生产企业啤酒销售量趋势剔出法季节比率计算表（一）

年　份	季度	销售量	四项移动平均数	移正平均数	季节比率（%）
2016	1	25			
	2	50	43.75		
	3	68	44.5	44.13	154.09
	4	32	46.5	45.5	70.33
2017	1	28	49.5	48.00	58.33
	2	58	49.75	49.63	116.86
	3	80	50.25	50.00	160.00
	4	33	51.25	50.75	65.02

续表

年　份	季度	销售量	四项移动平均数	移正平均数	季节比率（%）
2018	1	30	53.75	52.5	55.81
	2	62	54.25	54.00	114.82
	3	90	55	54.63	164.75
	4	35	56.5	55.75	62.78
2019	1	33	58	57.25	57.64
	2	68	58.5	58.25	116.74
	3	96	59	58.75	163.40
	4	37	60	59.5	62.19
2020	1	35	61.5	60.75	57.61
	2	72	62.25	61.88	116.35
	3	102			
	4	40			

表 7.12　　某啤酒生产企业啤酒销售量趋势剔出法季节比率计算表（二）

年　份	第一季度	第二季度	第三季度	第四季度	合　计
2016			154.09	70.33	—
2017	58.33	116.86	160.00	65.02	—
2018	55.81	114.82	164.75	62.78	—
2019	57.64	116.74	163.40	62.19	—
2020	57.61	116.35			—
合　计	229.39	464.77	642.24	260.32	—
平均季节比率	57.35	116.18	160.56	65.08	399.17
修正季节比率	57.47	116.42	160.89	65.22	400.00
2021 计划销量	42.93	86.97	120.18	48.72	298.8

从以上两种计算方法的计算结果看，两者存在一定的差距，这种差距主要是长期趋势影响造成的。

小　结

所谓时间数列（又称时间序列或动态序列），是把反映某种现象在时间上变化、发展的一系列统计数据按时间先后顺序排列起来所形成的数列。任何一个时间数列，都具备两个基本要素：① 现象所属的时间，称为时间要素（常用 t 表示）；② 反映现象在不同时间上数量表现的统计数据，称为数据要素（常用 a 表示）。所谓时间数列分析，就是根据时间的发展变化，研究现象在不同时间上和一段时间内的发展状态，探索其随时间推移的变动趋势和变化规律，揭示其数量变化和时间的关系，探讨影响动态序列变动的各构成因素及组合模式，预测现象在未来时间上可能达到的数量规模和水平。

时间数列按其排列指标的表现形式不同，可分为总量指标时间数列、平均指标时间数列和相对指标时间数列。总量指标时间数列按其所反映时间状况的不同，可分为时期指标时间数列和时点指标时间数列。

编制时间数列的目的，是为了进行时间数列分析。因而，保证时间序列中各项指标数值在所属时间、总体范围、计算口径、经济内容等方面是可比的，是编制时间序列的基本原则。

对时间数列进行分析最常用的方法有两种，即指标分析法和构成因素分析法。

指标分析法主要有水平指标分析和速度指标分析。水平指标主要包括发展水平、增长水平、平均发展水平和平均增长水平。根据发展水平在时间数列中所处的位置和作用不同可分为最初水平、最末水平、中间水平或报告期水平、基期水平等。增长量根据所对比的基期不同，可分为逐期增长和累计增长量。平均增长水平又称为平均增减量，是各逐期增减量的平均数，用以说明现象在一段时期内平均每期的绝对增减数量。平均发展水平（统计上习惯称为序时平均数或动态平均数），是不同时间上发展水平的平均数。速度指标主要有发展速度与增长速度、平均发展速度与平均增长速度。发展速度是两个时期（报告期和基期）发展水平之比，用以说明现象报告期水平较比基期水平的发展程度。由于所选择的基期不同，发展速度可分为环比发展速度、定基发展速度、年距发展速度。平均速度指标是各个时期的环比速度的平均数，说明现象在一段时期内发展变化的平均程度。平均发展速度说明现象逐期发展的平均程度，平均增长速度说明现象逐期增长的平均程度。

构成因素分析法主要有长期趋势分析和季节变动分析。长期趋势是指现象在较长一段时期内，由于受到持续的决定性因素的影响，使其在较长时间内向着一个方向逐渐向上或向下的变动趋势。长期趋势分析，就是应用一定的方法分析现象发展变化的规律性，是时间数列构成因素分析中最重要的工作。长期趋势分析的方法主要有移动平均法和数学模型法。长期趋势分析的目的，一是认识和掌握现象随时间演变的趋势和规律，为制定相关政策和进行管理提供依据；二是通过对现象过去变动规律的认识，对事物的未来发展趋势做出推测。季节变动也称为季节周期，是指社会经济现象随自然季节改变而产生的有规律性的循环变动。季节变动分析就是通过计算季节变动比率来反映现象季节变动的规律性。季节比率是反映季节变动的综合指标，它所表示的是各月（季）的水平与月（季）平均水平的差异程度。计算季节比率的方法主要有两种，一种是按月（季）平均法，一种是移动平均趋势剔出法。季节变动分析在实践中被广泛地应用于分解年度计划中。

思考与练习

一、思考题

1. 时间数列的水平分析指标有哪些？时间数列的速度分析指标有哪些？
2. 什么是时间数列的长期趋势？长期趋势分析有什么意义？
3. 移动平均数能不能消除季节变动？为什么？
4. 简述测定季节变动的“原资料平均法”基本原理和步骤。

二、练习题

（一）单项选择题

1. 以下指标中属于时期指标的是（　　）。

A. 某地区企业的数量　　B. 某地区企业的产量

C. 某地区企业的职工人数　　D. 某地区新增企业数量

2. 以下指标中属于时点数列的是（　　）。

A. 企业工人月平均产值按月排列组成的数列

B. 企业平均工资按月排列组成的数列

C. 企业月末库存产品按月排列组成的数列

D. 企业新增在职员工人数按月排列组成的数列

3. 某企业上年 12 月底，本年 1 月末、2 月末、3 月末的库存材料分别为 1.5 万元、2.0 万元、2.5 万元、3 万元，则第一季度的平均库存材料是（　　）。

A. 2.5 万元　　B. 2.25 万元　　C. 1.67 万元　　D. 2.88 万元

4. 某企业各季度的产值分别为 25 万元、22 万元、30 万元、33 万元，则该企业的季度平均产值为（　　）。

A. 27.5 万元　　B. 27.0 万元　　C. 20.25 万元　　D. 25.5 万元

5. 某企业两年利润的环比发展速度分别为 120%和 150%，则后一年的定基发展速度（　　）。

A. 270%　　B. 150%　　C. 135%　　D. 180%

6. 某校近几年参加统考的情况如下：合格率 2021 年比 2018 年增加 12%，2020 年比 2019 年增加 3%，2021 年比 2020 年又增加了 4%，则 2019 年比 2018 年的合格率增加了（　　）。

A. 24.0%　　B. 7.2%　　C. 4.6%　　D. 5.0%

7. 某县粮食平均亩产去年比前年增加一成半，今年又比去年增加两成，则该县粮食平均亩产年平均增加（　　）。

A. 18.50%　　B. 19.50%　　C. 17.47%　　D. 15.25%

8. 某地 2015 年的地区生产总值为 3 260 亿元，2020 年为 5 450 亿元，该地“十三五”期间的地区生产总值平均发展速度为（　　）。

A. 108.94%　　B. 106.15%　　C. 110.82%　　D. 33.44%

9. 已知某企业销售量季节指数的情况为第一季度 115%、第二季度 95%、第三季度 82%、第四季度 100%，该企业属于销售旺季的季度为（　　）。

A. 第一季度　　B. 第二季度　　C. 第三季度　　D. 第四季度

10. 在用最小平方法分析时间数列的长期趋势时，t 的取值（　　）。

A. 只能从最初水平取值为 1

B. 只能从中点水平取值为 0

C. 即可以从起点指标取值，也可以从中点指标取值

D. 必须为时间数列对应的时间

（二）多项选择题

1. 平均增长量（　　）。

A. 是累计增长量时间数列的序时平均数

B. 是逐期增长量时间数列的序时平均数

C. 可用最后一期累计增长量除以逐期增长量的项数

D. 是环比发展速度的序时平均数

E. 是环比增长速度的序时平均数

2. 根据环比发展速度和定基发展速度间的关系可以做如下推算（　　）。

A. 由环比发展速度连乘求定基发展速度

B. 由环比发展速度相加求定基发展速度

C. 相邻的环比发展速度相除可得对应的定基发展速度

D. 相邻的定基发展速度相除可得对应的环比发展速度

E. 由定基发展速度相加求环比发展速度

3. 以下（　　）是计算平均发展速度的正确公式。

A. $\bar{G}=\sqrt[n]{\frac{\sum a}{a_0}}$　　B. $\bar{G}=\sqrt[n]{\frac{a_n}{a_0}}$　　C. $\bar{G}=\sqrt[n]{\prod G}$

D. $\bar{G}=\sqrt[n]{\frac{a_n}{a_1}}$　　E. $\bar{G}=\sqrt[n-1]{\frac{a_n}{a_1}}$

4. 以下关于环比增长速度和定基增长速度的说法，正确的是（　　）。

A. 环比增长速度连乘可得定基增长速度　　B. 环比增长速度连乘不能得定基增长速度

C. 定基增长速度相除可得环比增长速度　　D. 定基增长速度相除不能得环比增长速度

E. 增长速度的换算需要首先求出对应的发展速度

5. 时间数列的影响因素包括（　　）。

A. 长期趋势　　B. 季节变动

C. 循环变动　　D. 交替变动

E. 不规则变动

（三）计算分析题

1. 某企业一季度的资料见表 7.13。

表 7.13　　某企业销售额及人员统计

月　份	1 月	2 月	3 月	4 月
销售额（万元）	90	124	143	156
月初销售人员人数（人）	58	60	64	66

计算商品销售额月平均增长量和季度销售员平均销售额。

2. 某企业的资料见表 7.14。

表 7.14　　某企业增加值及人数统计

月　份	3 月	4 月	5 月	6 月
增加值（万元）	1 150	1 170	1 200	1 370
月末人数（百人）	6.5	6.7	6.9	7.1

试计算该企业第二季度平均每人的月劳动生产率（人均创造的增加值）。

3. 某企业集团 2020 年实现销售收入 50 亿元。

（1）若计划 2021—2023 年年递增率不低于 10%，其后不低于 8%，问 2025 年该厂销售收入最低将达到多少？

（2）若计划 2030 年销售收入将在 2020 年的基础上翻一番，而 2021 年的增长速度可望达到 12%，问以后 9 年应以怎样的速度增长才能达到预定目标？

（3）若计划 2030 年销售收入将在 2020 年的基础上翻一番，并要求每年保持 8%的增长速度，问能提前多长时间达到预定目标？

4. 某地区社会商品零售额 2006—2010 年每年平均增长 8.6%，2011—2015 年每年平均增长 7.2%，2016—2020 年每年平均增长 6.5%，问 2005—2020 年该地区社会商品零售额共增长多少？年平均增长速度是多少？若 2006 年社会商品零售额为 40 亿元，按此平均增长速度，2023 年的社会商品零售额应为多少？

5. 某市国内生产总值的增长速度资料见表 7.15 所示。

表 7.15　某市地区生产总值增长速度

年　份	2015	2016	2017	2018	2019	2020
定基增长速度（%）	—	5.00	10.50			34.09
环比增长速度（%）	—	5.00		6.00	8.00	

问：五年间平均每年的增长速度是多少？超过平均增长速度的年份有哪些？

6. 某啤酒企业五年的销售收入资料见表 7.16。

表 7.16　某啤酒企业 2016—2020 年销售收入　单位：万元

年　份	一季度	二季度	三季度	四季度
2016	120	430	540	90
2017	130	450	570	120
2018	150	520	680	140
2019	160	530	700	150
2020	190	550	730	180

要求：

（1）分别用按季平均法和移动平均趋势剔出法计算该企业的季节指数。

（2）如果在 2021 年，计划完成销售额将在 2020 年的基础上增长 10%，请将年度计划分解到各季度。

7. 某地 2005—2020 年的人均地区生产总值见表 7.17。

表 7.17　　某地 2005—2020 年人均地区生产总值

年　份	人均国内生产总值（元/人）	年　份	人均国内生产总值（元/人）
2005	8 828	2013	32 750
2006	10 371	2014	35 563
2007	12 963	2015	37 150
2008	15 685	2016	40 297
2009	17 387	2017	45 835
2010	21 230	2018	51 658
2011	26 136	2019	55 619
2012	29 627	2020	58 126

根据以上资料，用最小平方法分析该地人均地区生产总值的长期发展趋势，并预测到 2023 年该地区人均地区生产总值可能达到多少？

第七章资料

第八章　统计指数

在时间数列分析中，对社会经济现象进行动态对比分析是从总量指标、平均指标和相对指标的整体进行的。在现实中，一种现象的变化总要受到一些关联因素的影响，而且这些关联因素与总量之间存在着较为密切的数量关系。例如，销售额的增长一定与销售量和销售价格的变动有关；工资总额的变化一定与职工人数和平均工资的变动有关。在实际工作中，科学的管理不仅需要我们分析总量的变化，而且需要分析引起总量变化的各因素的变动。那么怎样才能实现综合反映其总量的变动及其原因呢？统计指数就是研究现象在时间或空间上综合对比的分析方法。

第一节　统计指数的概念和种类

一、统计指数的概念

指数的概念起源于 18 世纪中期的欧洲，距今已有二百多年的历史。二百多年来，随着指数理论和指数应用的发展，对指数概念也有了各种不同的理解，但总的来讲，可区分为广义的指数和狭义的指数两类。

18 世纪中期，随着金银大量流入欧洲，欧洲的物价飞涨，引起了社会的不安，于是产生了反映物价变动程度的需求。随即，人们找到了关于一种商品计算价格指数的方法，即用该商品现有价格和原有价格之比以反映价格变动的程度，这就是我们现在所说的个体指数，它就是指数概念的起源。后来，指数被推广运用到经济领域的各个方面，人们不仅把反映动态的相对数叫作指数，而且也把各种相对数叫作指数，这就是今天所说的广义的指数定义。英国百科全书对指数所下的定义“指数是用来测定一个变量对于一个特定变量值大小的相对数”就是广义的指数。

狭义的指数是用来综合反映所研究社会经济现象复杂总体数量变动状况和对比关系的特殊相对数。所谓复杂总体是指由许多度量单位不同或性质各异的事物组成的、数量上不能直接加总的总体。例如，某家电商场同时销售计算机、电视机、冰箱等商品，由于这几种商品性质各异，使用价值不同，计量单位也不同故不能直接相加以计算报告期与基期相比的销售量变动程度。为了管理的需要，我们必须掌握这些商品销售总量的变化，对此，运用指数分析法就能使问题得到解决。统计指数理论主要用于探讨复杂现象总体的综合变动状况和对比关系。本书所讲的指数，主要是指这种狭义的指数。狭义的指数具有以下特点：

（1）综合性。狭义的指数不是反映一种事物的变动，而是综合反映多种事物构成的总体的变动及其原因，所以它是一种综合性的分析。例如，社会商品零售物价指数是概括反映全社会零售商品这一总体的价格变动，而不是某一种或者某一类商品的价格变动。

（2）平均性。由于构成总体的个体变动是参差不齐的，狭义的指数所反映的总体的变动只能是一种对个体进行平均意义上的变动，即表示各个个体变动的一般程度。例如，某地区本年与上年相比，社会商品零售物价指数为 102%。它表示该地区社会商品零售价格平均上涨了 2%，但有的项目涨价幅度高于 2%，有的项目涨价幅度低于 2%，甚至可能有的项目价格在下跌。

二、统计指数的种类

按照不同的标准可以对统计指数进行不同的分类，常用的统计指数的分为以下几类。

1. 按其说明现象的范围不同，分为个体指数和总指数

个体指数是反映单一事物变动的相对数。例如，反映一种产品的产量变动的相对数称为产量个体指数，反映一种商品价格变动的相对数称为价格个体指数。总指数是反映由多个事物构成的复杂经济现象总体综合变动的相对数。例如，反映多种商品销售量变动的销售量总指数，反映多种商品价格变动的价格总指数。个体指数属于广义的指数，其计算方法也就是发展速度的计算方法，但个体指数体系可以对现象的变动进行因素分析。有时要对所研究的现象总体分类进行研究，反映其中某一类（组）事物变动的相对数称为类（组）指数。类（组）指数实质上属于总指数，其计算方法与总指数相同。

2. 按指数化指标的性质不同，分为数量指标指数和质量指标指数

指数化指标是指数所要测定其变动的指标。数量指标指数是说明数量指标变动的指数，即指数化指标为数量指标，如产品产量指数、商品销售量指数、工人人数指数等。质量指标指数是说明质量指标变动的指数，即指数化指标为质量指标，如单位产品成本指数、价格指数、劳动生产率指数等。这两种指数的计算既有联系又有区别。

3. 按其所说明现象的时间状况不同，分为动态指数和静态指数

指数理论产生于动态对比分析，但随着指数理论的发展，其应用已超出了动态对比的范围，而广泛应用于静态对比之中。动态指数是指用于说明现象在不同时间上进行对比的相对数（前面提及的指数都是就动态指数而言的）。静态指数是指用于说明复杂现象在同一时间不同空间的综合对比的指数或实际数与计划数综合对比的指数。静态指数是动态指数在应用上的拓展，所以其计算原理和分析方法与动态指数相同。本书后面不再专门讨论静态指数。

在动态指数数列中，当各期指数都以上期为对比基期时，则称之为环比指数。各期指数都以某一固定时期为对比基期，则称之为定基指数。由于个体指数就是一般的发展速度，所

以对于个体指数，各环比指数的连乘积等于相应的定基指数。而对于总指数，这一关系就只有在特定条件下才成立。

三、统计指数的作用

1. 根据现象之间的联系，用指数体系对现象的总变动因素进行分析

现象总量的变动受若干个构成因素变动的影响，指数分析法的一个重要作用是利用指数体系，分别测定复杂经济现象变动的方向和程度及其对经济现象总量的影响。指数分析的这一原理和方法不仅适合于对现象总量的变动进行因素分析，而且也可应用于对总平均指标的变动进行分析。有关问题将在本章第四节详细介绍。

2. 综合反映复杂现象总体变动的方向和程度

如前所述，一般的动态相对数只能反映单个现象的变动或可加总的多种事物的总变动。对于复杂现象总体，由于构成该总体的各种事物不能直接加总，而且它们的变动方向和程度不尽相同，要综合反映其变动就需计算统计指数。指数与发展速度指标一样都是表示现象发展变动程度的，且都常用百分比表示。当指数大于 100%时，表示所研究现象总的变动方向是上升的；反之，当指数小于 100%时，表示所研究现象总的变动方向是下降的。指数与 100%之差相当于增减速度，表示所研究现象的增减变动程度。

3. 编制指数数列，反映现象变化的长期趋势

指数数列是一种特殊的时间数列，它是将某种指数在各个时期的数值按时间顺序排列而成的数列。根据时间数列，可以观察所研究现象在较长一段时间内变化的趋势，也可以将有联系而性质不同的指数数列进行对比，用以说明现象之间的关系和变化趋势。根据职工货币工资指数数列和消费品价格指数数列，可研究职工货币工资与消费品价格分别呈何种趋势以及两种变化有何联系，从而进一步研究职工实际工资水平的变化。又如，根据工业品零售价格指数数列和农产品价格指数数列对比，可以反映工农业产品比价的综合变化。

第二节　个体指数及个体指数体系

一、个体指数

在经济管理中，我们常常需要对单一事物的变化及其影响因素进行分析。例如，某公司经营了几种产品，每一种产品的销售量或销售价格的变化都会直接影响销售额发生变化。如某企业的三种产品的销售资料见表 8.1，试分析每种产品的价格和销售量的变动及其对销售额的影响。

表 8.1　　某企业三种商品的销售统计表

产品名称	计量单位	价格（元）			销售量		
		基期	报告期	个体指数（%）	基期	报告期	个体指数（%）
符号	—	p_0	p_1	$\frac{p_1}{p_0}$	q_0	q_1	$\frac{q_1}{q_0}$
甲	公斤	6	6	100	500	505	101
乙	件	20	18	90	400	500	125
丙	套	60	48	80	250	400	160

设 q 为数量指标，q_0 为基期的数量指标，q_1 为报告期的数量指标，p 为质量指标，p_0 为基期的质量指标，p_1 为报告期的质量指标，k_q 为数量指标个体指数，k_p 为质量指标个体指数，则

$$k_q = \frac{q_1}{q_0} \tag{8.1}$$

$$k_p = \frac{p_1}{p_0} \tag{8.2}$$

（1）数量指标个体指数（销售量指数）:

甲商品销售量指数：$k_{q甲} = \frac{q_{1甲}}{q_{0甲}} = \frac{505}{500} = 1.01 = 101\%$

乙商品销售量指数：$k_{q乙} = \frac{q_{1乙}}{q_{0乙}} = \frac{500}{400} = 1.25 = 125\%$

丙商品销售量指数：$k_{q丙} = \frac{q_{1丙}}{q_{0丙}} = \frac{400}{250} = 1.6 = 160\%$

（2）质量指标个体指数（销售价格指数）:

甲商品价格个体指数：$k_{p甲} = \frac{p_{1甲}}{p_{0甲}} = \frac{6}{6} = 1.00 = 100\%$

乙商品价格个体指数：$k_{p乙} = \frac{p_{1乙}}{p_{0乙}} = \frac{18}{20} = 0.9 = 90\%$

丙商品价格个体指数：$k_{p丙} = \frac{p_{1丙}}{p_{0丙}} = \frac{48}{60} = 0.8 = 80\%$

从以上的计算结果得知：三种商品的销售量都有不同程度的增长，其中增长最多的是丙商品的销售量；三种商品中有两种商品的价格都有所下降，其中价格下降幅度最大的也是丙商品。销售量和销售价格的变化会共同影响销售额的变化。

二、个体指数体系

由两个或两个以上在客观上存在联系的个体指数所组成的确定的数量关系称为个体指数体系。

例如，销售额个体指数 = 销售量个体指数 × 销售价格个体指数，

总成本个体指数 = 产量个体指数 × 单位成本个体指数。

个体指数体系从表现形式上看有相对数体系和绝对数体系。即

相对数体系为

$$\frac{q_1p_1}{q_0p_0}=\frac{q_1}{q_0}\times\frac{p_1}{p_0} \tag{8.3}$$

绝对数体系为

$$q_1p_1-q_0p_0=(q_1-q_0)p_0+(p_1-p_0)q_1 \tag{8.4}$$

在绝对数体系中，$q_1p_1-q_0p_0$ 表示一种事物的综合指标的变动的绝对额，它同时受到数量指标和质量指标的共同影响。$(q_1-q_0)p_0$ 表示数量指标的增加的绝对量，乘上基期的质量指标后对综合指标的变动的影响（前例中就说明报告期比基期增加的销售量，假如仍然按基期的价格来销售，应该增加多少销售额）；$(p_1-p_0)q_1$ 表示质量指标的增加的绝对量，乘上报告期的数量指标后对综合指标的变动的影响（前例中就说明报告期的销售量按报告期的价格销售比按基期价格销售所增加的销售额）。现以表 8.1 中的乙产品为例，来说明个体指数体系的分析方法。

乙商品销售量指数：$k_{q乙}=\dfrac{q_{1乙}}{q_{0乙}}=\dfrac{500}{400}=1.25=125\%$

乙商品价格指数：$k_{p乙}=\dfrac{p_{1乙}}{p_{0乙}}=\dfrac{18}{20}=0.9=90\%$

乙产品销售额指数：$\dfrac{q_{1乙}p_{1乙}}{q_{0乙}p_{0乙}}=\dfrac{500\times18}{400\times20}=\dfrac{9\ 000}{8\ 000}=1.125=112.5\%$

相对数体系为

$$\frac{q_{1乙}p_{1乙}}{q_{0乙}p_{0乙}}=\frac{q_{1乙}}{q_{0乙}}\times\frac{p_{1乙}}{p_{0乙}}$$

即　$112.5\%=125\%\times90\%$

以上结果说明乙商品销售额的报告期比基期增长 12.5%，这一现象是由于销售量增长 25%，价格下降 10%共同影响的结果。

绝对数体系为

$$q_{1乙}p_{1乙}-q_{0乙}p_{0乙}=(q_{1乙}-q_{0乙})p_{0乙}+(p_{1乙}-p_{0乙})q_{1乙}$$

即　9 000 − 8 000 =（500 − 400）× 20 +（18 − 20）× 500

即　1 000（元）= 2 000（元）− 1 000（元）

从以上计算结果可以看出，乙产品的销售量报告期比基期增加 100 件，使销售额应增加 2 000 元；但销售价格报告期比基期下降了 2 元，又使销售额应该减少 1 000 元，这两个因素共同影响的结果，使乙产品的销售额报告期比基期实际增加了 1 000 元。

结论：乙产品价格下调，使销售量增长 10%，同时销售额增加 1 000 元。事实证明这次价格调整策略是成功的。

三、个体指数体系的应用

个体指数体系在企业的经营管理决策和实施过程的管理中已被广泛应用，特别是在单一产品的营销策划管理和实施结果的评估，以及单一产品成本计划实施管理中，应用更加广泛。下面，用一个案例分析来说明指数体系在单一产品的营销策划管理和实施结果的评估中的应用。

案例分析

某企业用一种产品进行节日促销一个月的活动，以引起消费者对该企业产品的关注，达到提高企业和产品的知名度，促进销售量增长的目的。用于促销产品的基期价格为 200 元，促销价为 170 元，基期销售量为 500 台。根据财务部门的核算，公司给销售部下达的促销任务是：销售价格下调 15%，销售额就必须增加 30%，才能保证这种产品在促销期间的销售总利润在基期的基础上增加 2%。促销一个月的结果是按促销价格实际销售了 800 台产品。

分析问题：

（1）降价后要使销售额增加 30%，销售量应达到多少？

（2）对这次降价促销活动的执行情况进行评估。

已知：$p_0 = 200$（元），$p_n = 170$（元）（p_n 为促销价格），$q_0 = 500$（台），$\dfrac{q_n p_n}{q_0 p_0} = 130\%$。

求：q_n。

解：

$$k_p = \frac{p_n}{p_0} = \frac{170}{200} = 85\%$$

因为

$$\frac{q_1 p_1}{q_0 p_0} = \frac{q_1}{q_0} \times \frac{p_1}{p_0}$$

所以

$$130\% = 85\% \times \frac{q_n}{q_0}$$

$$\frac{q_n}{q_0} = \frac{130\%}{85\%} = 152.941\%$$

所以

$$q_0 = 500\text{（台）}$$

所以　　$q_n = 500 \times 152.941\% = 764.705（台）= 765（台）$

以上计算说明，要达到降价以后总利润增加 2%的目标，至少应实现目标销售量 765 台。而促销执行结果是按促销价格实际销售了 800 台产品。对这次促销活动的评估如下：

设 q_n 为促销的目标销售量，q_1 为促销的实际销售量，则

$$\frac{q_1}{q_n} = \frac{800}{765} = 104.57\%$$

此结果说明实际销售量比目标超出了 4.57%，从而实际销售额比计划目标增加

$$(q_1 - q_n)p_n = (800 - 765) \times 170 = 5\ 950（元）$$

由此带来的利润增加

$$765：2\% = 800：x\%$$

即

$$x\% = \frac{2\% \times 800}{765} = 2.09\%$$

这说明促销活动的执行结果使总利润比上期增长了 2.09%，超过了计划目标的 2%。

以上计算分析说明，这次降价促销策略以及实施过程都是很成功的。

第三节　综合指数及综合指数体系

综合指数又称为总指数，其基本计算方法有综合指数法和平均指数法两种，平均法实际上是综合法的变形计算。

一、综合指数法

综合指数法是根据报告期、基期的数量指标和质量指标来计算的总指数。如前所述，总指数是反映复杂现象总体综合变动的相对数。而构成现象总体的多种事物由于其使用价值不同、度量单位不同，不能直接加总，统计上称之为不同度量。如表 8.2 中有三种产品，由于其计量单位不同，销售量不能直接相加。但管理上需要我们分析三种商品销售量的综合变动，要综合反映它们的变动，就必须首先解决加总的问题。为此可设法引入一个媒介因素，使不同度量、不能加总的销售量转化为同度量的、可加总的综合指标。能将不同度量的现象过渡成可以同度量的媒介因素，在统计指数理论中称为同度量因素。在所研究的现象中，以什么因素为同度量因素，要根据现象之间的客观联系来决定。在表 8.2 中分析销售量的综合变动时，需要以价格作为同度量因素，分析价格的综合变动时，需要以销售量作为同度量因素。

表 8.2　　某企业三种商品的销售统计表

产品名称	计量单位	价格（元）		销售量	
		基期	报告期	基期	报告期
符号	—	p_0	p_1	q_0	q_1
甲	千克	6	6	500	505
乙	件	20	18	400	500
丙	套	60	48	250	400

引入同度量因素后，为了使综合指标的变动中只包含所研究现象（指数化指标）的变动，不包含同度量因素的变动，就须将同度量因素的水平固定在同一时期，这样将两个时期的现象总量对比所得的指数称为综合法指数。如何选择同度量因素的固定时期，是国内外统计理论界长期争论的一个重要问题。1864 年，德国经济学家拉斯贝尔（Laspeyre）提出把同度量因素固定在基期。若以 q 代表数量指标，如产量、销售量等，以 p 代表质量指标，如单位成本、价格等，以下标 1 表示报告期，下标 0 表示基期，以 k 代表个体指数，K 代表总指数，则拉氏数量指标综合指数的公式为

$$K_q = \frac{\sum q_1 p_0}{\sum q_0 p_0}$$

拉氏质量指标综合指数的公式为

$$K_p = \frac{\sum p_1 q_0}{\sum p_0 q_0}$$

1874 年，另一位德国经济学家派许（Peasche）则提出应该把同度量因素固定在报告期，即有派氏数量指标综合指数的公式为

$$K_q = \frac{\sum q_1 p_1}{\sum q_0 p_1}$$

派氏质量指标综合指数的公式为

$$K_p = \frac{\sum p_1 q_1}{\sum p_0 q_1}$$

根据同一资料，分别采用拉氏指数公式与派氏指数公式求得的结果会不一样。在统计实践中，拉氏指数公式和派氏指数公式都得到了广泛的应用。为了使指数体系成立，一般在计算数量指标指数和质量指标指数时，要分别用不同时期的同度量因素。在我国统计实践中，计算数量指标综合指数时，多用拉氏指数公式，计算质量指标综合指数时，多用派氏指数公式。本书将按这种一般原则讲述指数的编制和应用。

综上所述，综合指数法的基本原理是：首先引入同度量因素，使不能加总的多种事物得以“综合”；其次固定同度量因素，使综合总量的对比只反映所研究现象的变动。下面分别介绍用综合指数法计算数量指标总指数和质量指标总指数的具体方法。

（一）数量指标综合指数法

根据表 8.2 的资料，以商品销售量总指数为例来说明数量指标综合指数的计算原理（见表 8.3）。

表 8.3　　数量指标综合指数计算表

产品名称	计量单位	价格（元）		销售量		销售额（元）		
		基期	报告期	基期	报告期	基期	报告期	假定
符号	—	p_0	p_1	q_0	q_1	q_0p_0	q_1p_1	q_1p_0
甲	千克	6	6	500	505	3 000	3 030	3 030
乙	件	20	18	400	500	8 000	9 000	10 000
丙	套	60	48	250	400	15 000	19 200	24 000
合计		—	—	—	—	26 000	31 230	37 030

现在我们的目的是要综合反映这三种商品销售量的总变动，需要计算销售量总指数。由于这些商品各有不同的使用价值和度量单位，它们的销售量这一实物量指标不能直接加总。在这种情况下可引入价格这一媒介因素。用价格乘以销售量，使不能加总的销售量转化为可加总的销售额。这里的价格起到了同度量的作用，它就是同度量因素。各种商品的重要程度在客观上是有差别的，在这里，价格的高低可以体现商品的重要性。因为价格直接影响销售额，价格高的商品，其销售量的变动对销售量总指数的影响较大；反之，价格低的商品，其销售量的变动对销售额总指数的影响较小。可见，同度量因素不仅具有同度量的作用，还具有权数的作用。因此，同度量因素也可称为权数。

设 K_q 为数量指标综合指数，则在以上资料中销售量是数量指标，要分析三种不能相加的销售量的综合变动，就需要引进基期的价格作为同度量因素。即

$$K_q=\frac{\sum q_1p_0}{\sum q_0p_0} \tag{8.5}$$

将表 8.2 中的数据代入式（8.5），得

$$K_q=\frac{\sum q_1p_0}{\sum q_0p_0}=\frac{505\times6+500\times20+400\times60}{500\times6+400\times20+250\times60}=\frac{37\ 030}{26\ 000}=1.424\ 2=142.42\%$$

计算结果显示，本例中三种商品的销售量总指数为 142.42%。它表示综合（平均）说来，这三种商品的销售量增加了 42.42%。

上述公式中，分母 $\sum q_0p_0$ 为基期的实际销售总额，分子 $\sum q_1p_0$ 为报告期销售的商品数量按基期价格计算的销售总额，分子与分母的差异完全是由于销售量变动引起的。所以，上述计算结果还表示销售量的总变动对销售总额的影响。本例中，销售量增加了 42.42%。由于销售量增加而使销售总额也相应增加 42.42%。由于销售总量增加而使销售总额增加的绝对额为

$$\sum q_1p_0-\sum q_0p_0=37\ 030-26\ 000=11\ 030\ （元）$$

以上关于销售量总指数的计算原理也适合于其他数量指标总指数的编制。编制数量指标指数时，同度量因素为与之有经济联系的质量指标，并且将其固定在基期。在统计实践中，计算产品产量指数时，为了便于各个时期的指数的计算和相互对比，还可采用不变价格（P_n）（某一较长时间内固定不变的价格）或可比价（不变价格、基期价格、报告期价格、某一特定时期的价格都可以是可比价）为同度量因素。

（二）质量指标综合指数法

下面以销售价格总指数为例来说明质量指标指数的编制。根据表 8.2 的资料，三种商品的销售价格变动也是不一致的。现在要综合反映这三种商品销售价格的总变动，即计算它们的销售价格总指数。各种商品的价格是不同度量的，不能直接加总对比。若将不同商品的价格简单相加，仍不能正确反映价格总水平的变化，因为客观上各种商品的重要程度不同。销售量大的商品，其价格变化对销售价格总指数的影响更大；反之，销售量小的商品，其价格变化对销售价格总指数的影响会更小。可见，计算销售价格总指数时，应以销售量为同度量因素即权数，用销售量乘以销售价格，使不同度量的销售价格转化为同度量的销售额，然后借助于销售总额的变动来说明销售价格的总变动。销售价格总指数的计算公式是

$$K_p = \frac{\sum q_1 p_1}{\sum q_1 p_0} \tag{8.6}$$

将表 8.2 中的数据代入式（8.6），得

$$K_p = \frac{\sum p_1 q_1}{\sum p_0 q_1} = \frac{6\times505+18\times500+48\times400}{6\times505+20\times500+60\times400} = \frac{31\ 230}{37\ 030} = 0.843\ 4 = 84.34\%$$

计算结果表明，报告期时，这三种商品的销售价格总指数为 84.34%，表示这三种商品的销售价格较基期综合（平均）下降了 15.66%。

上述公式中，分子 $\sum q_1 p_1$ 为报告期实际销售总额，分母 $\sum q_1 p_0$ 为报告期商品销售量按基期销售价格计算的销售总额，分子与分母的差异完全是由于销售价格变动引起的。上述计算结果也表示销售价格的总变动对销售总额的影响。本例中，销售价格总指数为 84.34%，它表示由于销售价格下降致使销售总额减少 15.66%。由于价格下降而使销售总额增加的绝对额为

$$\sum p_1 q_1 - \sum p_0 q_1 = 31\ 230 - 37\ 030 = -5\ 800 \text{（元）}$$

以上销售价格总指数的计算原理也适合于其他质量指标总指数的编制。也就是说，编制质量指标指数时，同度量因素为与之有经济联系的数量指标，并且通常将其固定在报告期。

综上所述，无论编制数量指标综合指数还是质量指标综合指数，都必须引入同度量因素并将其固定下来。以什么指标为同度量因素，应根据现象之间的内在联系和研究目的来确定。编制数量指标指数时，同度量因素为与之相联系的质量指标；反之，编制质量指标指数时，同度量因素为与之相联系的数量指标。若是侧重于反映指数化指标的纯变动，同度量因素应固定在基期；若更注重于说明指数化指标变动的现实经济效果，同度量因素应固定在报告期。

在统计实践中，编制综合指数应遵循一般原则：编制数量指标指数时，同度量因素为相应基期的质量指标；编制质量指标指数时，同度量因素为相应报告期的数量指标。

二、综合指数的变形计算（平均法指数）

如前所述，个体指数反映单个事物的变动程度，总指数反映多个事物的总变动程度。这里的总变动程度并不是个体事物变动程度的总和而是它们的一般水平，即总指数具有平均性质，它反映多个个体的平均变动程度。因此，可以对个体指数进行平均来计算总指数。由于各个个体的重要性不同，所以不能将个体指数简单平均。可选择的平均法有算术平均法和调和平均法两种。我们应该从经济意义和资料取得的可行性来考虑是采用加权平均法还是调和平均法。

（一）数量指标指数的变形计算（加权平均法指数）

当已知基期和报告期的数量指标、基期的综合指标时，要分析数量指标的综合变动，即已知 q_1、q_0、q_0p_0，求 K_q。

根据已知资料，可以计算数量指标个体指数。

因为 $k_q=\dfrac{q_1}{q_0}$，所以 $q_1=k_q\cdot q_0$。

根据编制的数量指标综合法指数一般原则，得

$$K_q=\frac{\sum q_1p_0}{\sum q_0p_0}=\frac{\sum \frac{q_1}{q_0}q_0p_0}{\sum q_0p_0}=\frac{\sum k_qq_0p_0}{\sum q_0p_0} \tag{8.7}$$

式（8.7）是以 q_0p_0 为权数、数量指标个体指数 k_q 为标志值的加权算术平均来求数量指标总指数的。实质上它是数量指标综合指数法的变形，两者只是计算形式不同，依据的资料不同，其经济意义和计算结果是完全相同的。

现仍然根据表 8.1 和表 8.3 中的有关资料用加权算术平均法计算销售量总指数

$$K_q=\frac{\sum k_qq_0p_0}{\sum q_0p_0}=\frac{1.01\times3\ 000+1.25\times8\ 000+1.6\times15\ 000}{3\ 000+8\ 000+15\ 000}=\frac{37\ 030}{26\ 000}=142.42\%$$

这一计算结果与前面用综合指数法计算的结果完全相同。在这里，同样可计算分子与分母的绝对差额来说明销售量的变动对销售总额的影响。

$$\sum k_qq_0p_0-\sum q_0p_0=37\ 030-26\ 000=11\ 030\text{（元）}$$

（二）质量指标指数的变形计算（调和平均指数）

当已知报告期和基期的质量指标、报告期的综合指标时要分析质量指标的综合变动，即已知 p_1、p_0、q_1p_1，求 K_p。

根据已知资料，可以计算质量指标个体指数。

因为 $k_p=\dfrac{p_1}{p_0}$，所以 $p_0=\dfrac{p_1}{k_p}$。

根据编制的数量指标综合法指数一般原则，得

$$K_P=\frac{\sum q_1p_1}{\sum q_1p_0}=\frac{\sum q_1p_1}{\sum \frac{p_0}{p_1}q_1p_1}=\frac{\sum q_1p_1}{\sum \frac{1}{k_p}q_1p_1} \tag{8.8}$$

公式（8.8）是以 q_1p_1 为权数，对质量指标个体指数 $\left(\dfrac{p_1}{p_0}\right)$ 进行调和平均求得质量指标总指数的。实质上它是质量指标综合指数法的变形，两者只是计算形式不同，而经济意义和计算结果完全相同。

现仍根据表 8.1 和表 8.3 中的有关资料用调和平均法来计算销售价格总指数

$$K_p=\frac{\sum p_1q_1}{\sum p_0q_1}=\frac{\sum p_1q_1}{\sum \frac{p_1q_1}{k_p}}=\frac{3\ 030+9\ 000+19\ 200}{\frac{3\ 030}{1.00}+\frac{9\ 000}{0.90}+\frac{19\ 200}{0.80}}=\frac{31\ 230}{37\ 030}=84.34\%$$

这一计算结果与前面用综合指数法计算的结果完全相同。在这里，同样可以计算分子与分母的绝对差额来说明价格变动对销售总额的影响。

$$\sum q_1p_1-\sum\frac{q_1p_1}{k_p}=31\ 230-37\ 030=-5\ 800\ （元）$$

三、综合指数体系

（一）指数体系的概念

社会经济现象之间总是相互联系的，某一现象往往可以分解为两个或多个现象（影响因素）的乘积，如商品销售额就等于商品销售量乘以商品价格。现象之间的这种联系反映在它们的指数上也有类似的联系，形成指数体系。指数体系就是由若干个有联系的指数形成的整体，其表现形式为，某一现象的指数等于它的各个影响因素指数的乘积。例如，

销售额＝销售量×销售价格

总成本＝产品产量×单位产品成本

总产量＝播种面积×单位面积产量

就有

销售额指数＝销售量指数×销售价格指数

工资总额指数＝职工人数指数×平均工资指数

总产量指数＝播种面积指数×单位面积指数

用符号表示，有

$$\frac{\sum q_1p_1}{\sum q_0p_0}=\frac{\sum q_1p_0}{\sum q_0p_0}\times\frac{\sum q_1p_1}{\sum q_1p_0} \tag{8.9}$$

$$\sum q_1p_1-\sum q_0p_0=\left(\sum q_1p_0-\sum q_0p_0\right)+\left(\sum q_1p_1-\sum q_1p_0\right) \tag{8.10}$$

（二）指数体系的主要作用

指数体系的主要作用：

（1）指数体系是因素分析的基础。在现实中，某种现象的变动会受到多个影响因素变动的共同作用，利用指数体系，就可以分别测定各个影响因素对所研究现象的影响。这种方法在用于多因素分析时，习惯上又称为连锁关系替代法。这种方法不仅适用于分析现象总量的变动，也适用于分析分组情况下总平均数的变动。

（2）利用指数体系，可进行指数之间的相互推算，即根据有关现象的变动程度来推算另一现象的变动程度。例如，某公司本月将其各种产品的单位成本在上月基础上平均下降 2%，则在保持销售总额不变的情况下，可根据指数体系推算产品的生产量

$$100\%=x\times 98\%$$

即

$$x=\frac{100\%}{98\%}=102.04\%$$

即生产量需要比上月增加 2.04%。

四、经济活动分析中几种常见的综合指数

（一）工业生产指数

这是用来反映工业生产实物量综合变动的指数，不包含价格变动的因素，只反映生产成果的真实变动。我国的工业生产指数是根据国家制定的不变价格来计算的。其计算公式为

$$K_q=\frac{\sum q_1p_n}{\sum q_0p_n} \tag{8.11}$$

式中，p_n 为不变价格。

（二）工业品出厂价格指数

这里的工业品出厂价格指数，是反映工业品出厂价格变动趋势及幅度的相对数。工业品出厂价格指数编制主要有两个步骤。

（1）用简单算术平均法计算代表产品的价格指数 K_j，即

$$K_j=\frac{\sum k_i}{m} \tag{8.12}$$

式中：K_j 为第 j 种代表产品价格指数；k_i 为第 j 种代表产品中第 i 个代表规格品价格指数；m 为代表规格品数量。

（2）用加权算术平均法计算工业品出厂价格总指数 K_p，即

$$K_p = \frac{\sum K_j W_j}{\sum W_j} \tag{8.13}$$

式中：K_p 为工业品出厂价格指数；W_j 为第 j 种代表产品的权数。

（三）零售商品价格指数

零售商品包括全社会的零售商品，是用于生产的消费品和用于生活的消费品的综合。零售商品价格指数反映全社会价格的综合变动。在实际工作中，一般用各类零售商品价格的类指数和各类商品销售额占总销售额的比重来计算。其计算公式为

$$K_p = \frac{\sum \frac{p_1}{p_0} w}{\sum w} = \frac{\sum k_p w}{\sum w} \tag{8.14}$$

式中：k_p 为各类零售商品价格的类指数；w 为各类商品销售额占总销售额的比重，$\sum w = 1$。

（四）居民生活消费品（费用）价格指数

居民生活消费品价格指数又称为居民消费价格指数，是反映居民家庭购买消费品及服务价格水平的变动情况的统计分析指标。它是宏观经济分析和决策，价格总水平检测和调控，以及国民经济核算的重要指标。其按年度计算的变动率通常被用来作为反映通货膨胀（紧缩）程度的指标。为了满足及时性要求，我国居民消费价格指数按月编制。为了各层面分析的需要，分别编制了全国与地区的居民消费价格指数和城市居民与农村居民的居民消费价格指数。居民消费价格指数在计算月距环比的同时，也计算年距变动率。其计算公式为

$$K_p = \frac{\sum \frac{p_1}{p_0} w}{\sum w} = \frac{\sum k_p w}{\sum w} \tag{8.15}$$

式中：k_p 为各类居民消费品价格的类指数；w 为各类居民消费品销售额占总销售额的比重，$\sum w = 1$。

（五）居民货币购买力指数

居民货币购买力指数与居民生活费用价格指数是密切相关的，如果居民生活费用价格指数越高，居民货币购买力指数就越低。其计算公式为

$$\text{货币购买力指数} = \frac{1}{\text{居民生活消费品价格指数}} \times 100\% \tag{8.16}$$

（六）工资指数

工资指数分为货币工资指数和实际工资指数。货币工资指数不考虑居民生活消费品的价格上涨因素，只是看货币收入的变动情况；实际工资指数要扣除物价上涨因素以后，职工的实际工资收入的变动情况。其计算公式为

$$货币工资指数=\frac{报告期职工平均工资}{基期职工平均工资}\times 100\% \tag{8.17}$$

$$实际工资指数=\frac{货币工资指数}{居民消费品价格指数}\times 100\% \tag{8.18}$$

（七）单位产品成本指数

设 p_0 为上期实际单位成本，p_n 为本期计划单位成本，q_n 为本期计划产量，p_1 为本期实际单位成本，q_1 为本期实际产量。

（1）计划成本指数为

$$K_p=\frac{\sum p_n q_n}{\sum p_0 q_n} \tag{8.19}$$

式（8.19）的计算结果表示企业多种产品的平均单位成本在上期基础上的降低或提高程度。

（2）实际成本指数为

$$K_p=\frac{\sum p_1 q_1}{\sum p_0 q_1} \tag{8.20}$$

式（8.20）的计算结果表示报告期的平均单位成本在上期基础上发展变化的程度。

（3）成本计划完成指数为

$$K_p=\frac{\sum p_1 q_1}{\sum p_n q_1} \tag{8.21}$$

式（8.21）的计算结果表示报告期平均单位成本的计划完成程度。

以上三个指数都只反映单位成本的综合变动，而不反映产量的变动。这种计算分析在成本分析中被广泛应用。

第四节　因素分析

根据个体指数体系和综合指数体系的基本原理，我们可以对现象的总量变动、平均数变动进行因素分析。这种因素分析已被广泛地应用于经济活动分析中。

一、现象总量变动的因素分析

（一）现象总量变动的双因素分析

对单一现象总量变动的双因素分析，一般采用个体指数体系。即

$$\frac{q_1p_1}{q_0p_0}=\frac{q_1}{q_0}\times\frac{p_1}{p_0}$$

$$q_1p_1-q_0p_0=(q_1-q_0)p_0+(p_1-p_0)q_1$$

实际上可将个体指数视为总指数的特例，那么，各影响因素指数的计算形式和有关分析的方法都与总指数体系一致，只是由于不存在加总问题，故计算公式中不必有"Σ"这一符号（参看个体指数与个体指数体系）。

对不能相加的复杂现象的总量变动的双因素分析，一般采用综合指数体系。即

$$\frac{\sum q_1p_1}{\sum q_0p_0}=\frac{\sum q_1p_0}{\sum q_0p_0}\times\frac{\sum q_1p_1}{\sum q_1p_0}$$

$$\sum q_1p_1-\sum q_0p_0=\left(\sum q_1p_0-\sum q_0p_0\right)+\left(\sum p_1q_1-\sum p_0q_1\right)$$

具体而言，对由两个因素构成的现象综合指标总量分析的步骤如下：

（1）计算所研究现象综合指标总量变动的相对程度及绝对差额。

（2）计算其两个影响因素的指数及由此引起的绝对差额。

（3）写出三者之间的联系并进行综合分析。

例 1 根据表 8.2 中的资料，用指数体系对商品销售金额的变动及其影响因素进行分析。

由表中的数据可得

$$\sum q_1p_1=31\ 230\text{（元）},\ \sum q_0p_0=26\ 000\text{（元）},\ \sum q_1p_0=37\ 030\text{（元）}$$

第一步，计算销售额的变动。设 K_{qp} 为销售额指数，它反映销售量和销售价格两个因素的共同变动，则

$$K_{qp}=\frac{\sum q_1p_1}{\sum q_0p_0}=\frac{31\ 230}{26\ 000}=1.201\ 2=120.12\%$$

$$\sum q_1p_1-\sum q_0p_0=31\ 230-26\ 000=5\ 230\text{（元）}$$

这些数据说明销售额报告期比基期实际增加了 20.12%，其绝对额增加了 5 230 元。

第二步，计算销售量和销售价格变动对销售额变动的影响。

销售量综合指数 $K_q=\frac{\sum q_1p_0}{\sum q_0p_0}=\frac{37\ 030}{26\ 000}=142.42\%$

销售额的增加量为 $\sum q_1p_0-\sum q_0p_0=37\ 030-26\ 000=11\ 030$（元）

销售价格综合指数为　$K_P=\dfrac{\sum q_1p_1}{\sum q_1p_0}=\dfrac{31\ 230}{37\ 030}=84.34\%$

销售额的增加量为　$\sum p_1q_1-\sum p_0q_1=31\ 230-37\ 030=-5\ 800$ (元)

第三步，分析影响。根据指数体系原理，以上三者间的关系为：

销售额指数 = 销售量指数 × 销售价格指数

从相对数上看，有　$K_{qp}=K_q\times K_p$

即　$120.12\%=142.42\%\times 84.34\%$

从绝对数上看，有　$\sum q_1p_1-\sum q_0p_0=\left(\sum q_1p_0-\sum q_0p_0\right)+\left(\sum p_1q_1-\sum p_0q_1\right)$

即　5 230（元）= 11 030（元）− 5 800（元）

计算结果表明，由于三种商品的销售量增加了 42.42%，使销售额增加了 11 030 元。由于价格降低了 15.66%，使销售额减少了 5 800 元。两种因素共同作用的结果，使三种商品销售额实际增加了 20.12%，其绝对额增加了 5 230 元。销售额增加的主要原因是价格降低带来了销售量的大幅度增长。

（二）现象总量变动的多因素分析

多因素分析就是将所研究现象分解为三个或三个以上的影响因素，分别测定各影响因素的变动程度及其对总量变动的影响作用。多因素分析的原理和方法与双因素分析是一致的，但在分析过程中要注意两点：

第一，测定其中某个因素的影响作用时，要使其余所有的因素都固定下来。也就是说，计算各影响因素指数时，作为同度量因素的指标不是一个，而是两个或两个以上。在全部影响因素中，一般将数量指标排在前，质量指标排在后。

第二，各因素的排列顺序应以它们之间的相互联系为依据，使两两相乘有经济意义，以便确定同度量因素所属的时期。

例如，原材料消耗额 = 产品产量 × 单位产品消耗量 × 原材料价格。

将原材料消耗额分解为上面三个因素，其中产品产量与单位产品消耗量的乘积等于产品的原材料消耗总量，而原材料消耗总量与原材料价格的乘积等于原材料消耗额。因此，在计算产品产量总指数时，由于单位产品消耗量是质量指标，原材料价格也是质量指标，都应将其固定在基期。计算单位产品消耗量总指数时，销售量是数量指标，应固定在报告期，原材料价格是质量指标，应固定在基期。对于原材料价格而言，产品产量和单位产品消耗量相乘以后被视为数量指标，所以，计算原材料价格总指数时，销售量和单价都固定在报告期。

例 2　根据某企业原材料消耗的有关资料（见表 8.4），对原材料消耗额的变动因素进行分析。

表 8.4　　某企业某种原材料消耗情况统计

产品名称	计量单位	生产量		单位产品原材料消耗量（千克）		原材料价格（元）	
		a_0	a_1	b_0	b_1	c_0	c_1
甲	件	150	160	5	4.8	10	11
乙	台	200	220	10	9.5	10	11

第一步：计算原材料消耗额。

基期的原材料消耗额为

$$\sum a_0b_0c_0 = 150\times5\times10 + 200\times10\times10 = 27\ 500 \text{（元）}$$

报告期的原材料消耗额为

$$\sum a_1b_1c_1 = 160\times4.8\times11 + 220\times9.5\times11 = 31\ 438 \text{（元）}$$

假定的原材料消耗额为

$$\sum a_1b_0c_0 = 160\times5\times10 + 220\times10\times10 = 30\ 000 \text{（元）}$$

$$\sum a_1b_1c_0 = 160\times4.8\times10 + 220\times9.5\times10 = 28\ 580 \text{（元）}$$

第二步：分析原材料消耗总额的变动。

$$\text{原材料消耗额指数} = \frac{\sum a_1b_1c_1}{\sum a_0b_0c_0} = \frac{31\ 438}{27\ 500} = 114.32\%$$

原材料消耗总额报告期比基期增长了 14.32%，其绝对额的增加量为

$$\sum a_1b_1c_1 - \sum a_0b_0c_0 = 31\ 438 - 27\ 500 = 3\ 938 \text{（元）}$$

第三步：分析影响原材料消耗总额变动的因素。

（1）生产量的变动及其对原材料消耗额的影响。

$$\text{生产量指数} = \frac{a_1b_0c_0}{a_0b_0c_0} = \frac{30\ 000}{27\ 500} = 109.09\%$$

两种产品的生产量增加了 9.09%，所以原材料消耗额的增加量为

$$\sum a_1b_0c_0 - \sum a_0b_0c_0 = 30\ 000 - 27\ 500 = 2\ 500 \text{（元）}$$

（2）单位产品原材料消耗量的变动及其对原材料消耗额的影响。

$$\text{单位产品原材料消耗量指数} = \frac{a_1b_1c_0}{a_1b_0c_0} = \frac{28\ 580}{30\ 000} = 95.27\%$$

单位产品的原材料消耗降低了 4.73%，所以原材料消耗额的增加量为

$$\sum a_1b_1c_0 - \sum a_1b_0c_0 = 28\ 580 - 30\ 000 = -1\ 420 \text{（元）}$$

（3）原材料价格的变动及其对原材料消耗额的影响。

$$原材料价格指数=\frac{\sum a_1b_1c_1}{\sum a_1b_1c_0}=\frac{31\ 438}{28\ 580}=110\%$$

原材料价格上涨了 10%，所以原材料消耗额的增加量为

$$\sum a_1b_1c_1-\sum a_1b_1c_0=31\ 438-28\ 580=2\ 858 \quad（元）$$

第四步：建立体系关系并进行综合分析。

相对数体系为

$$\frac{\sum a_1b_1c_1}{\sum a_0b_0c_0}=\frac{\sum a_1b_0c_0}{\sum a_0b_0c_0}\times\frac{\sum a_1b_1c_0}{\sum a_1b_0c_0}\times\frac{\sum a_1b_1c_1}{\sum a_1b_1c_0} \tag{8.22}$$

即

$$114.32\%=109.09\%\times95.27\%\times110\%$$

绝对数体系为

$$\sum a_1b_1c_1-\sum a_0b_0c_0=\left(\sum a_1b_0c_0-\sum a_0b_0c_0\right)+\left(\sum a_1b_1c_0-\sum a_1b_0c_0\right)+\left(\sum a_1b_1c_1-\sum a_1b_1c_0\right)$$

即

$$3\ 938（元）=2\ 500（元）-1\ 420（元）+2\ 858（元）$$

以上计算表明，两种产品的产量平均增加了 9.09%，致使原材料消耗额增加 2 500 元；单位产品原材料消耗量平均下降 4.73%，致使原材料消耗额节约了 1 420 元；原材料价格平均上升 10%，致使原材料消耗额增加 2 858 元。三个因素共同作用的结果使该企业报告期与基期相比原材料消耗额增长了 14.32%，其绝对额增加了 3 938 元。以上分析说明，该原材料消耗总额的增加，主要是由于产量增加和原材料价格上涨造成的。

二、总平均指标的变动因素分析

根据加权算术平均数的计算公式，总平均指标的变动受两个因素的影响：一个是各组平均指标变动的影响，另一个则是各组总体单位数在全部总体单位数中所占比重变动的影响。例如，某单位职工平均工资的变动，既受各类职工工资水平（组平均工资）变动的影响，也受各类职工人数占职工总数比重变化的影响，因此，也可以应用指数法来分析总平均数的变动及其原因。我们称总平均数指数为可变构成指数，组平均数影响指数为固定构成指数，各组结构对总平均数影响指数为结构影响指数，则总平均指标变动所形成的指数体系为

$$可变构成指数=固定构成指数\times结构影响指数$$

用符号表示，有

$$\frac{\dfrac{\sum x_1f_1}{\sum f_1}}{\dfrac{\sum x_0f_0}{\sum f_0}}=\frac{\dfrac{\sum x_1f_1}{\sum f_1}}{\dfrac{\sum x_0f_1}{\sum f_1}}\times\frac{\dfrac{\sum x_0f_1}{\sum f_1}}{\dfrac{\sum x_0f_0}{\sum f_0}} \tag{8.23}$$

$$\frac{\sum x_1 f_1}{\sum f_1}-\frac{\sum x_0 f_0}{\sum f_0}=\left(\frac{\sum x_1 f_1}{\sum f_1}-\frac{\sum x_0 f_1}{\sum f_1}\right)+\left(\frac{\sum x_0 f_1}{\sum f_1}-\frac{\sum x_0 f_0}{\sum f_0}\right) \quad (8.24)$$

例 3 根据某公司职工人数与工资的有关资料（见表 8.5），对该公司总平均工资的变动进行因素分析。

表 8.5 某公司下属的职工人数和工资资料

分组	职工人数（人）		月平均工资（元）		职工人数所占比重（%）	
	基期	报告期	基期	报告期	基期	报告期
	f_0	f_1	x_0	x_1	$\frac{f_0}{\sum f_0}$	$\frac{f_1}{\sum f_1}$
中高层管理人员	15	12	3 500	3 600	4.35	3.1
一般管理人员	30	25	2 000	2 050	8.69	6.46
普通员工	300	350	1 200	1 220	86.96	90.44
合计	345	387	—	—	100	100

第一步：计算总平均工资。

报告期平均工资为

$$\bar{x}_1=\frac{\sum x_1 f_1}{\sum f_1}=\frac{12\times 3\ 600+25\times 2\ 050+350\times 1\ 220}{387}=\frac{521\ 450}{387}=1\ 347.42\text{（元）}$$

基期平均工资为

$$\bar{x}_0=\frac{\sum x_0 f_0}{\sum f_0}=\frac{15\times 3\ 500+30\times 2\ 000+300\times 1\ 200}{345}=\frac{472\ 500}{345}=1\ 369.56\text{（元）}$$

假定平均工资为

$$\bar{x}_n=\frac{\sum x_0 f_1}{\sum f_1}=\frac{12\times 3\ 500+25\times 2\ 000+350\times 1\ 200}{387}=\frac{512\ 000}{387}=1\ 323.00\text{（元）}$$

第二步：分析总平均工资的变动。

$$\text{可变构成指数}=\frac{\dfrac{\sum x_1 f_1}{\sum f_1}}{\dfrac{\sum x_0 f_0}{\sum f_0}}=\frac{1\ 347.42}{1\ 369.56}=98.38\%$$

该企业总平均工资降低了 1.62%，致使平均工资的绝对额减少增加了

$$\frac{\sum x_1 f_1}{\sum f_1}-\frac{\sum x_0 f_0}{\sum f_0}=1\ 347.42-1\ 369.56=-22.14\text{（元）}$$

第三步：分析总平均工资变动的影响因素。

（1）各组职工人数所占比重的变化对总平均工资变动的影响。

$$\text{结构影响指数}=\frac{\dfrac{\sum x_0 f_1}{\sum f_1}}{\dfrac{\sum x_0 f_0}{\sum f_0}}=\frac{1\,323}{1\,369.56}=96.6\%$$

由于各组职工人数占总人数的比重发生变化（高工资组的高层管理人员所占比重由基期的 4.35%下降到报告期的 3.1%，中上收入的一般管理人员所占比重由基期的 8.69%下降到报告期的 6.46%，而低工资组的一般员工所占比重由基期的 86.96%上升到 90.44%），使总平均工资应该降低 3.4%，所以总平均工资的绝对额应该增加。

$$\frac{\sum x_0 f_1}{\sum f_1}-\frac{\sum x_0 f_0}{\sum f_0}=1\,323-1\,369.56=-46.56\ （元）$$

（2）各组职工的平均工资的变动对总平均工资的影响。

$$\text{固定构成指数}=\frac{\dfrac{\sum x_1 f_1}{\sum f_1}}{\dfrac{\sum x_0 f_1}{\sum f_1}}=\frac{1\,347.42}{1323}=101.84\%$$

由于各组的平均工资增加，使总平均工资应该增加 1.84%，所以总平均工资的绝对额应该增加。

$$\frac{\sum x_1 f_1}{\sum f_1}-\frac{\sum x_0 f_1}{\sum f_1}=1\,347.42-1\,323=24.42\ （元）$$

第四步：建立指数体系，进行综合分析。

相对数体系为

$$\frac{\dfrac{\sum x_1 f_1}{\sum f_1}}{\dfrac{\sum x_0 f_0}{\sum f_0}}=\frac{\dfrac{\sum x_1 f_1}{\sum f_1}}{\dfrac{\sum x_0 f_1}{\sum f_1}}\times\frac{\dfrac{\sum x_0 f_1}{\sum f_1}}{\dfrac{\sum x_0 f_0}{\sum f_0}}$$

即　$98.38\%=96.6\%\times101.84\%$

绝对数体系为

$$\frac{\sum x_1 f_1}{\sum f_1}-\frac{\sum x_0 f_0}{\sum f_0}=\left(\frac{\sum x_1 f_1}{\sum f_1}-\frac{\sum x_0 f_1}{\sum f_1}\right)+\left(\frac{\sum x_0 f_1}{\sum f_1}-\frac{\sum x_0 f_0}{\sum f_0}\right)$$

即　$1\,347.42-1\,369.56=(1\,323-1\,369.56)+(1\,347.42-1\,323)$

即　-22.14（元）$=-46.56$（元）$+24.42$（元）

以上计算表明，该企业报告期职工总平均工资比基期下降了 1.62%，其绝对额减少了 22.14 元。这是由于各组职工平均工资上升使总平均工资上升 1.84%，绝对额增加 24.42 元，和由于各组职工人数比重发生变动使总平均工资下降 3.4%、绝对额减少 46.56 元，两者共同影响的结果。从总体上看，平均工资是在减少，这种减少是由于调整职工结构造成的。对于每一个职工来说，实际收入都有不同程度的增加。

小　结

指数可区分为广义的指数和狭义的指数两类。广义的指数是指各种相对数，狭义的指数是指用以综合反映所研究社会经济现象复杂总体数量变动状况和对比关系的特殊相对数。所谓复杂总体是指由许多度量单位不同或性质各异的事物组成的、数量上不能直接加总的总体。狭义的指数分析需要引入一个同度量因素，它能将不同度量的现象过渡成可以同度量的媒介因素。统计指数具有综合性和平均性的特点。

统计指数按其说明现象的范围不同，可分为个体指数和总指数。个体指数是反映单一事物变动的相对数，总指数是反映由多个事物构成的复杂经济现象总体综合变动的相对数。统计指数按指数化指标的性质不同，可分为数量指标指数和质量指标指数。数量指标指数是说明数量指标变动的指数，质量指标指数是说明质量指标变动的指数。统计指数按其所说明现象的时间状况不同，可分为动态指数和静态指数。动态指数是指用于说明现象在不同时间上进行对比的相对数，静态指数是指用于说明复杂现象在同一时间不同空间的综合对比的指数或实际数与计划数综合对比的指数。

统计指数能够综合反映复杂现象总体变动的方向和程度，我们可以根据现象之间的联系，用指数体系对现象的变动因素进行分析，还可以编制指数数列，反映现象变化的长期趋势。

思考与练习

一、思考题

1. 如何理解统计指数的含义？
2. 什么是同度量因素？在分析数量指标和质量指标综合变动时，同度量因素应该如何固定？
3. 综合法指数与平均法指数有何区别与联系？
4. 为何在进行指数分析时，要将绝对量与相对变动结合应用？
5. 我国居民消费者价格指数是采用什么方式编制的？

二、练习题

（一）单项选择题

1. 统计指数按所反映的指标性质不同分为（　　）。

　A. 个体指数与总指数　　B. 定基指数与环比指数

　C. 数量指标指数与质量指标指数　　D. 动态指数与静态指数

2. 几种商品的价格综合指数应用公式为（　　）。

A. $\frac{\sum p_1q_1}{\sum p_0q_0}$　B. $\frac{\sum p_1q_1}{\sum p_0q_1}$　C. $\frac{\sum p_1q_1}{\sum p_1q_0}$　D. $\frac{\sum p_1q_0}{\sum p_0q_0}$

3. 从广义上看，指数泛指（　　）。

A. 绝对数　B. 相对数　C. 平均数　D. 总数

4. 某综合商场两个时期比较，商品销售量增长了 5%，销售额增长了 20%。这是因为商品价格（　　）。

A. 提高了 7%　B. 提高了 6.67%

C. 提高了 14.3%　D. 提高了 17%

5. 某厂可比产品单位成本比上年降低了 5%，而总成本却增加了 14.5%。这是因为产品产量增加了（　　）。

A. 19.5%　B. 9.5%　C. 20.53%　D. 8.75%

6. 居民用多于基期 15.5%的货币只能购买多于基期 5%的商品。这是因为物价上涨了（　　）。

A. 10.5%　B. 10%　C. 21.23%　D. 3.1%

7. 如果用 p 表示单位成本，用 q 表示产品产量，则公式 $\frac{\sum p_0q_1}{\sum p_0q_0}$（　　）。

A. 综合反映多种产品产量的变动　B. 综合反映多种产品单位成本的变动

C. 综合反映单位成本变动对产量的影响　D. 综合反映单位成本和产量的共同变动

8. 两个蔬菜批发市场某种蔬菜的平均价格 10 月比 9 月上升了 10%，由于结构变动使平均价格降低了 2%，则该蔬菜的实际平均价格上升了（　　）。

A. 12.24%　B. 5.5%　C. 10%　D. 8%

9. 某企业报告期和基期比较，职工构成发生了如下变化：工资水平较低的新职工的比重由 30%上升到 40%，而工资水平较高的比重由 70%下降到 60%。职工的这种结构变化会引起总平均工资(　　)。

A. 提高　B. 降低　C. 不变　D. 不能确定

10. 我国计算的工业生产指数（　　）。

A. 反映工业生产的综合变动　B. 反映工业生产实物量的综合变动

C. 反映工业产品价格变动　D. 反映用现价计算的产值的变动

（二）多项选择题

1. 统计指数（　　）。

A. 仅指一般动态相对数或发展速度

B. 泛指一切说明社会现象数量变动的相对数

C. 主要反映复杂现象总体的数量变动

D. 能反映现象总变动中各因素的影响程度

E. 仅指可能直接对比的指标对比计算的相对数

2. 采用综合法编制产品单位成本总指数时（　　）。

A. 同度量因素一般为报告期产量　B. 同度量因素一般为基期产量

C. 单位成本具有权数作用　D. 产量具有权数作用

E. 该指数可以反映单位成本变动对总成本的影响

3. 某厂三种产品的产量报告期为基期的 118%。这个指数是（　　）。

A. 个体指数　　B. 质量指标指数

C. 总指数　　D. 动态指数

E. 数量指标指数

4. 综合指数的特点包括（　　）。

A. 要使用同度量因素　　B. 要把同度量因素加以固定

C. 反映单个物品的变动　　D. 所有的综合指数同度量因素都是固定在基期

E. 可以分析各因素变动的影响程度

5. 指数体系（　　）。

A. 是若干个相互联系的指数组成的整体　　B. 不能反映一种产品或商品的因素变动关系

C. 可用作复杂现象总变动的因素分析　　D. 各指数间不一定有客观的数量联系

E. 可通过已知指数推算未知指数

（三）计算分析题

1. 已知报告期商品销售总额为 2 568 亿元，基期销售总额为 2 350 亿元，报告期价格较基期增长了 5.2%，试从相对数、绝对数两方面分析商品销售额的变动几个影响因素的影响作用。

2. 某企业两种商品的销售量和销售价格的资料见表 8.6。

表 8.6　　某企业商品销售量与销售价格统计

商品名称	计量单位	销售量		销售价格（元）	
		基期	报告期	基期	报告期
甲	台	400	520	50	45
乙	套	250	300	60	56

要求：

（1）计算销售量和销售价格个体指数。

（2）计算商品销售总额总指数。

（3）分析销售量变动和销售价格变动对销售总额的影响。

3. 某家电企业两种产品的销售情况见表 8.7。

表 8.7　　某家电企业产品销售情况统计

产品名称	计量单位	销售收入（万元）		销售价格升降幅度（%）
		基　期	报告期	
台　扇	台	500	450	−5
落地扇	台	750	780	−6

要求：从相对数和绝对数两方面对该企业产品销售额的总变动及其原因进行分析。

4. 某公司有三个生产车间，其职工人数和劳动生产率情况见表 8.8。

表 8.8 某企业产量与单位成本统计

车间	基期		报告期	
	职工人数（人）	劳动生产率（万元/人）	职工人数（人）	劳动生产率（万元/人）
甲	100	2.4	120	2.5
乙	80	3.2	90	3.4
丙	75	6.0	60	6.2

要求：

（1）分析该公司劳动生产率的变动；

（2）从车间职工人数和车间劳动生产率两个方面分析公司劳动生产率变动的原因。

第八章资料

第九章　统计实务

随着现代科学技术的进步，用计算机处理统计实务已经十分普遍，使大量复杂的统计计算变得简单而快捷。在目前的计算机软件中，Microsoft Excel 软件是最常用的电子表格软件，它具有表格格式化、函数、数据分析、图表制作等多种统计功能。这些功能能够满足描述统计和推断统计的需要。本章将结合具体案例，利用 2019 版 Excel 软件对统计资料整理和分析的操作过程进行介绍。

第一节　统计数据的整理

统计资料的整理是统计分析的基础，在进行统计分析之前必须要对统计数据进行整理。在 Microsoft Excel 中有多个功能可以对统计数据进行整理。在本节所举的五个案例中，案例一是使用分类汇总进行分组操作的，案例二是使用数据透视表进行分组操作的，案例三是使用数据分析的直方图宏进行分组操作的，案例四是使用“FREQUENCY”函数进行分组操作的，案例五是使用“COUNTIF”函数进行分组操作的。

案例一

某服装厂产品的订单记录见表 9.1，试汇总统计每个店铺的订货量，并绘制出相应的柱形图和饼图。

表 9.1　　某服装厂产品的订单记录　　单位：件

产品	店铺	数量	产品	店铺	数量	产品	店铺	数量
连衣裙	A	332	衬衣	C	266	半身裙	A	58
衬衣	A	254	毛衣	A	123	连衣裙	C	68
连衣裙	B	88	毛衣	B	153			
毛衣	C	321	衬衣	B	424			

利用 Excel 的分类汇总对案例一的数据进行整理和描述，具体步骤如下：

（1）启动 Excel，录入数据。单击工作表中包含数据信息的任一单元格，再选择“开始”菜单，然后选择“排序和筛选”菜单项，点击“自定义排序”，如图 9.1 所示。

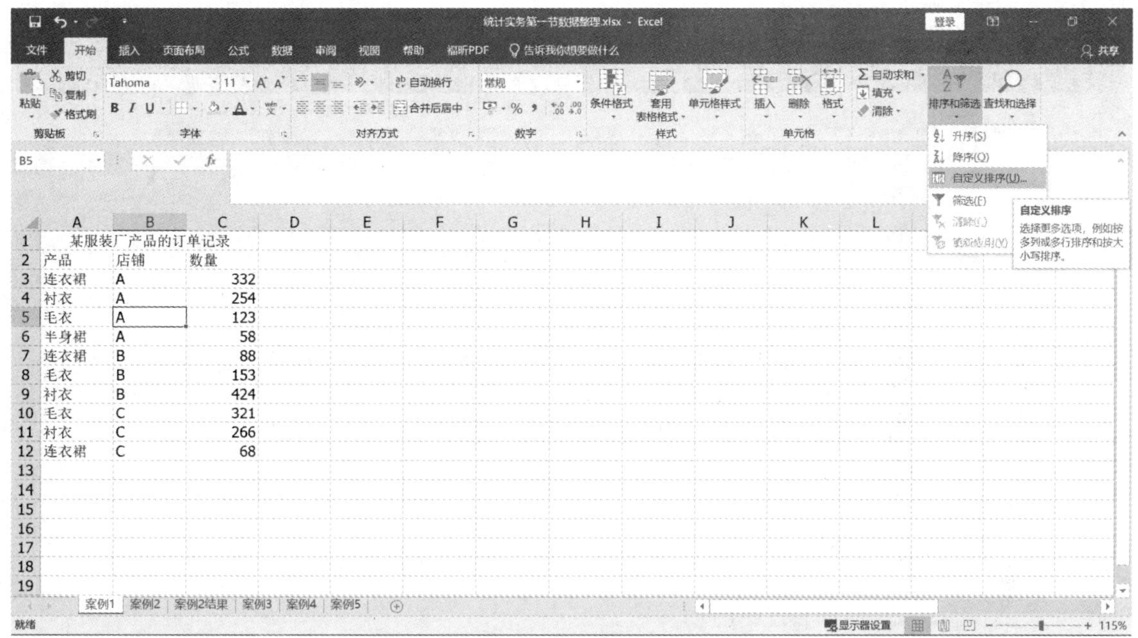

图 9.1

（2）在排序对话框的“主要关键字”下拉菜单中选择“店铺”选项；“排序依据”下拉菜单中选择“单元格值”选项；“次序”下拉菜单中选择“升序”选项，如图 9.2 所示。

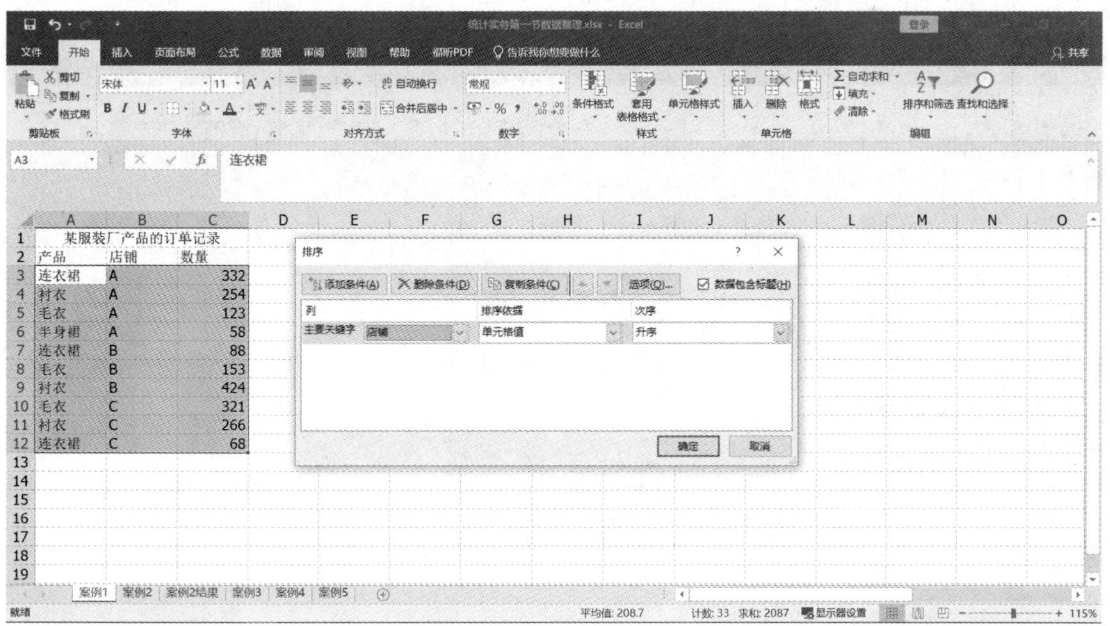

图 9.2

（3）单击“确定”。选择“数据”菜单，再选择“分类汇总”菜单项，如图 9.3 所示。

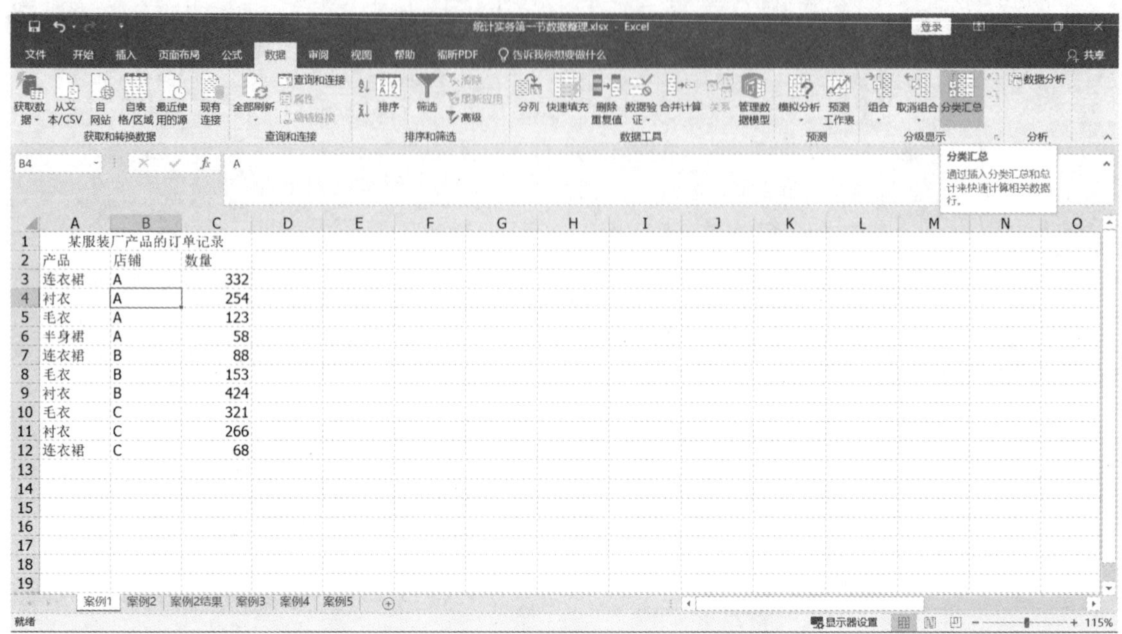

图 9.3

（4）在分类汇总对话框的“分类字段”下拉菜单中选择“店铺”选项；“汇总方式”下拉菜单中选择“求和”选项；“选定汇总项”复选框中选择“数量”选项；选择“替换当前分类汇总”和“汇总结果显示在数据下方”复选框选项，如图 9.4 所示。

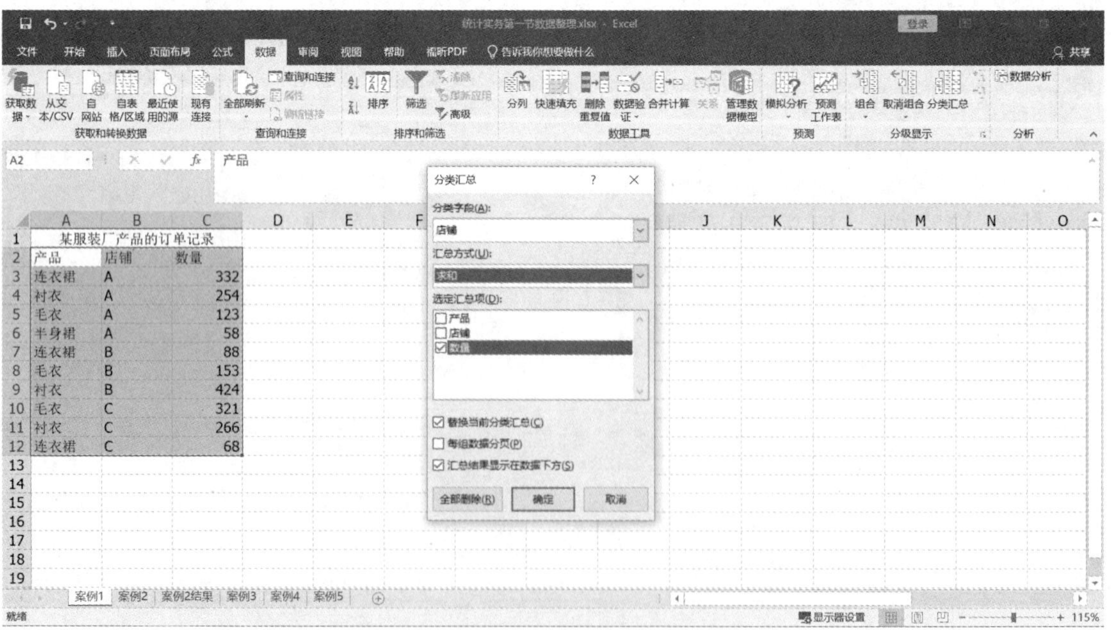

图 9.4

（5）单击“确定”，分类汇总结果如图 9.5 所示。

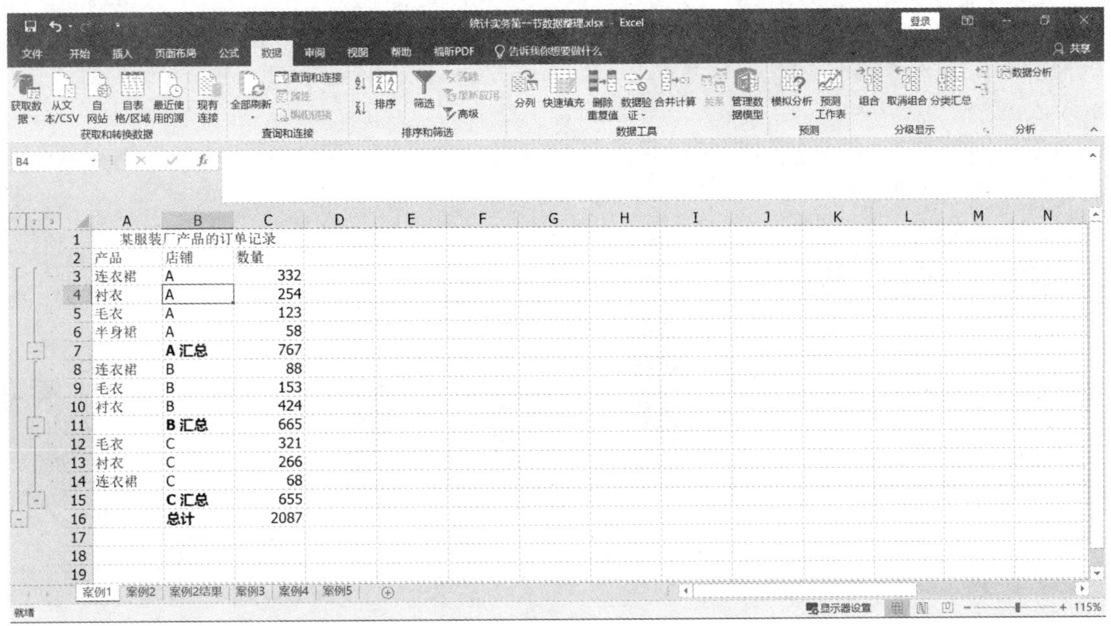

	A	B	C
1	某服装厂产品的订单记录		
2	产品	店铺	数量
3	连衣裙	A	332
4	衬衣	A	254
5	毛衣	A	123
6	半身裙	A	58
7		**A 汇总**	767
8	连衣裙	B	88
9	毛衣	B	153
10	衬衣	B	424
11		**B 汇总**	665
12	毛衣	C	321
13	衬衣	C	266
14	连衣裙	C	68
15		**C 汇总**	655
16		**总计**	2087

图 9.5

（6）单击分类汇总结果工作表中左上角的数字“2”按钮，分类汇总结果如图 9.6 所示。

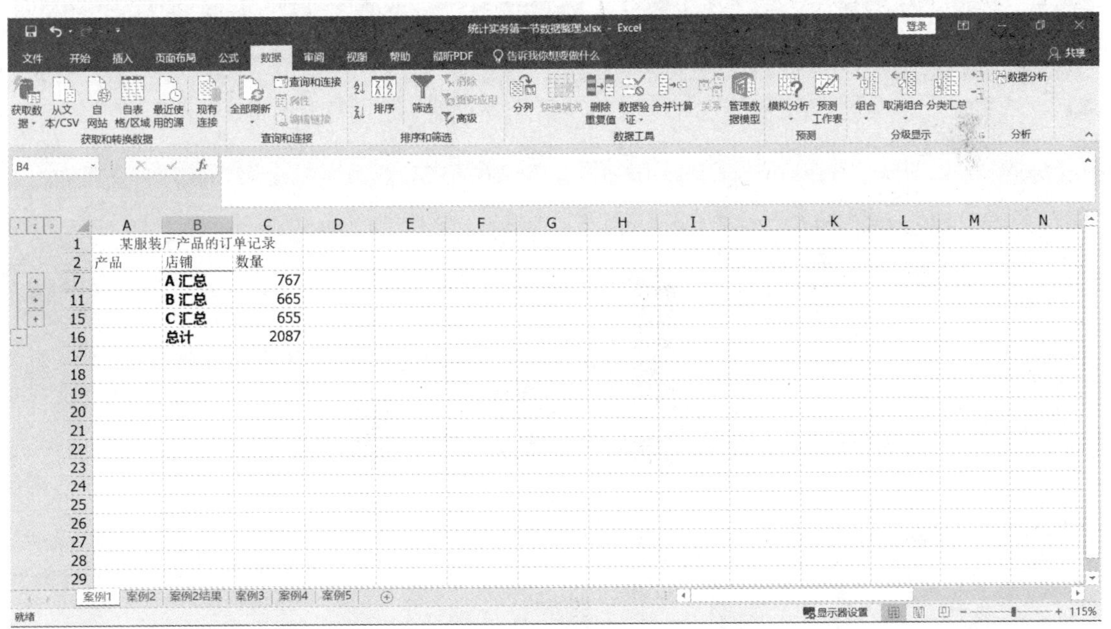

	A	B	C
1	某服装厂产品的订单记录		
2	产品	店铺	数量
7		**A 汇总**	767
11		**B 汇总**	665
15		**C 汇总**	655
16		**总计**	2087

图 9.6

（7）在工作表中选中 B7:C15 单元格区域，再单击“插入”菜单，选择“图表”菜单项中的“柱形图”，如图 9.7 所示。

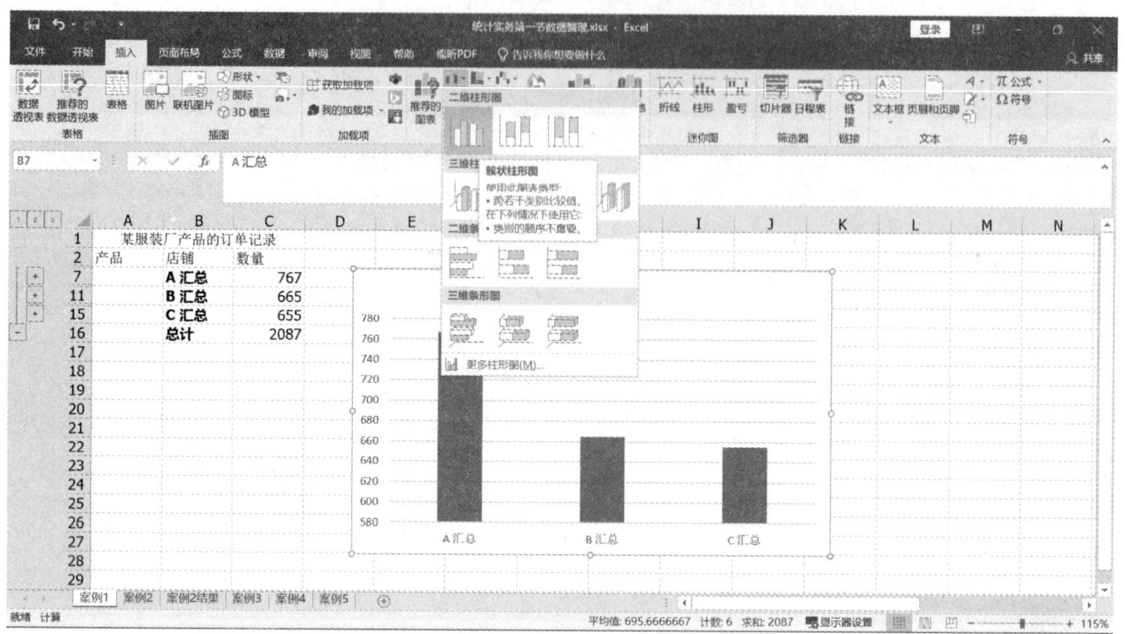

图 9.7

（8）单击“二维柱形图”菜单项中的第一种图形，生成的柱形图如图 9.8 所示。

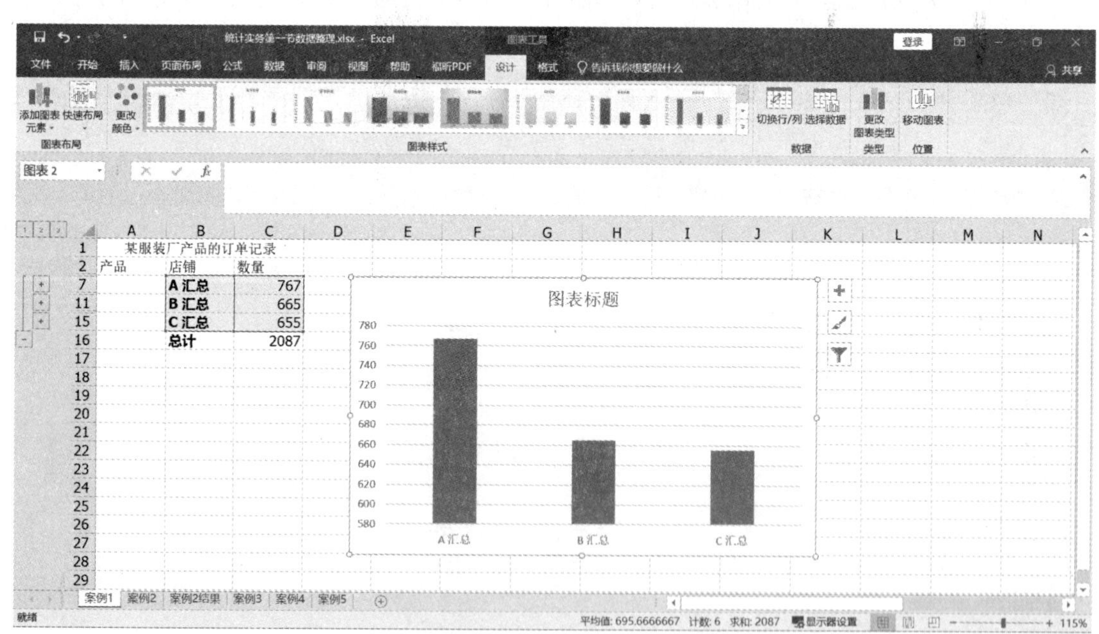

图 9.8

（9）在柱形图中，去掉图标标题，再点击右上角的“+”选择“坐标轴标题”和“数据标签”，如图 9.9 所示。数据标签的添加也可以点击任一柱形，右键后选择“添加数据标签”。坐标轴标题的添加，也可以点击“设计”菜单，再选择“添加图标元素”菜单进行选择。

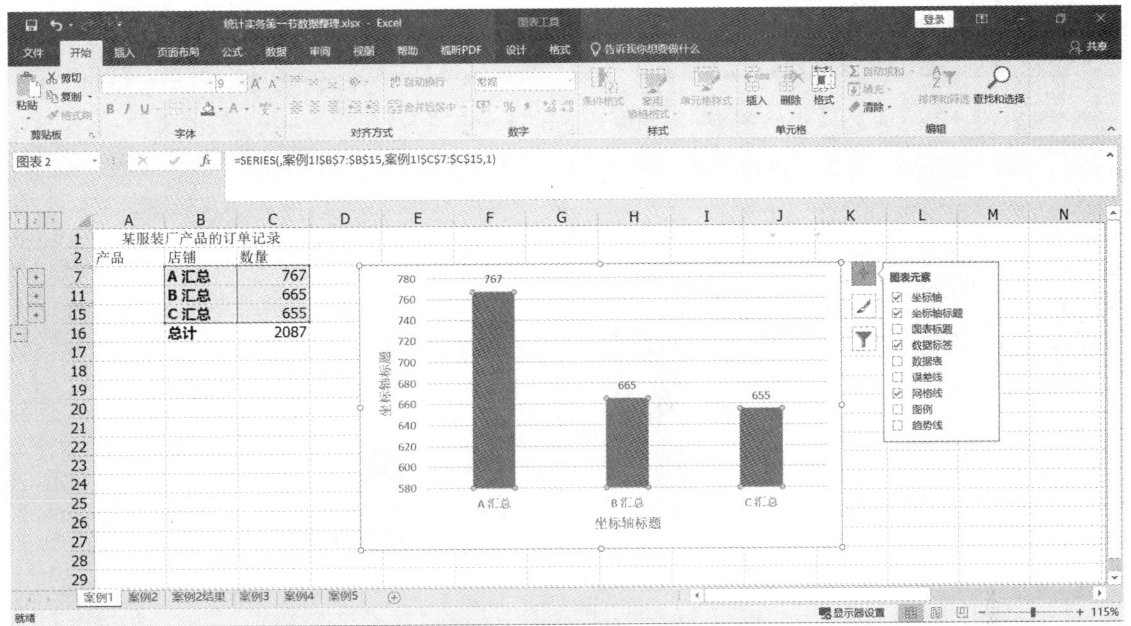

图 9.9

（10）对坐标轴标题进行设置，并点击去掉网格线，订单记录汇总的柱形图即完成，结果如图 9.10 所示。

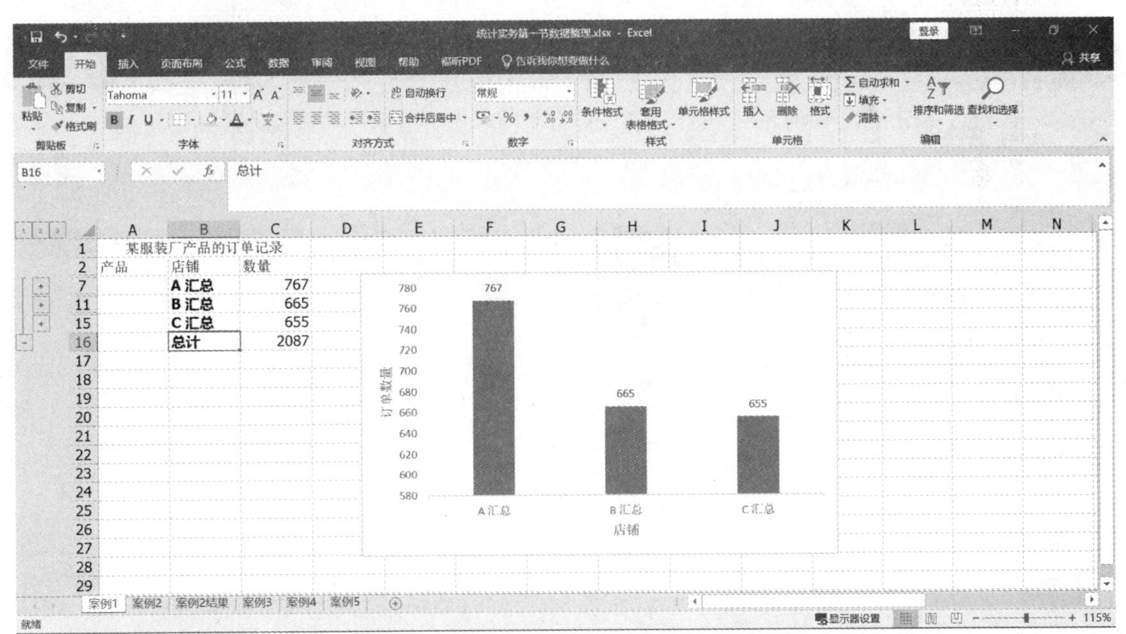

图 9.10

（11）在柱形图中的任一柱形条上单击鼠标右键，再选择“更改系列图表类型”，如图 9.11 所示。

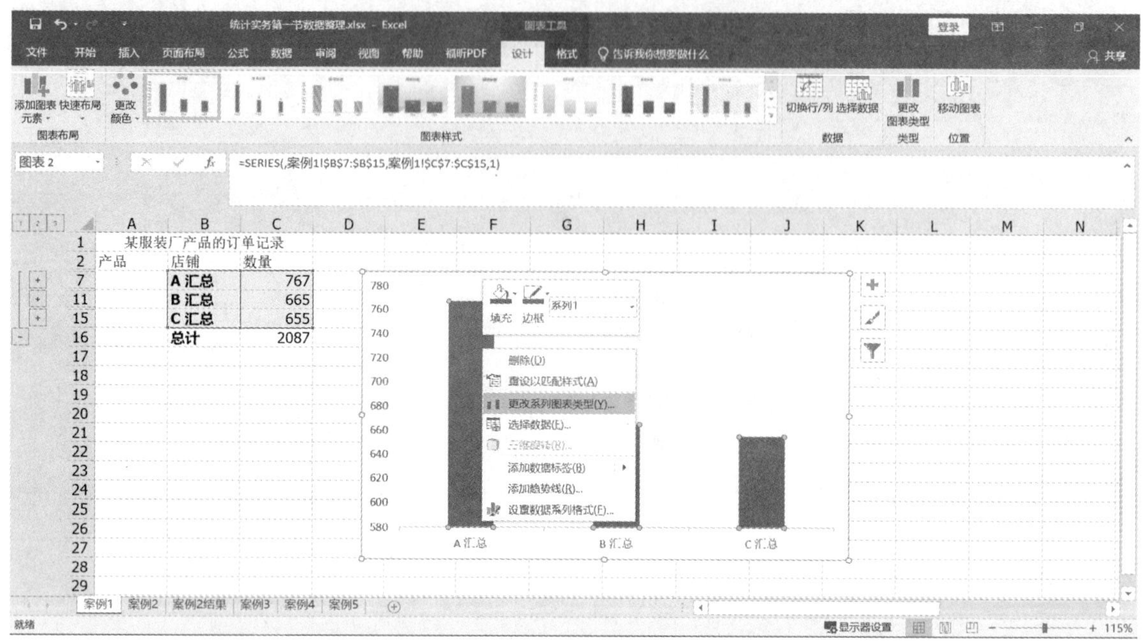

图 9.11

（12）选择“饼图”，然后在饼图菜单项中选择第一种图形，如图 9.12 所示。

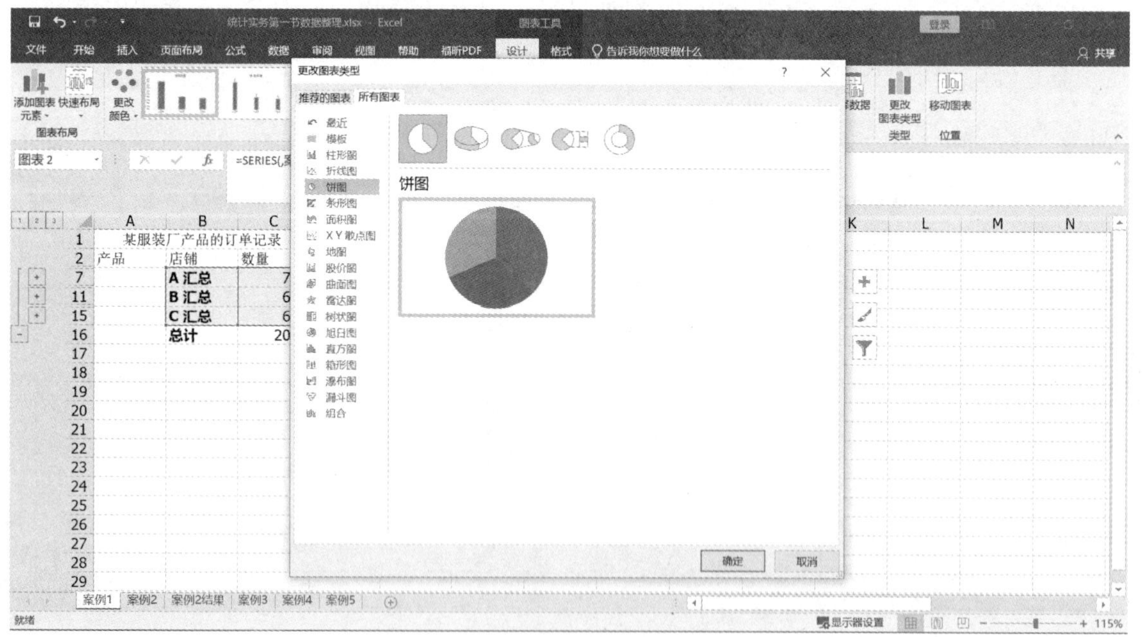

图 9.12

（13）单击“确定”，生成的饼图如图 9.13 所示。

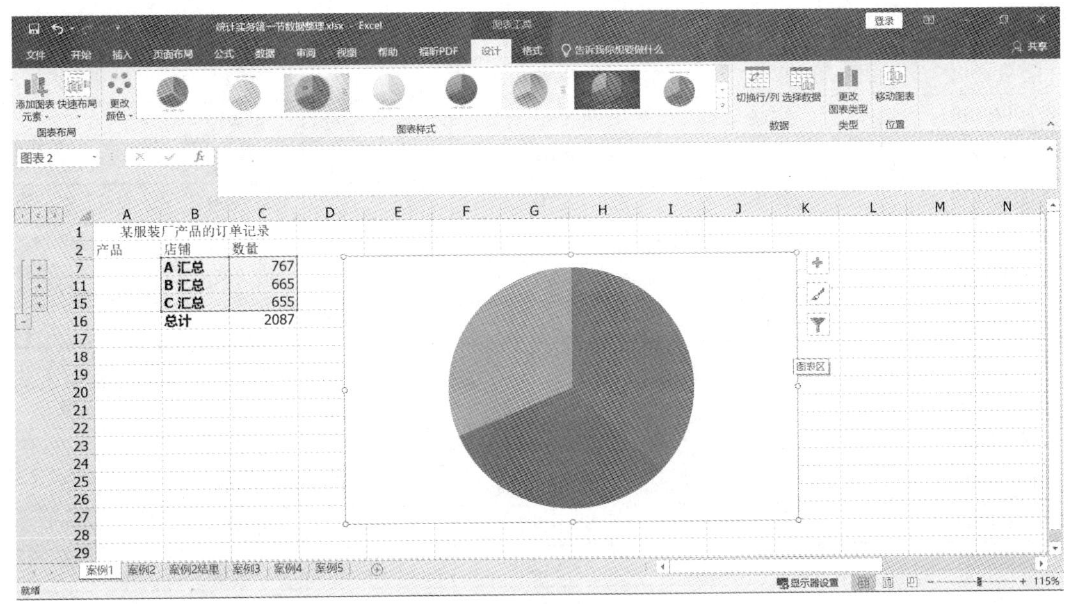

图 9.13

（14）点击饼图右上角“+”，选择“数据标签”和“图例”。双击饼图上的数据值，在右边“设置数据标签格式”的标签选项中，勾选“百分比”，并将标签位置改为“数据标签外”，得到如图 9.14 所示的最后结果。也可在饼图上单击鼠标右键，再选择“设置数据标签格式”进行类似设置。

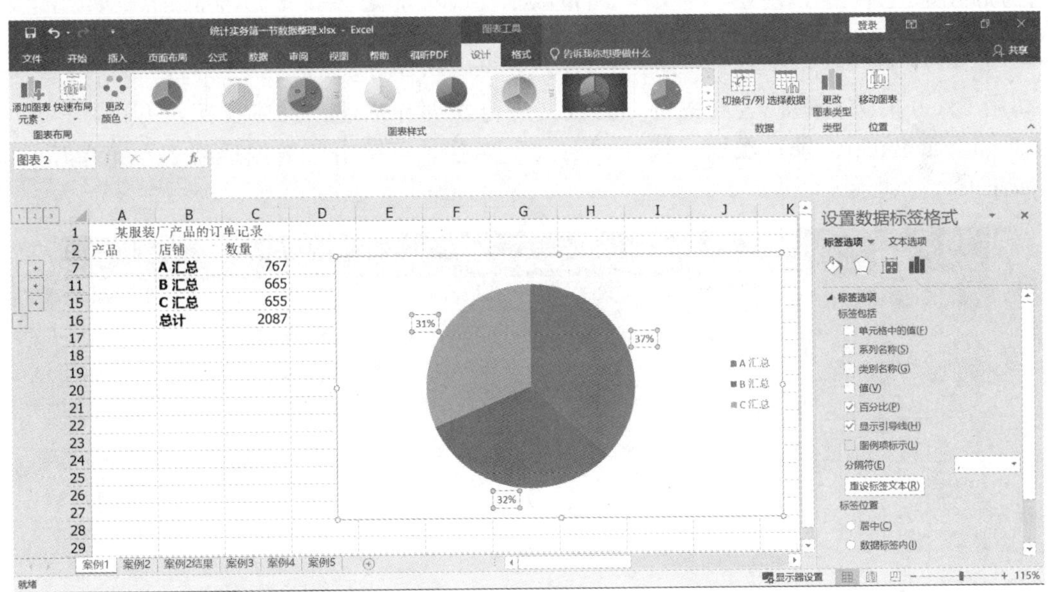

图 9.14

案例二

某手机超市某一个月手机的销售记录见表 9.2。试比较该手机超市这个月各个销售人员的手机销售业绩，绘制出相应的表和图，并评选出本月的“金牌销售员”。

表 9.2 某手机超市手机月销售记录

销售单号	品牌	型号	颜色	价格	销售员
110900001	荣耀	X40	黑	1 499	王
110900002	华为	P50	金	3 908	刘
110900003	荣耀	X30	蓝	1 399	李
110900004	OPPO	K9x	黑	1 199	张
110900005	荣耀	X30	金	1 399	刘
110900006	OPPO	K9x	黑	2 699	王
110900007	华为	P50	黑	1 199	李
110900008	荣耀	Play6T	蓝	1 099	李
110900009	OPPO	Reno8	蓝	2 069	王
110900010	荣耀	X40	黑	1 499	王
110900011	华为	Mate50	黑	4 999	刘
110900012	荣耀	Play6T	蓝	3 199	刘
110900013	荣耀	Play6T	黑	1 499	王
110900014	荣耀	X40	黑	1 499	刘
110900015	华为	P50	金	3 908	刘
110900016	华为	Mate50	黑	4 999	刘
110900017	荣耀	X40	黑	1 499	李
110900018	华为	Mate50	黑	4 999	王
110900019	荣耀	Play6T	黑	1 099	王
110900020	荣耀	Play6T	蓝	1 099	刘

利用 Excel 的数据透视表对案例二的数据进行整理和描述，具体步骤如下：

（1）启动 Excel，录入数据。选择“插入”菜单，再单击“数据透视表”菜单项，如图 9.15 所示。

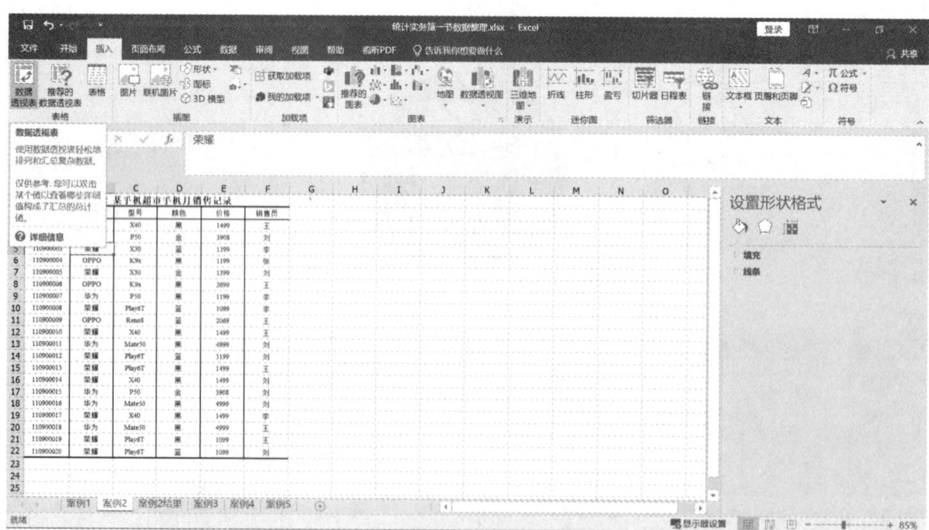

图 9.15

（2）在弹出的“创建数据透视表”对话框中，将“请选择要分析的数据”选项组中的“选择一个表或区域”选项设为全部数据所在单元格，如本例为“案例 2！ $A$2：$F$22”。对于“选择放置数据透视表的位置”选项，可以选择“新工作表”，也可如本例中在现有工作表中选择空白处单元格，进行位置设置。如本例中“位置”设为“案例 2！ $I$4”，如图 9.16 所示。

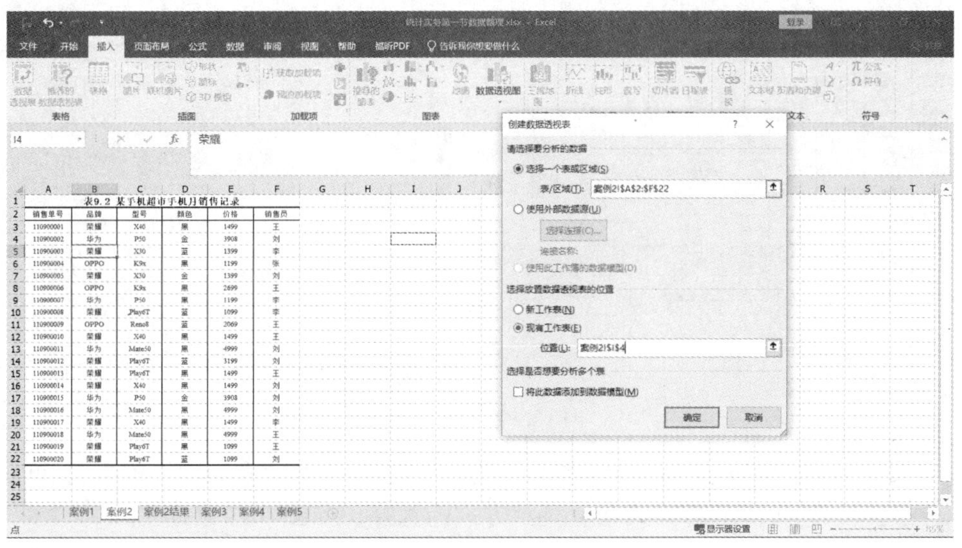

图 9.16

（3）单击“确定”，在视图右边“数据透视表字段列表”对话框中，将“销售员”字段拖动到“行”区域，再将“价格”字段拖动到“数值”区域，如图 9.17 所示。通过对比销售人员的销售业绩可知，销售人员刘某的销售额最高，因此应将刘某评选为本月的“金牌销售员”。

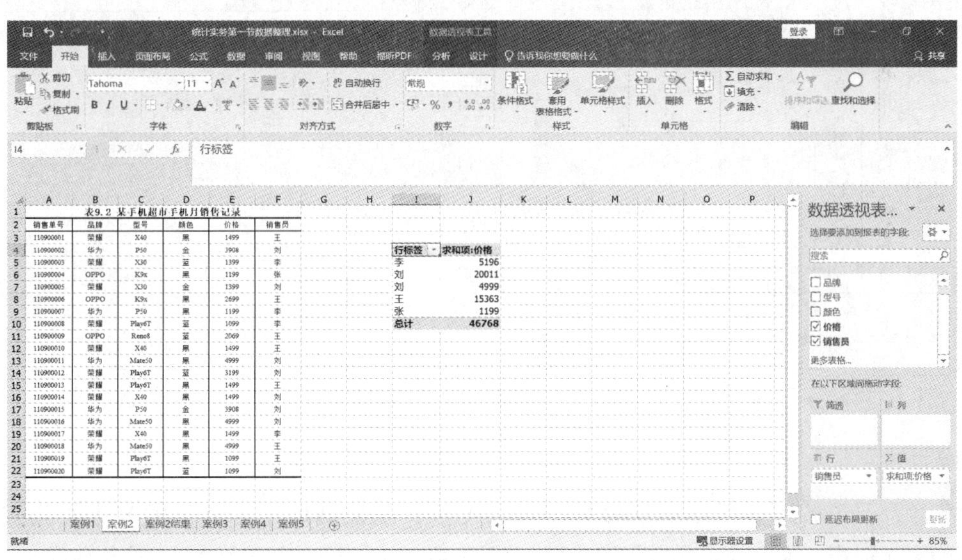

图 9.17

（4）点击“插入”，选择柱形图中的第一种柱形图，即可生成相应的柱形图（见图 9.18）。并可通过图上“销售员”按钮进行显示内容选择。

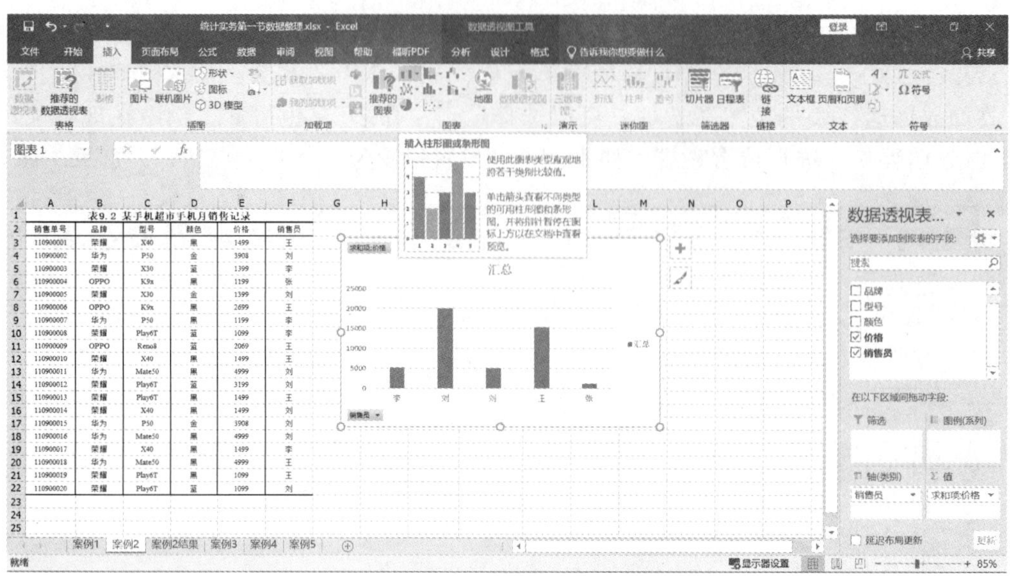

图 9.18

（5）此外，点击视图右下角“数据透视表字段列表”中的“求和项：价格”，可选择“值字段设置”选项，进入值汇总方式和值显示方式的选择，如图 9.19 所示。

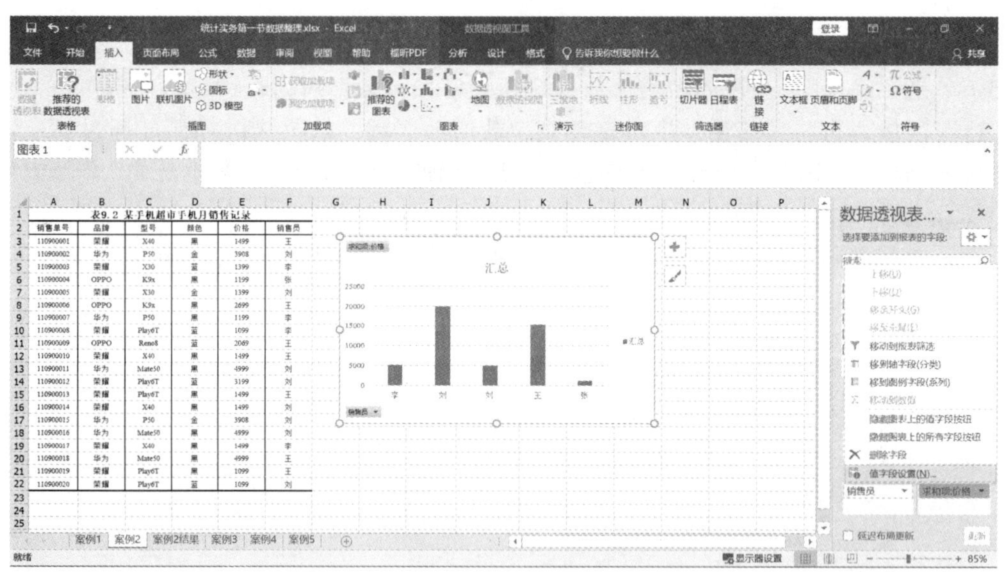

图 9.19

案例三

某酒店为了了解顾客对该酒店服务质量的评价，随机抽取了 100 位顾客进行调查。服务质量的等级分别表示为：1 非常差；2 较差；3 一般；4 较好；5 非常好。调查结果如下所示：

2 4 3 2 3 4 2 2 1 3 5 2 4 4 2 1 5 4 4 2 3 4 3 3 3 4 3 3 2 3 3 2 3 4

5 2 3 4 3 5 1 3 3 5 4 3 1 5 3 4 2 4 1 1 2 4 4 1 1 4 3 5 5 2 3 5 3 2

5 3 2 3 4 4 3 2 2 4 4 3 1 5 3 4 2 5 1 5 3 2 4 5 2 3 4 2 5 4 3 1

要求：根据上述数据资料，按服务质量等级进行分组，汇总各组顾客人数。

在 Excel 中，默认情况下是不会加载“数据分析”加载宏的。如果用户需要使用“数据分析”功能，就必须先加载这个工具。下面详细讲解加载“数据分析”加载宏的方法，具体步骤如下：

（1）启动 Excel，单击左上角的“文件”按钮，在视图左边的命令中找到“选项”，如图 9.20 所示。

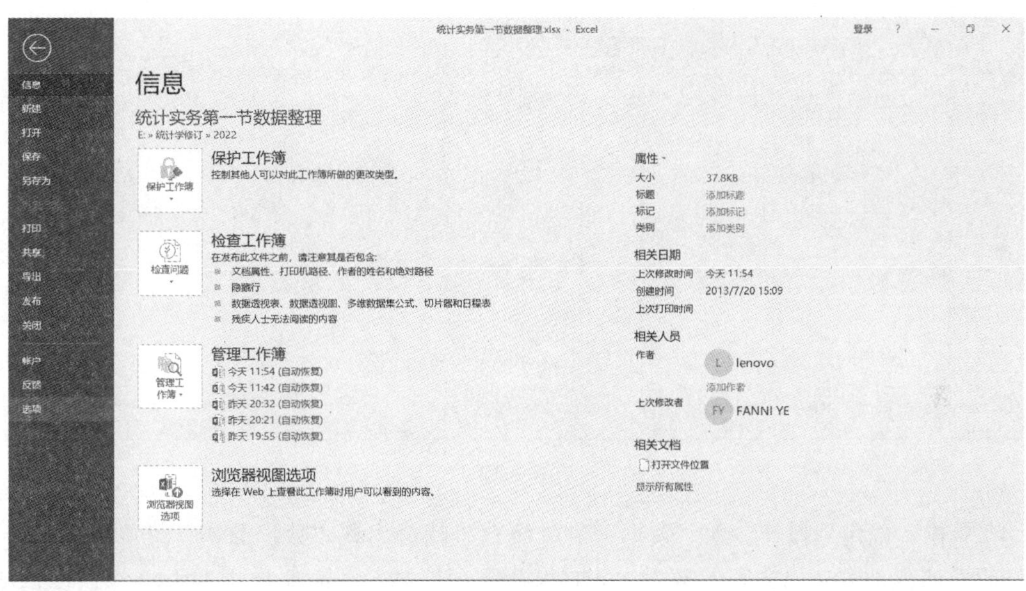

图 9.20

（2）在“Excel 选项”对话框中选择“加载项”选项，然后在“加载项”选项中选择“分析工具库”选项，如图 9.21 所示。

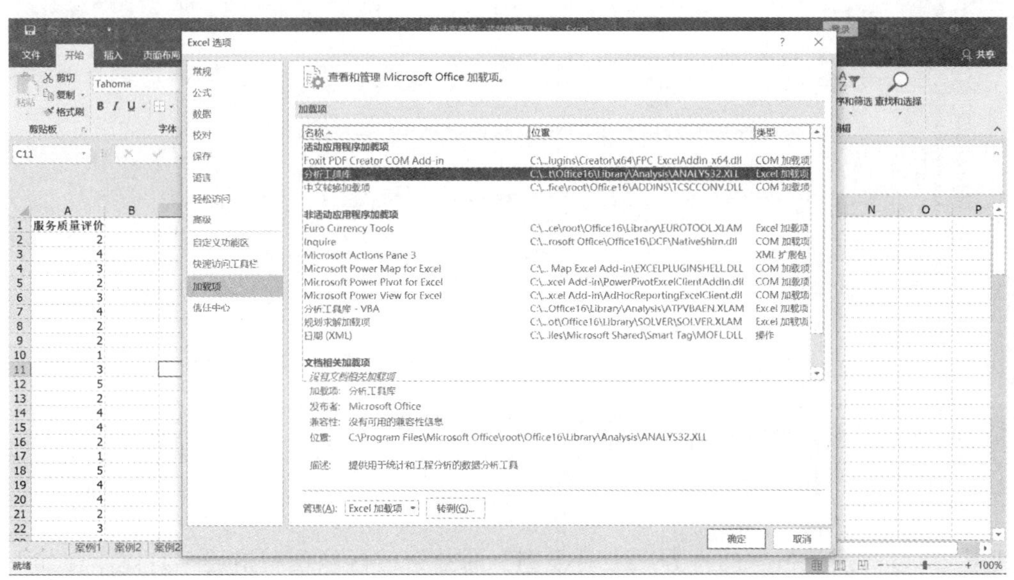

图 9.21

（3）单击“转到”按钮，在“加载宏”对话框中选择“分析工具库”复选框，如图 9.22 所示。

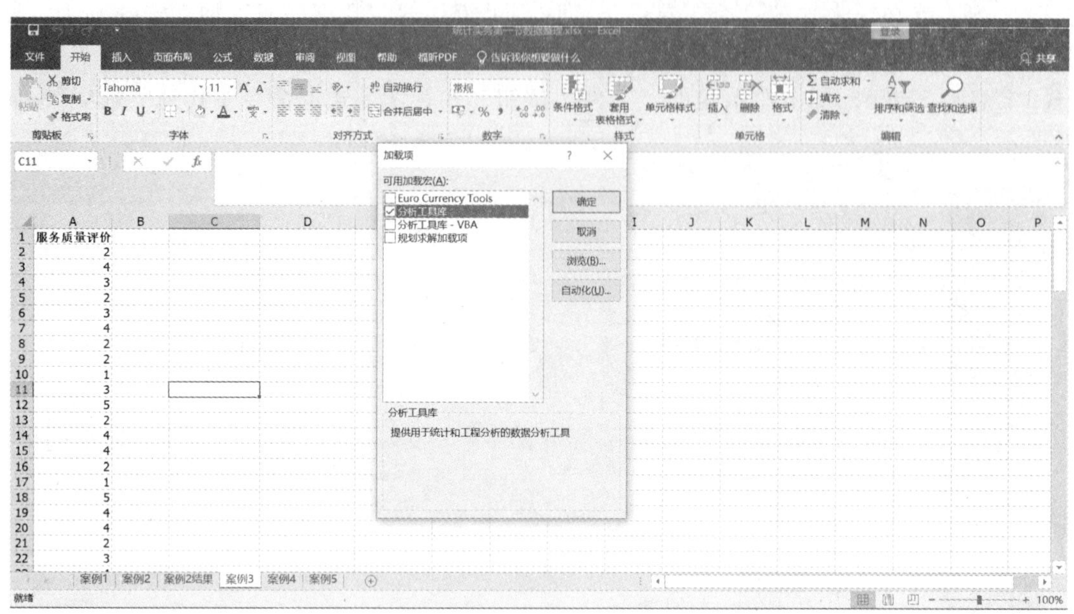

图 9.22

（4）单击“确定”按钮，在“数据”菜单最右边就会出现“数据分析”菜单项，如图 9.23 所示。如果加载不上，说明在安装 Excel 时没有完全安装，则需要使用 Office 光盘进行加载。

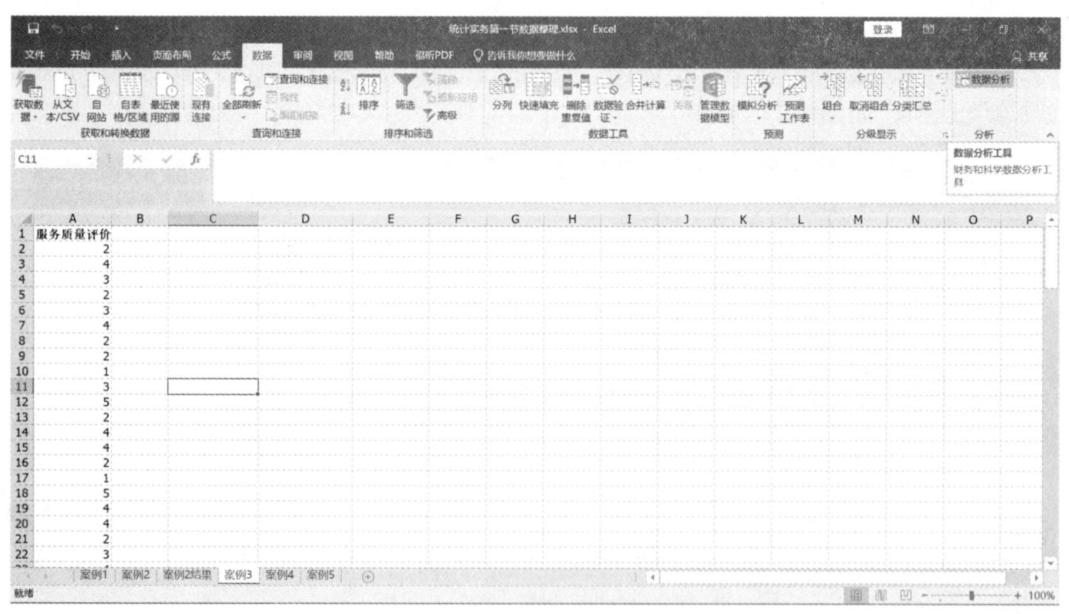

图 9.23

利用 Excel 数据分析中的直方图宏对案例三的数据进行整理和描述，具体步骤如下：

（1）启动 Excel，录入数据。在“B1:B6”单元格区域分别输入“分组数据”，1、2、3、

4、5。单击“数据”菜单，再单击“数据分析”菜单项，然后在“数据分析”对话框中选择“直方图”选项，如图 9.24 所示。

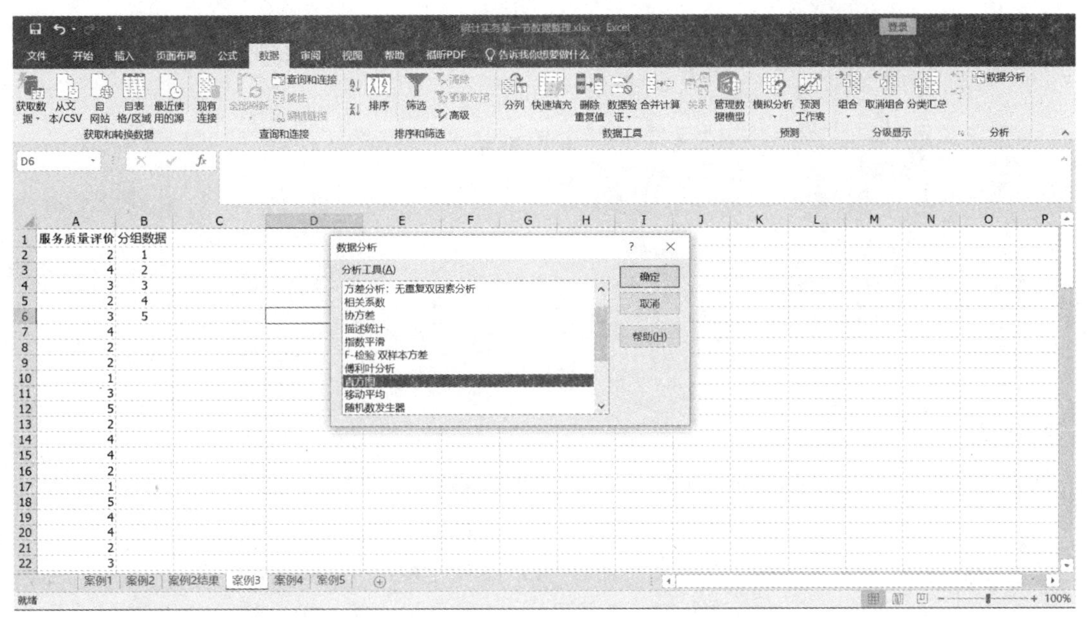

图 9.24

（2）单击“确定”按钮后，在“直方图”对话框的“输入区域”中输入数据所在单元格区域“A2:A101”，在“接收区域”输入“B2:B6”，选择“输出区域”为 C1 单元格，选择“图表输出”，如图 9.25 所示。

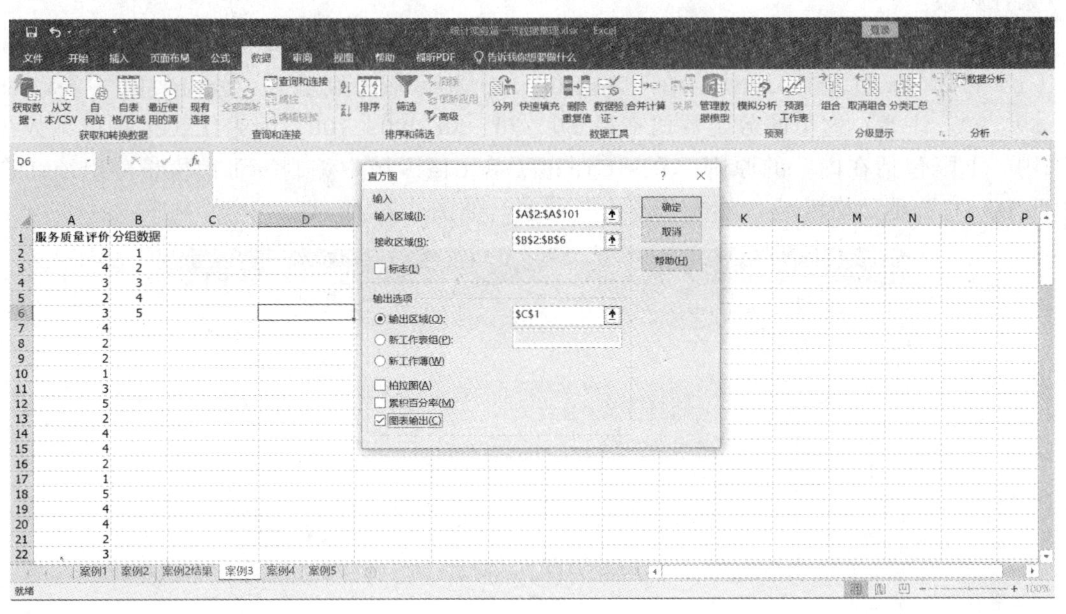

图 9.25

（3）单击“确定”按钮，结果如图 9.26 所示。该图中，频率列即为各评分对应的次数。

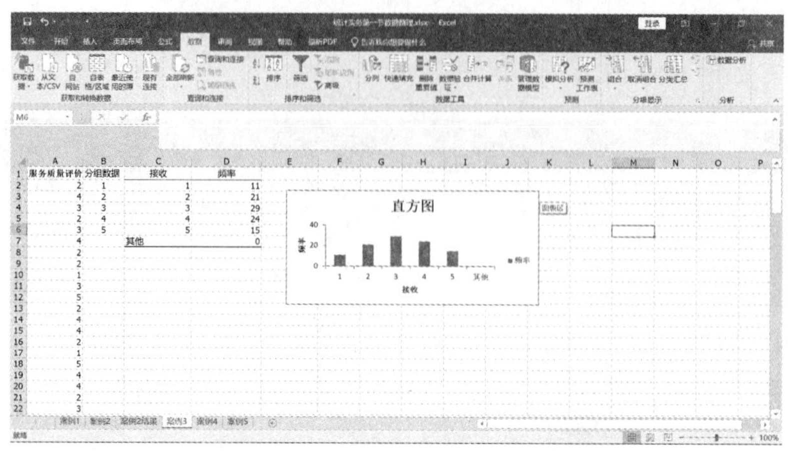

图 9.26

案例四

某企业 60 天的销售量资料（单位：件）如下所示：

82	57	92	52	87	75	91	82	72	68
89	79	67	72	80	65	76	79	84	48
79	82	69	60	75	70	82	73	79	76
78	75	86	65	64	76	69	92	77	68
78	88	71	60	89	76	78	83	75	74
78	68	88	70	69	77	98	79	76	66

要求：根据上述数据资料，按销售量进行分组，汇总各组天数，并计算向上累计频率和向下累计频数。

利用 Excel 中的“FREQUENCY”函数对案例四的数据进行整理和描述，具体步骤如下：

（1）启动 Excel，录入数据。在“B1:B6”单元格区域分别输入“分组数据”，59、69、79、89、99。注意：这里的分组数据不是 60、70、80、90、100，因为 Excel 进行频数统计时采用“上限包括在内”的原则。在“C1:G8”单元格区域中编制一张销售量分组统计表。选择“D3:D7”单元格区域，单击“公式”菜单，如图 9.27 所示。

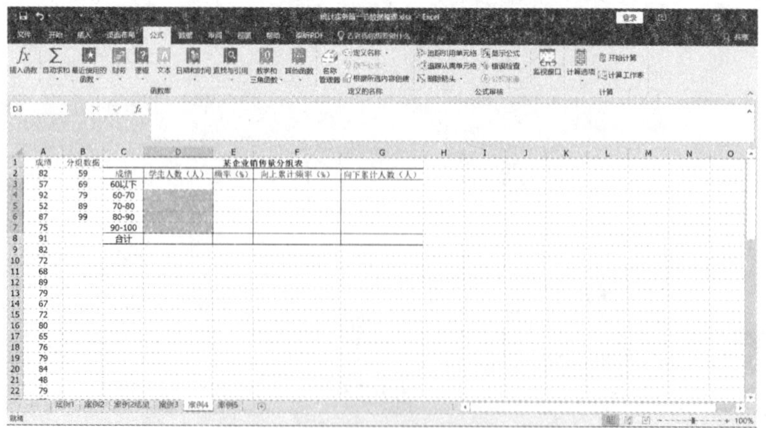

图 9.27

（2）单击“插入函数”菜单项，在“插入函数”对话框的“或选择类别”选项中选择“统计”函数，在“选择函数”选项中选择“FREQUENCY”函数，如图 9.28 所示。

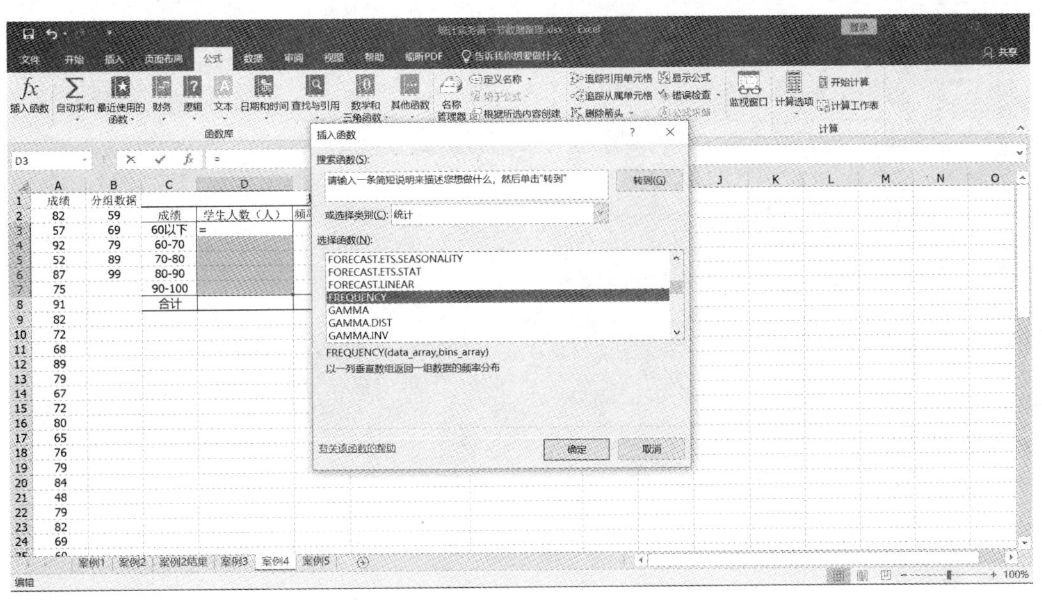

图 9.28

（3）单击“确定”按钮，在“函数参数”对话框的“Data_array”中输入原始数据所在单元格区域“A2:A61”，在“Bins_array”中输入分组组距所在单元格区域“B2:B6”，如图 9.29 所示。

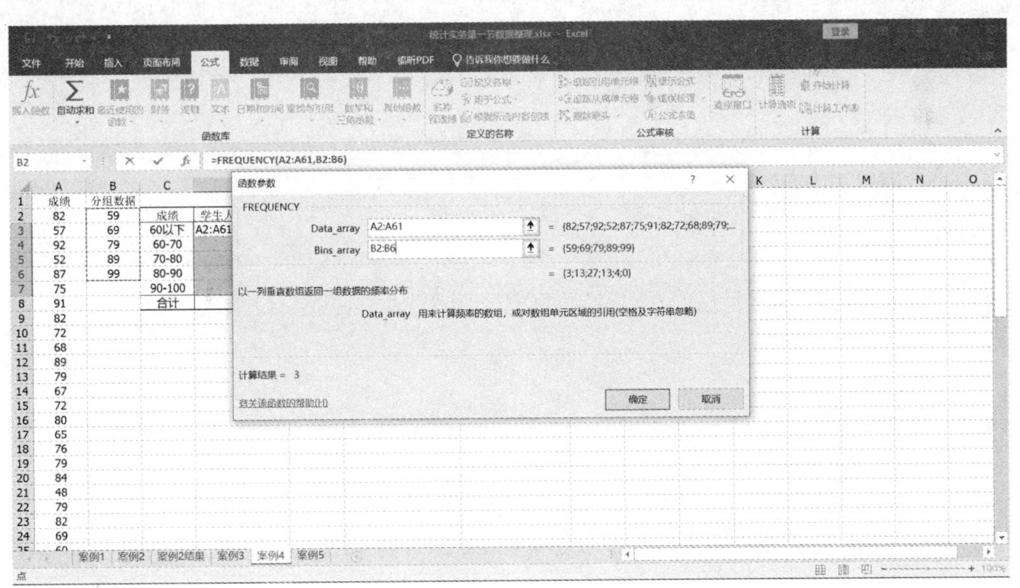

图 9.29

（4）然后同时按下“Ctrl”键、“Shift”键和“Enter”键，表示输入的是数组公式，函数返回的是一个数组，结果如图 9.30 所示。

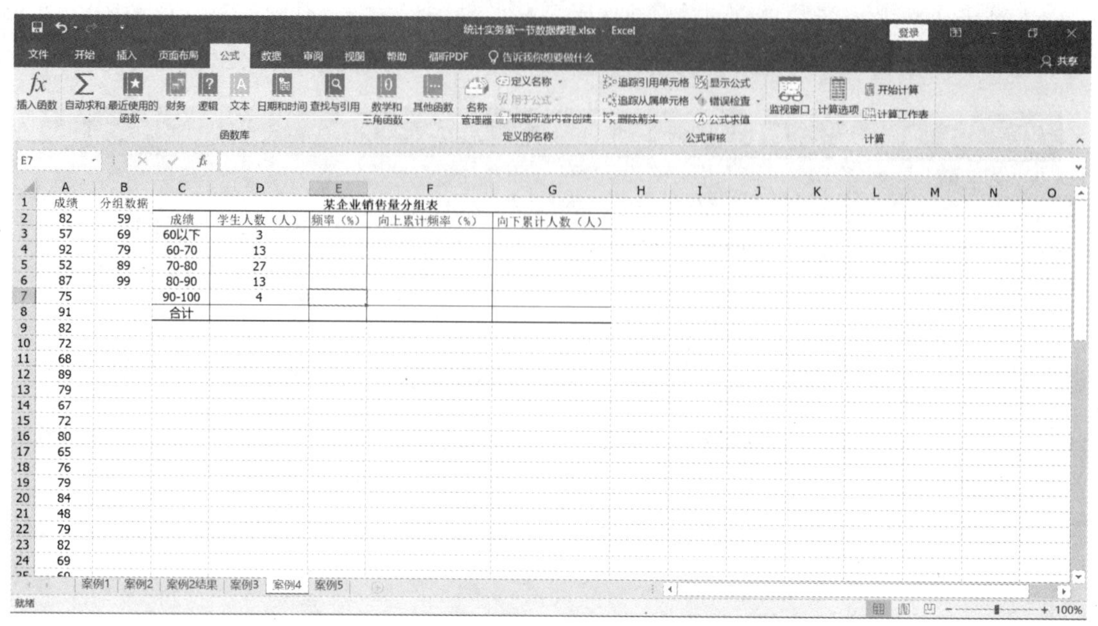

图 9.30

（5）在 D8 单元格中输入“=SUM(D3:D7)”，再单击键盘上的“Enter”按键。在 E3 单元格中输入“=D3/$D$8*100”，再单击键盘上的“Enter”按键，结果如图 9.31 所示。在列标和行号前加上符号“$”，表示复制公式时使用绝对引用，单元格引用不会发生变化。

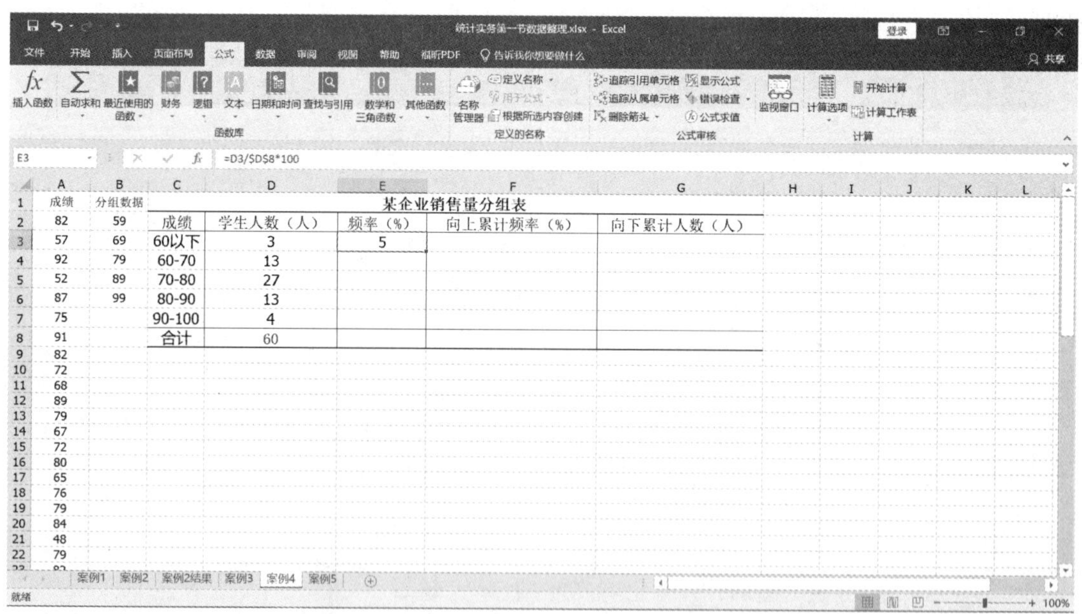

图 9.31

（6）单击 E3 单元格，再将鼠标放在 E3 单元格的右下角，出现“+”后单击鼠标拖动到 E8 单元格，进行数据填充。结果如图 9.32 所示。

统计实务第一节数据整理.xlsx - Excel
E3
=D3/$D$8*100
某企业销售量分组表
成绩 学生人数（人） 频率（%） 向上累计频率（%） 向下累计人数（人）
60以下 3 5
60-70 13 21.6666667
70-80 27 45
80-90 13 21.6666667
90-100 4 6.66666667
合计 60 100
案例1 案例2 案例2结果 案例3 案例4 案例5
平均值: 33.33333333 计数: 6 求和: 200

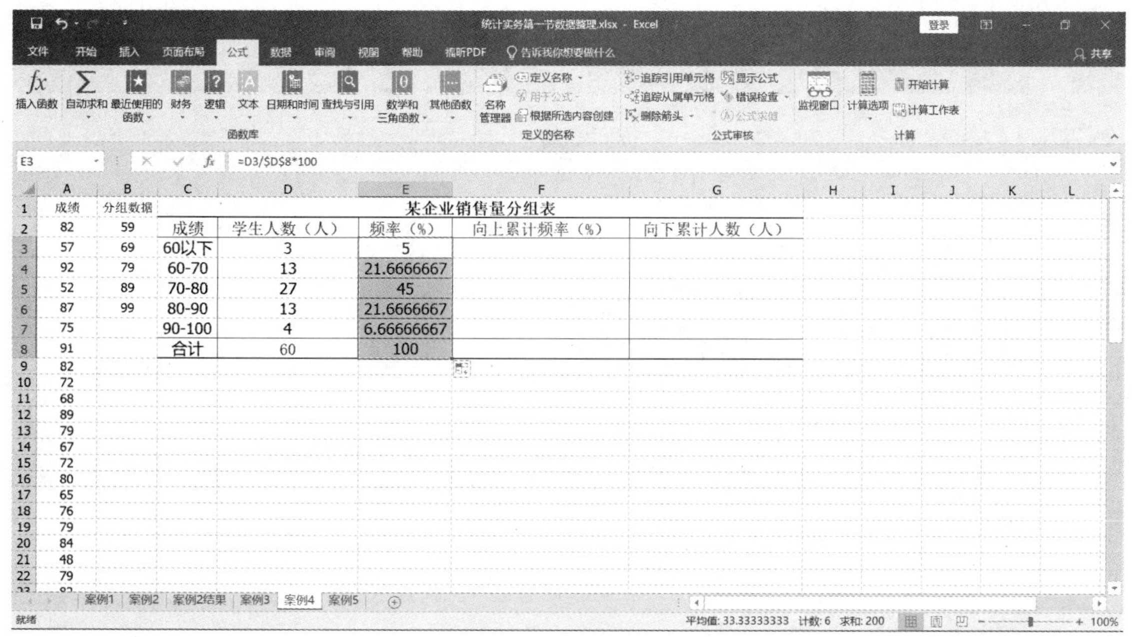

图 9.32

（7）在 F3 单元格中输入“=E3”，再单击键盘上的“Enter”按键。在 F4 单元格中输入“=E4+F3”，再单击键盘上的“Enter”按键。选中 F4 至 F7 单元格，再单击“开始”菜单，中的“填充”菜单项，选择“向下”填充选项，结果如图 9.33 所示。

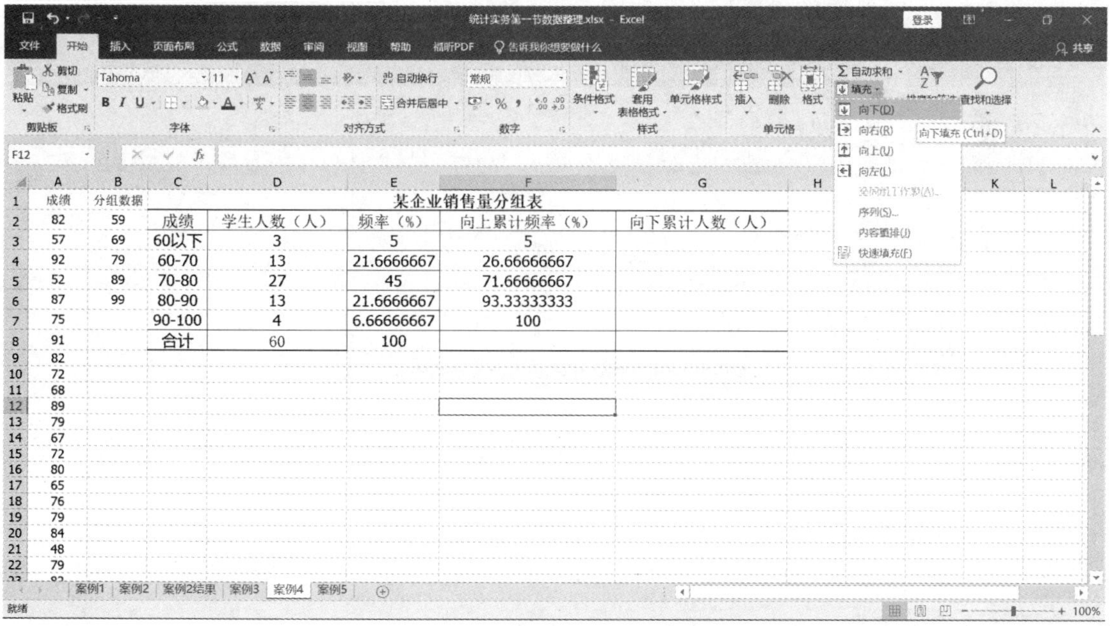

统计实务第一节数据整理.xlsx - Excel
F12
某企业销售量分组表
成绩 学生人数（人） 频率（%） 向上累计频率（%） 向下累计人数（人）
60以下 3 5 5
60-70 13 21.6666667 26.66666667
70-80 27 45 71.66666667
80-90 13 21.6666667 93.33333333
90-100 4 6.66666667 100
合计 60 100
向下(D)
向右(R)
向上(U)
向左(L)
序列(S)...
内容重排(J)
快速填充(F)
向下填充 (Ctrl+D)
案例1 案例2 案例2结果 案例3 案例4 案例5

图 9.33

（8）在 G7 单元格中输入“=D7”，再单击键盘上的“Enter”按键。在 G6 单元格中输入“=D6+G7”，再单击键盘上的“Enter”按键。随后进行向上填充，结果如图 9.34 所示。

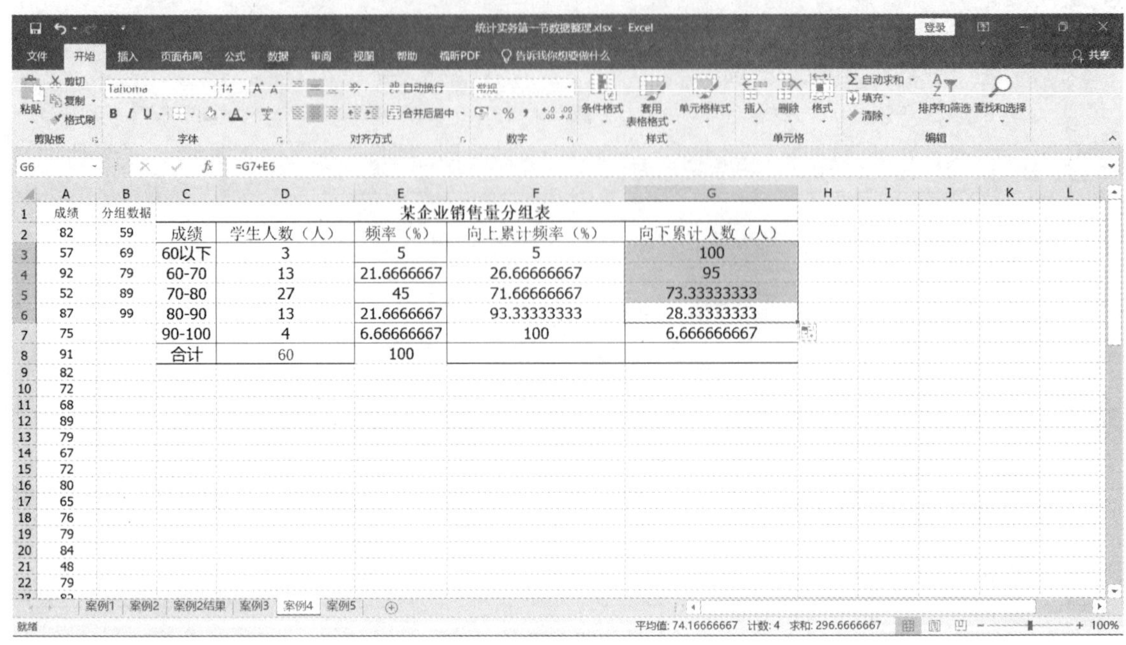

图 9.34

（9）选中 E3 至 G7 单元格区域，右键选择“设置单元格格式”，在“数字”分类中点击“数值”，将小数位数设置为 2，如图 9.35 所示。

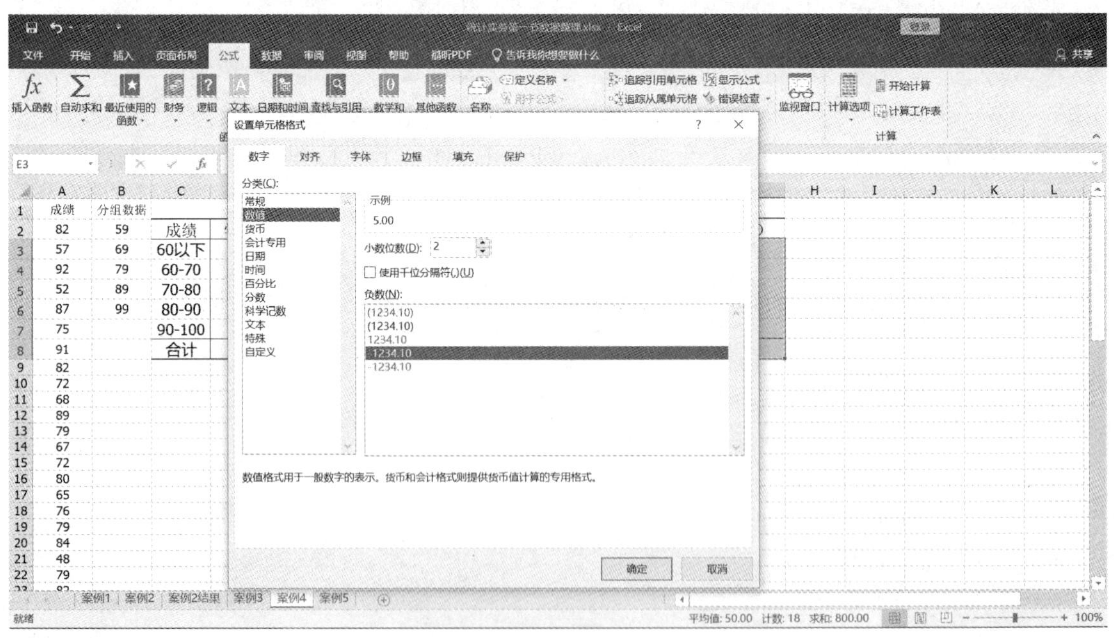

图 9.35

（10）对统计表的边框等进行设置，得到如图 9.36 的最终结果。

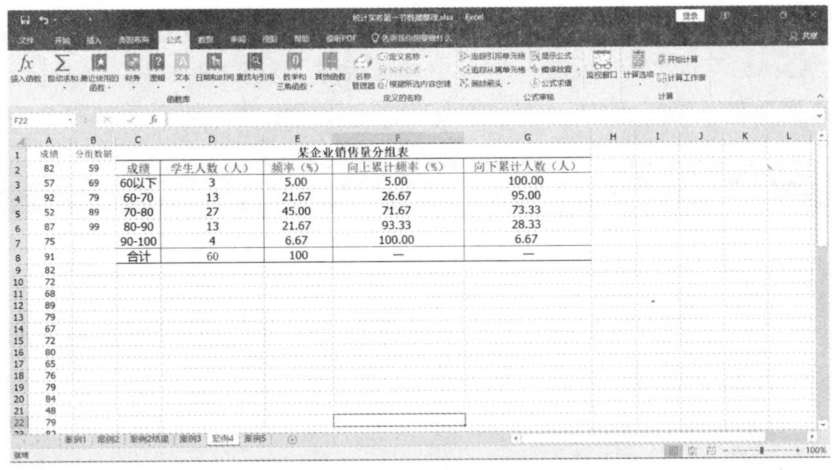

图 9.36

案例五

某房地产开发公司为了分析客户了解房产信息的途径，以便进行广告策划，随机抽取了 50 位客户进行调查。房产信息的了解途径分别为：A. 报纸；B. 杂志；C. 电视；D. 路牌广告；E. 中介机构；F. 网络。调查结果如下：

DE	CDE	ADF	CF	EF	CE	EF	DEF	F	EF
EF	EF	DEF	DEF	EF	EF	DEF	EDF	EF	D
DE	DEF	ED	DB	DEF	E	EF	DF	DEF	DE
AE	BC	AEF	E	DE	DE	EF	ADE	F	EF
ABE	EF	E	ABC	EF	AEF	BF	EF	DEF	ADF

要求：根据上述数据资料，按房产信息的了解途径进行分组，计算各组频数和频率。

利用 Excel 中的“COUNTIF”函数对案例五的数据进行整理和描述，具体步骤如下：

（1）启动 Excel，录入数据。在“B1:D9”单元格区域中编制一张房产信息了解途径统计表。选中 C3 单元格，单击“公式”菜单，再单击“插入函数”菜单项，然后选择“COUNTIF”函数，如图 9.37 所示。

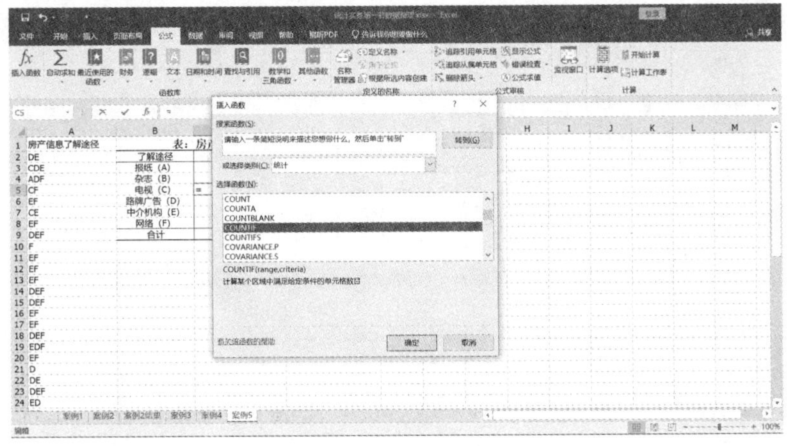

图 9.37

（2）单击“确定”按钮，在“函数参数”对话框的“Range”选项中输入原始数据所在单元格区域“A2:A51”，在“Criteria”选项中输入要进行计算的条件“*A*”，表示计算样本 50 人中选了 A 选项的人数。其中，“*”代表任意个任意字符，如图 9.38 所示。

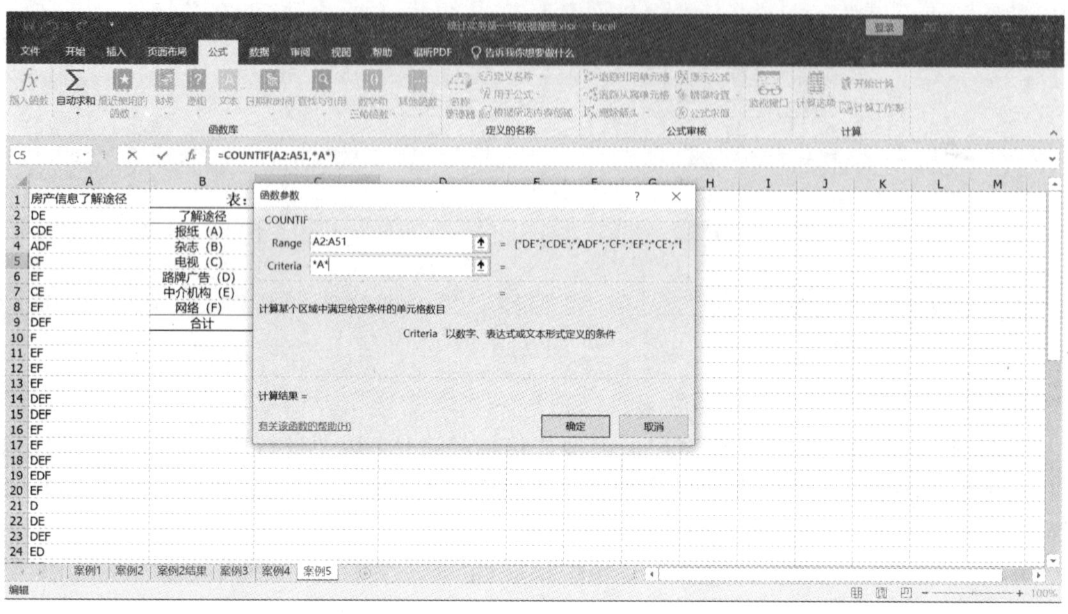

图 9.38

（3）单击“确定”按钮。同理，在 C4 单元格中输入“=COUNTIF(A2:A51，"*B*")”，在 C5 单元格中输入“=COUNTIF(A2:A51，"*C*")”，在 C6 单元格中输入“=COUNTIF(A2:A51，"* D*")”，在 C7 单元格中输入“=COUNTIF(A2:A51，"*E*")”，在 C8 单元格中输入“=COUNTIF(A2:A51，"*F*")”。再在 C9 单元格中输入“=SUM(C3:C8)”，结果如图 9.39 所示。

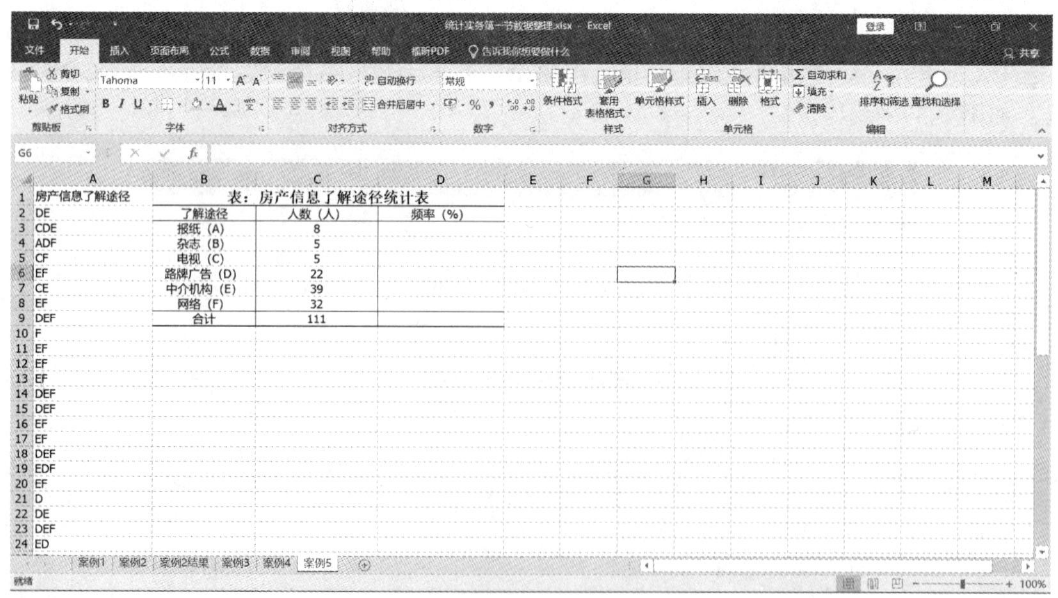

图 9.39

（4）在 D3 单元格中输入“=C3/50*100”，统计在样本 50 人中选 A 的人数百分比。当然，也可以以选项总个数 111 作为分母来计算频率，统计在所有选项中 A 选项占的百分比。单击键盘上的“Enter”按键，再单击 D3 单元格，然后将鼠标放在 D3 单元格的右下角，出现“+”后单击鼠标拖动到 D9 单元格。调整格式后结果如图 9.40 所示。

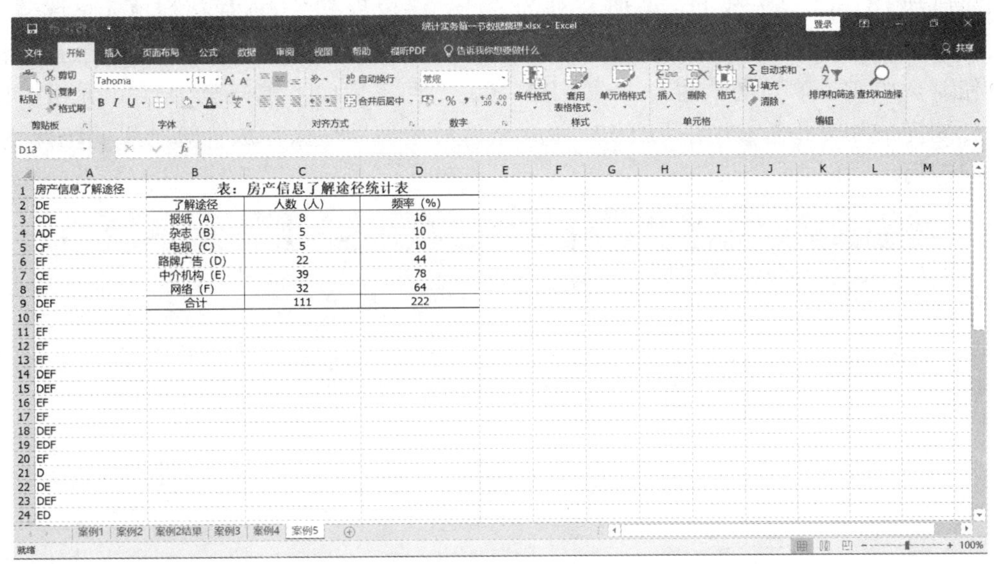

图 9.40

案例六

某制造业企业下属 30 个工厂计划总产值和实际总产值的资料见表 9.3。

表 9.3　某制造业企业下属 30 个工厂计划总产值和实际总产值资料

工厂序号	计划总产值（万元）	实际总产值（万元）	工厂序号	计划总产值（万元）	实际总产值（万元）
1	19	24	16	184	192
2	186	232	17	232	203
3	384	307	18	732	754
4	32	38	19	260	286
5	200	244	20	782	920
6	392	439	21	592	621
7	192	182	22	3 401	3 423
8	419	429	23	60	60
9	240	240	24	392	384
10	3 970	3 982	25	720	790
11	288	325	26	2 680	2 701
12	128	137	27	93	94
13	336	352	28	314	314
14	220	217	29	412	440
15	160	147	30	60	65

要求：计算各工厂总产值计划完成程度相对指标，并按各工厂总产值计划完成程度分为 3 组：① 未完成计划；② 完成计划且超额完成计划 10%以内；③ 超额完成计划 10%以上。汇总各组工厂数，计算各组总产值和整个企业总产值计划完成程度相对指标。

利用 Excel 对案例六进行分析描述，具体步骤如下：

（1）启动 Excel，录入数据，增加 D 列为“计划完成程度”。选中 D 列单元格区域，单击鼠标右键选择“设置单元格格式”，在“数字”选项的“分类”中选择“数值”，然后单击“确定”按钮。选中 D2 单元格，输入“=C2/B2*100”，回车后向下填充至 D31 单元格，计算各工厂的计划完成相对指标。并在“E1:I7”单元格区域中编制一张存放计算结果的统计整理表，如图 9.41 所示。

工厂序号	计划总产值（万元）	实际总产值（万元）	计划完成程度（%）
1	19	24	126.32
2	186	232	124.73
3	384	307	79.95
4	32	38	118.75
5	200	244	122.00
6	392	439	111.99
7	192	182	94.79
8	419	429	102.39
9	240	240	100.00
10	3970	3982	100.30
11	288	325	112.85
12	128	137	107.03
13	336	352	104.76
14	220	217	98.64
15	160	147	91.88
16	184	192	104.35
17	232	203	87.50
18	732	754	103.01
19	260	286	110.00
20	782	920	117.65
21	592	621	104.90
22	3401	3423	100.65

计算结果整理表

按计划完成程度分组	工厂数	计划总产值(万元)	实际总产值(万元)	计划完成程度(%)
100%以下				
100%~110%				
110%以上				
合计				

图 9.41

（2）在 F4 单元格中输入“=COUNTIF(D2:D31，"<100")”，计算未完成计划的工厂数。在 F5 单元格中输入“=COUNTIFS(D2:D31，">=100"，D2:D31，"<110")”，计算完成计划且超额完成 10%以内的工厂数，也可插入“COUNTIFS”函数进行设置，如图 9.42 所示。在 F6 单元格中输入“=COUNTIF(D2:D31，">=110")”，计算超额完成计划 10%以上的工厂数。

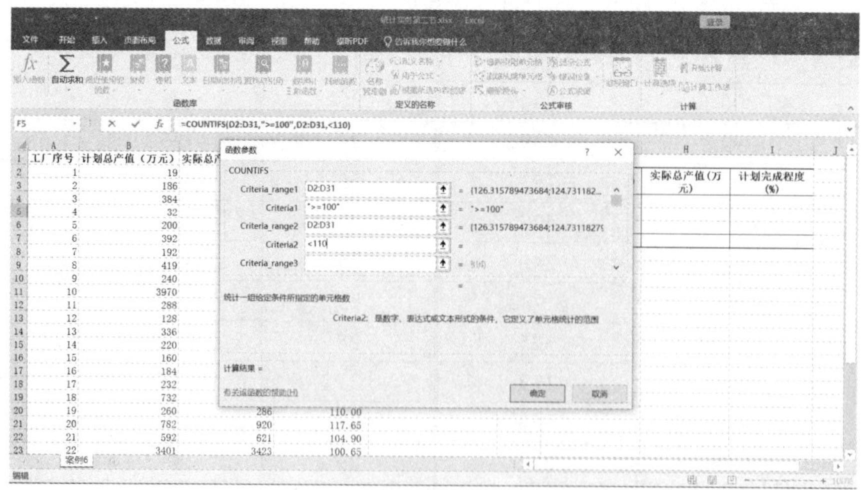

图 9.42

（3）接下来，计算计划总产值的总量。在 G4 单元格中输入“=SUMIF(D2:D31，"<100"，B2:B31)”。在 G5 单元格中输入“=SUMIFS(B2:B31，D2:D31，">=100"，D2:D31，"<110")”，或插入 SUMIFS 函数进行设置，如图 9.43 所示。在 G6 单元格中输入“=SUMIF(D2:D31，">=110"，B2:B31)”。

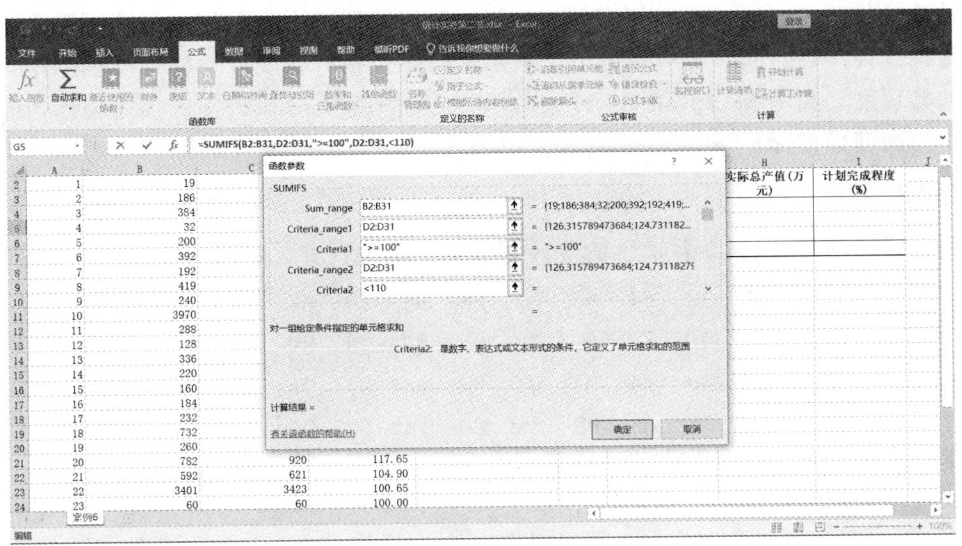

图 9.43

（4）最后，计算实际总产值的总量。在 H4 单元格中输入“=SUMIF(D2:D31，"<100"，C2:C31)”。在 H5 单元格中输入“=SUMIFS(C2:C31，D2:D31，">=100"，D2:D31，"<110")”。在 H6 单元格中输入“=SUMIF(D2:D31，">=110"，C2:C31)”。

（5）在 F7 单元格中输入“=SUM(F4:F6)”，确认后向右填充到 H7 单元格，计算各列的合计数。在 I4 单元格中输入“=H4/G4”，确认后向下填充到 I7 单元格，计算各组的计划完成程度。完成的统计整理表，如图 9.44 所示。

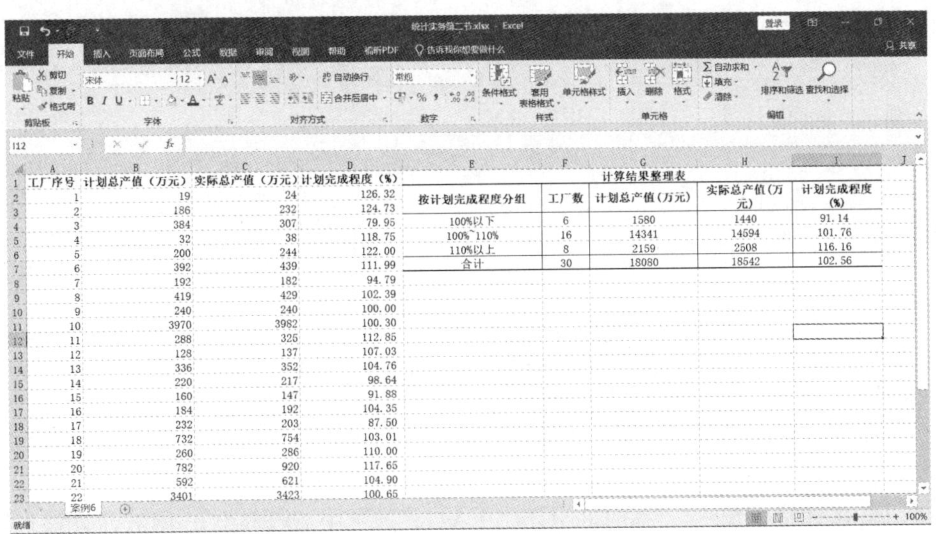

图 9.44

第二节　统计数据特征的计算

统计数据特征主要通过平均值表和变异指标进行描述。平均指标是反映同质总体各单位某一数量标志在一定时间、地点条件下一般水平的综合指标；变异指标则反映总体各单位标志值的差异程度。利用 Microsoft Excel 中的函数功能和数据分析宏中的描述统计功能均可计算平均指标和变异指标。

案例七

某高校管理学院某班 40 名学生的统计学成绩（单位：分）资料统计如下：

90	78	54	88	85	88	95	79	68	73
80	90	87	69	78	95	82	78	89	60
63	80	94	77	92	84	88	67	96	82
87	78	68	92	88	80	74	80	93	81

要求：分别计算该班学生统计学成绩的平均数、众数、中位数、极差、平均差、方差、标准差以及标准差系数。

利用 Excel 的函数功能对案例八的平均指标和变异指标进行计算，具体步骤如下：

（1）启动 Excel，录入数据。选中 C 列单元格区域，单击鼠标右键选择“设置单元格格式”，在“数字”选项的“分类”中选择“数值”，保留 2 位小数，然后单击“确定”按钮，如图 9.45 所示。

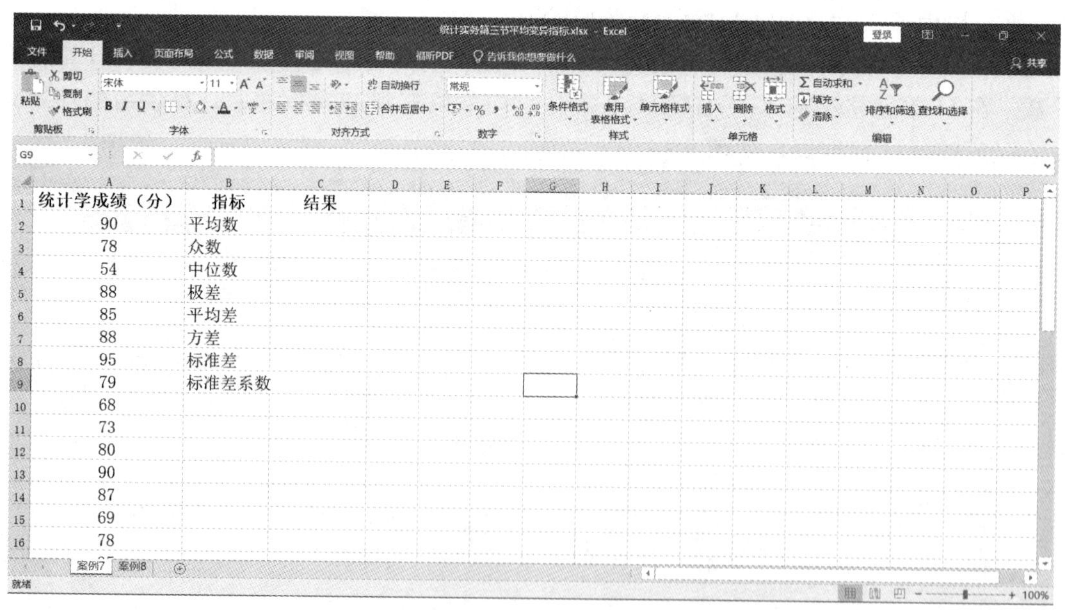

图 9.45

（2）在 C2 单元格中输入“=AVERAGE(A2:A41)”，利用 AVERAGE 函数计算该班毕业生的平均签约工资；在 C3 单元格中输入“=MODE(A2:A41)”，利用 MODE 函数计算众数；在 C4

单元格中输入“=MEDIAN(A2:A41)”，利用 MEDIAN 函数计算中位数；在 C5 单元格中输入“=MAX(A2:A41)-MIN(A2:A41)”，计算极差；在 C6 单元格中输入“=AVEDEV(A2:A41)”，利用 AVEDEV 函数计算平均差；在 C7 单元格中输入“=VAR(A2:A41)”，利用 VAR 函数计算方差；在 C8 单元格中输入“=STDEV(A2:A41)”，利用 STDEV 函数计算标准差；在 C9 单元格中输入“=C8/C2”，计算标准差系数。计算结果如图 9.46 所示。

图 9.46

案例八

某高校经济学院管理层为了了解社会对本学院学生的满意程度，进行了一项对本学院毕业生的调查，以此促进本学院的教学改革。随机抽取了 40 名毕业生组成样本，要求他们所在的工作单位对其工作表现和专业水平两个方面的表现进行评分，评分由 0 分到 10 分，分值越大表明工作单位的满意程度越高。收集的有关样本资料见表 9.4。

表 9.4　　某学院 40 名毕业生调查评分资料

学生编号	工作表现	专业水平	学生编号	工作表现	专业水平
1	8	5	11	7	7
2	9	6	12	8	7
3	8	7	13	7	4
4	9	6	14	9	5
5	7	5	15	7	6
6	10	6	16	10	7
7	6	7	17	9	6
8	9	4	18	7	8
9	8	6	19	8	7
10	6	4	20	7	4

续表

学生编号	工作表现	专业水平	学生编号	工作表现	专业水平
21	6	8	31	7	4
22	8	7	32	8	6
23	7	8	33	9	8
24	9	6	34	8	5
25	9	7	35	9	9
26	7	8	36	8	4
27	9	7	37	7	6
28	9	9	38	9	7
29	10	7	39	9	8
30	7	5	40	7	4

要求：通过计算相关的统计指标，分析用人单位对该学院毕业生哪个方面的表现更为满意？用人单位对该学院毕业生哪个方面的满意程度差别更小？该学院应重点在哪些方面做出教学改革？

利用 Excel 的数据分析宏对案例八的指标进行计算描述，具体步骤如下：

（1）启动 Excel，录入数据。单击“数据”菜单，再单击“数据分析”菜单项，然后在“数据分析”对话框中选择“描述统计”选项，如图 9.47 所示。

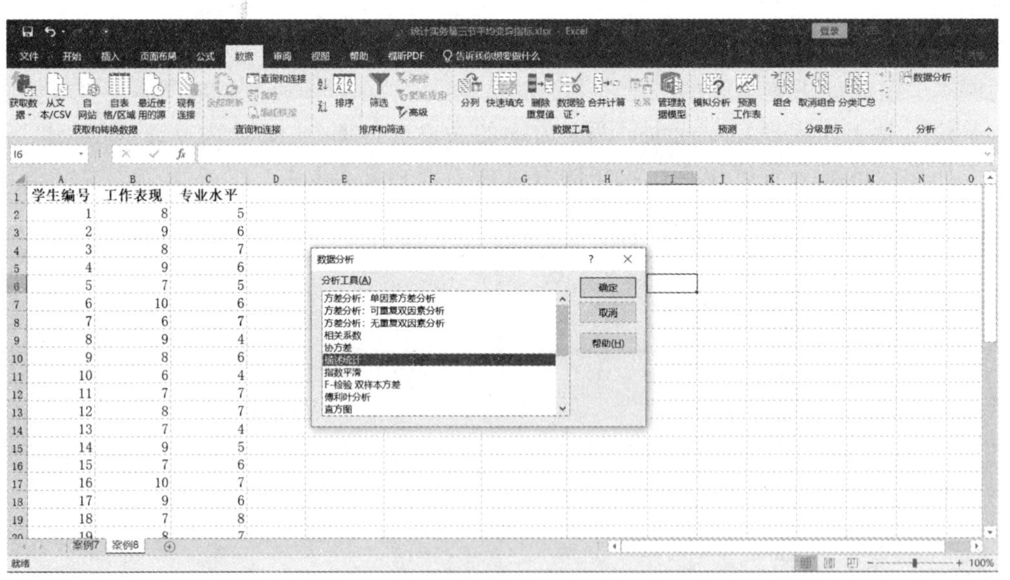

图 9.47

（2）点击“确定”后，在“描述统计”对话框的“输入区域”中输入数据所在单元格区域“$B$1:$C$41”，选中“标志位于第一行”复选框，在“输出区域”中输入“$E$1”单元格。选择输出“汇总统计”，如图 9.48 所示。

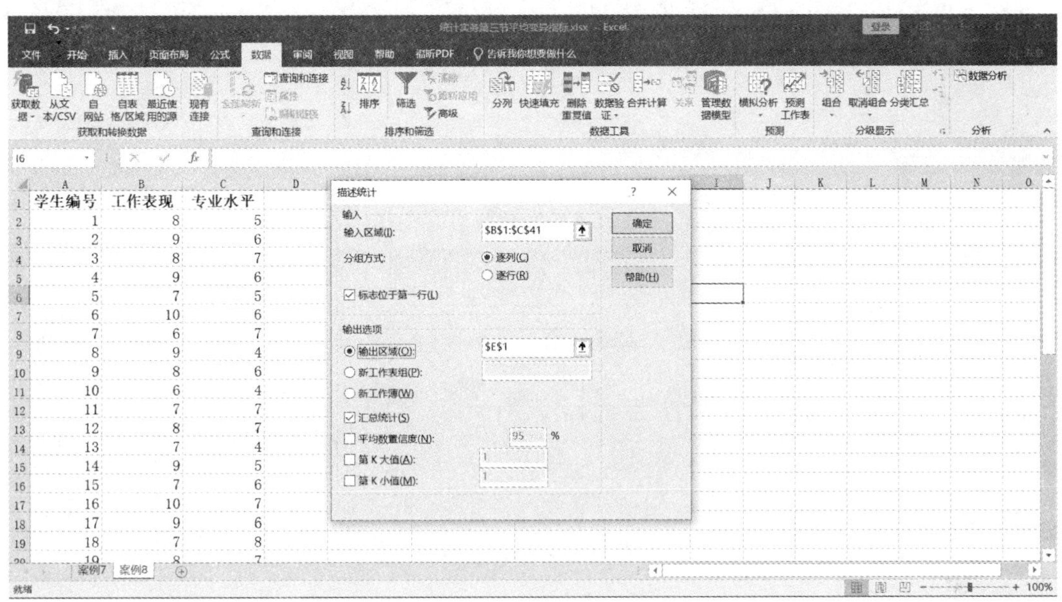

图 9.48

（3）单击“确定”按钮，得到毕业生工作表现和专业水平的描述统计分析结果，如图 9.49 所示。

	A	B	C	D	E	F	G	H
1	学生编号	工作表现	专业水平		工作表现		专业水平	
2	1	8	5					
3	2	9	6		平均	8.025	平均	6.25
4	3	8	7		标准误差	0.177184172	标准误差	0.23135609
5	4	9	6		中位数	8	中位数	6
6	5	7	5		众数	9	众数	7
7	6	10	6		标准差	1.120611097	标准差	1.4632244
8	7	6	7		方差	1.255769231	方差	2.14102564
9	8	9	4		峰度	−0.94891138	峰度	−0.858821
10	9	8	6		偏度	−0.051282339	偏度	−0.096924
11	10	6	4		区域	4	区域	5
12	11	7	7		最小值	6	最小值	4
13	12	8	7		最大值	10	最大值	9
14	13	7	4		求和	321	求和	250
15	14	9	5		观测数	40	观测数	40
16	15	7	6					
17	16	10	7					
18	17	9	6					
19	18	7	8					
20	19	8	7					

图 9.49

（4）在 D19 单元格和 G19 单元格中输入“标准差系数”，在 E19 单元格中输入“=E7/E3”，在 H19 单元格中输入“=H7/H3”，计算标准差系数。计算结果如图 9.50 所示。

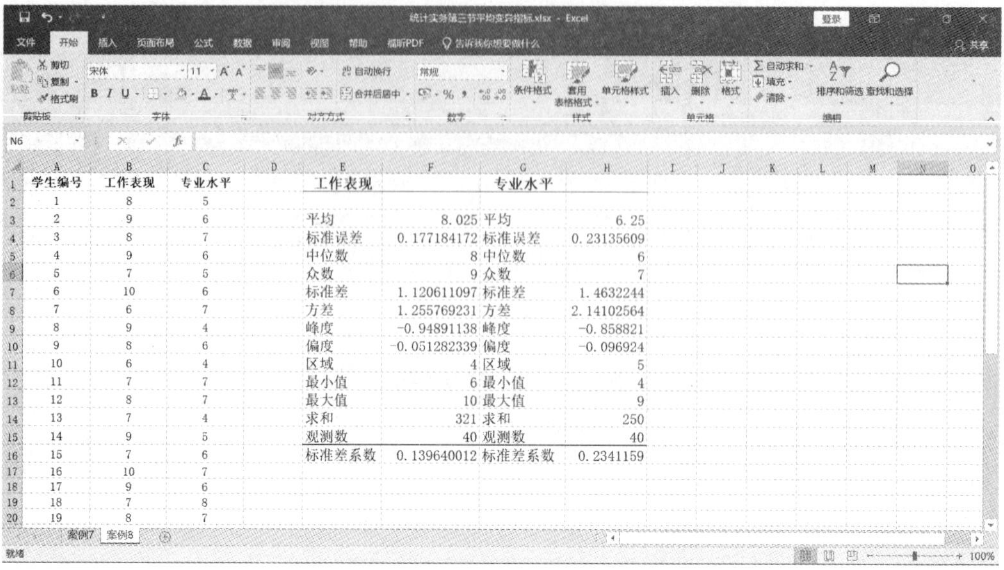

	A	B	C	D	E	F	G	H
1	学生编号	工作表现	专业水平		工作表现		专业水平	
2	1	8	5					
3	2	9	6		平均	8.025	平均	6.25
4	3	8	7		标准误差	0.177184172	标准误差	0.23135609
5	4	9	6		中位数	8	中位数	6
6	5	7	5		众数	9	众数	7
7	6	10	6		标准差	1.120611097	标准差	1.4632244
8	7	6	7		方差	1.255769231	方差	2.14102564
9	8	9	4		峰度	-0.94891138	峰度	-0.858821
10	9	8	6		偏度	-0.051282339	偏度	-0.096924
11	10	6	4		区域	4	区域	5
12	11	7	7		最小值	6	最小值	4
13	12	8	7		最大值	10	最大值	9
14	13	7	4		求和	321	求和	250
15	14	9	5		观测数	40	观测数	40
16	15	7	6		标准差系数	0.139640012	标准差系数	0.2341159
17	16	10	7					
18	17	9	6					
19	18	7	8					
20	19	8	7					

图 9.50

在上述描述统计结果中，“平均”即算术平均数；“标准误差”为抽样平均误差；“峰度”反映的是，与正态分布相比，随机变量分布的尖锐度或平坦度；“偏度”描述随机变量分布相对其均值的不对称程度；“区域”即极差；“观测数”即随机变量个数；“置信度（95%）”这一行值表明，置信度为 95% 时，根据 t 值和抽样平均误差计算得到的允许误差范围。

计算结果表明：从算术平均数的角度来看，工作表现方面的评分更高，比专业水平的平均分高 1.775 分，说明用人单位对该学院毕业生工作表现方面的满意度更高。这反映出该学院毕业生的适应能力比较强，也反映出该学院在培养学生社会实践能力方面取得了一定的成效。

从标准差、方差和极差的角度来看，工作表现方面的指标值均小于专业水平。但由于这两方面的平均分不相等，所以需要分析标志变异系数，而工作表现的标准差系数 0.14 小于专业水平的标准差系数 0.23，说明用人单位对该学院毕业生工作表现方面的满意程度差别更小，工作表现方面的平均数的代表性更好。

该学院应重点在专业水平方面做出教学改革。该学院应深入调查，针对专业知识教学工作中存在的问题，采取有效的措施改变现状。可能需要更新教材，加强对教师的培训，注重学生理论知识的学习和扩大学生的知识面。

第三节　抽样与估计

抽样调查是按随机原则从总体中抽取一部分单位进行调查，并以调查结果对总体数量特征做出具有一定可靠程度的估计，从而认识总体的一种统计方法。抽样调查主要有简单随机抽样、分层抽样和等距抽样等几种组织方式。利用 Excel 的函数功能、数据分析的随机数发生器宏或抽样宏可以实现随机抽样。利用 Excel 的函数功能，并结合描述统计功能，可以对抽样估计的指标进行计算。

案例九

某公司举行晚会，需要从编号为 101 至 200 的员工中随机抽出 6 名员工参加游戏。试采用简单随机抽样法确定该公司参加游戏的 6 名员工的编号。

利用 Excel 中的“RANDBETWEEN”函数对案例九的数据进行抽样，具体步骤如下：

（1）启动 Excel，在 A1 单元格中输入“抽样结果”，再选择 A2 至 A7 单元格区域，单击鼠标右键，选择“设置单元格格式”选项，然后在“设置单元格格式”对话框的“数字”选项卡中选择“自定义”选项，在“类型”下的文本框中输入“000”，表示显示 3 位数字，不足部分以“0”补齐，如图 9.51 所示。

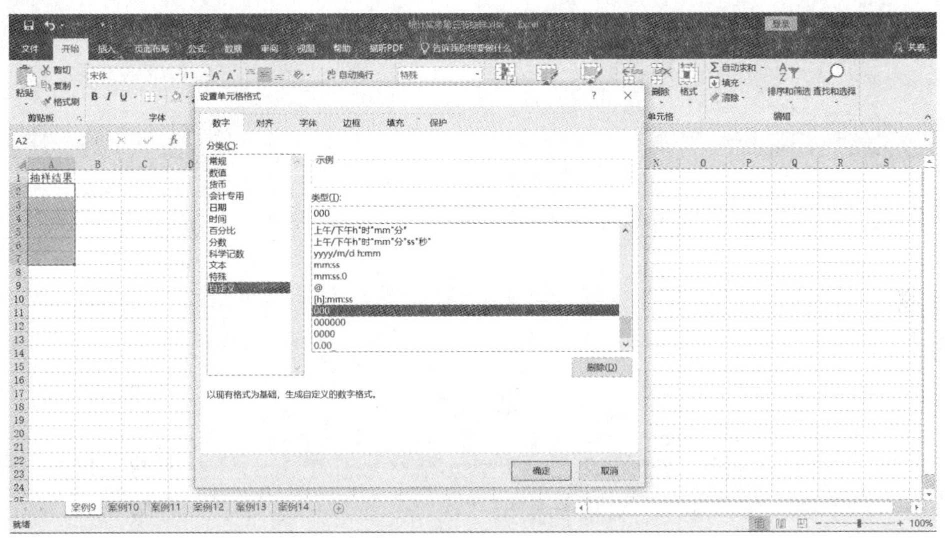

图 9.51

（2）单击“确定”，在 A2 单元格中输入“=RANDBETWEEN(101，200)”，确定后将鼠标放在 A2 单元格的右下角，出现“+”后单击鼠标拖动到 A7 单元格，结果如图 9.52 所示。

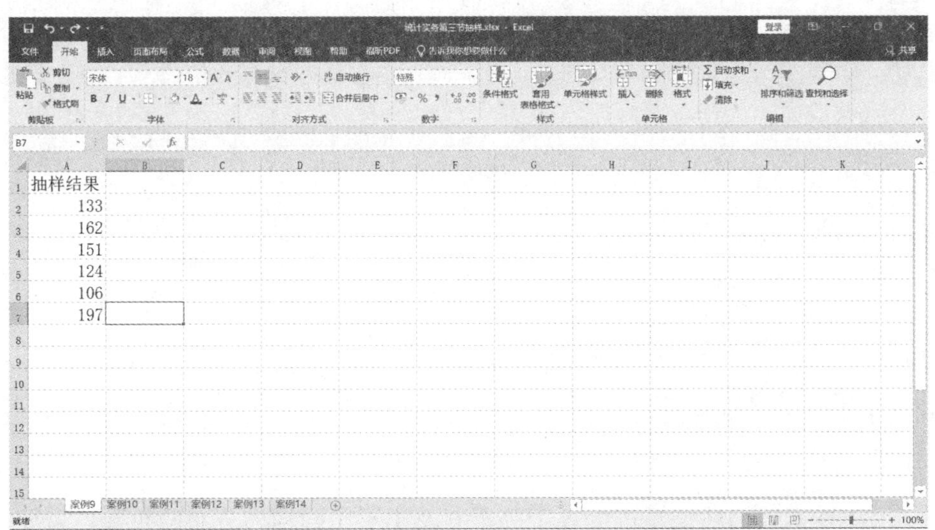

图 9.52

（3）当在工作表中输入运算符、工作表保存后重新打开或者刷新时，随机数函数将会重新产生新的随机数列。因此，要保存抽样结果，就必须将公式转化为数值。选择 A2 至 A7 单元格区域，单击鼠标右键，选择“复制”选项，再选择“选择性粘贴”选项，在“选择性粘贴”对话框中选择“数值”选项，如图 9.53 所示。

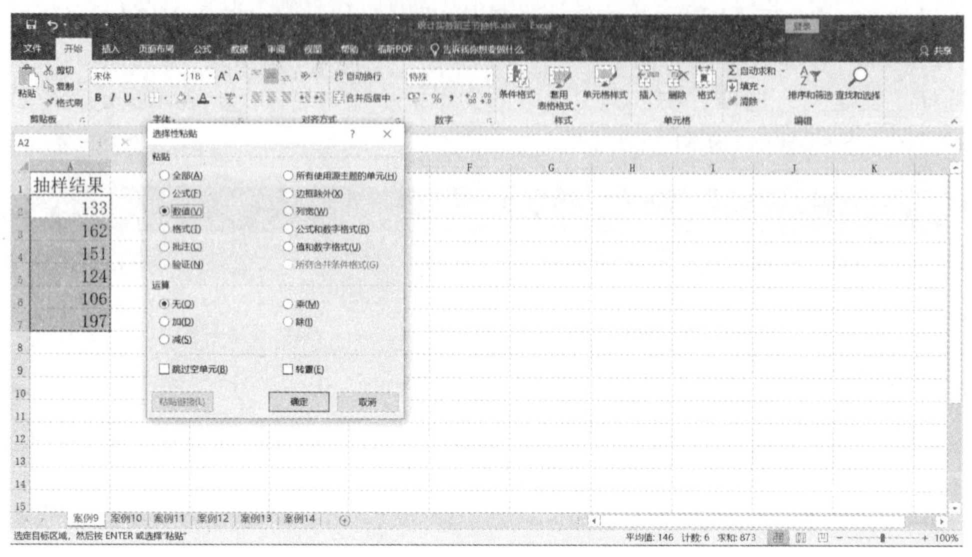

图 9.53

（4）单击“确定”按钮，选择 A2 至 A7 单元格区域，单击工具栏中的“数据”菜单，再单击“排序”菜单项，在“排序”对话框中的“次序”选项中选择“升序”，然后单击“确定”按钮，结果如图 9.54 所示。

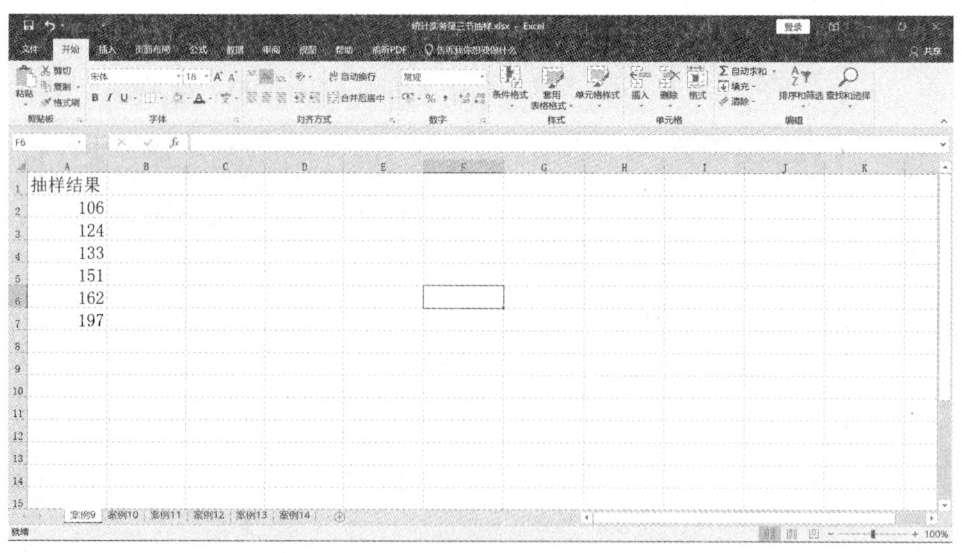

图 9.54

注意：RAND 函数的功能是产生大于等于 0 及小于 1 的均匀分布随机数。若要产生 a 至 b 之间的随机数需输入抽样公式“=a+RAND()*(b-a)”。

案例十

某电视台举行幸运观众抽奖活动，需要从编号为 000001 到 999999 的热心观众中随机抽取 15 位幸运观众赠送礼品。试采用简单随机抽样法确定 15 位幸运观众的编号。

利用 Excel 数据分析中的随机数发生器对案例十的数据进行抽样，具体步骤如下：

（1）启动 Excel，选择 A1 至 E1 单元格区域，单击工具栏中的“开始”菜单，选择“合并后居中”菜单项，再在 A1 至 E1 单元格区域输入“抽样结果”。然后选择 A2 单元格，单击工具栏中的“数据”菜单，然后单击“数据分析”菜单项，在“数据分析”对话框中选择“随机数发生器”选项，如图 9.55 所示。

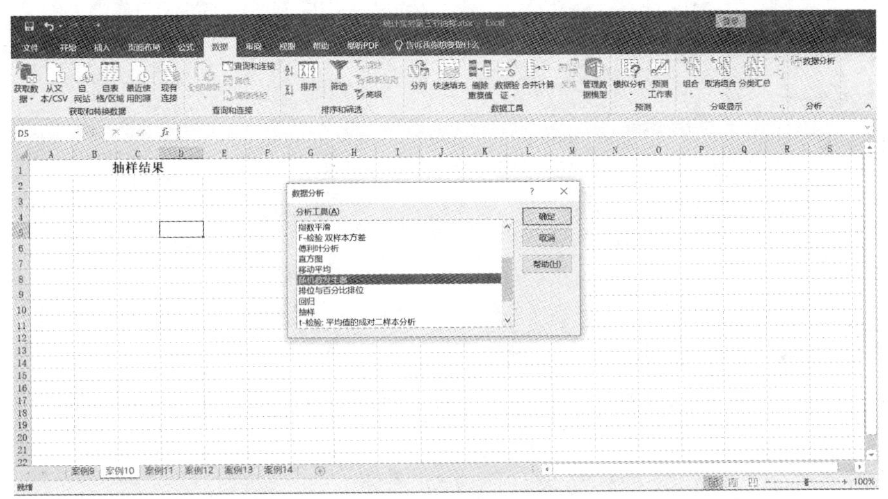

图 9.55

（2）单击“确定”按钮。在“随机数发生器”对话框的“变量个数”文本框中输入“5”，设置在此指定输出表中数值列的个数；在“随机数个数”文本框中输入“3”，设置在此输入要查看的数据点个数，每一个数据点出现在输出表的一行中；单击“分布”后的下拉菜单按钮，选择“均匀”选项；在“参数”下的“介于”后的文本框中输入“0”和“999999”；在“输出选项”中选择“输出区域”，并输入“$A$2”，如图 9.56 所示。

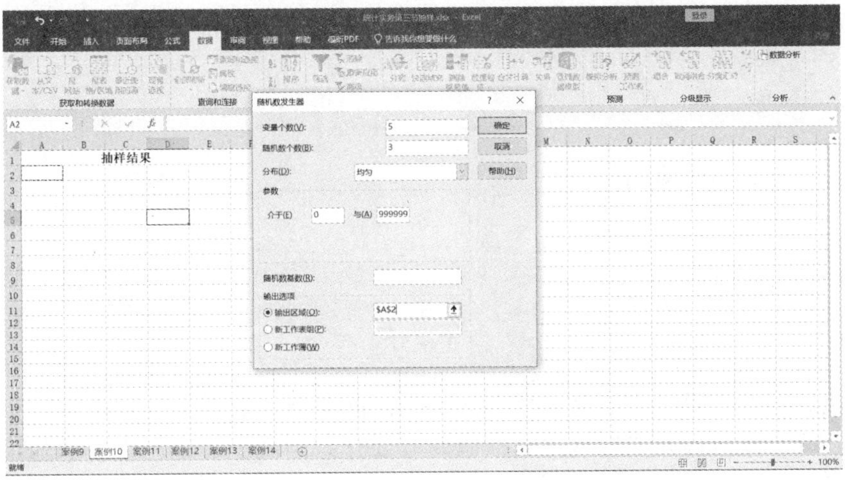

图 9.56

（3）单击“确定”按钮。然后选择 A2 至 E4 单元格区域，单击鼠标右键，选择“设置单元格格式”选项，在“设置单元格格式”对话框的“数字”选项卡中选择“自定义”选项，在“类型”下的文本框中输入“000000”，表示显示 6 位数字，不足部分以“0”补齐，如图 9.57 所示。

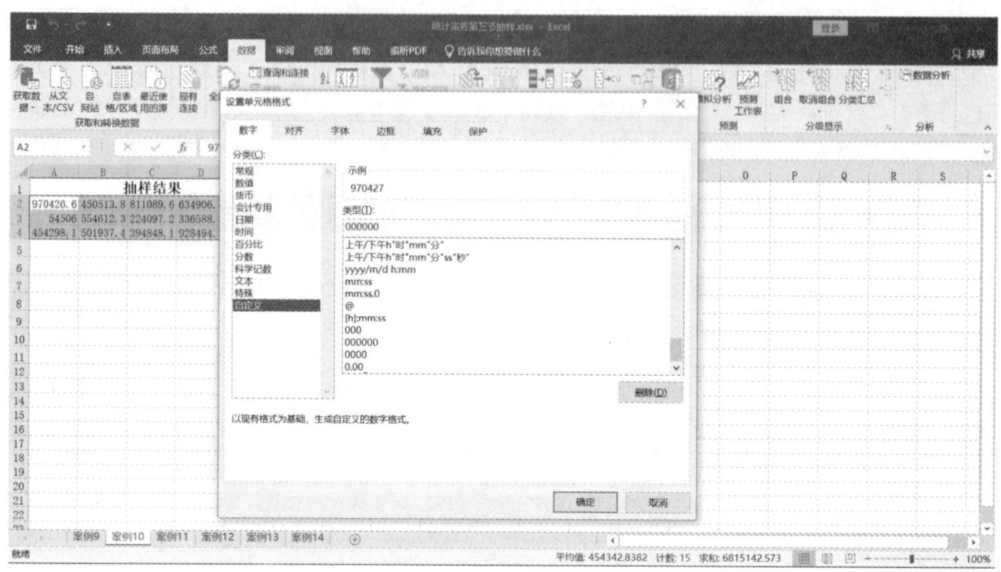

图 9.57

（4）单击“确定”按钮，抽样结果如图 9.58 所示。

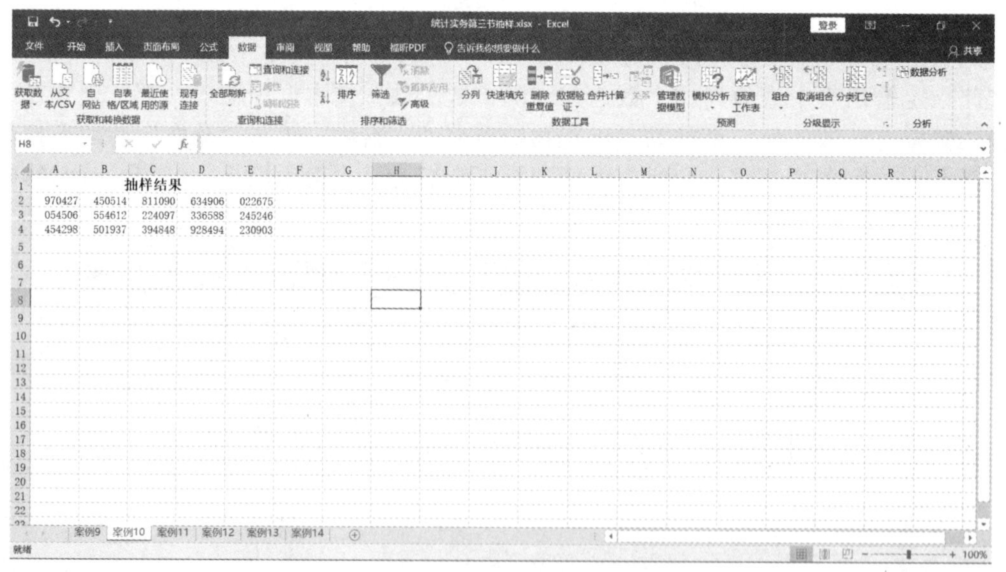

图 9.58

注意：随机数发生器产生的随机数不同于采用随机数函数产生的随机数，不会随着工作表中输入运算符、重新打开工作表或刷新而发生变化。因此，若要产生新的随机数时，需要重复上面的操作过程。

案例十一

某班需随机选出 10 名学生作为班级的学生代表参加学校组织的大学生学习生活现状座谈会。该班总共 50 名学生，其中女生 30 人，男生 20 人，详细资料见表 9.5。试采用分层抽样法确定该班 10 名学生代表的学号。

表 9.5　某班 50 名学生资料

学号	性别	学号	性别
1	女	26	女
2	男	27	女
3	女	28	女
4	女	29	男
5	女	30	女
6	男	31	女
7	女	32	女
8	女	33	女
9	男	34	男
10	男	35	女
11	女	36	男
12	女	37	女
13	男	38	男
14	男	39	男
15	男	40	女
16	女	41	女
17	女	42	女
18	女	43	男
19	女	44	男
20	女	45	女
21	男	46	男
22	女	47	男
23	男	48	男
24	女	49	女
25	男	50	女

利用 Excel 数据分析中的抽样宏对案例十一的数据进行抽样，具体步骤如下：

（1）启动 Excel，录入数据，在 C1 单元格中输入“抽样结果”。选择 A1 至 B51 单元格区域，单击工具栏中的“数据”菜单，再单击“排序”菜单项，在“排序”对话框的“主要关键字”选项中选择“性别”，在“次序”选项中选择“升序”，如图 9.59 所示。

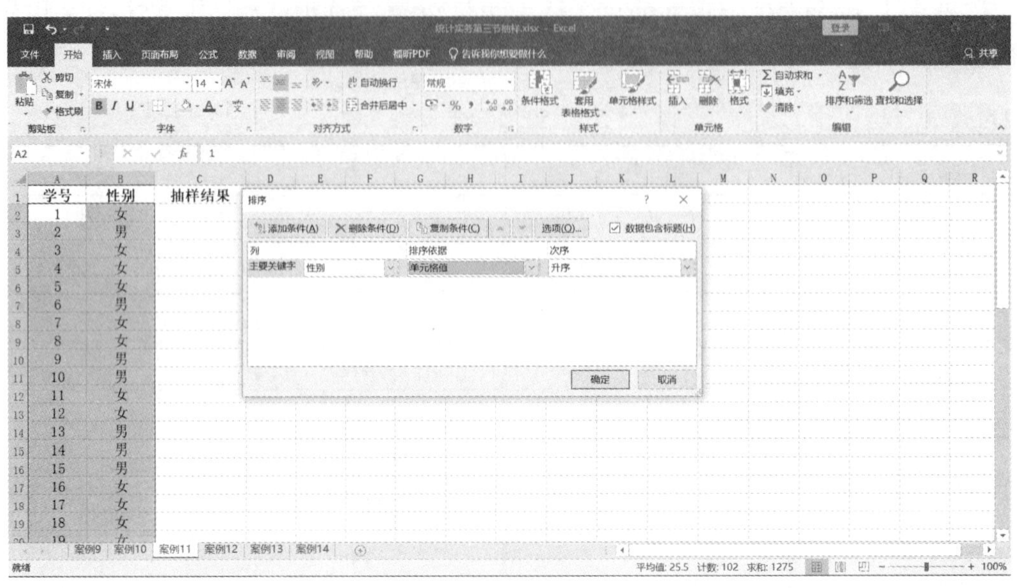

图 9.59

（2）单击“确定”按钮，再选择 C2 单元格，单击工具栏中的“数据”菜单，然后单击“数据分析”菜单项，在“数据分析”对话框中选择“抽样”选项，如图 9.60 所示。

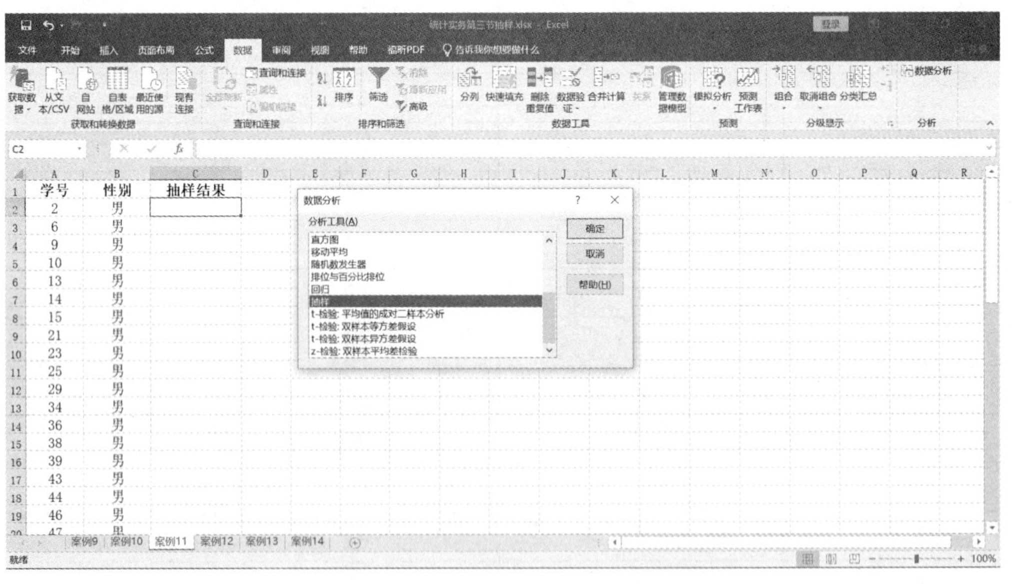

图 9.60

（3）单击“确定”按钮，在“抽样”对话框的“输入区域”中输入男生学号所在的单元格区域“$A$2:$A$21”；在“随机样本数”中输入“4”；在“输出选项”中选择“输出区域”，并输入“$C$2”，如图 9.61 所示。

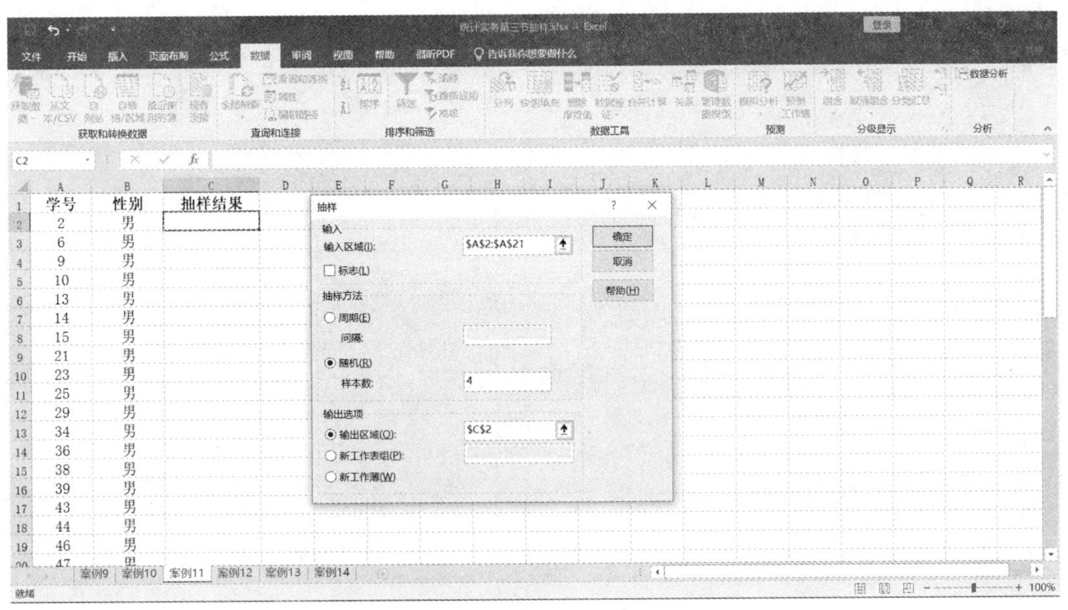

图 9.61

（4）单击“确定”。同理，选择 C6 单元格，单击工具栏中的“数据”菜单，再单击“数据分析”菜单项，在“数据分析”对话框中选择“抽样”选项，单击“确定”。然后在“抽样”对话框的“输入区域”中输入女生学号所在的单元格区域“$A$22:$A$51”；在“随机样本数”中输入“6”；在“输出选项”中选择“输出区域”，并输入“$C$6”，如图 9.62 所示。

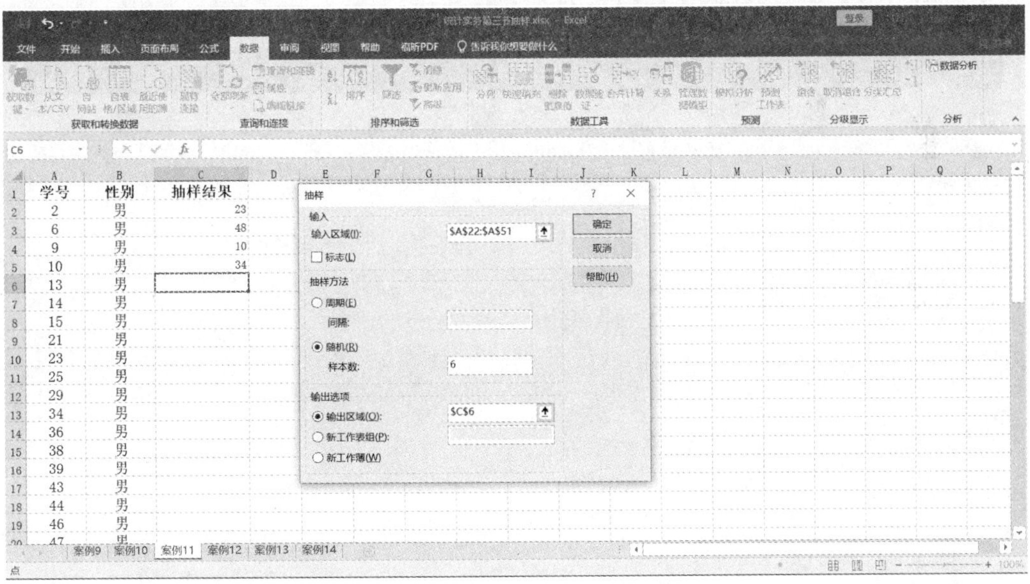

图 9.62

（5）单击“确定”按钮，选择 C1 至 C11 单元格区域，单击工具栏中的“数据”菜单，再单击“排序”菜单项，在“排序”对话框中的“次序”选项中选择“升序”，然后单击“确定”按钮，结果如图 9.63 所示。如抽取的学号有重复，可以再次抽取，直到足够的数量。

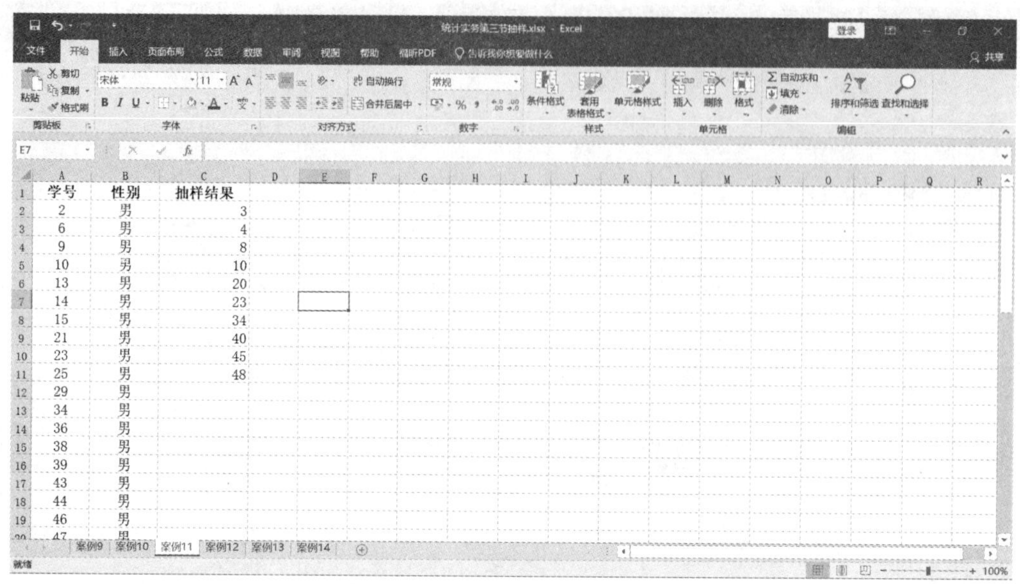

图 9.63

案例十二

某公司要进行新产品推广，需要从 8 000 名会员中随机抽出 15 位客户赠送试用产品。试采用等距抽样法确定 15 位客户的编号。

利用 Excel 中的随机数函数对案例十二的数据进行抽样，具体步骤如下：

（1）启动 Excel，录入数据，如图 9.64 所示。

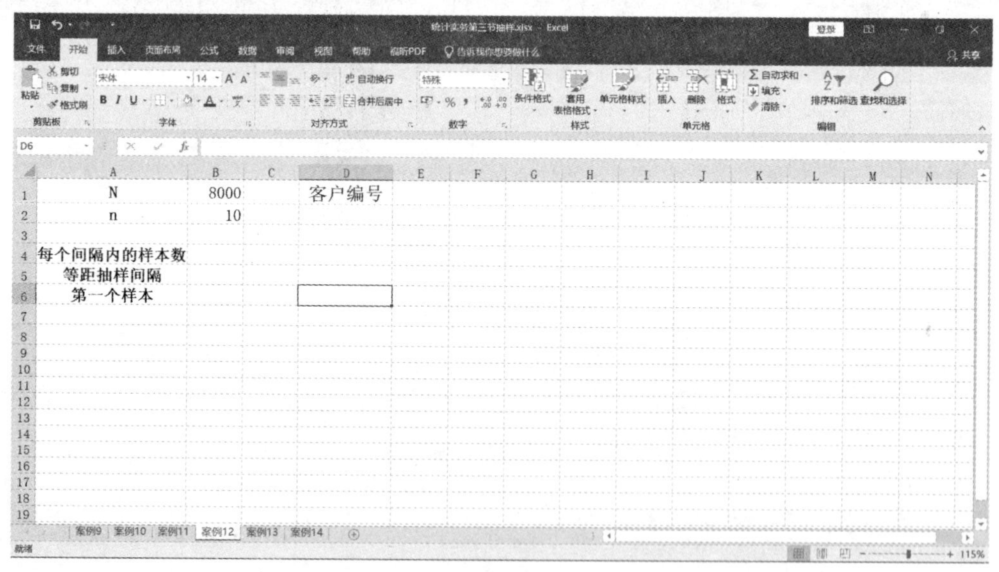

图 9.64

（2）在 B4 单元格中输入“=B1/B2”，在 B5 单元格中输入“=ROUND(B4，0)”，对 B4 单元格中的数据进行四舍五入。在 B6 单元格中输入“=RANDBETWEEN(0，B5)”，并将其转化为固定数值。右击 B6 单元格，选择“复制”选项，再右击 B6 单元格，选择“选择性粘贴”选项，然后选择“数值”选项，单击“确定”按钮。每次的抽样结果不完全相同，其中一个结果如图 9.65 所示。

	A	B	C	D
1	N	8000		客户编号
2	n	15		
3				
4	每个间隔内的样本数	533.33333		
5	等距抽样间隔	533		
6	第一个样本	23		

图 9.65

（3）在 D2 单元格中输入“=B6”，在 D3 单元格中输入“=D2+$B$5”，确定后将鼠标放在 D3 单元格的右下角，出现“+”后单击鼠标拖动到 D12 单元格，结果如图 9.66 所示。

	A	B	C	D
1	N	8000		客户编号
2	n	15		23
3				556
4	每个间隔内的样本数	533.3333		1089
5	等距抽样间隔	533		1622
6	第一个样本	23		2155
7				2688
8				3221
9				3754
10				4287
11				4820
12				5353
13				5886
14				6419
15				6952
16				7485

图 9.66

（4）选择 D2 至 D12 单元格区域，单击鼠标右键，选择“设置单元格格式”选项，在“设置单元格格式”对话框的“数字”选项卡中选择“自定义”选项，在“类型”下的文本框中输入“0000”，表示显示 4 位数字，不足部分以“0”补齐，如图 9.67 所示。

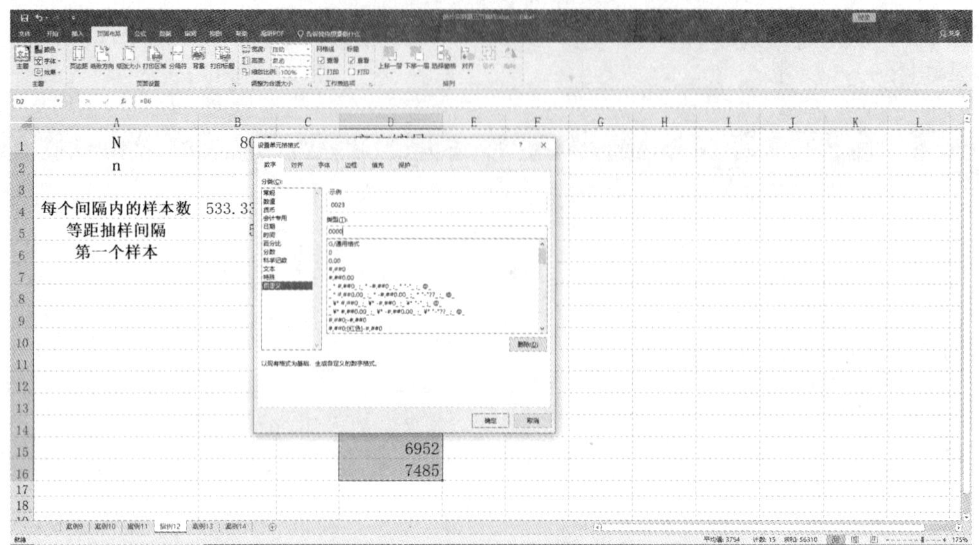

图 9.67

（5）单击“确定”按钮，结果如图 9.68 所示。

	A	B	C	D
1	N	8000		客户编号
2	n	15		0023
3				0556
4	每个间隔内的样本数	533.3333		1089
5	等距抽样间隔	533		1622
6	第一个样本	23		2155
7				2688
8				3221
9				3754
10				4287
11				4820
12				5353
13				5886
14				6419
15				6952
16				7485

图 9.68

案例十三

某乳品有限公司生产一种高钙低脂纯牛奶，每盒 600 克。某日公司质检部门随机抽取 10 盒进行检验，记录下每盒纯牛奶的实际重量（单位：克）分别为：

588　605　600　595　602　603　600　607　598　600

要求：按 95% 的把握程度估计该日此种高钙低脂纯牛奶每盒的实际重量。

利用 Excel 数据分析中的描述统计功能对案例十三的指标进行抽样估计，具体步骤如下：

（1）启动 Excel，录入数据。单击“数据”菜单，再单击“数据分析”菜单项，然后在“数据分析”对话框中选择“描述统计”选项，在“输入区域”中输入数据所在单元格区域

“$A$1:$A$11”，选中“标志位于第一行”复选框，在“输出区域”中输入“$B$1”单元格，选择输出“汇总统计”和“平均数置信度”为95%，单击“确定”。

（2）在B 17单元格中输入“置信上限”，B 18单元格中输入“置信下限”，在C 17单元格中输入“=C3+C16”，在C 18单元格中输入“=C3-C16”，分别计算置信区间的上限值和下限值，计算结果如图9.70所示。通过计算可知，该日此种高钙低脂纯牛奶每盒实际重量的置信区间为595.96～603.64克。此处的“置信度（95.0%）”对应的是95%置信水平、自由度9、T分布条件下的极限误差，如图9.69所示。

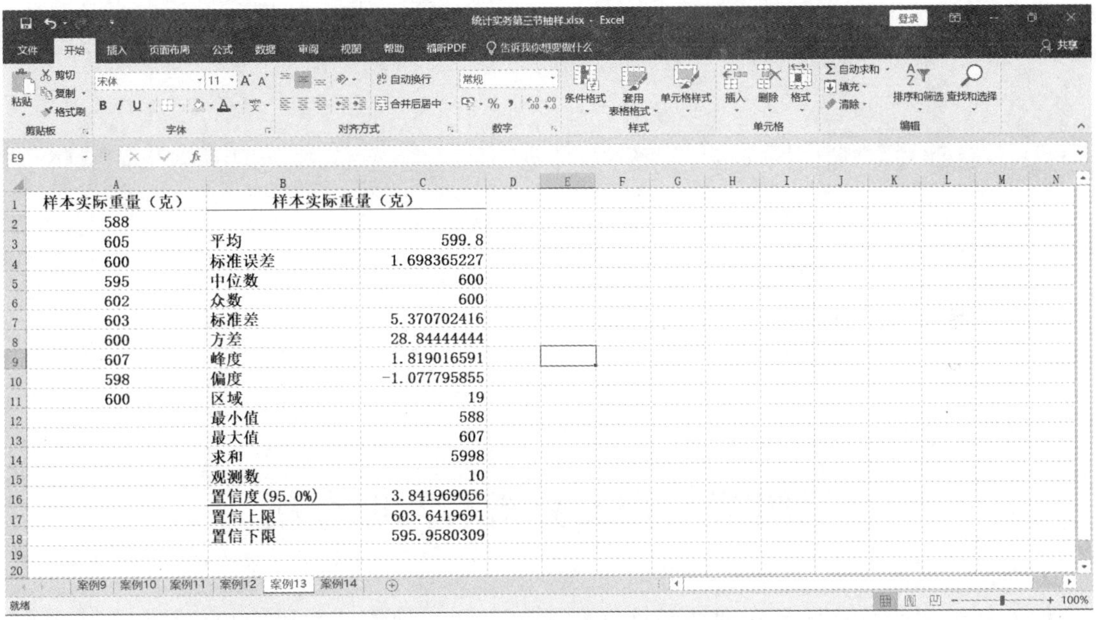

	A	B	C
1	样本实际重量（克）	样本实际重量（克）	
2	588		
3	605	平均	599.8
4	600	标准误差	1.698365227
5	595	中位数	600
6	602	众数	600
7	603	标准差	5.370702416
8	600	方差	28.84444444
9	607	峰度	1.819016591
10	598	偏度	-1.077795855
11	600	区域	19
12		最小值	588
13		最大值	607
14		求和	5998
15		观测数	10
16		置信度(95.0%)	3.841969056
17		置信上限	603.6419691
18		置信下限	595.9580309

图9.69

案例十四

用放射性同位素法可以测定地层的年代。为了研究这种方法的准确性，统计调查人员会同地质人员在同一地层抽取了30个样本测定地层年代，测得的数据（单位：百年）分别为：

254　269　273　268　306　253　303　287　280　260

243　256　278　241　344　283　301　295　258　304

300　254　286　282　249　251　310　264　275　288

要求：假设数据服从正态分布，在95%的置信水平下估计地层年代的置信区间。

利用Excel的描述统计功能和“CONFIDENCE”函数对案例十四的统计数据进行抽样估计，具体步骤如下：

（1）启动Excel，录入数据。单击“数据”菜单，再单击“数据分析”菜单项，然后在“数据分析”对话框中选择“描述统计”选项，在“输入区域”中输入数据所在单元格区域“$A$1:$A$31”，选中“标志位于第一行”复选框，在“输出区域”中输入“$B$1”单元格，选择输出“汇总统计”和“平均数置信度”为95%，单击“确定”。

（2）在B17单元格中输入“极限误差”，在C17单元格中输入“=CONFIDENCE（0.05，C7，C15）”，函数中的第一个参数α为显著性水平，计算结果如图9.70所示。由计算结果可得结论：用放射性同位素法测定的地层年代估计为 277.17 ± 8.56 百年。本例中计算的是正态分布情况下平均值的置信区间。

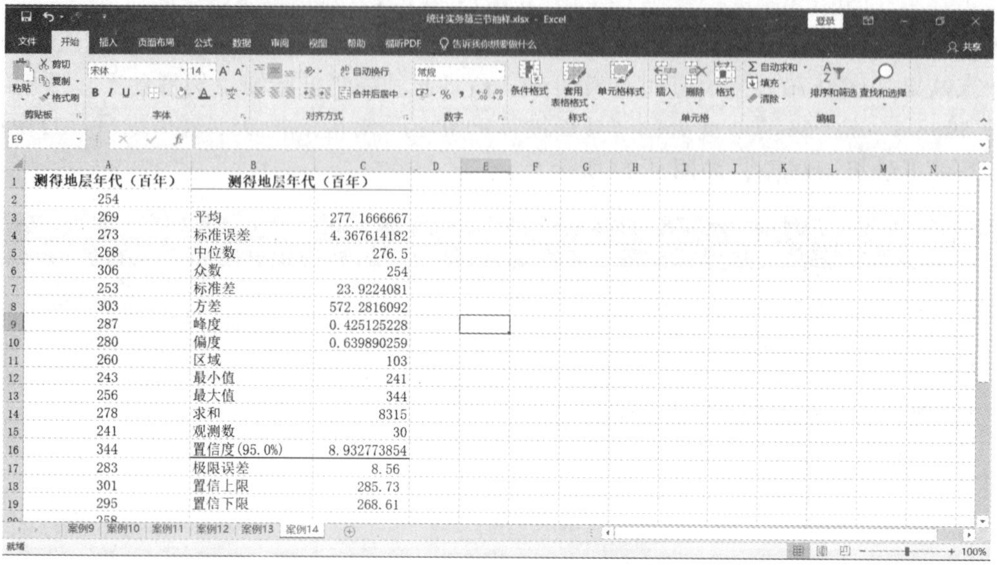

测得地层年代（百年）	测得地层年代（百年）	
254		
269	平均	277.1666667
273	标准误差	4.367614182
268	中位数	276.5
306	众数	254
253	标准差	23.9224081
303	方差	572.2816092
287	峰度	0.425125228
280	偏度	0.639890259
260	区域	103
243	最小值	241
256	最大值	344
278	求和	8315
241	观测数	30
344	置信度(95.0%)	8.932773854
283	极限误差	8.56
301	置信上限	285.73
295	置信下限	268.61

图 9.70

第四节　相关分析与回归分析

相关分析与回归分析是处理变量之间相关关系的一种统计方法。相关分析可以判断两个或两个以上变量间是否存在相关关系、相关关系的方向和相关关系的密切程度。回归分析是对具有相关关系现象间数量变化的规律性进行测定，可以利用回归方程对数据进行估计和预测。在 Excel 中，主要利用数据分析宏的相关功能进行相关分析和回归分析。

案例十五

某行业 10 家企业的产量和生产费用资料见表 9.6。

表 9.6　　某行业企业的产量和生产费用资料

企业编号	产量（台）	生产费用（万元）	企业编号	产量（台）	生产费用（万元）
1	30	156	6	60	188
2	35	164	7	78	220
3	46	180	8	82	222
4	44	178	9	88	230
5	58	190	10	95	245

要求：绘制散点图，计算相关系数，并分析该行业企业的产量和生产费用之间的关系。

利用 Excel 的插入图表功能绘制散点图，数据分析中的相关系数宏计算相关系数，具体步骤如下：

（1）启动 Excel，录入数据。选择 B1 至 C11 单元格区域，单击工具栏中的“插入”菜单，在“图表”菜单项中选择“散点图”选项，如图 9.71 所示。

企业编号	产量（台）	生产费用（万元）
1	30	156
2	35	164
3	46	180
4	44	178
5	58	190
6	60	188
7	78	220
8	82	222
9	88	230
10	95	245

图 9.71

（2）在散点图选项中选择第一种散点图，生成基础图形，如图 9.72 所示。

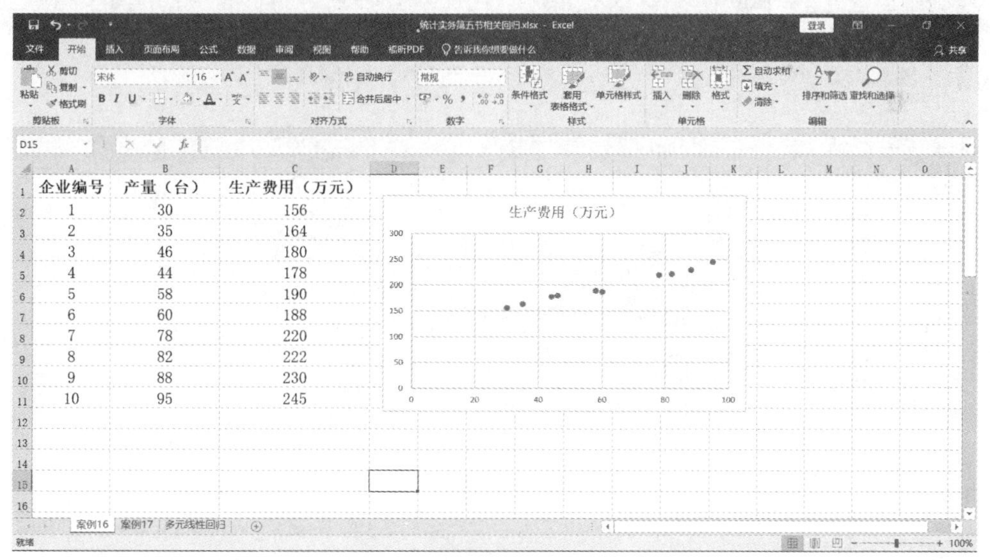

企业编号	产量（台）	生产费用（万元）
1	30	156
2	35	164
3	46	180
4	44	178
5	58	190
6	60	188
7	78	220
8	82	222
9	88	230
10	95	245

图 9.72

（3）在散点图中删除标题和网格线。再点击图形右上角的“+”勾选“坐标轴标题”，并将横坐标设置为“产量（台）”，纵坐标设置为“生产费用（万元）”。散点图绘制结果如图 9.73 所示。也可双击圆点或者坐标轴，对“数据系列格式”和“坐标轴格式”进行其他设置。

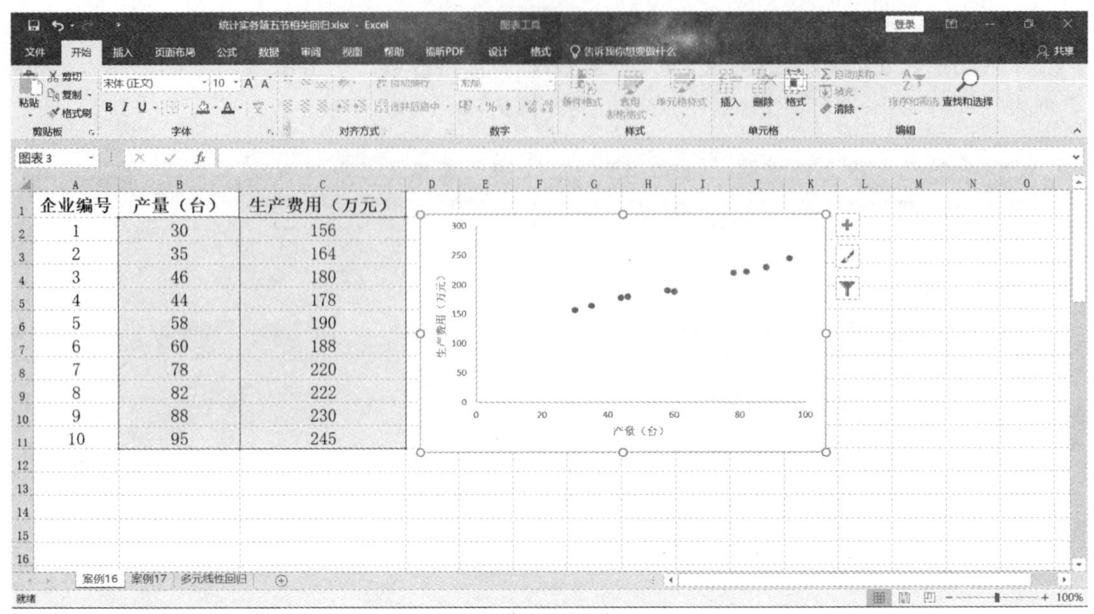

图 9.73

（4）单击工具栏中的“数据”菜单，再单击“数据分析”菜单项，在“数据分析”对话框中选择“相关系数”选项，如图 9.74 所示。

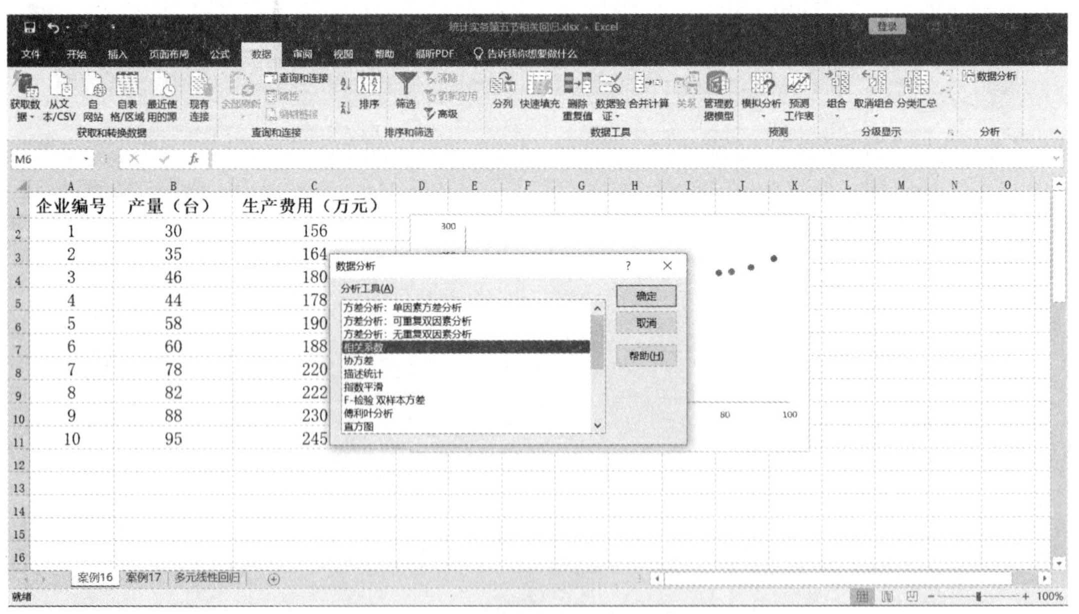

图 9.74

（5）单击“确定”按钮，在相关系数对话框的“输入区域”中输入数据所在单元格区域“$B$1:$C$11”，选中“标志位于第一行”，在“输出区域”中输入“$A$13”，如图 9.75 所示。

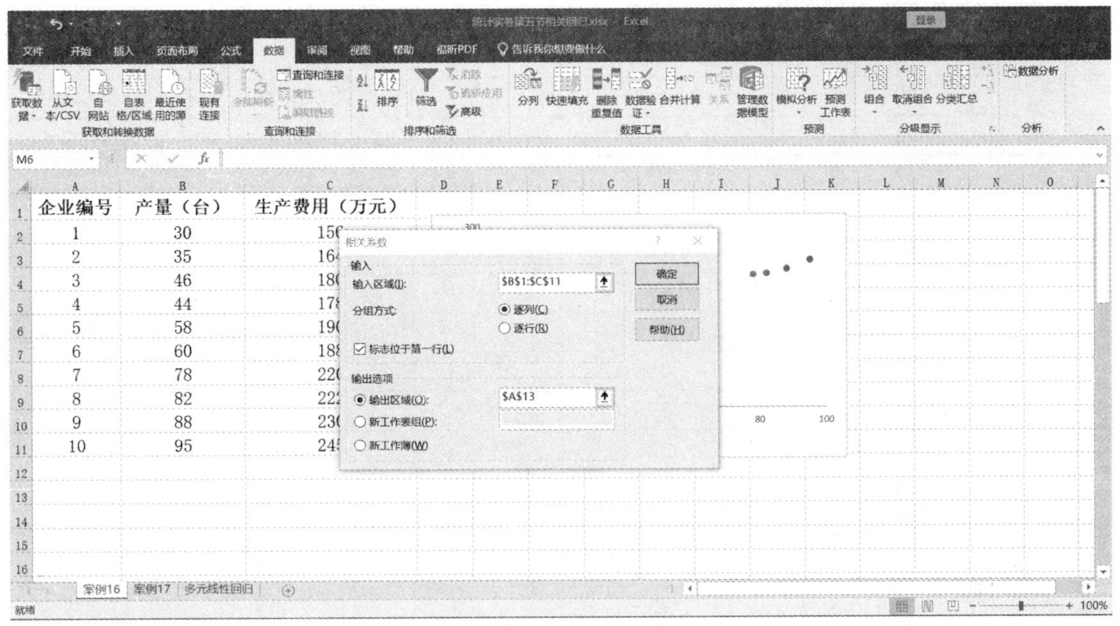

图 9.75

（6）单击“确定”按钮，相关系数的分析结果如图 9.76 所示。由计算结果可见，相关系数为 0.993 3，表明该行业企业的产量和生产费用之间存在高度正线性相关关系。

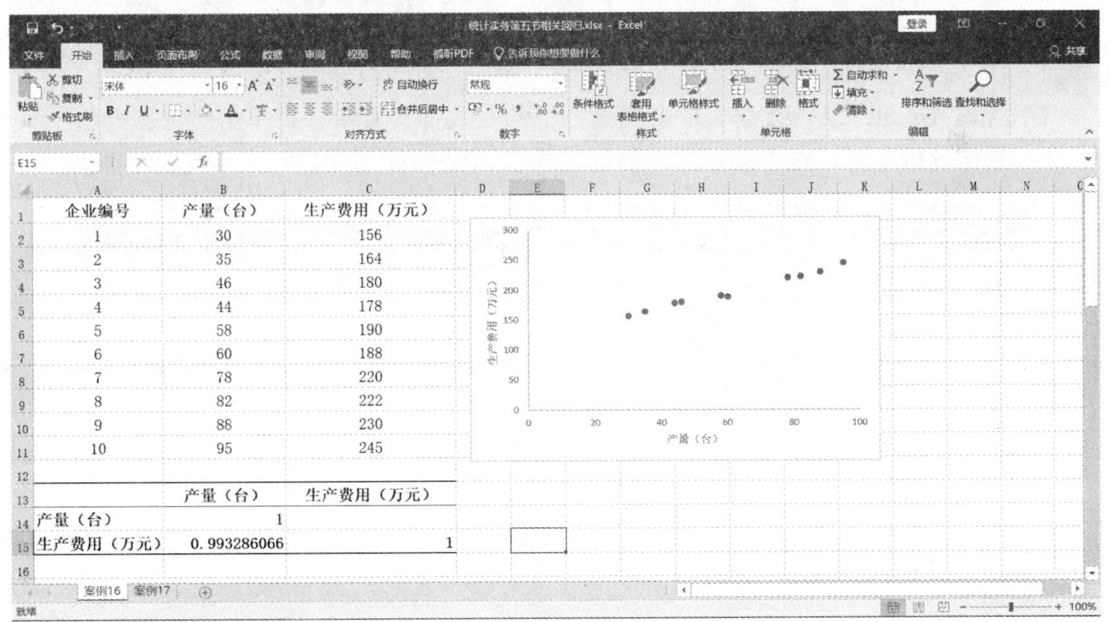

图 9.76

案例十六

我国 2020 年各地区人均可支配收入和人均消费支出资料见表 9.7。

表 9.7　　2020 年我国分地区人均可支配收入和人均消费支出

地区	人均 可支配收入（元）	人均 消费支出（元）	地区	人均 可支配收入（元）	人均 消费支出（元）
北京	69 433.5	38 903.3	湖北	27 880.6	19 245.9
天津	43 854.1	28 461.4	湖南	29 379.9	20 997.6
河北	27 135.9	18 037.0	广东	41 028.6	28 491.9
山西	25 213.7	15 732.7	广西	24 562.3	16 356.8
内蒙古	31 497.3	19 794.5	海南	27 904.1	18 971.6
辽宁	32 738.3	20 672.1	重庆	30 823.9	21 678.1
吉林	25 751.0	17 317.7	四川	26 522.1	19 783.4
黑龙江	24 902.0	17 056.4	贵州	21 795.4	14 873.8
上海	72 232.4	42 536.3	云南	23 294.9	16 792.4
江苏	43 390.4	26 225.1	西藏	21 744.1	132 24.8
浙江	52 397.4	31 294.7	陕西	26 226.0	17 417.6
安徽	28 103.2	18 877.3	甘肃	20 335.1	161 74.9
福建	37 202.4	25 125.8	青海	24 037.4	18 284.2
江西	28 016.5	17 955.3	宁夏	25 734.9	17 505.8
山东	32 885.7	20 940.1	新疆	23 844.7	16 512.1
河南	24 810.1	16 142.6			

注：摘自《中国统计年鉴 2021 年》。

要求：建立直线回归方程，对人均可支配收入和人均消费支出的关系进行分析。

利用 Excel 数据分析中的回归宏对案例十六的统计数据进行相关分析和回归分析，具体步骤如下：

（1）启动 Excel，录入数据。单击工具栏中的“数据”菜单，再单击“数据分析”菜单项，在“数据分析”对话框中选择“回归”选项，如图 9.77 所示。

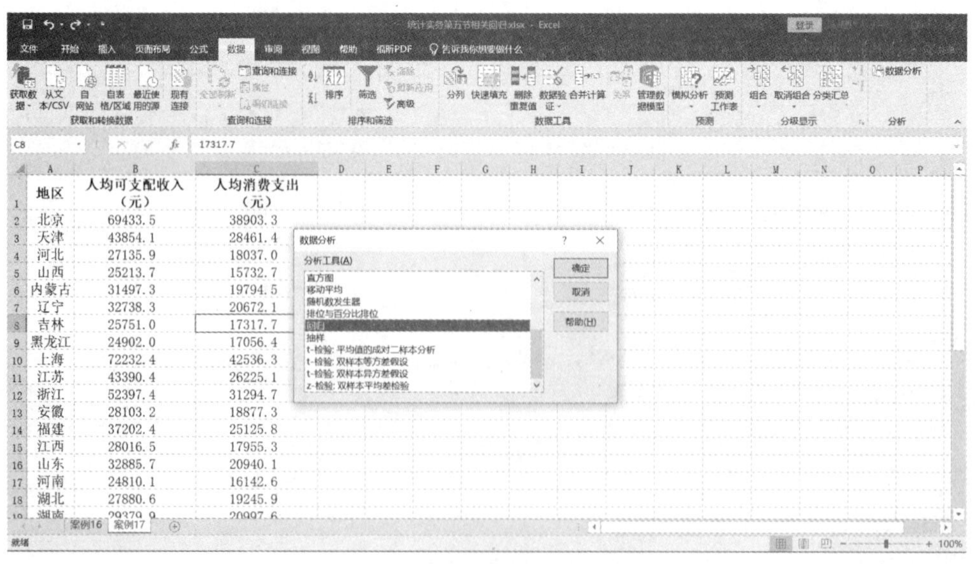

图 9.77

（2）单击“确定”按钮后，在“回归”对话框的“Y 值输入区域”中输入数据 Y 值所在单元格区域“$C$1:$C$32”，在“X 值输入区域”中输入数据 X 值所在单元格区域“$B$1:$B$32”，勾选“标志”。在“输出选项”中选择“输出区域”，并输入“$E$2”，再选择“残差”和“正态分布”的所有选项，如图 9.78 所示。

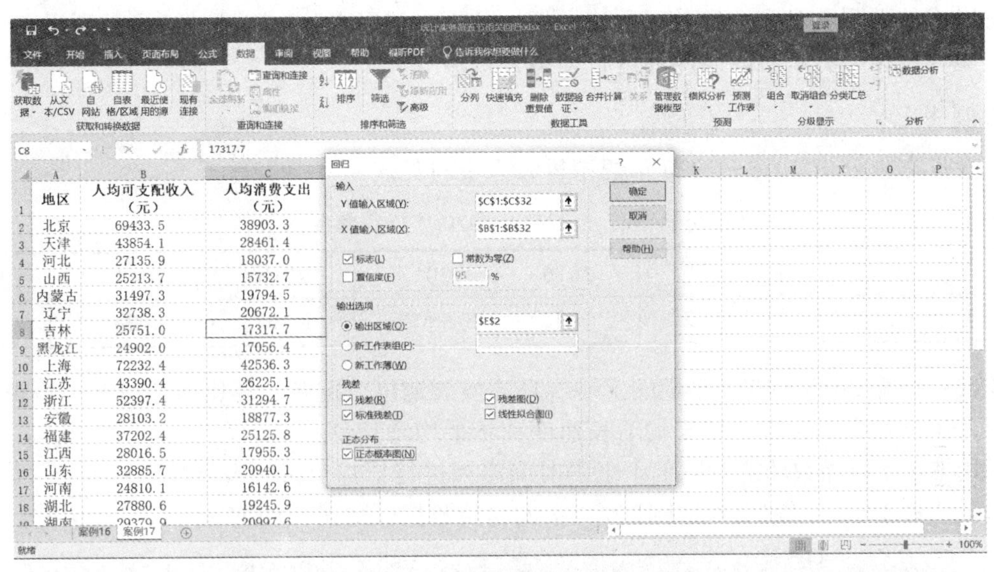

地区	人均可支配收入（元）	人均消费支出（元）
北京	69433.5	38903.3
天津	43854.1	28461.4
河北	27135.9	18037.0
山西	25213.7	15732.7
内蒙古	31497.3	19794.5
辽宁	32738.3	20672.1
吉林	25751.0	17317.7
黑龙江	24902.0	17056.4
上海	72232.4	42536.3
江苏	43390.4	26225.1
浙江	52397.4	31294.7
安徽	28103.2	18877.3
福建	37202.4	25125.8
江西	28016.5	17955.3
山东	32885.7	20940.1
河南	24810.1	16142.6
湖北	27880.6	19245.9

图 9.78

（3）单击“确定”按钮，回归的分析结果如图 9.79 所示。根据计算结果可知直线回归方程为 $y = 4\,116.15 + 0.53x$，说明人均可支配收入和人均消费支出之间存在正相关的关系，边际消费倾向为 0.53。从结果来看，判定系数为 0.97，F 值为 973.53（Sig.小于 0.05）说明模型整体拟合度较好。回归系数的 T 值为 31.20（Sig.小于 0.05），通过 T 检验，即人均可支配收入与人均消费支出之间关系是显著的。

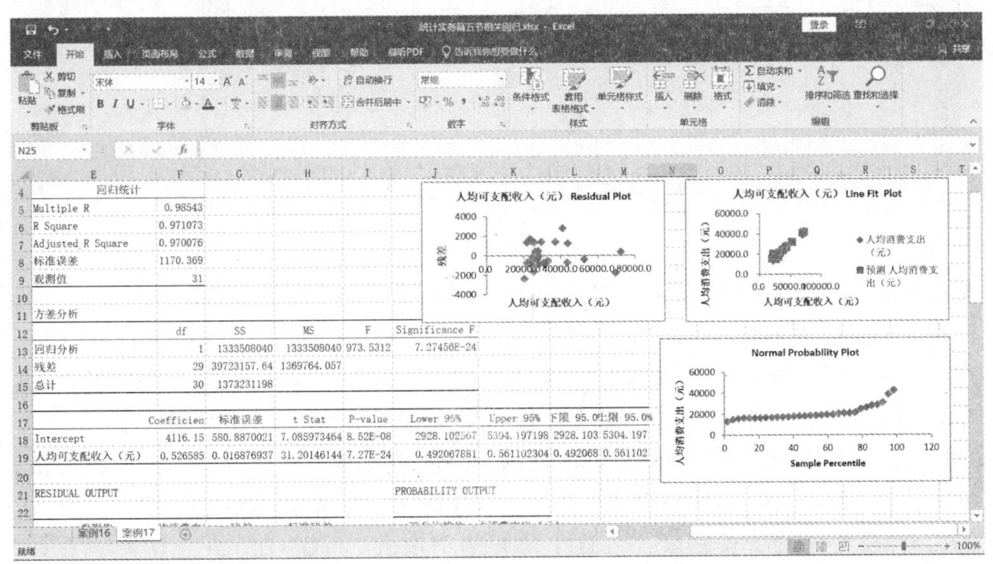

回归统计	
Multiple R	0.98543
R Square	0.971073
Adjusted R Square	0.970076
标准误差	1170.369
观测值	31

方差分析

	df	SS	MS	F	Significance F
回归分析	1	1333508040	1333508040	973.5312	7.27456E-24
残差	29	39723157.64	1369764.057		
总计	30	1373231198			

	Coefficien	标准误差	t Stat	P-value	Lower 95%	Upper 95%	下限 95.0%	上限 95.0%
Intercept	4116.15	580.8870021	7.085973464	8.52E-08	2928.102567	5304.197198	2928.103	5304.197
人均可支配收入（元）	0.526585	0.016876937	31.20146144	7.27E-24	0.492067881	0.561102304	0.492068	0.561102

RESIDUAL OUTPUT

PROBABILITY OUTPUT

图 9.79

第五节　动态分析指标的计算和分析

时间数列是把反映某种现象在时间上变化、发展的一系列统计数据按时间先后顺序排列起来所形成的数列。时间数列分析方法有指标分析法和因素分析法两种。可以利用 Excel 的函数功能和数据分析宏对时间序列进行动态分析。

案例十七

某股份有限公司 2015—2020 年的销售收入资料见表 9.8。

表 9.8　　某股份有限公司 2015—2020 年的销售收入资料

年　份	2015	2016	2017	2018	2019	2020
销售收入（万元）	8 602	8 612	8 675	8 708	8 934	9 234

要求：计算 2015—2020 年期间定基、环比发展速度，定基、环比增长速度，增长 1%的绝对值，年平均发展速度、年平均增长速度和年平均增长量。

利用 Excel 的函数功能对案例十七的时间序列进行指标分析，具体步骤如下：

（1）启动 Excel，编制计算工作表，录入初始数据，如图 9.80 所示。

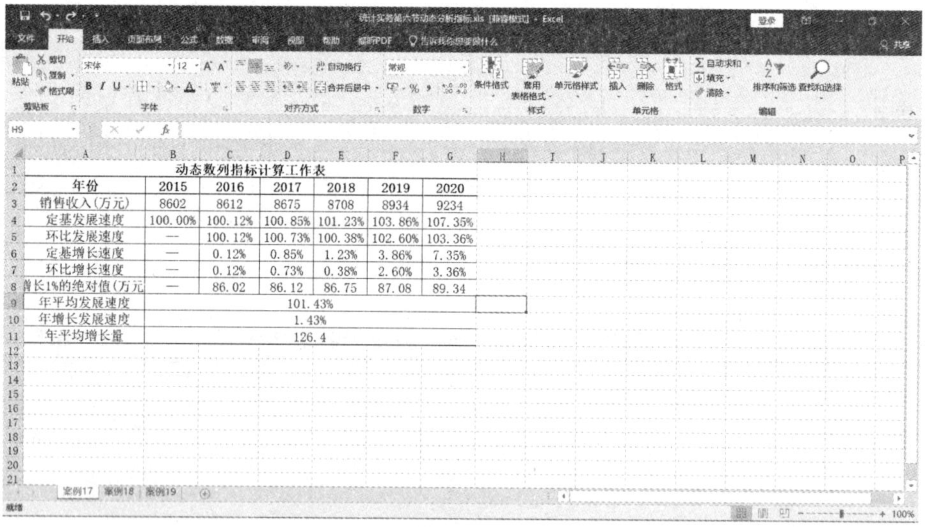

动态数列指标计算工作表

年份	2015	2016	2017	2018	2019	2020
销售收入(万元)	8602	8612	8675	8708	8934	9234
定基发展速度	100.00%	100.12%	100.85%	101.23%	103.86%	107.35%
环比发展速度	—	100.12%	100.73%	100.38%	102.60%	103.36%
定基增长速度	—	0.12%	0.85%	1.23%	3.86%	7.35%
环比增长速度	—	0.12%	0.73%	0.38%	2.60%	3.36%
增长1%的绝对值(万元	—	86.02	86.12	86.75	87.08	89.34
年平均发展速度	101.43%					
年增长发展速度	1.43%					
年平均增长量	126.4					

图 9.80

（2）在 B4 单元格中输入“=B3/$B$3*100”，确认后向右填充到 G4 单元格，计算定基发展速度；在 C5 单元格中输入“=C3/B3*100”，确认后向右填充到 G5 单元格，计算环比发展速度；在 C6 单元格中输入“=C4-100”，确认后向右填充到 G6 单元格，计算定基增长速度；在 C7 单元格中输入“=C5-100”，确认后向右填充到 G7 单元格，计算环比增长速度；在 C8 单元格中输入“=B3/100”，确认后向右填充到 G8 单元格，计算增长 1% 的绝对值；在 B9 单元格中输入“=POWER((G3/B3)，1/5)*100”，计算年平均发展速度；在 B10 单元格中输入“=B9-100”，计算年平均增长速度；在 B11 单元格中输入“=(G3-B3)/5”，计算年平均增长量。计算结果如图 9.81 所示。

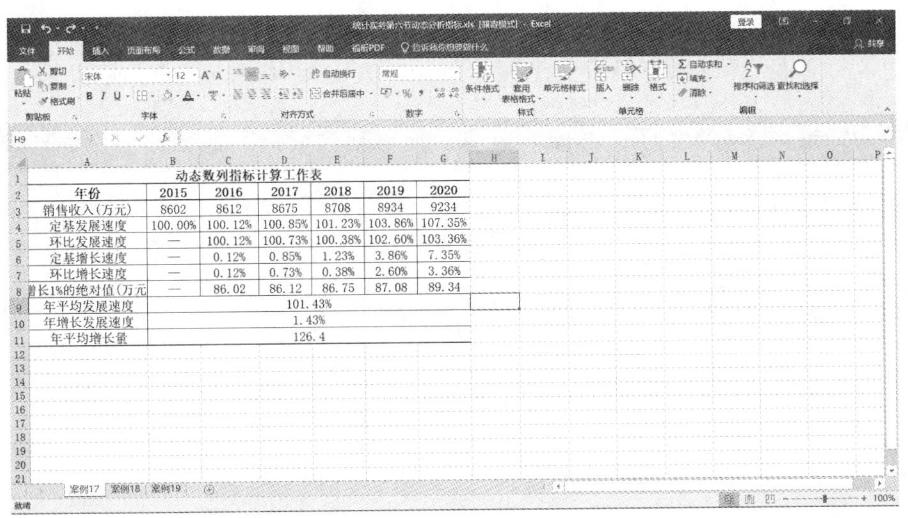

图 9.81

案例十八

某超市 2021 年 1—10 月份的顾客总量资料见表 9.9。

表 9.9　某超市 2021 年 1—10 月份的顾客总量资料

月　份	1	2	3	4	5	6	7	8	9	10
顾客量（万人）	7 626	8 204	8 931	9 993	9 567	11 867	12 419	13 305	13 290	14 487

要求：绘制该超市 2021 年 1—10 月顾客量的曲线图，用三期移动平均法分析该超市顾客总量的长期发展趋势，并预测 11 月份的顾客量。

绘制顾客量曲线图，具体步骤如下：

（1）启动 Excel，录入数据。单击工具栏中的“插入”菜单，选择“推荐的图表”。在弹出菜单中选择“折线图”第一种图形的右图，如图 9.82 所示。

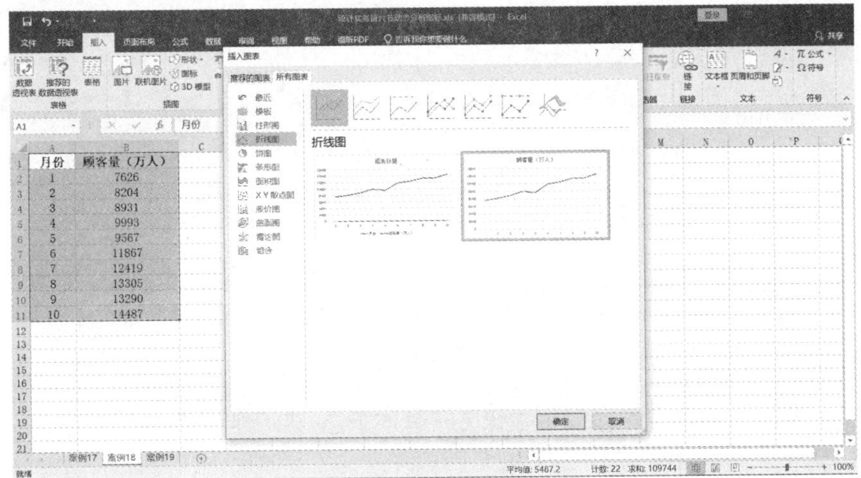

图 9.82

（2）点击“确定”后，在生成的折线图上去掉标题和网格线。再添加“坐标轴标签”，将横坐标设置为“月份”，纵坐标设置为“顾客量（万人）。结果如图 9.83 所示。

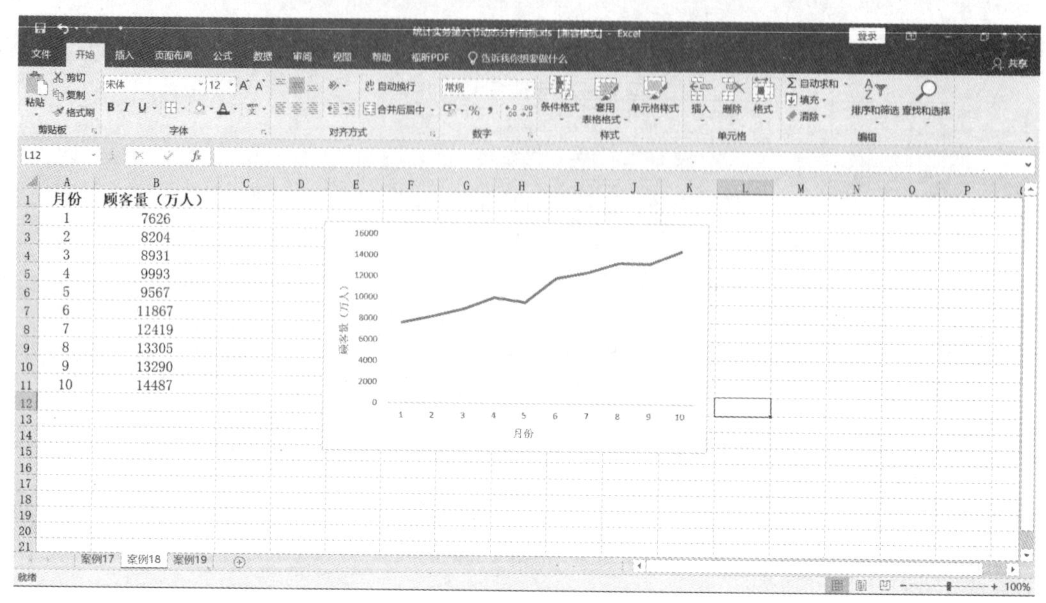

图 9.83

（3）双击折线，在右侧“设置数据系列格式”选项中，点击第一个图标“填充与线条“，然后勾选最下方的“平滑线”选项，即得到曲线图（见图 9.84）。

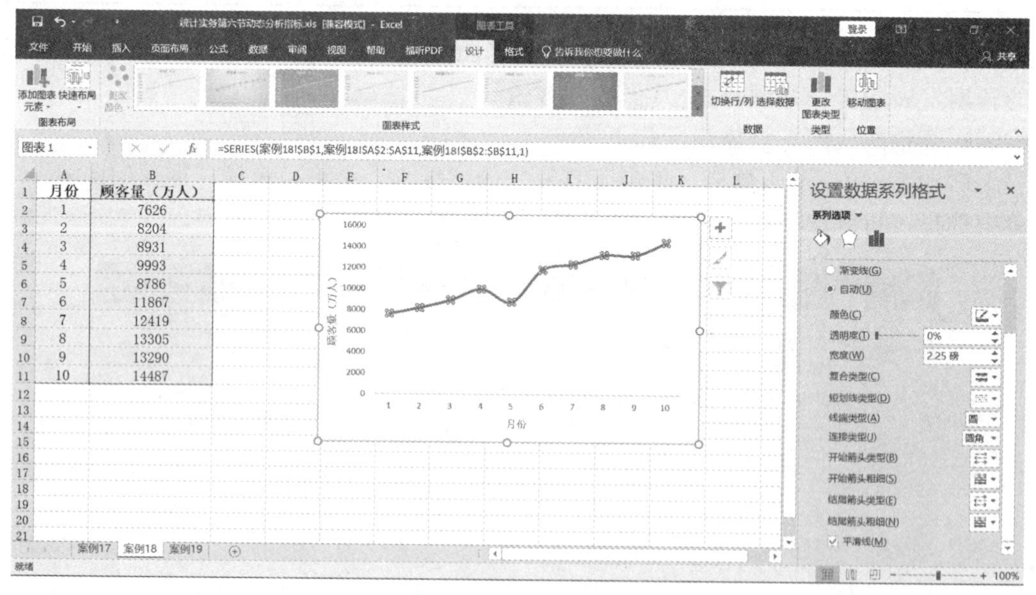

图 9.84

（4）还可给平滑线添加“数据标记”和“数据标签”。双击平滑线上的数值点，在右侧“设置数据系列格式中”选择第一个图标（填充与线条），点击标记。在“数据标记选项”中选择“内置”，类型选择圆形，填充选择纯色填充的“白色”，如图 9.85 所示。

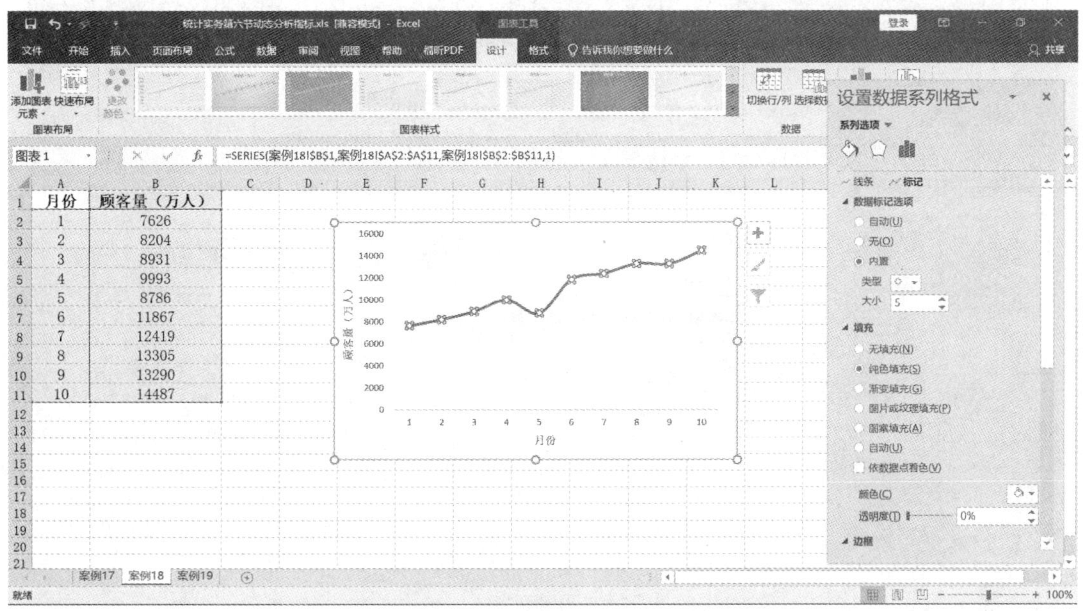

图 9.85

（5）在上方“设计”菜单中，选择最左边的“添加图标元素”，点击“数据标签”和“上方”，即可得到有数据标签的曲线图，如图 9.86 所示。

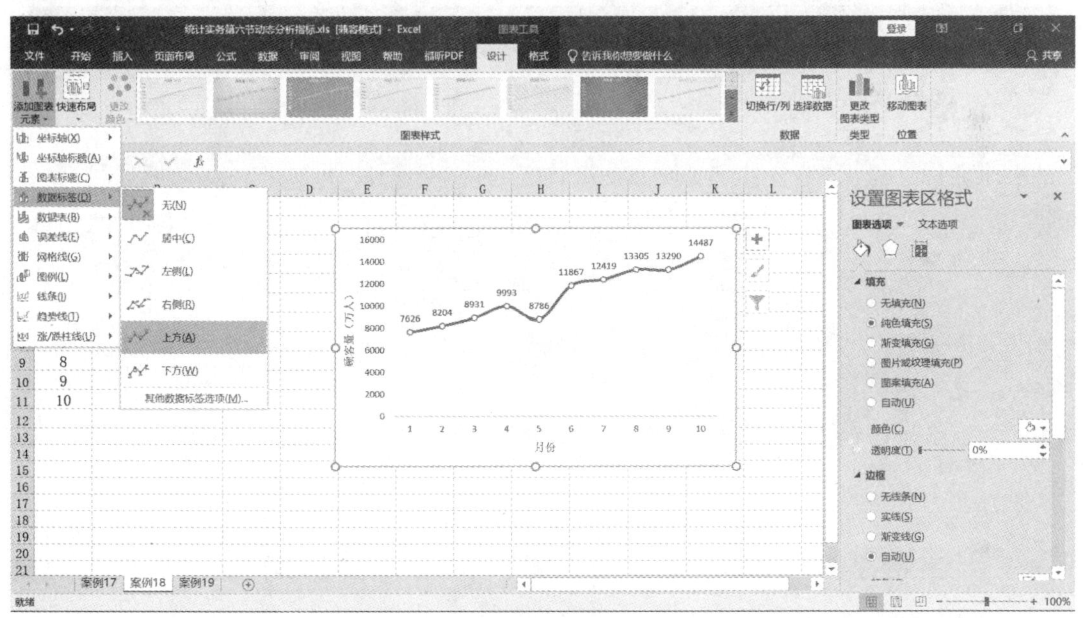

图 9.86

（6）单击工具栏中的“数据”菜单，再单击“数据分析”菜单项，在“数据分析”对话框中选择“移动平均”选项，如图 9.87 所示。

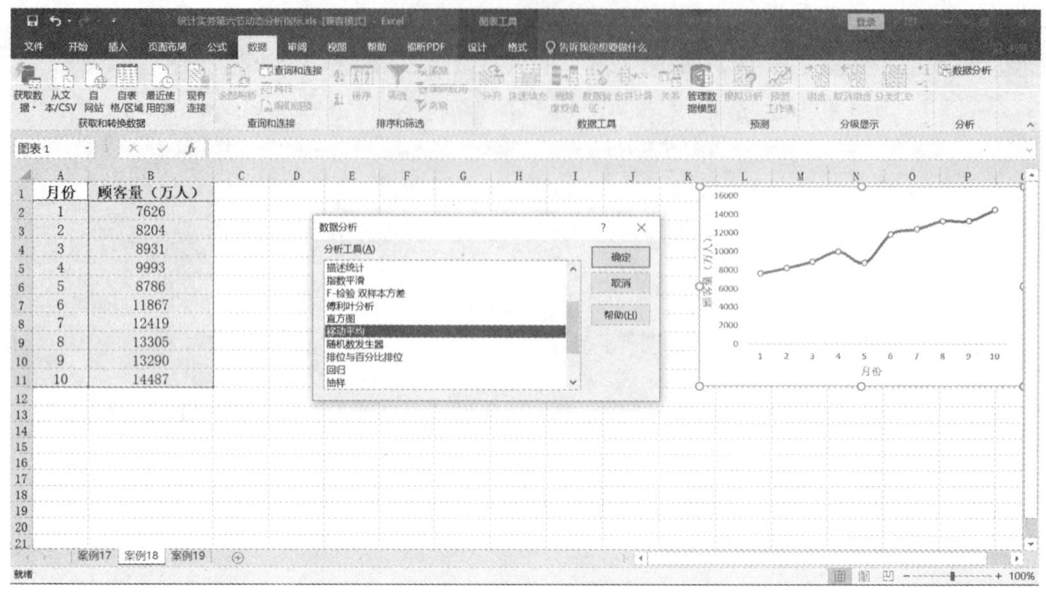

图 9.87

（7）点击“确定”按钮后，在“移动平均”对话框的“输入区域”中输入数据所在单元格区域“$B$1:$B$11”，选择“标志位于第一行”，在“间隔”后的文本框中输入“3”，在“输出区域”中输入“$C$3”，选择“图表输出”，如图 9.88 所示。

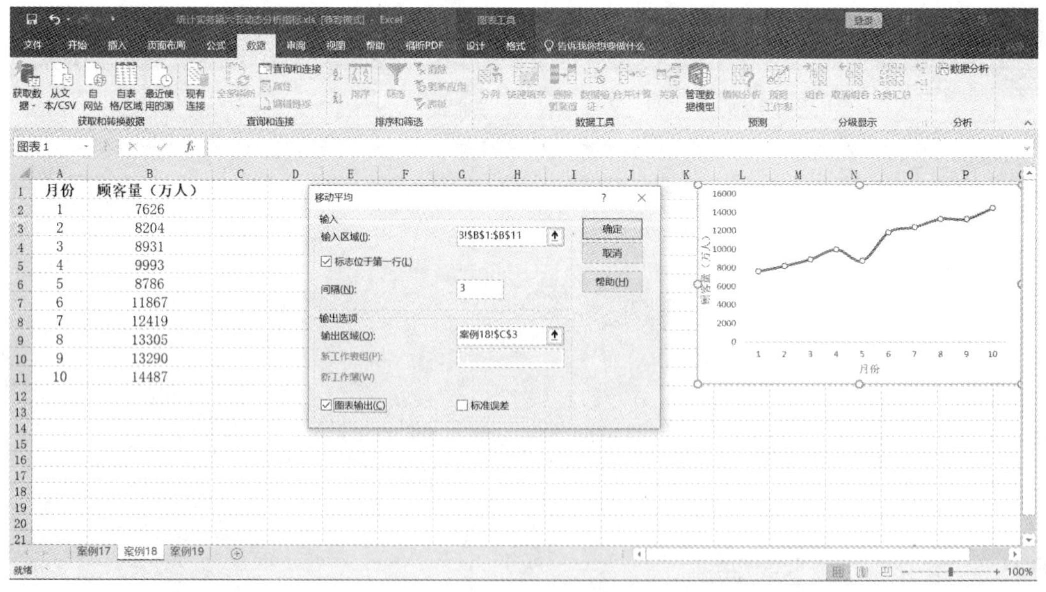

图 9.88

（8）单击“确定”按钮，三期移动平均分析结果如图 9.89 所示。从计算结果可以看出，该超市的顾客总量呈现稳定的增长趋势，采用三期移动平均法得到的 11 月份的预计顾客量为 13 694 万人。

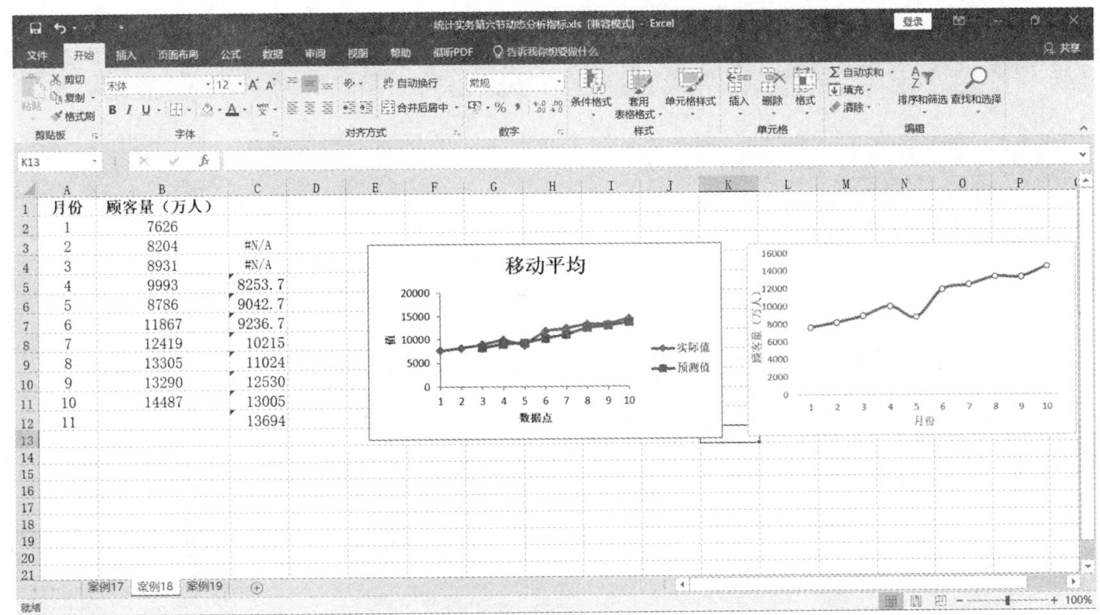

图 9.89

案例十九

我国 2001—2020 年按当年价格计算的国内生产总值的数据资料见表 9.10。

表 9.10　　我国 2001—2020 年按当年价格计算的国内生产总值

年份	时间序号	国内生产总值（亿元）	年份	时间序号	国内生产总值（亿元）
2001	1	110 863.1	2011	11	487 940.2
2002	2	121 717.4	2012	12	538 580.0
2003	3	137 422.0	2013	13	592 963.2
2004	4	161 840.2	2014	14	643 563.1
2005	5	187 318.9	2015	15	688 858.2
2006	6	219 438.5	2016	16	746 395.1
2007	7	270 092.3	2017	17	832 035.9
2008	8	319 244.6	2018	18	919 281.1
2009	9	348 517.7	2019	19	986 515.2
2010	10	412 119.3	2020	20	1 015 986.2

摘自：《中国统计年鉴 2021 年》。

要求：用直线趋势方程拟合法预测 2021 年和 2022 年的国内生产总值。

利用 Excel 对案例十九的时间序列进行趋势预测，具体步骤如下：

（1）启动 Excel，录入数据。选择“C2:C21”单元格区域，单击“插入”菜单，在“图表”菜单项中选择“折线图”第一种图形，生成的折线图如图 9.90 所示。

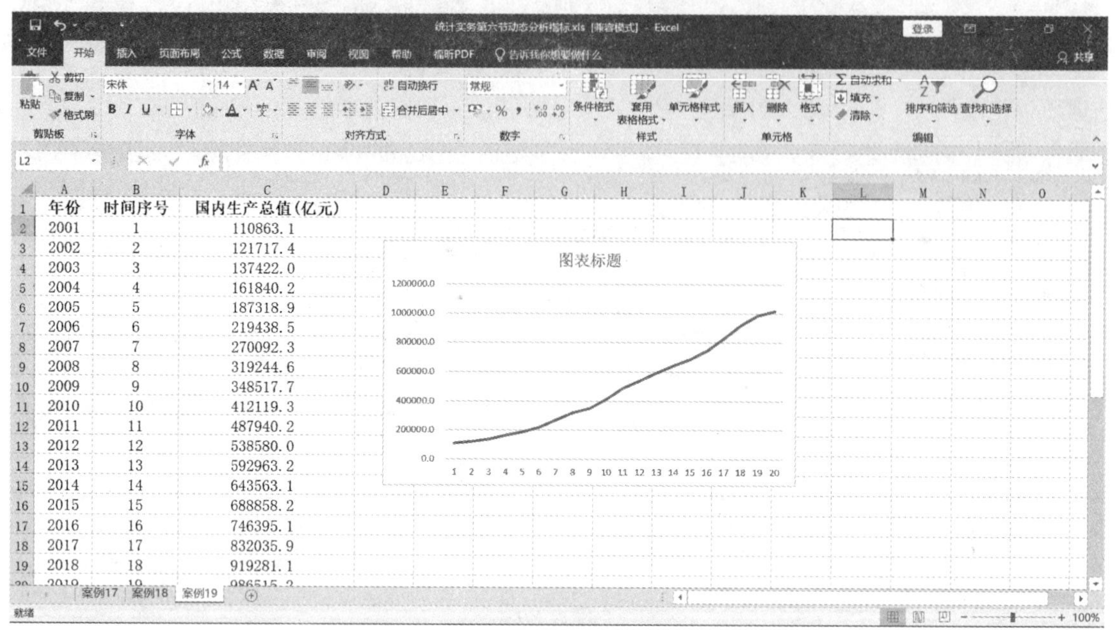

图 9.90

（2）右键点击折线图中的折线，右键选择“添加趋势线”，如图 9.91 所示。

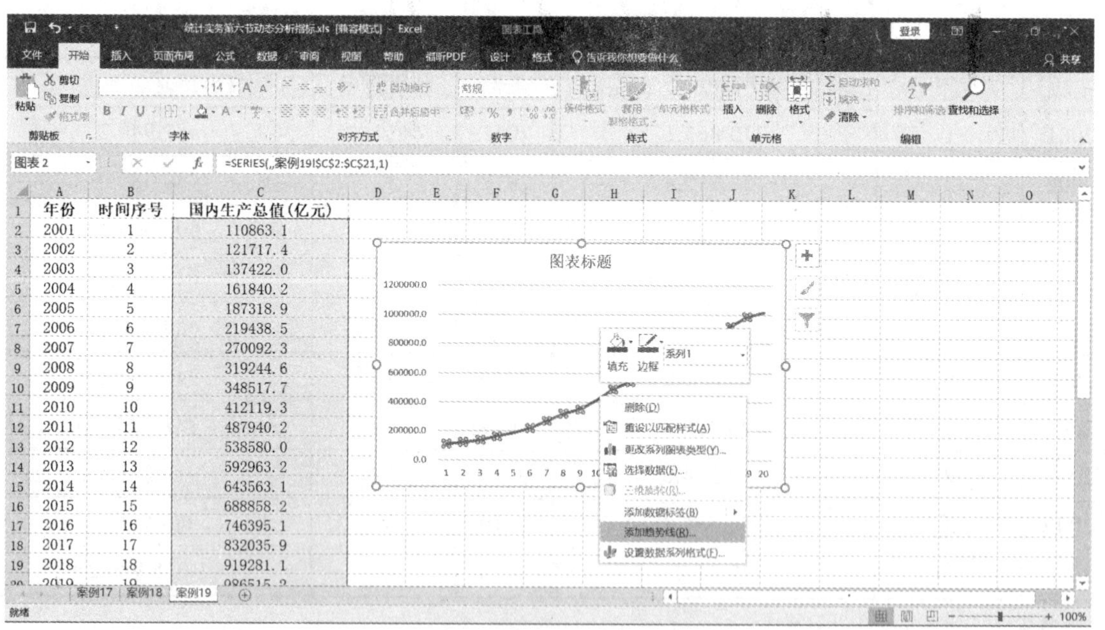

图 9.91

（3）在“设置趋势线格式”对话框的“趋势线选项”中选择“线性”趋势线，在“趋势预测”的“前推”选项中输入“2”，选择“显示公式”和“显示 R 平方值”复选框，如图 9.92 所示。

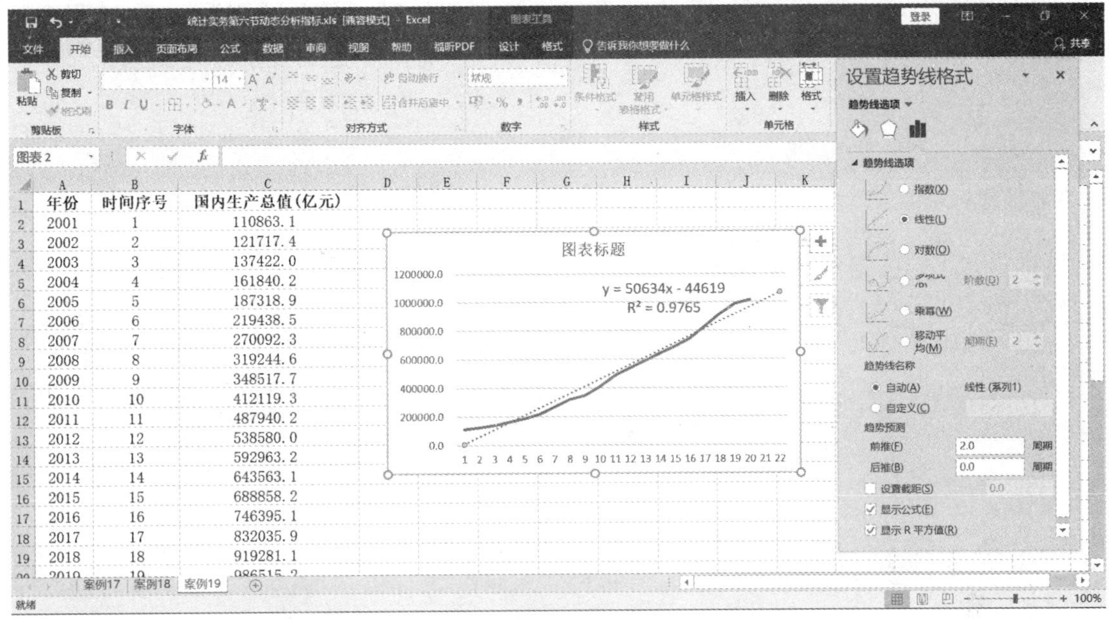

图 9.92

（4）点击“关闭”按钮，对图形进行坐标轴设置等，直线趋势方程拟合法分析结果如图 9.93 所示。

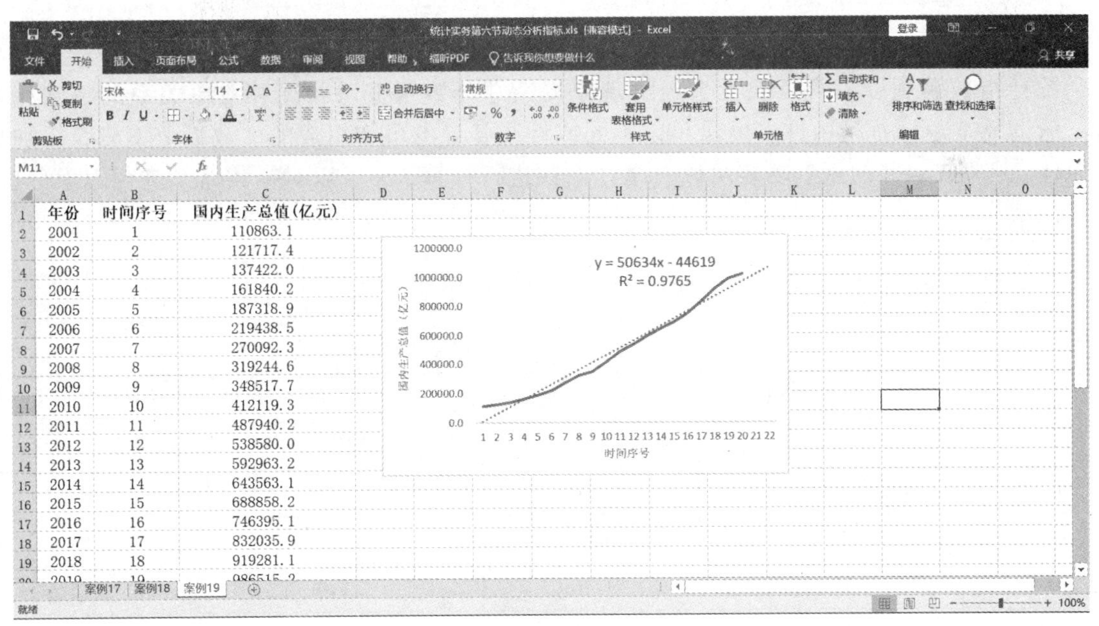

图 9.93

（5）在 C22 单元格中输入“=50 634*21-44 619”，在 C23 单元格中输入“=50 634*22-44 619”，即将 $t=21$，22 分别代入直线趋势方程，则可得 2021 年、2022 年的国内生产总值的趋势预测值 1 018 695 亿元、1 069 329 亿元，如图 9.94 所示。

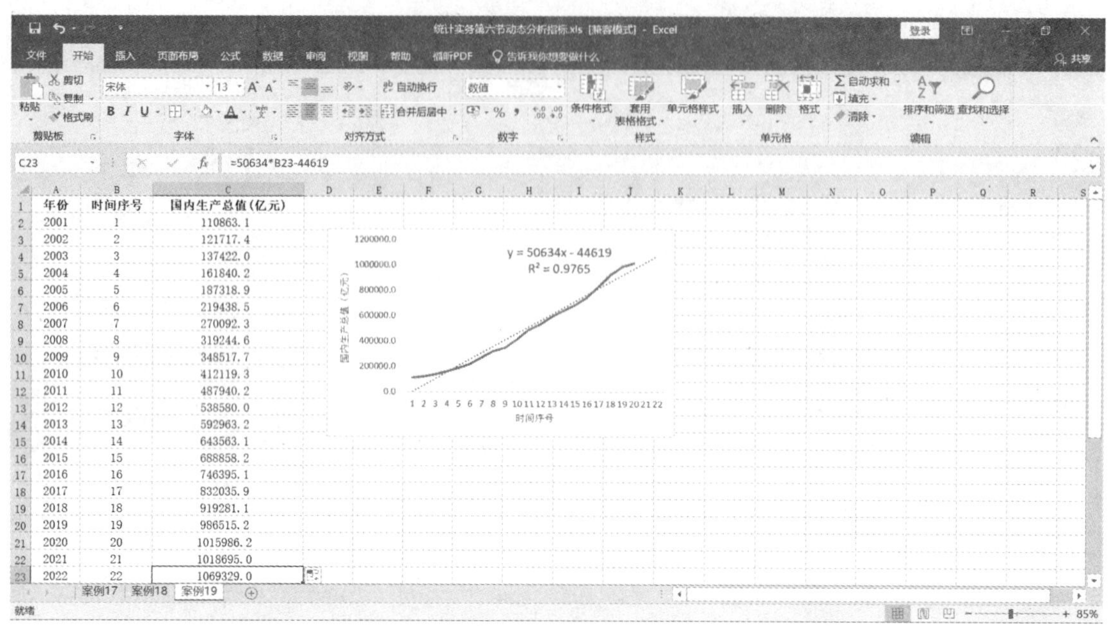

年份	时间序号	国内生产总值(亿元)
2001	1	110863.1
2002	2	121717.4
2003	3	137422.0
2004	4	161840.2
2005	5	187318.9
2006	6	219438.5
2007	7	270092.3
2008	8	319244.6
2009	9	348517.7
2010	10	412119.3
2011	11	487940.2
2012	12	538580.0
2013	13	592963.2
2014	14	643563.1
2015	15	688858.2
2016	16	746395.1
2017	17	832035.9
2018	18	919281.1
2019	19	986515.2
2020	20	1015986.2
2021	21	1018695.0
2022	22	1069329.0

图 9.94

第六节　统计指数的计算和分析

统计指数是用以综合反映社会经济现象复杂总体数量变动状况和对比关系的特殊相对数。所谓复杂总体是指由许多度量单位不同或性质各异的事物组成的、数量上不能直接加总的总体。利用 Excel 的函数功能可以对统计指数进行计算，并可以对指数体系进行因素分析。

案例二十

某农贸市场的几种主要商品价格调整前后的数据资料见表 9.11。

表 9.11　　某农贸市场的几种主要商品价格资料

商品名称	调整前		调整后	
	销售单价（元/千克）	销售量（万吨）	销售单价（元/千克）	销售量（万吨）
白菜	3.0	5.00	3.6	5.20
牛肉	70.0	4.42	80.0	5.52
鸡蛋	10.0	1.20	12.0	1.15
香菇	12.0	1.35	15.0	1.30

要求：计算各种商品的个体价格指数；计算四种商品的价格总指数和销售量总指数。

利用 Excel 对案例二十的指标进行计算描述，具体步骤如下：

（1）启动 Excel，编制计算工作表。录入初始数据，如图 9.95 所示。

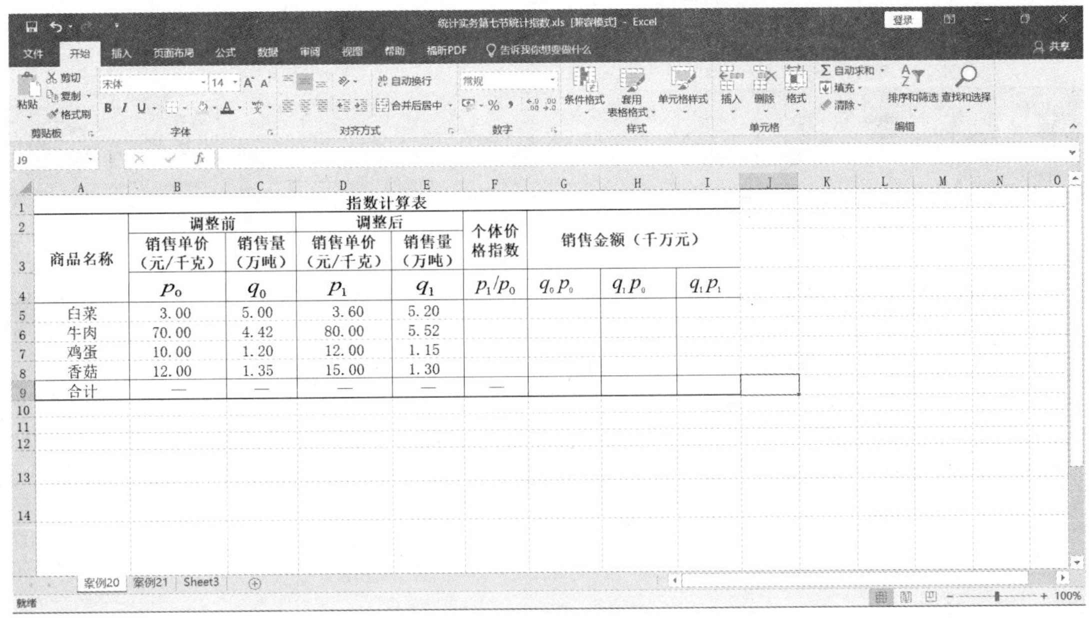

指数计算表								
商品名称	调整前		调整后		个体价格指数	销售金额（千万元）		
	销售单价（元/千克）	销售量（万吨）	销售单价（元/千克）	销售量（万吨）				
	p_0	q_0	p_1	q_1	p_1/p_0	q_0p_0	q_1p_0	q_1p_1
白菜	3.00	5.00	3.60	5.20				
牛肉	70.00	4.42	80.00	5.52				
鸡蛋	10.00	1.20	12.00	1.15				
香菇	12.00	1.35	15.00	1.30				
合计	—	—	—	—	—			

图 9.95

（2）在 F5 单元格中输入“=D5/B5”，确认后向下填充到 F8 单元格，并设置为百分数格式。在 G5 单元格中输入公式“=B5*C5”，确认后向下填充到 G8 单元格，计算基期销售额；在 H5 单元格中输入公式“=B5*E5”，确认后向下填充到 H8 单元格，计算按基期单价和报告期销售量计算的销售额；在 I5 单元格中输入公式“=D5*E5”，确认后向下填充到 I8 单元格，计算按报告期销售额；在 G9 单元格中输入“=SUM(G5:G8)”，确认后向右填充到 I9 单元格，计算各销售金额合计数。计算结果如图 9.96 所示。

指数计算表								
商品名称	调整前		调整后		个体价格指数	销售金额（千万元）		
	销售单价（元/千克）	销售量（万吨）	销售单价（元/千克）	销售量（万吨）				
	p_0	q_0	p_1	q_1	p_1/p_0	q_0p_0	q_1p_0	q_1p_1
白菜	3.00	5.00	3.60	5.20	120.00%	15.00	15.60	18.72
牛肉	70.00	4.42	80.00	5.52	114.29%	309.40	386.40	441.60
鸡蛋	10.00	1.20	12.00	1.15	120.00%	12.00	11.50	13.80
香菇	12.00	1.35	15.00	1.30	125.00%	16.20	15.60	19.50
合计	—	—	—	—	—	352.60	429.10	493.62

图 9.96

（3）在 A11 至 C19 单元格区域编制总指数计算表，如图 9.97 所示。

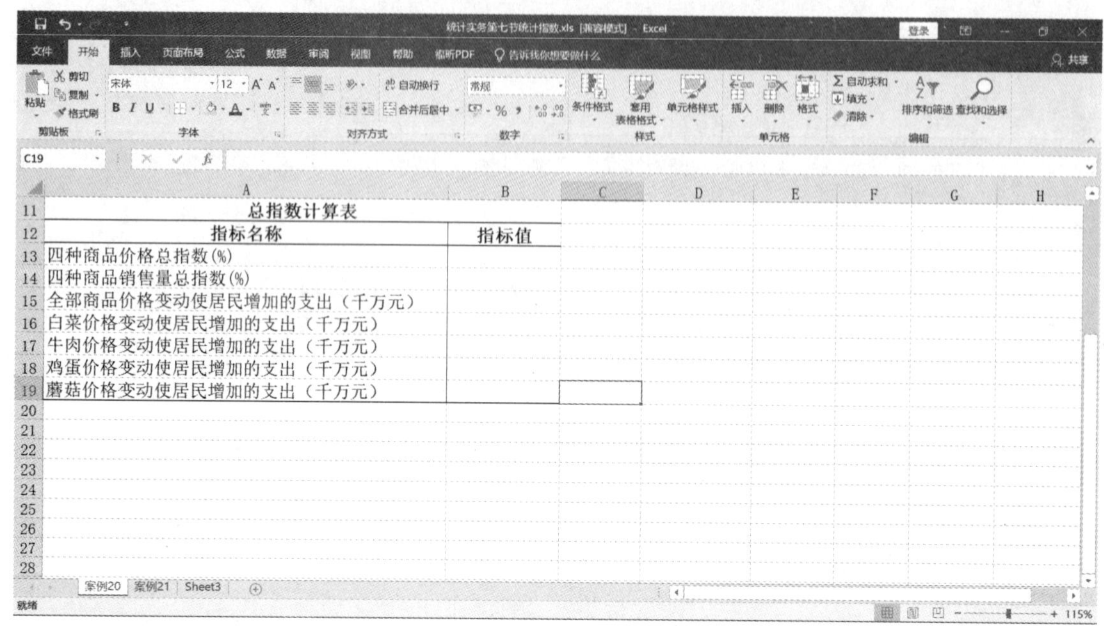

总指数计算表	
指标名称	指标值
四种商品价格总指数(%)	
四种商品销售量总指数(%)	
全部商品价格变动使居民增加的支出（千万元）	
白菜价格变动使居民增加的支出（千万元）	
牛肉价格变动使居民增加的支出（千万元）	
鸡蛋价格变动使居民增加的支出（千万元）	
蘑菇价格变动使居民增加的支出（千万元）	

图 9.97

（4）在 B13 单元格中输入“=I9/H9*100”，在 B14 单元格中输入“=H9/G9*100”，在 B15 单元格中输入“=I9-H9”，在 B16 单元格中输入“=I5-H5”并向下填充到 B19 单元格。计算结果如图 9.98 所示。由计算结果可见，牛肉的价格变动对居民支出的影响最大。

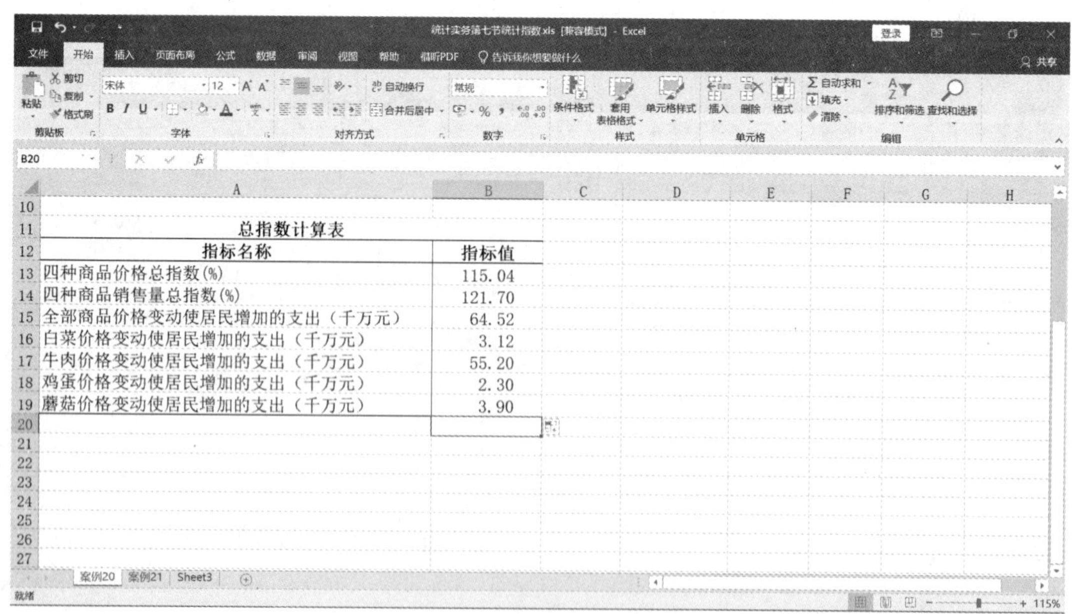

总指数计算表	
指标名称	指标值
四种商品价格总指数(%)	115.04
四种商品销售量总指数(%)	121.70
全部商品价格变动使居民增加的支出（千万元）	64.52
白菜价格变动使居民增加的支出（千万元）	3.12
牛肉价格变动使居民增加的支出（千万元）	55.20
鸡蛋价格变动使居民增加的支出（千万元）	2.30
蘑菇价格变动使居民增加的支出（千万元）	3.90

图 9.98

案例二十一

某公司下属三个商场 2020 与 2021 年的员工平均工资和员工人数的资料见表 9.12。

表 9.12　　某公司下属三个商场 2020 年与 2021 年的员工平均工资和员工人数

商　场	2020 年		2021 年	
	平均工资（元）	员工人数（人）	平均工资（元）	员工人数（人）
甲	4 050	150	4 350	200
乙	4 120	120	4 480	150
丙	4 210	200	4 550	160

要求：计算总平均工资指数体系并进行因素分析。

利用 Excel 对案例二十一的统计数据进行分析，具体步骤如下：

（1）启动 Excel，编制计算工作表，录入初始数据，如图 9.99 所示。

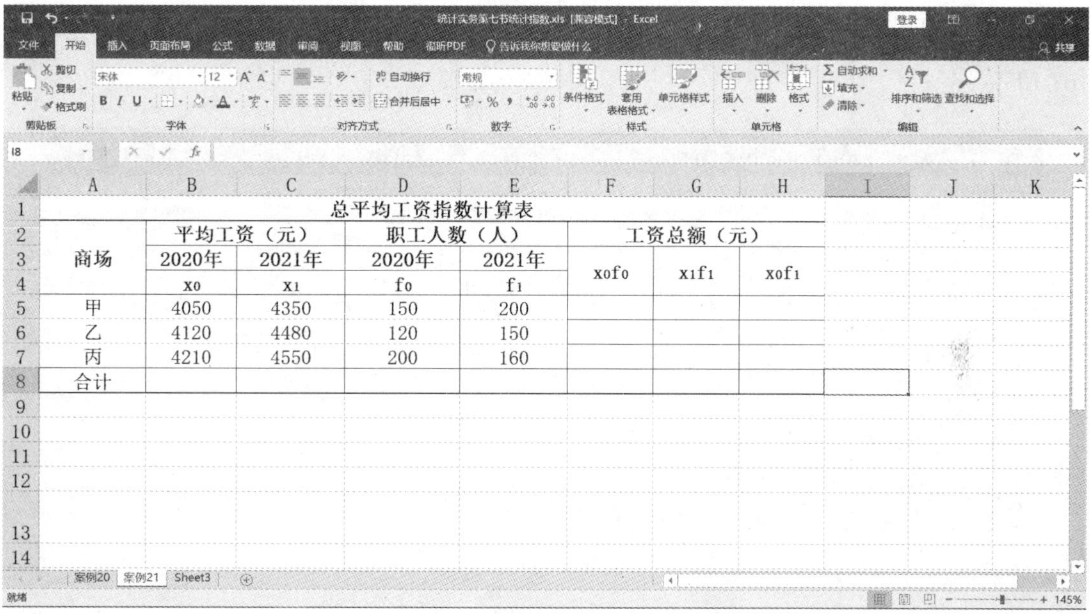

总平均工资指数计算表

商场	平均工资（元）		职工人数（人）		工资总额（元）		
	2020年	2021年	2020年	2021年	x_0f_0	x_1f_1	x_0f_1
	x_0	x_1	f_0	f_1			
甲	4050	4350	150	200			
乙	4120	4480	120	150			
丙	4210	4550	200	160			
合计							

图 9.99

（2）在 F5 单元格中输入“=B5*D5”，确认后向下填充到 F7 单元格，计算 2020 年各商场工资总额；在 G5 单元格中输入“=C5*E5”，确认后向下填充到 G7 单元格，计算 2021 年各商场工资总额；在 H5 单元格中输入“=B5*E5”，确认后向下填充到 H7 单元格，计算以 2020 年各商场平均工资和 2021 年各商场员工人数为基础计算的工资总额；在 D8 单元格中输入“=SUM(D5:D7)”，确认后向右填充到 H8 单元格，计算各合计数；在 B8 单元格中输入“=F8/D8”，确认后向右填充到 C8 单元格，计算 2020 年和 2021 年的总平均工资。计算结果如图 9.100 所示。

总平均工资指数计算表

商场	平均工资（元）		职工人数（人）		工资总额（元）		
	2020年	2021年	2020年	2021年	x_0f_0	x_1f_1	x_0f_1
	x_0	x_1	f_0	f_1			
甲	4050	4350	150	200	607500	870000	810000
乙	4120	4480	120	150	494400	672000	618000
丙	4210	4550	200	160	842000	728000	673600
合计	4136	4451	470	510	1943900	2270000	2101600

图 9.100

（3）在“A10:B17”单元格区域编制总平均工资指数体系及因素分析计算工作表，如图 9.101 所示。

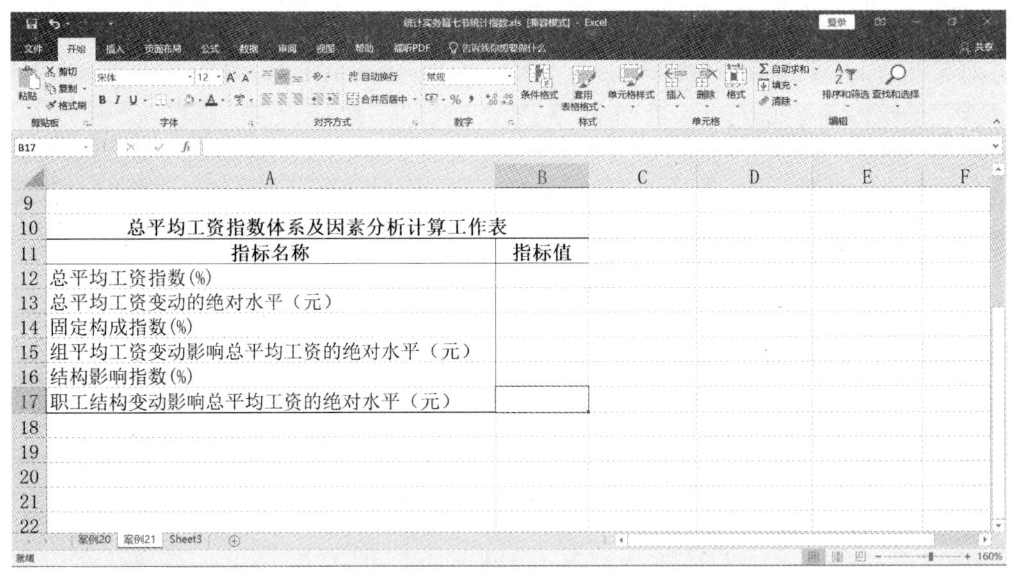

总平均工资指数体系及因素分析计算工作表

指标名称	指标值
总平均工资指数(%)	
总平均工资变动的绝对水平（元）	
固定构成指数(%)	
组平均工资变动影响总平均工资的绝对水平（元）	
结构影响指数(%)	
职工结构变动影响总平均工资的绝对水平（元）	

图 9.101

（4）B12 单元格中输入“=C8/B8*100”，计算总平均工资指数；在 B13 单元格中输入“=C8-B8”，计算总平均工资变动的绝对水平；在 B14 单元格中输入“=C8/(H8/E8)*100”，计算固定构成指数；在 B15 单元格中输入“=C8-H8/E8”，计算组平均工资变动影响总平均工资变动的绝对水平；在 B16 单元格中输入“=H8/E8/B8*100”，计算结构影响指数；在 B17 单元格中输入“=H8/E8-B8”，计算员工人数结构变动影响总平均工资变动的绝对水平。计算结果如图 9.102 所示。

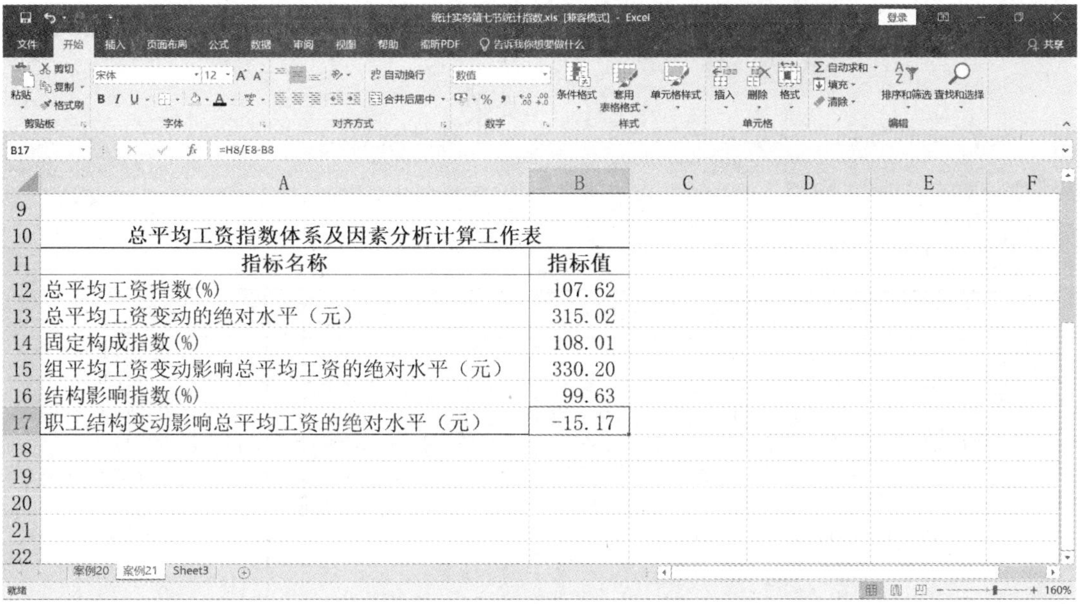

总平均工资指数体系及因素分析计算工作表

指标名称	指标值
总平均工资指数(%)	107.62
总平均工资变动的绝对水平（元）	315.02
固定构成指数(%)	108.01
组平均工资变动影响总平均工资的绝对水平（元）	330.20
结构影响指数(%)	99.63
职工结构变动影响总平均工资的绝对水平（元）	-15.17

图 9.102

上述计算结果表明，全公司总平均工资 2021 年比 2020 年提高了 7.62%，平均每位员工的工资 2021 年较 2020 年增加了 315.02 元。这是受以下两种因素共同影响的结果：一是由于各商场员工平均工资水平的增加，使公司总平均工资 2021 年比 2020 年提高了 8.01%，绝对水平增加了 330.20 元；二是由于各商场员工人数比重发生了变动，平均工资较高的丙商场的员工人数减少了，而平均工资较低的甲、乙商场的员工人数增加了，使公司总平均工资降低了 0.37%，绝对水平减少了 15.17 元。

附　录

附表 1　　正态分布概率表

$F(Z)=P(|x-\bar{x}|/\sigma<z)$

Z	F(Z)	Z	F(Z)	Z	F(Z)	Z	F(Z)
0.00	0.0000	0.35	0.2737	0.70	0.5161	1.05	0.7063
0.01	0.0080	0.36	0.2812	0.71	0.5223	1.06	0.7109
0.02	0.0160	0.37	0.2886	0.72	0.5285	1.07	0.7154
0.03	0.0239	0.38	0.2961	0.73	0.5346	1.08	0.7199
0.04	0.0319	0.39	0.3035	0.74	0.5407	1.09	0.7243
0.05	0.0399	0.40	0.3108	0.75	0.5467	1.10	0.7287
0.06	0.0478	0.41	0.3182	0.76	0.5527	1.11	0.7330
0.07	0.0558	0.42	0.3255	0.77	0.5587	1.12	0.7373
0.08	0.0638	0.43	0.3328	0.78	0.5646	1.13	0.7415
0.09	0.0717	0.44	0.3401	0.79	0.5705	1.14	0.7457
0.10	0.0797	0.45	0.3473	0.80	0.5763	1.15	0.7499
0.11	0.0876	0.46	0.3545	0.81	0.5821	1.16	0.7540
0.12	0.0955	0.47	0.3616	0.82	0.5878	1.17	0.7580
0.13	0.1034	0.48	0.3688	0.83	0.5935	1.18	0.7620
0.14	0.1113	0.49	0.3759	0.84	0.5991	1.19	0.7660
0.15	0.1192	0.50	0.3829	0.85	0.6047	1.20	0.7699
0.16	0.1271	0.51	0.3899	0.86	0.6102	1.21	0.7737
0.17	0.1350	0.52	0.3969	0.87	0.6157	1.22	0.7775
0.18	0.1428	0.53	0.4039	0.88	0.6211	1.23	0.7813
0.19	0.1507	0.54	0.4108	0.89	0.6265	1.24	0.7850
0.20	0.1585	0.55	0.4177	0.90	0.6319	1.25	0.7887
0.21	0.1663	0.56	0.4245	0.91	0.6372	1.26	0.7923
0.22	0.1741	0.57	0.4313	0.92	0.6424	1.27	0.7959
0.23	0.1819	0.58	0.4381	0.93	0.6476	1.28	0.7995
0.24	0.1897	0.59	0.4448	0.94	0.6528	1.29	0.8030
0.25	0.1974	0.60	0.4515	0.95	0.6579	1.30	0.8064
0.26	0.2051	0.61	0.4581	0.96	0.6929	1.31	0.8098
0.27	0.2128	0.62	0.4647	0.97	0.6680	1.32	0.8132
0.28	0.2205	0.63	0.4713	0.98	0.6729	1.33	0.8165
0.29	0.2282	0.64	0.4778	0.99	0.6778	1.34	0.8198
0.30	0.2358	0.65	0.4843	1.00	0.6827	1.35	0.8230
0.31	0.2434	0.66	0.4907	1.01	0.6875	1.36	0.8262
0.32	0.2510	0.67	0.4971	1.02	0.6923	1.37	0.8293
0.33	0.2586	0.68	0.5035	1.03	0.6970	1.38	0.8324
0.34	0.2661	0.69	0.5098	1.04	0.7017	1.39	0.8355

续附表 1

Z	F(Z)	Z	F(Z)	Z	F(Z)	Z	F(Z)
1.40	0.8385	1.75	0.9199	2.20	0.9722	2.90	0.9962
1.41	0.8415	1.76	0.9216	2.22	0.9736	2.92	0.9965
1.42	0.8444	1.77	0.9233	2.24	0.9749	2.94	0.9967
1.43	0.8473	1.78	0.9249	2.26	0.9762	2.96	0.9969
1.44	0.8501	1.79	0.9265	2.28	0.9774	2.98	0.9971
1.45	0.8529	1.80	0.9281	2.30	0.9786	3.00	0.9973
1.46	0.8557	1.81	0.9297	2.32	0.9797	3.20	0.9986
1.47	0.8584	1.82	0.9312	2.34	0.9807	3.40	0.9993
1.48	0.8611	1.83	0.9328	2.36	0.9817	3.60	0.99968
1.49	0.8638	1.84	0.9342	2.38	0.9827	3.80	0.99986
1.50	0.8664	1.85	0.9357	2.40	0.9836	4.00	0.99994
1.51	0.8690	1.86	0.9371	2.42	0.9845	4.50	0.999994
1.52	0.8715	1.87	0.9385	2.44	0.9853	5.00	0.999999
1.53	0.8740	1.88	0.9399	2.46	0.9861		
1.54	0.8764	1.89	0.9412	2.48	0.9869		
1.55	0.8789	1.90	0.9426	2.50	0.9876		
1.56	0.8812	1.91	0.9439	2.52	0.9883		
1.57	0.8836	1.92	0.9451	2.54	0.9889		
1.58	0.8859	1.93	0.9464	2.56	0.9895		
1.59	0.8882	1.94	0.9476	2.58	0.9901		
1.60	0.8904	1.95	0.9488	2.60	0.9907		
1.61	0.8926	1.96	0.9500	2.62	0.9912		
1.62	0.8948	1.97	0.9512	2.64	0.9917		
1.63	0.8969	1.98	0.9523	2.66	0.9922		
1.64	0.8990	1.99	0.9534	2.68	0.9926		
1.65	0.9011	2.00	0.9545	2.70	0.9931		
1.66	0.9031	2.02	0.9566	2.72	0.9935		
1.67	0.9051	2.04	0.9587	2.74	0.9939		
1.68	0.9070	2.06	0.9606	2.76	0.9942		
1.69	0.9090	2.08	0.9625	2.78	0.9946		
1.70	0.9109	2.10	0.9643	2.80	0.9949		
1.71	0.9127	2.12	0.9660	2.82	0.9952		
1.72	0.9146	2.14	0.9676	2.84	0.9955		
1.73	0.9164	2.16	0.9692	2.86	0.9958		
1.74	0.9181	2.18	0.9707	2.88	0.9960		

附表 2.1　　正态曲线下的面积

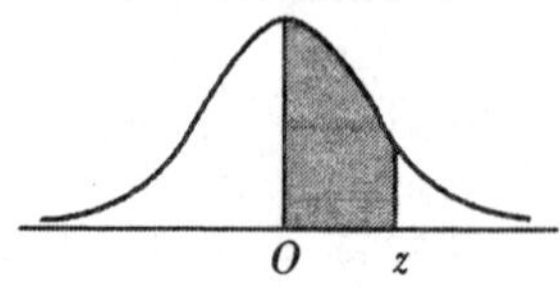

z	0.00	0.01	0.02	0.03	0.04	005	0.06	0.07	0.08	0.09
0.0	0.0000	0.0040	0.0080	0.0120	0.0160	0.0199	0.0239	0.0279	0.0319	0.0359
0.1	0.0398	0.0438	0.0478	0.0517	0.0557	0.0596	0.0636	0.0675	0.0714	0.0753
0.2	0.0793	0.0832	0.0871	0.0910	0.0948	0.0987	0.1026	0.1064	0.1103	0.1141
0.3	0.1179	0.1217	0.1255	0.1293	0.1331	0.1368	0.1406	0.1443	0.1480	0.1517
0.4	0.1554	0.1591	0.1628	0.1664	0.1700	0.1736	0.1772	0.1808	0.1844	0.1879
0.5	0.1915	0.1950	0.1985	0.2019	0.2054	0.2088	0.2123	0.2157	0.2190	0.2224
0.6	0.2257	0.2291	0.2324	0.2375	0.2389	0.2422	0.2454	0.2486	0.2517	0.2549
0.7	0.2580	0.2611	0.2642	0.2673	0.2704	0.2734	0.2764	0.2794	0.2823	0.2852
0.8	0.2881	0.2910	0.2939	0.2967	0.2995	0.3023	0.3051	0.3078	0.3106	0.3133
0.9	0.3159	0.3186	0.3212	0.3238	0.3264	0.3289	0.3315	0.3340	0.3365	0.3389
1.0	0.3413	0.3438	0.3461	0.3485	0.3508	0.3531	0.3554	0.3577	0.3599	0.3621
1.1	0.3643	0.3665	0.3686	0.3708	0.3729	0.3749	0.3770	0.3790	0.3810	0.3830
1.2	0.3849	0.3869	0.3888	0.3907	0.3925	0.3944	0.3962	0.3980	0.3997	0.4015
1.3	0.4032	0.4049	0.4066	0.4082	0.4099	0.4115	0.4131	0.4147	0.4162	0.4177
1.4	0.4192	0.4207	0.4222	0.4236	0.4251	0.4265	0.4279	0.4292	0.4306	0.4319
1.5	0.4332	0.4345	0.4357	0.4370	0.4382	0.4394	0.4406	0.4418	0.4429	0.4441
1.6	0.4452	0.4463	0.4474	0.4484	0.4495	0.4505	0.4515	0.4525	0.4535	0.4545
1.7	0.4554	0.4564	0.4573	0.4582	0.4591	0.4599	0.4608	0.4616	0.4625	0.4633
1.8	0.4641	0.4649	0.4656	0.4664	0.4671	0.4678	0.4686	0.4693	0.4699	0.4706
1.9	0.4713	0.4719	0.4726	0.4732	0.4738	0.4744	0.4750	0.4756	0.4761	0.4767
2.0	0.4772	0.4778	0.4783	0.4788	0.4793	0.4798	0.4803	0.4808	0.4812	0.4817
2.1	0.4821	0.4826	0.4830	0.4834	0.4838	0.4842	0.4846	0.4850	0.4854	0.4857
2.2	0.4861	0.4864	0.4868	0.4871	0.4875	0.4878	0.4881	0.4884	0.4887	0.4890
2.3	0.4893	0.4896	0.4898	0.4901	0.4904	0.4906	0.4909	0.4911	0.4913	0.4916
2.4	0.4918	0.4920	0.4922	0.4925	0.4927	0.4929	0.4931	0.4932	0.4934	0.4936
2.5	0.4938	0.4940	0.4941	0.4943	0.4945	0.4946	0.4948	0.4949	0.4951	0.4952
2.6	0.4953	0.4955	0.4956	0.4957	0.4959	0.4960	0.4961	0.4962	0.4963	0.4964
2.7	0.4965	0.4966	0.4967	0.4968	0.4969	0.4970	0.4971	0.4972	0.4973	0.4974
2.8	0.4974	0.4975	0.4976	0.4977	0.4977	0.4978	0.4979	0.4979	0.4980	0.4981
2.9	0.4981	0.4982	0.4982	0.4983	0.4984	0.4984	0.4985	0.4985	0.4986	0.4986
3.0	0.4987	0.4987	0.4987	0.4988	0.4988	0.4989	0.4989	0.4989	0.4990	0.4990

附表 2.2 t 统计量的临界值

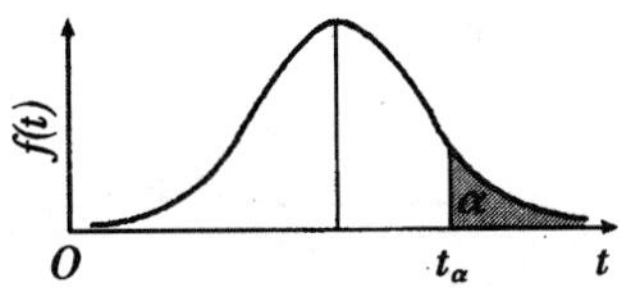

v	$t_{0.100}$	$t_{0.050}$	$t_{0.025}$	$t_{0.010}$	$t_{0.005}$	$t_{0.001}$	$t_{0.0005}$
1	3.078	6.314	12.706	31.821	63.657	318.31	636.62
2	1.886	2.920	4.303	6.965	9.925	22.326	31.598
3	1.638	2.353	3.182	4.541	5.841	10.213	12.924
4	1.533	2.132	2.776	3.747	4.604	7.173	8.610
5	1.476	2.015	2.571	3.365	4.032	5.893	6.869
6	1.440	1.943	2.447	3.143	3.707	5.208	5.959
7	1.415	1.895	2.365	2.998	3.499	4.785	5.408
8	1.397	1.860	2.306	2.896	3.355	4.501	5.041
9	1.383	1.833	2.262	2.821	3.250	4.297	4.781
10	1.372	1.812	2.228	2.764	3.169	4.144	4.537
11	1.363	1.796	2.201	2.718	3.106	4.025	4.437
12	1.356	1.782	2.179	2.681	3.055	3.930	4.318
13	1.350	1.771	2.160	2.650	3.012	3.852	4.221
14	1.345	1.761	2.145	2.624	2.977	3.787	4.140
15	1.341	1.753	2.131	2.602	2.947	3.733	4.073
16	1.337	1.746	2.120	2.583	2.921	3.686	4.015
17	1.333	1.740	2.110	2.567	2.898	3.646	3.965
18	1.330	1.734	2.101	2.552	2.878	3.610	3.922
19	1.328	1.729	2.093	2.539	2.861	3.579	3.883
20	1.325	1.725	2.086	2.528	2.845	3.552	3.850
21	1.323	1.721	2.080	2.518	2.831	3.527	3.819
22	1.321	1.717	2.074	2.508	2.819	3.505	3.792
23	1.319	1.714	2.069	2.500	2.807	3.485	3.767
24	1.318	1.711	2.064	2.492	2.797	3.467	3.745
25	1.316	1.708	2.060	2.485	2.787	3.450	3.725
26	1.315	1.706	2.056	2.479	2.779	3.435	3.707
27	1.314	1.703	2.052	2.473	2.771	3.421	3.690
28	1.313	1.701	2.048	2.467	2.763	3.408	3.674
29	1.311	1.699	2.045	2.462	2.756	3.396	3.659
30	1.310	1.684	2.042	2.457	2.750	3.385	3.646
40	1.303	1.697	2.042	2.423	2.704	3.307	3.551
60	1.296	1.671	2.000	2.390	2.660	3.232	3.460
120	1.289	1.658	1.980	2.358	2.617	3.160	3.373
∞	1.282	1.645	1.960	2.326	2.576	3.090	3.291

附表 2.3　　χ^2 统计量的临界值

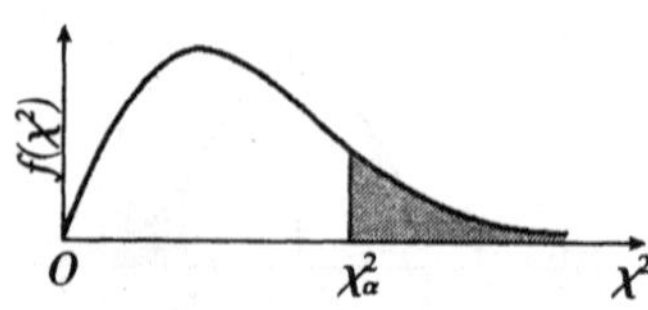

自由度	$\chi^2_{0.995}$	$\chi^2_{0.990}$	$\chi^2_{0.975}$	$\chi^2_{0.950}$	$\chi^2_{0.900}$
1	0.0000393	0.0001517	0.0009821	0.0039321	0.0157908
2	0.1000251	0.0201007	0.0506356	0.102587	0.210720
3	0.0717212	0.114832	0.215795	0.351846	0.584375
4	0.2069900	0.297110	0.484419	0.710721	1.063623
5	0.411740	0.554300	0.831211	1.145476	1.61031
6	0.675727	0.872085	1.237347	1.6353	2.20413
7	0.989265	1.239043	1.68987	2.16735	2.83311
8	1.344419	1.646482	2.17973	2.73264	3.48954
9	1.734926	2.087912	2.70039	3.32511	4.16816
10	2.15585	2.55821	3.24697	3.94030	4.86518
11	2.60321	3.05347	3.81575	4.57481	5.57779
12	3.07382	3.57056	4.40379	5.22603	6.30380
13	3.56503	4.10691	5.00874	5.89186	7.04150
14	4.07468	4.66043	5.62872	6.57063	7.78953
15	4.60094	5.22935	6.26214	7.26094	8.54675
16	5.14224	5.81221	6.90766	7.96164	9.31223
17	5.69724	6.40776	7.56418	8.67176	10.0852
18	6.26481	7.01491	8.23075	9.39046	10.8649
19	6.84398	7.63273	8.90655	10.1170	11.6509
20	7.43386	8.26040	9.59083	10.8508	12.4426
21	8.03366	8.89720	10.28293	11.5913	13.2396
22	8.64272	9.54249	10.9823	12.3380	14.0415
23	9.26042	10.19567	11.6885	13.0905	14.8479
24	9.88623	10.8564	12.4011	13.8484	15.6587
25	10.5197	11.5240	13.1197	14.6114	16.4743
26	11.1603	12.1981	13.8439	15.3791	17.2919
27	11.8076	12.8786	14.5733	16.1513	18.1138
28	12.4613	13.5648	15.3079	16.9279	18.9392
29	13.1211	14.2565	16.0471	17.7083	19.7677
30	13.7867	14.9535	16.7908	18.4926	20.5992
40	20.7065	22.1643	24.4331	26.5093	29.0505
50	27.9907	29.7067	32.3574	34.7642	37.6886
60	35.5346	37.4848	40.4817	43.1879	46.4589
70	43.2752	45.4418	48.7576	51.7393	55.3290
80	51.1720	53.5400	57.1532	60.3915	64.2778
90	59.1963	61.7541	61.6466	69.1260	73.2912
100	67.3276	70.0648	74.2219	77.9295	82.3581
150	109.142	112.668	117.985	122.692	128.275
200	152.241	156.432	162.728	168.279	174.835
300	240.663	245.972	253.912	260.878	269.068
400	330.903	337.155	346.482	354.641	364.207
500	422.303	429.388	439.936	449.147	459.926

续附表 2.3

自由度	$\chi^2_{0.100}$	$\chi^2_{0.050}$	$\chi^2_{0.025}$	$\chi^2_{0.010}$	$\chi^2_{0.005}$
1	2.70554	3.84146	5.02389	6.63490	7.87944
2	4.60517	5.99147	7.37776	9.21034	10.5966
3	6.25139	7.81473	9.34840	11.3449	12.8381
4	7.77944	9.48773	11.1433	13.2767	14.8602
5	9.23635	11.0705	12.8325	15.0863	16.7496
6	10.6446	12.5916	14.4494	16.8119	18.5476
7	12.0170	14.0671	16.0128	18.4753	20.2777
8	13.3616	15.5073	17.5346	20.0902	21.9550
9	14.6837	16.9190	19.0228	21.6660	23.5893
10	15.9871	18.3070	20.4831	23.2093	25.1882
11	17.2750	19.6751	21.9200	24.7250	26.7569
12	18.5494	21.0261	23.3367	26.2170	28.2995
13	19.8119	22.3621	24.7356	27.6883	29.8194
14	21.0642	23.6848	26.1190	29.1413	31.3193
15	22.3072	24.9958	27.4884	30.5779	32.8013
16	23.5418	26.2962	28.8454	31.9999	34.2672
17	24.7690	27.5871	30.1910	33.4087	35.7185
18	25.9894	28.8693	31.5264	34.8053	37.1564
19	27.2036	30.1435	35.8523	36.1908	38.5822
20	28.4120	31.4104	34.1696	37.5662	39.9968
21	29.6151	32.6705	35.4789	38.9321	41.4010
22	30.8133	33.9244	36.7807	40.2894	42.7956
23	32.0069	35.1725	38.0757	41.6384	44.1813
24	33.1963	36.4151	39.3641	42.9798	45.5585
25	34.3816	37.6525	40.6465	44.3141	46.9278
26	36.5631	38.8852	41.9232	45.6417	48.2899
27	36.7412	40.1133	43.1944	46.9630	49.6449
28	37.9159	41.3372	44.4607	48.2782	50.9933
29	39.0875	42.5569	45.7222	49.5879	52.3356
30	40.2560	43.7729	46.9792	50.8922	53.6720
40	51.8050	55.7585	59.3417	63.6907	66.7659
50	63.1671	67.5048	71.4202	76.1539	79.4900
60	74.3970	79.0819	83.2976	88.3794	91.9517
70	85.5271	90.5312	95.0231	100.425	104.215
80	96.5782	101.879	106.629	112.329	116.321
90	107.565	113.145	118.136	124.116	128.299
100	118.498	124.342	129.561	135.807	140.169
150	172.581	179.581	185.800	193.208	198.360
200	226.021	233.994	241.058	249.445	255.264
300	331.789	341.395	349.874	359.906	366.844
400	436.649	447.632	457.305	468.724	476.606
500	540.930	553.127	563.852	576.493	585.207

附表 3.1　　F 统计量的临界值：$F_{0.10}$

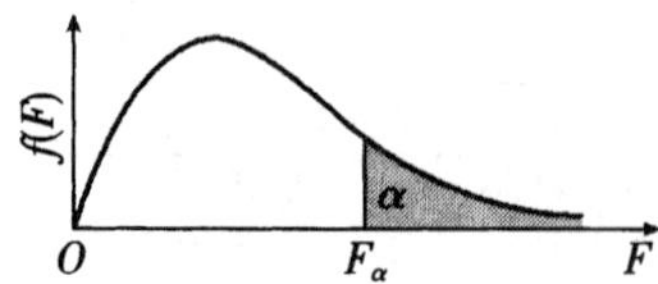

v_2 \ v_1	分子自由度								
	1	2	3	4	5	6	7	8	9
1	39.86	49.50	53.59	55.83	57.24	58.20	58.91	59.44	59.86
2	8.53	9.00	9.16	9.24	9.29	9.33	9.35	9.37	9.38
3	5.54	5.46	5.39	5.34	5.31	5.28	5.27	5.25	5.24
4	4.54	4.32	4.19	4.11	4.05	4.01	3.98	3.95	3.94
5	4.06	3.78	3.62	3.52	3.45	3.40	3.37	3.34	3.32
6	3.78	3.46	3.29	3.18	3.11	3.05	3.01	2.98	2.96
7	3.59	3.26	3.07	2.96	2.88	2.83	2.78	2.75	2.72
8	3.64	3.11	2.92	2.81	2.73	2.67	2.62	2.59	2.56
9	3.36	3.01	2.81	2.69	2.61	2.55	2.51	2.47	2.44
10	3.29	2.92	2.73	2.61	2.52	2.46	2.41	2.38	2.35
11	3.23	2.86	2.66	2.54	2.45	2.39	2.34	2.30	2.27
12	3.18	2.81	2.61	2.48	2.39	2.33	2.28	2.24	2.21
13	3.14	2.76	2.56	2.43	2.35	2.28	2.23	2.20	2.16
14	3.10	2.73	2.52	2.39	2.31	2.24	2.19	2.15	2.12
分母自由度 15	3.07	2.70	2.49	2.36	2.27	2.21	2.16	2.12	2.09
16	3.05	2.67	2.46	2.33	2.24	2.18	2.13	2.09	2.06
17	3.03	2.64	2.44	2.31	2.22	2.15	2.10	2.06	2.03
18	3.01	2.62	2.42	2.29	2.20	2.13	2.08	2.04	2.00
19	2.99	2.61	2.40	2.27	2.18	2.11	2.06	2.02	1.98
20	2.97	2.59	2.38	2.25	2.16	2.09	2.04	2.00	1.96
21	2.96	2.57	2.36	2.23	2.14	2.08	2.02	1.98	1.95
22	2.95	2.56	2.35	2.22	2.13	2.06	2.01	1.97	1.93
23	2.94	2.55	2.34	2.21	2.11	2.05	1.99	1.95	1.92
24	2.93	2.54	2.33	2.19	2.10	2.04	1.98	1.94	1.91
25	2.92	2.53	2.32	2.18	2.09	2.02	1.97	1.93	1.89
26	2.91	2.52	2.31	2.17	2.08	2.01	1.96	1.92	1.88
27	2.90	2.51	2.30	2.17	2.07	2.00	1.95	1.91	1.87
28	2.89	2.50	2.29	2.16	2.06	2.00	1.94	1.90	1.87
29	2.89	2.50	2.28	2.15	2.06	1.99	1.93	1.89	1.86
30	2.88	2.49	2.28	2.14	2.05	1.98	1.93	1.88	1.85
40	2.84	2.44	2.23	2.09	2.00	1.93	1.87	1.83	1.79
60	2.79	2.39	2.18	2.04	1.95	1.87	1.82	1.77	1.74
120	2.75	2.35	2.13	1.99	1.90	1.82	1.77	1.72	1.68
∞	2.17	2.30	2.08	1.94	1.85	1.77	1.72	1.67	1.63

续附表 3.1

v_2 \ v_1	分子自由度 10	12	15	20	24	30	40	60	120	∞
1	60.19	60.71	61.22	61.74	62.00	62.26	62.53	62.79	63.06	63.33
2	9.39	9.41	9.42	9.44	9.45	9.46	9.47	9.47	9.48	9.49
3	5.23	5.22	5.20	5.18	5.18	5.17	5.16	5.15	5.14	5.13
4	3.92	3.90	3.87	3.84	3.83	3.82	3.80	3.79	3.78	3.76
5	3.30	3.27	3.24	3.21	3.19	3.17	3.16	3.14	3.12	3.10
6	2.94	2.90	2.87	2.84	2.82	2.80	2.78	2.76	2.74	2.72
7	2.70	2.67	2.63	2.59	2.58	2.56	2.54	2.51	2.49	2.47
8	2.54	2.50	2.46	2.42	2.40	2.38	2.36	2.34	2.32	2.29
9	2.42	2.38	2.34	2.30	2.28	2.25	2.23	2.21	2.18	2.16
10	2.32	2.28	2.24	2.20	2.18	2.16	2.13	2.11	2.08	2.06
11	2.25	2.21	2.17	2.12	2.10	2.08	2.05	2.03	2.00	1.97
12	2.19	2.15	2.10	2.06	2.04	2.01	1.99	1.96	1.93	1.90
13	2.14	2.10	2.05	2.01	1.98	1.96	1.93	1.90	1.88	1.85
14	2.10	2.05	2.01	1.96	1.94	1.91	1.89	1.86	1.83	1.80
分母自由度 15	2.06	2.02	1.97	1.92	1.90	1.87	1.85	1.82	1.79	1.76
16	2.03	1.99	1.94	1.89	1.87	1.84	1.81	1.78	1.75	1.72
17	2.00	1.96	1.91	1.86	1.84	1.81	1.78	1.75	1.72	1.69
18	1.98	1.93	1.89	1.84	1.81	1.78	1.75	1.72	1.69	1.66
19	1.96	1.91	1.86	1.81	1.79	1.76	1.73	1.70	1.67	1.63
20	1.94	1.89	1.84	1.79	1.77	1.74	1.71	1.68	1.64	1.61
21	1.92	1.87	1.83	1.78	1.75	1.72	1.69	1.66	1.62	1.59
22	1.90	1.86	1.81	1.76	1.73	1.70	1.67	1.64	1.60	1.57
23	1.89	1.84	1.80	1.74	1.72	1.69	1.66	1.62	1.59	1.55
24	1.88	1.83	1.78	1.73	1.70	1.67	1.64	1.61	1.57	1.53
25	1.87	1.82	1.77	1.72	1.69	1.66	1.63	1.59	1.56	1.52
26	1.86	1.81	1.76	1.71	1.68	1.65	1.61	1.58	1.54	1.50
27	1.85	1.80	1.75	1.70	1.67	1.64	1.60	1.57	1.53	1.49
28	1.84	1.79	1.74	1.69	1.66	1.63	1.59	1.56	1.52	1.48
29	1.83	1.78	1.73	1.68	1.65	1.62	1.58	1.55	1.51	1.47
30	1.82	1.77	1.72	1.67	1.64	1.61	1.57	1.54	1.50	1.46
40	1.76	1.71	1.66	1.61	1.57	1.54	1.51	1.47	1.42	1.38
60	1.71	1.66	1.60	1.54	1.51	1.48	1.44	1.40	1.35	1.29
120	1.65	1.60	1.55	1.48	1.45	1.41	1.37	1.32	1.26	1.19
∞	1.60	1.55	1.49	1.42	1.38	1.34	1.30	1.24	1.17	1.00

附表 3.2　　F 统计量的临界值：$F_{0.05}$

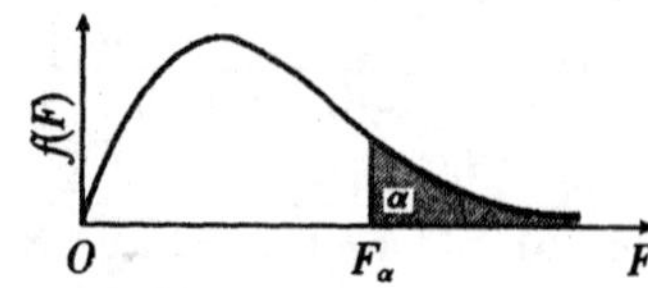

v_2 \ v_1 分子自由度	1	2	3	4	5	6	7	8	9
1	161.4	199.5	215.7	224.6	230.2	234.0	236.8	238.9	240.5
2	18.51	19.00	19.16	19.25	19.30	19.33	19.35	19.37	19.38
3	10.13	9.55	9.28	9.12	9.01	8.94	8.89	8.85	8.81
4	7.71	6.94	6.59	6.39	6.26	6.16	6.09	6.04	6.00
5	6.61	5.79	5.41	5.19	5.05	4.95	4.88	4.82	4.77
6	5.99	5.14	4.76	4.53	4.39	4.28	4.21	4.15	4.10
7	5.59	4.74	4.35	4.12	3.97	3.87	3.79	3.73	3.68
8	5.32	4.46	4.07	3.84	3.69	3.58	3.50	3.44	3.39
9	5.12	4.26	3.86	3.63	3.48	3.37	3.29	3.23	3.18
10	4.96	4.10	3.71	3.48	3.33	3.22	3.14	3.07	3.02
11	4.84	3.98	3.59	3.36	3.20	3.09	3.01	2.95	2.90
12	4.75	3.89	3.49	3.26	3.11	3.00	2.91	2.85	2.80
13	4.67	3.81	3.41	3.18	3.03	2.92	2.83	2.77	2.71
14	4.60	3.73	3.34	3.11	2.96	2.85	2.76	2.70	2.65
分母自由度 15	4.54	3.68	3.29	3.06	2.90	2.79	2.71	2.64	2.59
16	4.49	3.63	3.24	3.01	2.85	2.74	2.66	2.59	2.54
17	4.45	3.59	3.20	2.96	2.81	2.70	2.61	2.55	2.49
18	4.41	3.55	3.16	2.93	2.77	2.66	2.58	2.51	2.46
19	4.38	3.52	3.13	2.90	2.74	2.63	2.54	2.48	2.42
20	4.35	3.49	3.10	2.87	2.71	2.60	2.51	2.45	2.39
21	4.32	3.47	3.07	2.84	2.68	2.57	2.49	2.42	2.37
22	4.30	3.44	3.05	2.82	2.66	2.55	2.46	2.40	2.34
23	4.28	3.42	3.03	2.80	2.64	2.53	2.44	2.37	2.32
24	4.26	3.40	3.01	2.78	2.62	2.51	2.42	2.36	2.30
25	4.24	3.39	2.99	2.76	2.60	2.49	2.40	2.34	2.28
26	4.23	3.37	2.98	2.74	2.59	2.47	2.39	2.32	2.27
27	4.21	3.35	2.96	2.73	2.57	2.46	2.37	2.31	2.25
28	4.20	3.34	2.95	2.71	2.56	2.45	2.36	2.29	2.24
29	4.18	3.33	2.93	2.70	2.55	2.43	2.35	2.28	2.22
30	4.17	3.32	2.92	2.69	2.53	2.42	2.33	2.27	2.21
40	4.08	3.23	2.84	2.61	2.45	2.34	2.25	2.18	2.12
60	4.00	3.15	2.76	2.53	2.37	2.25	2.17	2.10	2.04
120	3.92	3.07	2.68	2.45	2.29	2.17	2.09	2.02	1.96
∞	3.84	3.00	2.60	2.37	2.21	2.10	2.01	1.94	1.88

续附表 3.2

分母自由度 v_2 \ 分子自由度 v_1	10	12	15	20	24	30	40	60	120	∞
1	241.9	243.9	245.9	248.0	249.1	250.1	251.1	252.2	253.3	254.3
2	19.40	19.41	19.43	19.45	19.45	19.46	19.47	19.48	19.49	19.50
3	8.79	8.74	8.70	8.66	8.64	8.62	8.59	8.57	8.55	8.53
4	5.96	5.91	5.86	5.80	5.77	5.75	5.72	5.69	5.66	5.63
5	4.74	4.68	4.62	4.56	4.53	4.50	4.46	4.43	4.40	4.36
6	4.06	4.00	3.94	3.87	3.84	3.81	3.77	3.74	3.70	3.67
7	3.64	3.57	3.51	3.44	3.41	3.38	3.34	3.30	3.27	3.23
8	3.35	3.28	3.22	3.15	3.12	3.08	3.04	3.01	2.97	2.93
9	3.14	3.07	3.01	2.94	2.90	2.86	2.83	2.79	2.75	2.71
10	2.98	2.91	2.85	2.77	2.74	2.70	2.66	2.62	2.58	2.54
11	2.85	2.79	2.72	2.65	2.61	2.57	2.53	2.49	2.45	2.40
12	2.75	2.69	2.62	2.54	2.51	2.47	2.43	2.38	2.34	2.30
13	2.67	2.60	2.53	2.46	2.42	2.38	2.34	2.30	2.25	2.21
14	2.60	2.53	2.46	2.39	2.35	2.31	2.27	2.22	2.18	2.13
15	2.54	2.48	2.40	2.33	2.29	2.25	2.20	2.16	2.11	2.07
16	2.49	2.42	2.35	2.28	2.24	2.19	2.15	2.11	2.06	2.01
17	2.45	2.38	2.31	2.23	2.19	2.15	2.10	2.06	2.01	1.96
18	2.41	2.34	2.27	2.19	2.15	2.11	2.06	2.02	1.97	1.92
19	2.38	2.31	2.23	2.16	2.11	2.07	2.03	1.98	1.93	1.88
20	2.35	2.28	2.20	2.12	2.08	2.04	1.99	1.95	1.90	1.84
21	2.32	2.25	2.18	2.10	2.05	2.01	1.96	1.92	1.87	1.81
22	2.30	2.23	2.15	2.07	2.03	1.98	1.94	1.89	1.84	1.78
23	2.27	2.20	2.13	2.05	2.01	1.96	1.91	1.86	1.81	1.76
24	2.25	2.18	2.11	2.03	1.98	1.94	1.89	1.84	1.79	1.73
25	2.24	2.16	2.09	2.01	1.96	1.92	1.87	1.82	1.77	1.71
26	2.22	2.15	2.07	1.99	1.95	1.90	1.85	1.80	1.75	1.69
27	2.20	2.13	2.06	1.97	1.93	1.88	1.84	1.79	1.73	1.67
28	2.19	2.12	2.04	1.96	1.91	1.87	1.82	1.77	1.71	1.65
29	2.81	2.10	2.03	1.94	1.90	1.85	1.81	1.75	1.70	1.64
30	2.16	2.09	2.01	1.93	1.89	1.84	1.79	1.74	1.68	1.62
40	2.08	2.00	1.92	1.84	1.79	1.74	1.69	1.64	1.58	1.51
60	1.99	1.92	1.84	1.75	1.70	1.65	1.59	1.53	1.47	1.39
120	1.91	1.83	1.75	1.66	1.61	1.55	1.50	1.43	1.35	1.25
∞	1.83	1.75	1.67	1.57	1.52	1.46	1.39	1.32	1.22	1.00

附表 3.3　　F 统计量的临界值：$F_{0.025}$

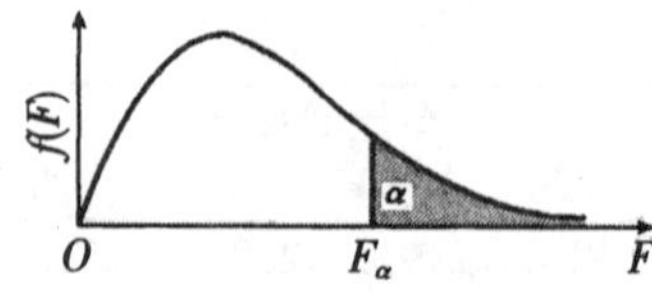

v_2 \ v_1	分子自由度 1	2	3	4	5	6	7	8	9
1	647.8	799.5	864.2	899.6	921.8	937.1	948.2	956.7	963.3
2	38.51	39.00	39.17	39.25	39.30	39.33	39.36	39.37	39.39
3	17.44	16.04	15.44	15.10	14.88	14.73	14.62	14.54	14.47
4	12.22	10.65	9.98	9.60	9.36	9.20	9.07	8.98	8.90
5	10.01	8.43	7.76	7.39	7.15	6.98	6.85	6.76	6.68
6	8.81	7.26	6.60	6.23	5.99	5.82	5.70	5.60	5.52
7	8.07	6.54	5.89	5.52	5.29	5.12	4.99	4.90	4.82
8	7.57	6.06	5.42	5.05	4.82	4.65	4.53	4.43	4.36
9	7.21	5.71	5.08	4.72	4.48	4.32	4.20	4.10	4.03
10	6.94	5.46	4.83	4.47	4.24	4.07	3.95	3.85	3.78
11	6.72	5.26	4.63	4.28	4.04	3.88	3.76	3.66	3.59
12	6.55	5.10	4.47	4.12	3.89	3.73	3.61	3.51	3.44
13	6.41	4.97	4.35	4.00	3.77	3.60	3.48	3.39	3.31
14	6.30	4.86	4.24	3.89	3.66	3.50	3.38	3.29	3.21
分母自由度 15	6.20	4.77	4.15	3.80	3.58	3.41	3.29	3.20	3.12
16	6.12	4.69	4.08	3.73	3.50	3.34	3.22	3.12	3.05
17	6.04	4.62	4.01	3.66	3.44	3.28	3.16	3.06	2.98
18	5.98	4.56	3.95	3.61	3.38	3.22	3.10	3.01	2.93
19	5.92	4.51	3.90	3.56	3.33	3.17	3.05	2.96	2.88
20	5.87	4.46	3.86	3.51	3.29	3.13	3.01	2.91	2.84
21	5.83	4.42	3.82	3.48	3.25	3.09	2.97	2.87	2.80
22	5.79	4.38	3.78	3.44	3.22	3.05	2.93	2.84	2.76
23	5.75	4.35	3.75	3.41	3.18	3.02	2.90	2.81	2.73
24	5.72	4.32	3.72	3.38	3.15	2.99	2.87	2.78	2.70
25	5.69	4.29	3.69	3.35	3.13	2.97	2.85	2.75	2.68
26	5.66	4.27	3.67	3.33	3.10	2.94	2.82	2.73	2.65
27	5.63	4.24	3.65	3.31	3.08	2.92	2.82	2.71	2.63
28	5.61	4.22	3.63	3.29	3.06	2.90	2.78	2.69	2.61
29	5.59	4.20	3.61	3.27	3.04	2.88	2.76	2.67	2.59
30	5.57	4.18	3.59	3.25	3.03	2.87	2.75	2.65	2.57
40	5.42	4.05	3.46	3.13	2.90	2.74	2.62	2.53	2.45
60	5.29	3.93	3.34	3.01	2.79	2.63	2.51	2.41	2.33
120	5.15	3.80	3.23	2.89	2.67	2.52	2.39	2.30	2.00
∞	5.02	3.69	3.12	2.79	2.57	2.41	2.29	2.19	2.11

续附表 3.3

v_2 \ v_1	分子自由度								
	10	12	15	20	24	30	40	60	120
1	968.6	976.7	984.9	993.1	997.2	1001	1006	1010	1014
2	39.40	39.41	39.43	39.45	39.46	39.47	39.47	39.48	39.49
3	14.42	14.34	14.25	14.17	14.12	14.08	14.04	13.99	13.95
4	8.84	8.75	8.66	8.56	8.51	8.46	8.41	8.36	8.31
5	6.62	6.52	6.43	6.33	6.28	6.23	6.18	6.12	6.07
6	5.46	5.37	5.27	5.17	5.12	5.07	5.01	4.96	4.90
7	4.76	4.67	4.57	4.47	4.42	4.36	4.31	4.25	4.20
8	4.30	4.20	4.10	4.00	3.95	3.89	3.84	3.78	3.73
9	3.96	3.87	3.77	3.67	3.61	3.56	3.51	3.45	3.39
10	3.72	3.62	3.52	3.42	3.37	3.31	3.26	3.20	3.14
11	3.53	3.43	3.33	3.23	3.17	3.12	3.06	3.00	2.94
12	3.37	3.28	3.18	3.07	3.02	2.96	2.91	2.85	2.79
13	3.25	3.15	3.05	2.95	2.89	2.84	2.78	2.72	2.66
14	3.15	3.05	2.95	2.84	2.79	2.73	2.67	2.61	2.55
分母自由度 15	3.06	2.96	2.86	2.76	2.70	2.64	2.59	2.52	2.46
16	2.99	2.89	2.79	2.68	2.63	2.57	2.51	2.45	2.38
17	2.92	2.82	2.72	2.62	2.56	2.50	2.44	2.38	2.32
18	2.87	2.77	2.67	2.56	2.50	2.44	2.38	2.32	2.26
19	2.82	2.72	2.62	2.51	2.45	2.39	2.33	2.27	2.20
20	2.77	2.68	2.57	2.46	2.41	2.35	2.29	2.22	2.16
21	2.73	2.64	2.53	2.42	2.37	2.31	2.25	2.18	2.11
22	2.70	2.60	2.50	2.39	2.33	2.27	2.21	2.14	2.08
23	2.67	2.57	2.47	2.36	2.30	2.24	2.18	2.11	2.04
24	2.64	2.54	2.44	2.33	2.27	2.21	2.15	2.08	2.01
25	2.61	2.51	2.41	2.30	2.24	2.18	2.12	2.05	1.98
26	2.59	2.49	2.39	2.28	2.22	2.16	2.09	2.03	1.95
27	2.57	2.47	2.36	2.25	2.19	2.13	2.07	2.00	1.93
28	2.55	2.45	2.34	2.23	2.17	2.11	2.05	1.98	1.91
29	2.53	2.43	2.32	2.21	2.15	2.09	2.03	1.96	1.89
30	2.51	2.41	2.31	2.20	2.14	2.07	2.01	1.94	1.87
40	2.39	2.29	2.18	2.07	2.01	1.94	1.88	1.80	1.72
50	2.27	2.17	2.06	1.94	1.88	1.82	1.74	1.67	1.58
120	2.16	2.05	1.94	1.82	1.76	1.69	1.61	1.53	1.43
∞	2.05	1.94	1.83	1.71	1.64	1.57	1.48	1.39	1.27

附表 3.4　　F 统计量的临界值：$F_{0.01}$

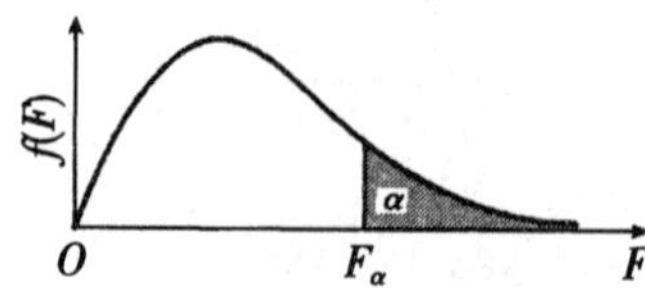

v_1 / v_2 分母自由度	分子自由度								
	1	2	3	4	5	6	7	8	9
1	4 052	4 999.5	5 403	5 625	5 764	5 859	5 982	5 928	6 022
2	98.50	99.00	99.17	99.25	99.30	99.33	99.36	99.37	99.39
3	34.12	30.82	29.46	28.71	28.24	27.91	27.67	27.49	27.35
4	21.20	18.00	16.69	15.98	15.52	15.21	14.98	14.80	14.66
5	16.26	13.27	12.06	11.39	10.97	10.67	10.46	10.29	10.16
6	13.75	10.92	9.78	9.15	8.75	8.47	8.26	8.10	7.98
7	12.25	9.55	8.45	7.85	7.46	7.19	6.99	6.84	6.72
8	11.26	8.65	7.59	7.01	6.63	6.37	6.18	6.03	5.91
9	10.56	8.02	6.99	6.42	6.06	5.80	5.61	5.47	5.35
10	10.04	7.56	6.55	5.99	5.64	5.39	5.20	5.06	4.94
11	9.65	7.21	6.22	5.67	5.32	5.07	4.89	4.74	4.63
12	9.33	6.93	5.95	5.41	5.06	4.82	4.64	4.50	4.39
13	9.07	6.70	5.74	5.21	4.86	4.62	4.44	4.30	4.19
14	8.86	6.51	5.56	5.04	4.69	4.46	4.28	4.14	4.03
15	8.68	6.36	5.42	4.89	4.56	4.32	4.14	4.00	3.89
16	8.53	6.23	5.29	4.77	4.44	4.20	4.03	3.89	3.78
17	8.40	6.11	5.18	4.67	4.34	4.10	3.93	3.79	3.68
18	8.29	6.01	5.09	4.58	4.25	4.01	3.84	3.71	3.60
19	8.18	5.93	5.01	4.50	4.17	3.94	3.77	3.63	3.52
20	8.10	5.85	4.94	4.43	4.10	3.87	3.70	3.56	3.46
21	8.02	5.78	4.87	4.37	4.04	3.81	3.64	3.51	3.40
22	7.95	5.72	4.82	4.31	3.99	3.76	3.59	3.45	3.35
23	7.88	5.66	4.76	4.26	3.94	3.71	3.54	3.41	3.30
24	7.82	5.61	4.72	4.22	3.90	3.67	3.50	3.36	3.26
25	7.77	5.57	4.68	4.18	3.85	3.63	3.46	3.32	3.22
26	7.72	5.53	4.64	4.14	3.82	3.59	3.42	3.29	3.18
27	7.68	5.49	4.60	4.11	3.78	3.46	3.39	3.26	3.15
28	7.64	5.45	4.57	4.07	3.75	3.53	3.36	3.23	3.12
29	7.60	5.42	4.54	4.04	3.73	3.50	3.33	3.20	3.09
30	7.56	5.39	4.51	4.02	3.70	3.47	3.30	3.17	3.07
40	7.31	5.18	4.31	3.83	3.51	3.29	3.12	2.99	2.89
60	7.08	4.98	4.13	3.65	3.34	3.12	2.95	2.82	2.72
120	6.85	4.79	3.95	3.48	3.17	2.96	2.79	2.66	2.56
∞	6.63	4.61	3.78	3.32	3.02	2.80	2.64	2.51	2.41

续附表 3.4

v_2 \ v_1	分子自由度 10	12	15	20	24	30	40	60	120	∞
1	6 056	6 106	6 157	6 209	6 235	6 261	6 287	6 313	6 339	6 366
2	99.40	99.42	99.43	99.45	99.46	99.47	99.47	99.48	99.49	99.50
3	27.23	27.05	26.87	26.69	26.60	26.50	26.41	26.32	26.22	26.13
4	14.55	14.37	14.20	14.02	13.93	13.84	13.75	13.65	13.56	13.46
5	10.05	9.89	9.72	9.55	9.47	9.38	9.29	9.20	9.11	9.02
6	7.87	7.72	7.56	7.40	7.31	7.23	7.14	7.06	6.97	6.88
7	6.62	6.47	6.31	6.16	6.07	5.99	5.91	5.82	5.74	5.65
8	5.81	5.67	5.52	5.36	5.28	5.20	5.12	5.03	4.95	4.86
9	5.26	5.11	4.96	4.81	4.73	4.65	4.57	4.48	4.40	4.31
10	4.85	4.71	4.56	4.41	4.33	4.25	4.17	4.08	4.00	3.91
11	4.54	4.40	4.25	4.10	4.02	3.94	3.86	3.78	3.69	3.60
12	4.30	4.16	4.01	3.86	3.78	3.70	3.62	3.54	3.45	3.36
13	4.10	3.96	3.82	3.66	3.59	3.51	3.43	3.34	3.25	3.17
分母自由度 14	3.94	3.80	3.66	3.51	3.43	3.35	3.27	3.18	3.09	3.00
15	3.80	3.67	3.52	3.37	3.29	3.21	3.13	3.05	2.96	2.87
16	3.69	3.55	3.41	3.26	3.18	3.10	3.02	2.93	2.84	2.75
17	3.59	3.46	3.31	3.16	3.08	3.00	2.92	2.83	2.75	2.65
18	3.51	3.37	3.23	3.08	3.00	2.92	2.84	2.75	2.66	2.57
19	3.43	3.30	3.15	3.00	2.92	2.84	2.76	2.67	2.58	2.49
20	3.37	3.23	3.09	2.94	2.86	2.78	2.69	2.61	2.52	2.42
21	3.31	3.17	3.03	2.88	2.80	2.72	2.64	2.55	2.46	2.36
22	3.26	3.12	2.98	2.83	2.75	2.67	2.58	2.50	2.40	2.31
23	3.21	3.07	2.93	2.78	2.70	2.62	2.54	2.45	2.35	2.26
24	3.17	3.03	2.89	2.74	2.66	2.58	2.49	2.40	2.31	2.21
25	3.13	2.99	2.85	2.70	2.62	2.54	2.45	2.36	2.27	2.17
26	3.09	2.96	2.81	2.66	2.58	2.50	2.42	2.33	2.23	2.13
27	3.06	2.93	2.78	2.63	2.55	2.47	2.38	2.29	2.20	2.10
28	3.03	2.90	2.75	2.60	2.52	2.44	2.35	2.26	2.17	2.06
29	3.00	2.87	2.73	2.57	2.49	2.41	2.33	2.23	2.14	2.03
30	2.98	2.84	2.70	2.55	2.47	2.39	2.30	2.21	2.11	2.01
40	2.80	2.66	2.52	2.37	2.29	2.20	2.11	2.02	1.92	1.80
60	2.63	2.50	2.35	2.20	2.12	2.03	1.94	1.84	1.73	1.60
120	2.47	2.34	2.19	2.03	1.95	1.86	1.76	1.66	1.53	1.38
∞	2.32	2.18	2.04	1.88	1.79	1.70	1.59	1.47	1.32	1.00

附表 4　随机数表

行＼列	1	2	3	4	5	6	7	8	9	10	11	12	13	14
1	10480	15011	01536	02011	81647	91646	69179	14194	62590	36207	20969	99570	91291	90700
2	22368	46573	25595	85393	30995	89198	27982	53402	93965	34095	52666	19174	39615	99505
3	24130	48360	22527	97265	76393	64809	15179	24830	49340	32081	30680	19655	63348	58629
4	42167	93093	06243	61680	07856	16376	39440	53537	71341	57004	00849	74917	97758	16379
5	37570	39975	81837	16656	06121	91782	60468	81305	49684	60672	14110	06927	01263	54613
6	77921	06907	11008	42751	27756	53498	18602	70659	90655	15053	21916	81825	44394	42880
7	99562	72905	56420	69994	98872	31016	71194	18738	44013	48840	63213	21069	10634	12952
8	96301	91977	05403	07972	18876	20922	94595	56869	69014	60045	18425	84903	42508	32207
9	89579	14342	63661	10281	17453	18103	57740	84378	25331	12566	58678	44947	05585	56941
10	85475	36857	53342	53988	53060	59533	38867	62300	08158	17983	16439	11458	18593	64952
11	28918	69578	88231	33276	70997	79936	56865	05859	90106	31595	01547	85590	91610	78188
12	63553	40961	48235	03427	49626	69445	18663	72695	52180	20847	12234	90511	33703	90322
13	09429	93969	52636	92737	88974	33488	36320	17617	30015	08272	84115	27156	30613	74952
14	10365	61129	87529	85689	48237	52267	67689	93394	01511	26358	85104	20285	29975	89868
15	07119	97336	71048	08178	77233	13916	47564	81056	97735	85977	29372	74461	28551	90707
16	51085	12765	51821	51259	71452	16308	60756	92144	49442	53900	70960	63990	75601	40719
17	02368	21382	52404	60268	89368	19885	55322	44819	01188	65255	64835	44919	05944	55157
18	01011	54092	33362	94904	31273	04146	18594	29852	71585	85030	51132	01915	92747	64951
19	52162	53916	46369	58586	23216	14513	83149	98736	23495	64350	94738	17752	35156	35749
20	07056	97628	33787	09998	42698	06691	76988	13602	51851	46104	88916	19509	25625	58104
21	48663	91245	85828	14346	09172	30168	90229	04734	59193	22178	30421	61666	99904	32812
22	54164	58492	22421	74103	47070	25306	76468	26384	58151	06646	21524	15227	96909	44592
23	32639	32363	05597	24200	13363	38005	94342	28728	35806	06912	17012	64161	18296	22851
24	29334	27001	87637	87308	58731	00256	45834	15398	46557	41135	10367	07684	36188	18510
25	02488	33062	28834	07351	19731	92420	60952	61280	50001	67658	32586	86679	50720	94953
26	81525	72295	04839	96423	24878	82651	66566	14778	76797	14780	13300	87074	79666	95725
27	29676	20591	68086	26432	46901	20849	89768	81536	86645	12659	92259	57102	80428	25280
28	00742	57392	39064	06432	84673	40027	32832	61362	98947	96067	64760	64584	96096	98253
29	05366	04213	25669	26422	44407	44048	37937	63904	45766	66134	75470	66520	34693	90449
30	91921	26418	64117	94305	26766	25940	39972	22209	71500	64568	91402	42416	07844	69618
31	00582	04711	87917	77341	42206	35126	74087	99547	81817	42607	43808	76655	62028	76630
32	00725	69884	62797	56170	86324	88072	76222	36086	84637	93161	76038	65855	77919	88006
33	69011	65795	95876	55293	18988	27351	26575	08625	40801	59920	29841	80150	12777	48501

续附表 4

行＼列	1	2	3	4	5	6	7	8	9	10	11	12	13	14
34	25976	57948	29888	88604	67197	48708	18912	82271	65424	69774	33661	54262	85963	03547
35	09763	83473	73577	12908	30883	18317	28290	35797	05998	41688	34952	37888	38917	88050
36	91576	42595	27958	30134	04024	86385	29880	99730	55536	84855	29080	09250	79656	73211
37	17955	56349	90999	49127	20044	59931	06115	20542	18059	02008	73708	83517	36103	42791
38	46503	18584	18845	49618	02304	51038	20655	58727	28168	15475	56942	53389	20562	87338
39	92157	89634	94824	78171	84610	82834	09922	25417	44137	48413	25555	21246	35509	20468
40	14577	62765	35605	81263	39667	47358	56873	56307	61067	49518	89656	20103	77490	18062
41	98427	07523	33362	64270	01638	92477	66969	98420	04880	45585	46565	04102	46880	45709
42	34914	63976	88720	82765	34476	17032	87589	40836	32427	70002	70663	88863	77775	69348
43	70060	28277	39475	46473	23219	53416	94970	25832	69975	94884	19961	72828	00102	66794
44	53976	54914	06990	67245	68350	82948	11398	42878	80287	88267	47363	46634	06541	97809
45	76072	29515	40980	07391	58745	25774	22987	80059	39911	96189	41151	14222	60697	59583
46	90725	52210	83914	29992	65831	38857	50490	83765	55657	14361	31720	57375	56228	41546
47	64364	67412	33339	31926	14883	24413	59744	92351	97473	89286	35931	04110	23726	51900
48	08962	00358	31662	25388	61642	34072	81249	35648	56891	69352	48373	45578	78547	81788
49	95012	68379	93526	70765	10592	04542	76463	54328	02349	17247	28865	14777	62730	92777
50	15664	10493	20487	38391	91132	21999	59516	81652	27195	48223	46751	22923	32261	85653
51	16408	81899	04153	53381	79401	21438	83035	92350	36693	31238	59649	91754	72772	02338
52	18629	81953	05520	91962	04739	13092	97662	24822	94730	06496	35090	04822	86774	98289
53	73115	35101	47498	87637	99016	71060	88824	71013	18735	20286	23153	72924	35165	43040
54	57491	16703	23167	49323	45021	33132	12544	41035	80780	45393	44812	12515	98931	91202
55	30405	83946	23792	14422	15059	45799	22716	19792	09983	74853	68668	30429	70735	25499
56	16631	35006	85900	98275	32388	52390	16815	69298	82732	38480	73817	32523	41961	44437
57	96773	20206	42559	78985	05300	22164	24369	54224	35083	19687	11052	91491	60383	19746
58	38935	64202	14549	82674	66423	44133	00697	35552	35970	19124	63318	29686	03387	59846
59	31624	76384	17403	53363	44167	64486	64758	75366	76554	31601	12614	33072	60332	92325
60	78919	19474	23632	27889	47914	02584	37680	20801	72152	39339	34806	08930	85001	87820
61	03931	33309	57047	74211	63445	17361	62825	39908	65607	91284	68833	25570	38818	46920
62	74426	33278	43972	10119	89917	15665	52872	73823	73144	88662	88970	74492	51805	99378
63	09066	00903	20795	95452	92648	45454	09552	88815	16553	51125	79375	97596	16296	66092
64	42238	12426	87025	14267	20979	04508	64535	31355	86064	29472	47689	05974	52468	16834
65	16513	08002	26404	41744	81959	65642	74240	56302	00033	67107	77510	70625	28725	34191
66	21457	40742	29820	96783	29400	21840	15035	34537	63310	06116	95240	15957	16572	06004

参考文献

[1] 黄良文，曾五一. 统计学原理[M]. 北京：中国统计出版社，2000.

[2] 庞皓，杨作廪. 统计学[M]. 成都：西南财经大学出版社，2003.

[3] 张彦. 社会统计学[M]. 北京：高等教育出版社，2005.

[4] 陈希孺. 数理统计简史[M]. 长沙：长沙教育出版社，2002.

[5] 莫日达. 中国古代统计思想史[M]. 北京：中国统计出版社，2004.

[6] 顾晓安，朱建国. 统计学实务[M]. 上海：立信会计出版社，2005.

[7] 向蓉美，王青华，马丹. 统计学[M]. 2 版. 北京：机械工业出版社，2017.

[8] 贾俊平，统计学（第 8 版）[M]. 8 版. 北京：中国人民大学出版社，2020.

[9] 戴维 R 安德森，丹尼斯 J 斯威尼，托马斯 A 威廉姆斯. 商务与经济统计[M]. 北京：高等教育出版社，2000.

[10] 居延安. 公共关系学[M]. 上海：复旦大学出版社，2005.

[11] 戴维 S 穆尔. 统计学的世界[M]. 北京：中信出版社，2003.

[12] 中华人民共和国国家统计局. 中国统计年鉴[M]. 北京：中国统计出版社，2020—2021.

[13] 中华人民共和国国家统计局.中华人民共和国国民经济和社会发展统计公报 2020—2022.